Una historia más

La siguiente obra está basada en hechos reales.
Se han cambiado algunos nombres para respetar
la privacidad de los afectados por estos eventos.

Texto e ilustraciones: copyright © 2024 por Ernesto Saade
Título original: *Just Another Story: A Graphic Migration Account*
Traducción al español: copyright © 2024 por Lerner Publishing Group, Inc
La traducción al español fue realizada por Sofía Huitrón Martínez

Graphic Universe™ es una marca registrada de Lerner Publishing Group, Inc.

Graphic Universe™
Una imprenta de Lerner Publishing Group, Inc.
241 First Avenue North
Mineápolis, MN 55401, EE. UU.

Si desea averiguar acerca de niveles de lectura y para obtener más información, favor de consultar este título en www.lernerbooks.com.

Diseñado por Athena Currier.
Fuente del texto del cuerpo principal: Dinkle.
Fuente proporcionada por Chank.

Library of Congress Cataloging-in-Publication Data

Names: Saade, Ernesto, author, artist.
Title: Una historia más : un relato gráfico de migración / Ernesto Saade.
Other titles: Just another story. Spanish
Description: Minneapolis : Graphic Universe, (2024) | Audience: Ages 14–18 | Audience: Grades 10–12 | Summary: "When Carlos was nineteen, his mother decided to leave her life in El Salvador. Refusing to let her go without him, Carlos joined the journey north. Together they experienced the risks countless people faces as they migrate" —Provided by publisher.
Identifiers: LCCN 2023021873 (print) | LCCN 2023021874 (ebook) | ISBN 9781728487038 (library binding) | ISBN 9798765623343 (paperback) | ISBN 9798765612927 (epub)
Subjects: CYAC: Spanish language materials. | Graphic novels. | Immigrants—Fiction. | Salvadorans—United States—Fiction. | LCGFT: Graphic novels.
Classification: LCC PZ73.7 .S25 2020 (print) | LCC PZ73.7 (ebook) | DDC 741.5/97284—dc23/eng/20230511

Fabricado en los Estados Unidos de América
1-52879-50997-9/28/2023

Una historia más

un relato gráfico de migración

Ernesto Saade

Traducido por Sofía Huitrón Martínez

Graphic Universe™ • Mineápolis

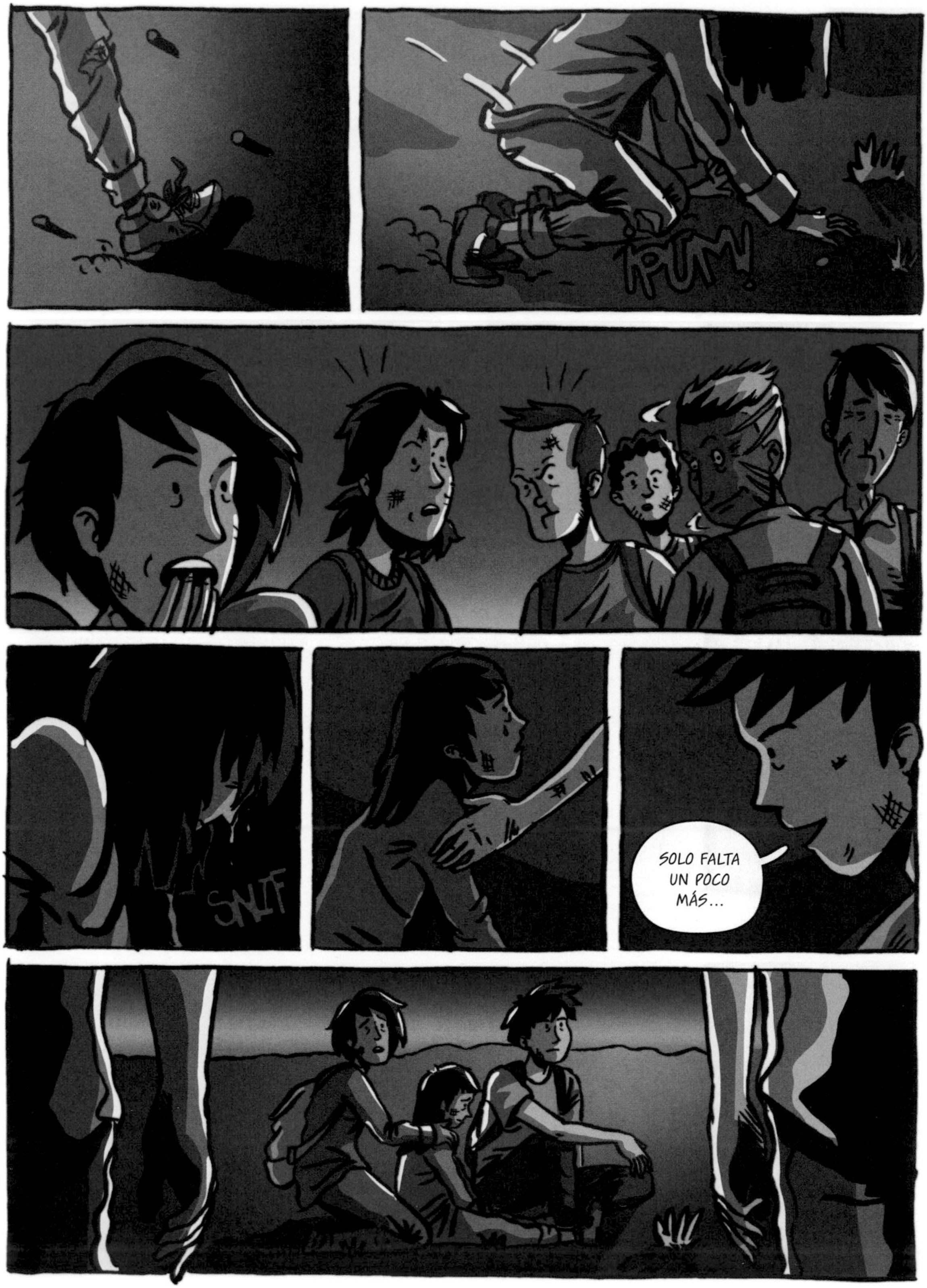
¡PUM!
SNIF
SOLO FALTA UN POCO MÁS...

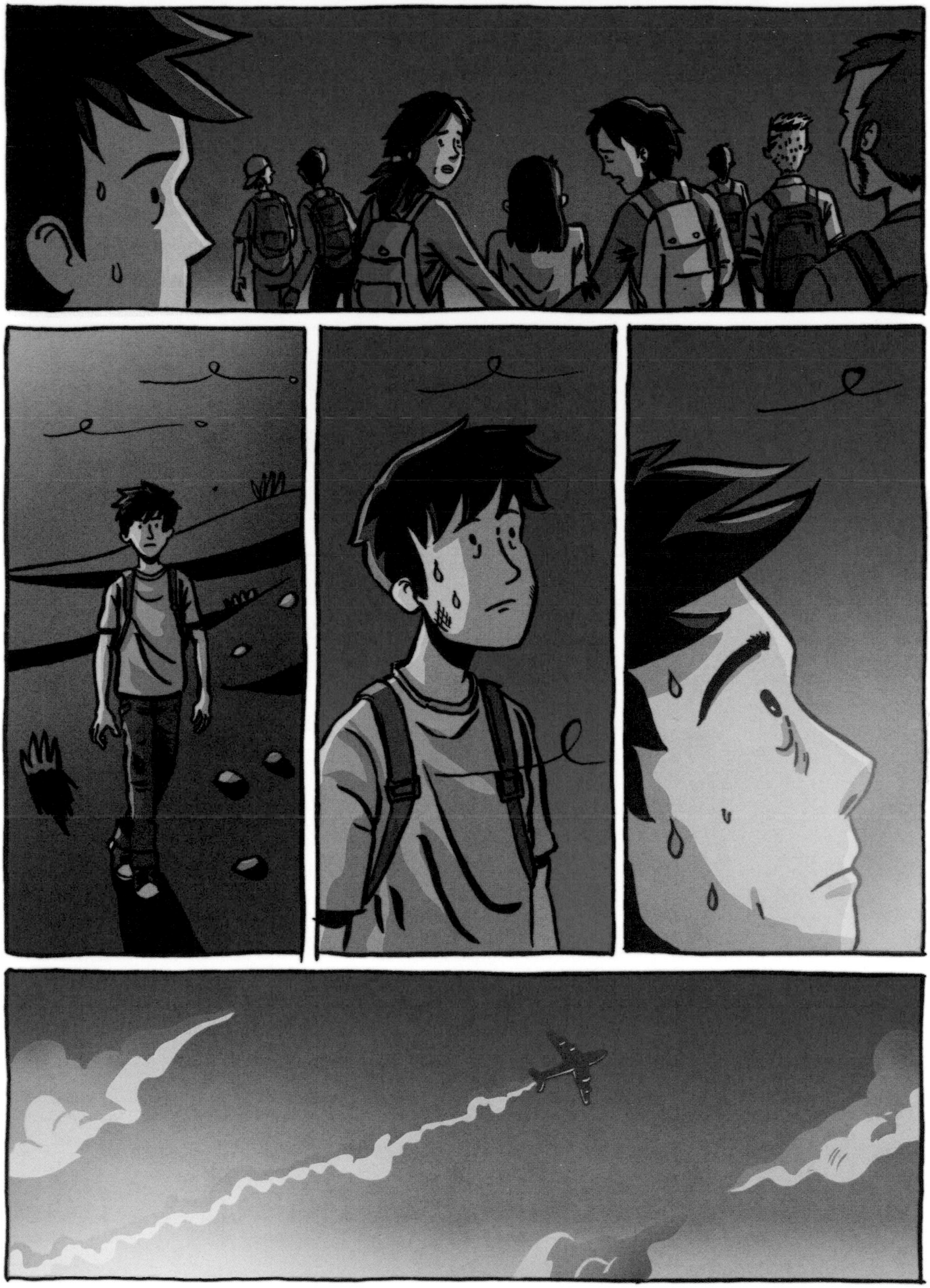

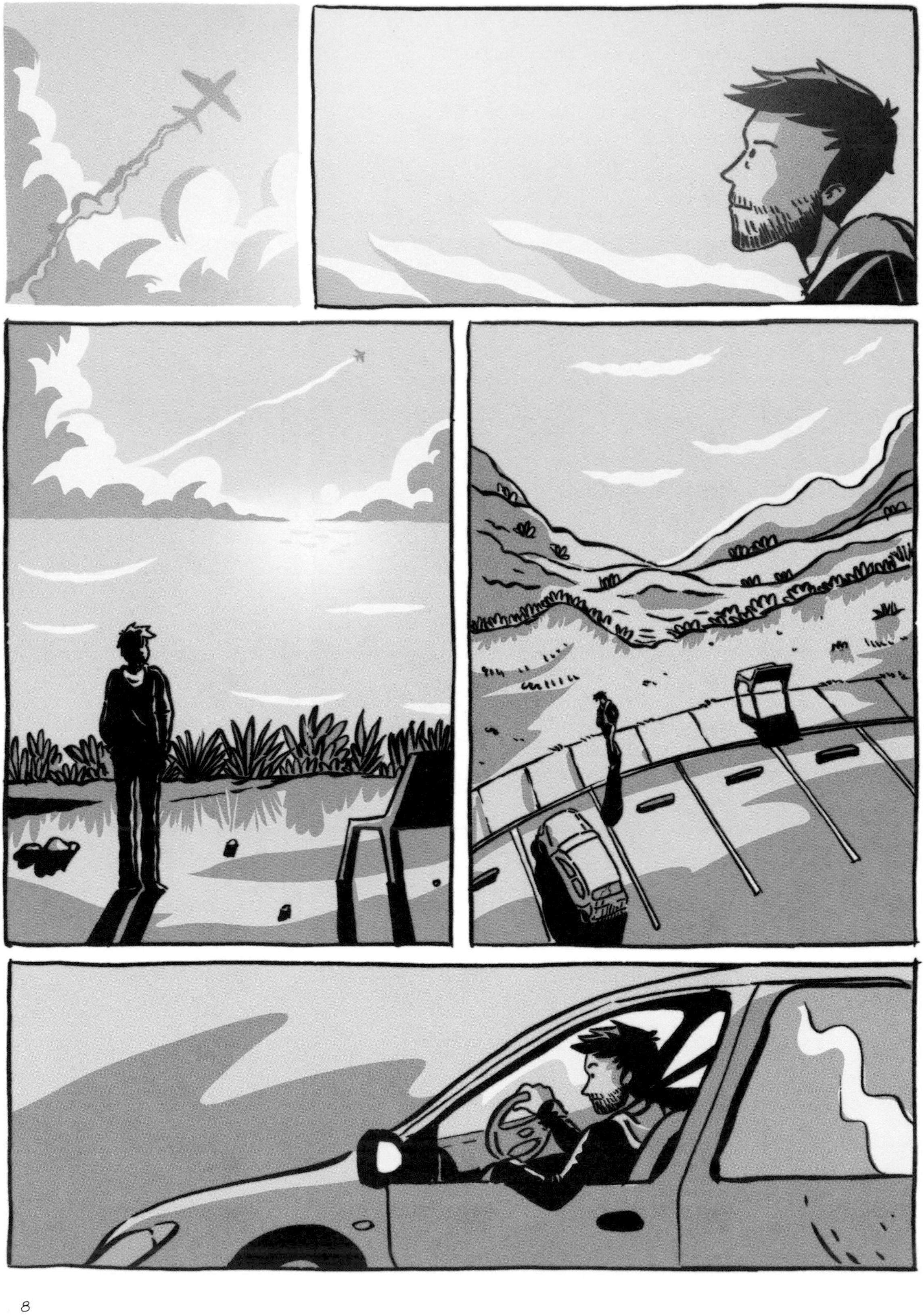

Capítulo 1
10 AÑOS DESPUÉS

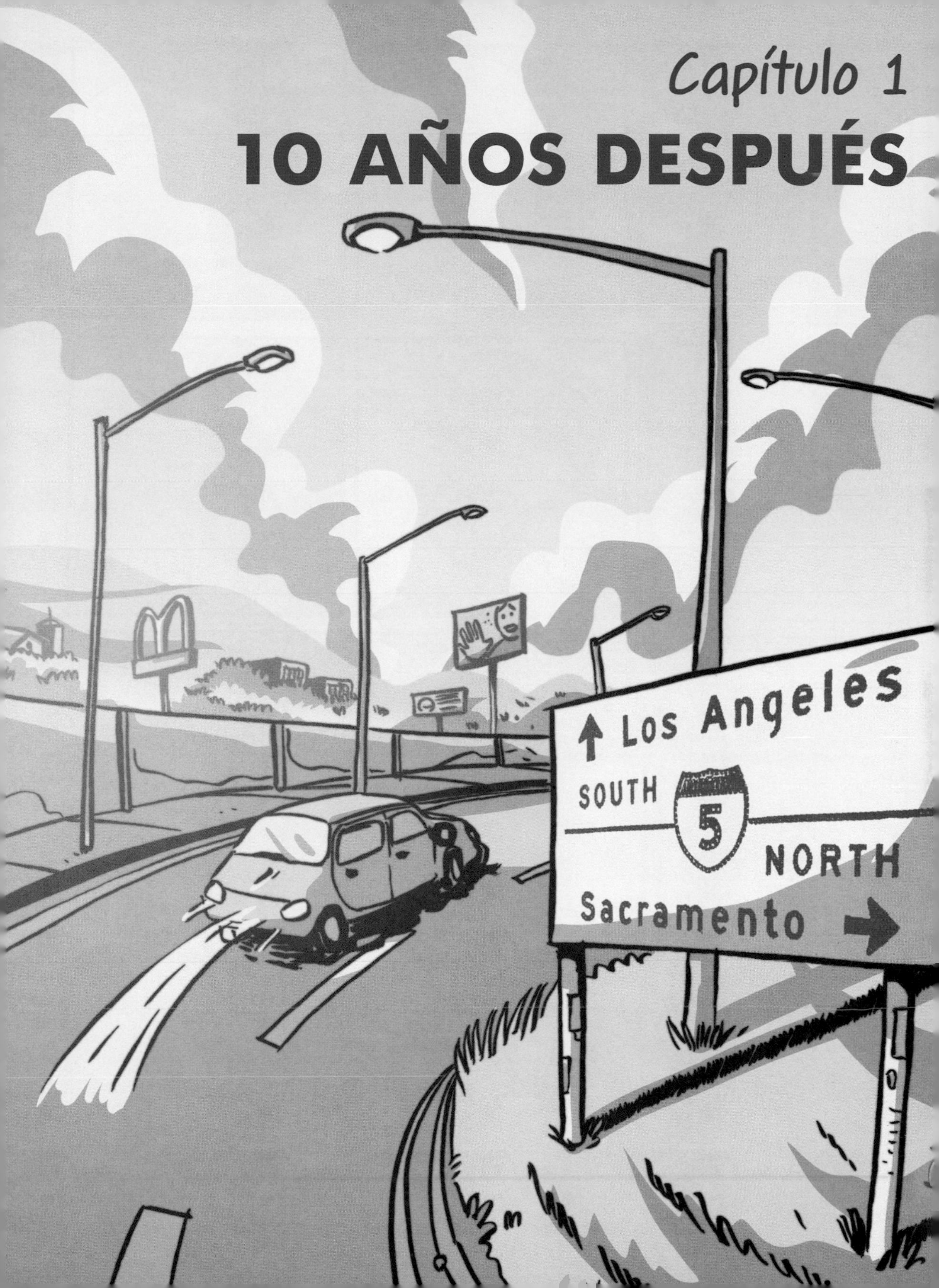
Los Angeles
SOUTH
5
NORTH
Sacramento

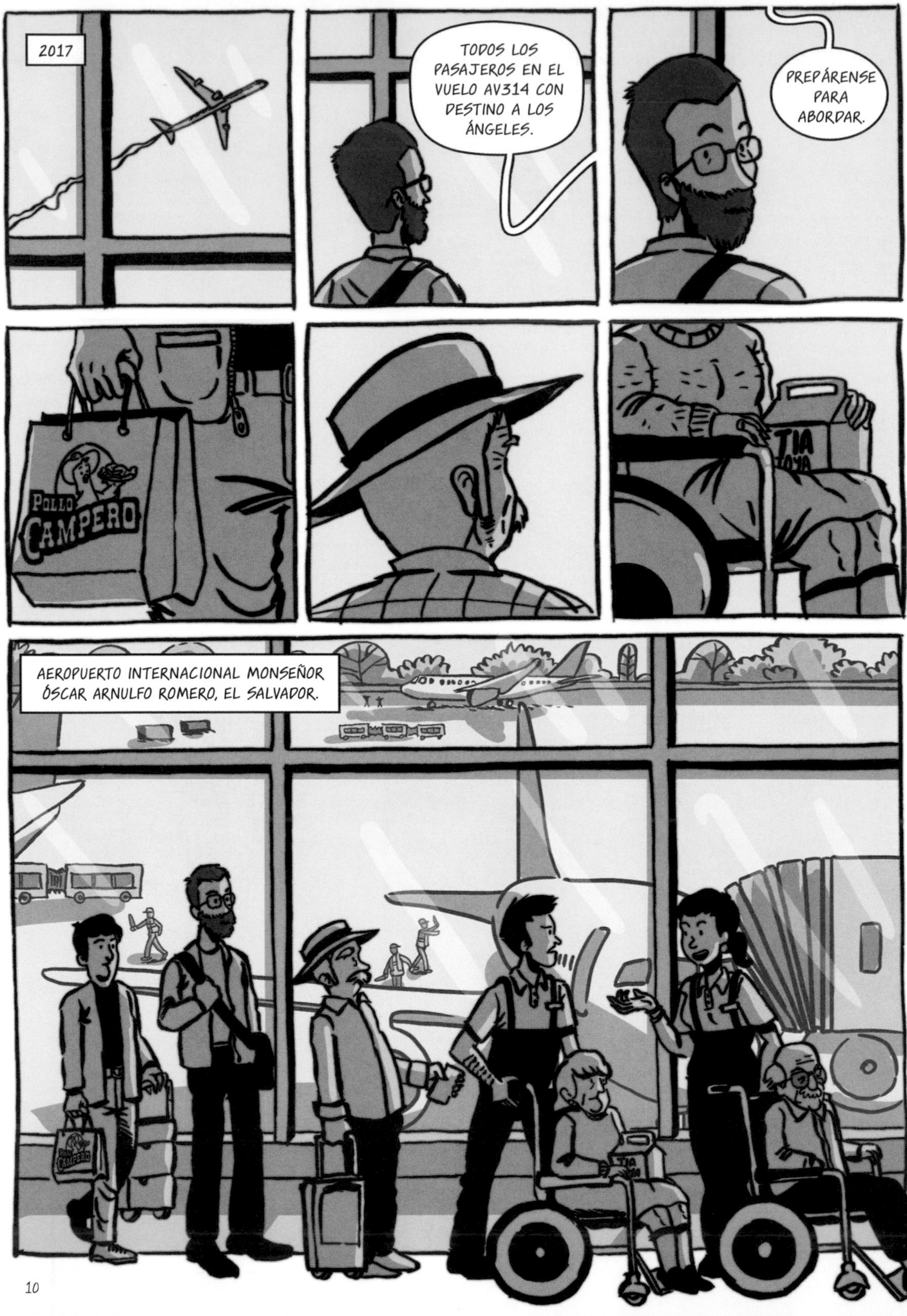
2017
TODOS LOS PASAJEROS EN EL VUELO AV314 CON DESTINO A LOS ÁNGELES.
PREPÁRENSE PARA ABORDAR.
POLLO CAMPERO
TIA TOYA
AEROPUERTO INTERNACIONAL MONSEÑOR ÓSCAR ARNULFO ROMERO, EL SALVADOR.

FORMA.

SU FORMA.

DISCULPE JOVEN, ¿LE IMPORTARÍA AYUDARME A LLENAR MI FORMA?

POR FAVOR.

DÉMELA. TAMBIÉN SU PASAPORTE.

SÍ CLARO, ESTÁ BIEN.

POR FAVOR LLENE LA MÍA TAMBIÉN…

ESTÁ BIEN. DÉME SU PASAPORTE.

ZZZ

HIJO, ¿PUEDE LLENAR LA MÍA TAMBIÉN?

QUÉ BUEN MUCHACHO.

*SUSPIRO

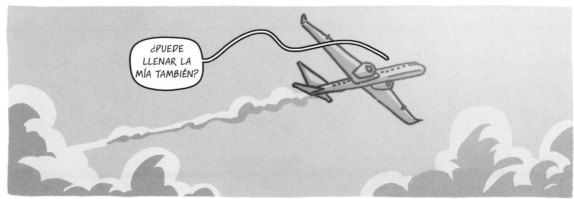

¿PUEDE LLENAR LA MÍA TAMBIÉN?

11

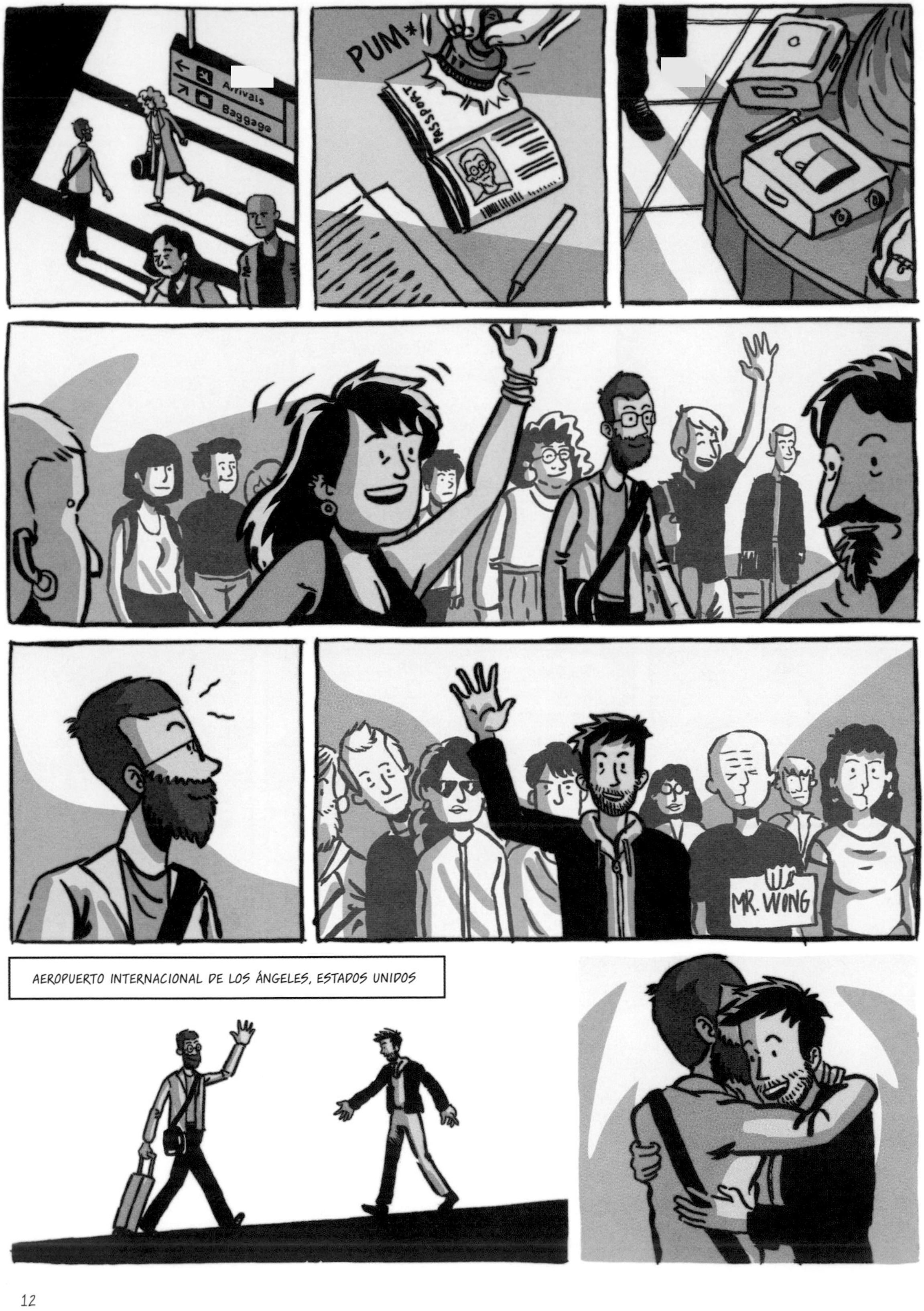
Arrivals
Baggage
PUM*
PASSPORT
MR. WONG
AEROPUERTO INTERNACIONAL DE LOS ÁNGELES, ESTADOS UNIDOS

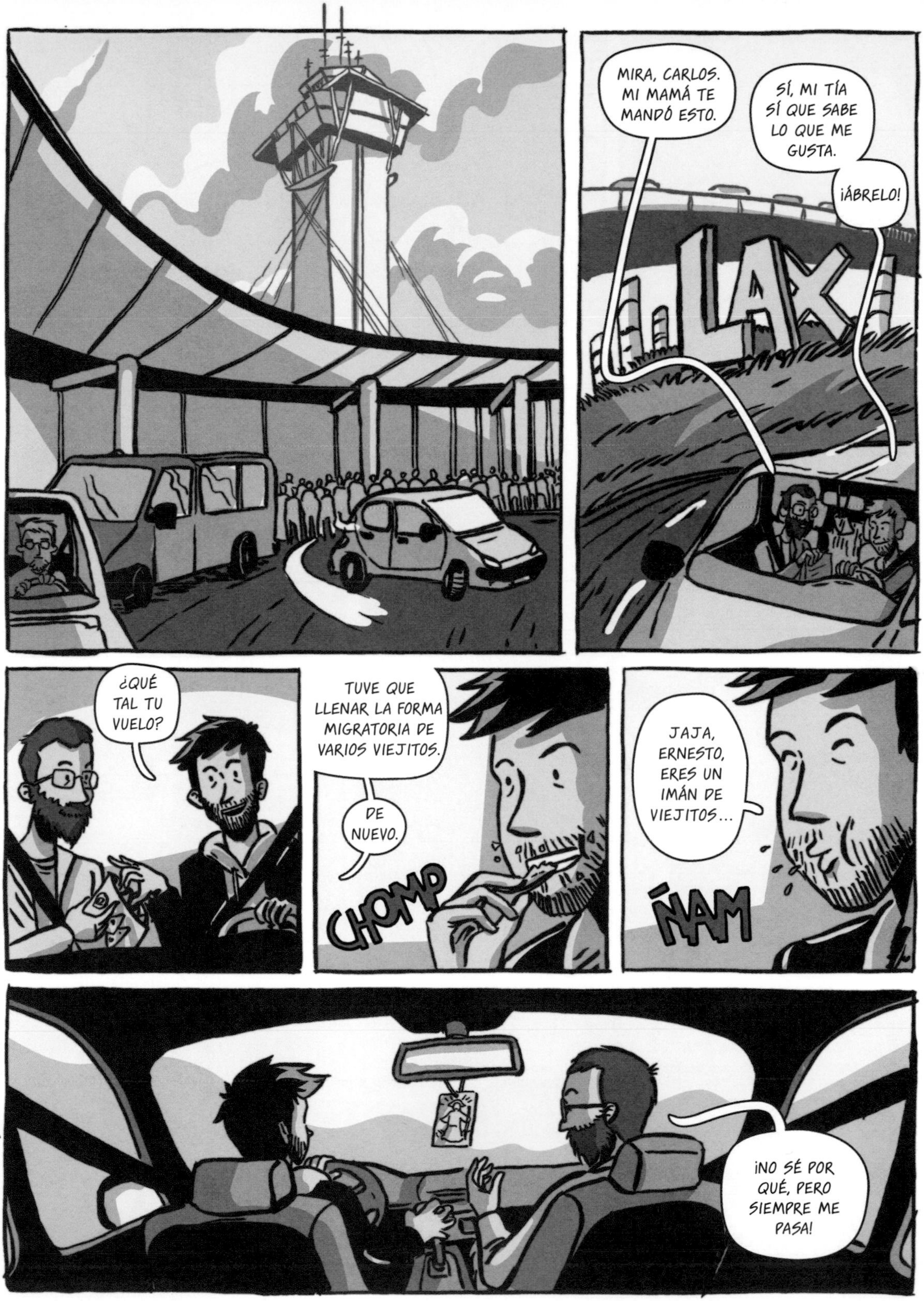
MIRA, CARLOS. MI MAMÁ TE MANDÓ ESTO.
SÍ, MI TÍA SÍ QUE SABE LO QUE ME GUSTA.
¡ÁBRELO!
LAX
¿QUÉ TAL TU VUELO?
TUVE QUE LLENAR LA FORMA MIGRATORIA DE VARIOS VIEJITOS.
DE NUEVO.
CHOMP
JAJA, ERNESTO, ERES UN IMÁN DE VIEJITOS...
ÑAM
¡NO SÉ POR QUÉ, PERO SIEMPRE ME PASA!

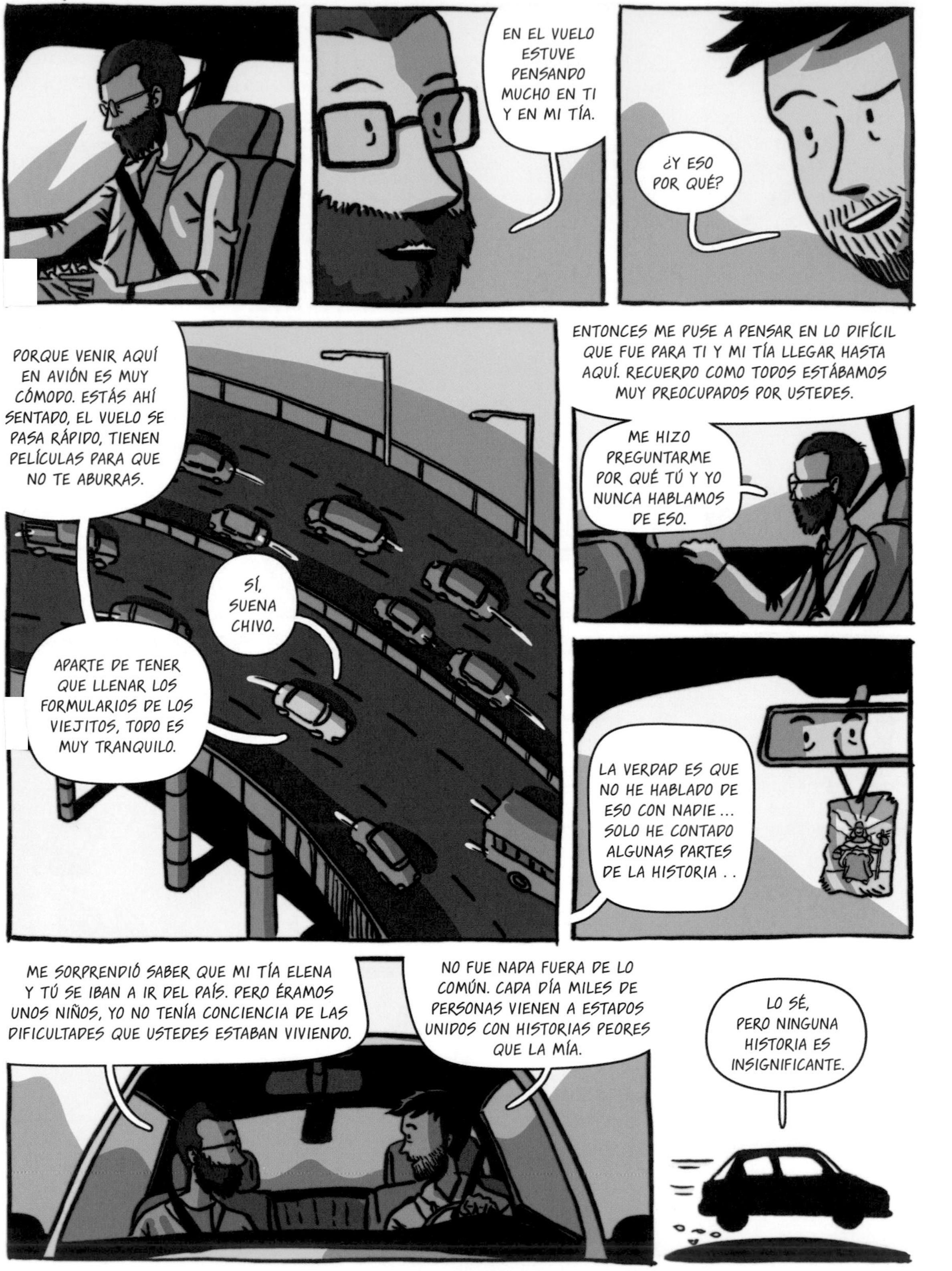

EN EL VUELO ESTUVE PENSANDO MUCHO EN TI Y EN MI TÍA.
¿Y ESO POR QUÉ?
PORQUE VENIR AQUÍ EN AVIÓN ES MUY CÓMODO. ESTÁS AHÍ SENTADO, EL VUELO SE PASA RÁPIDO, TIENEN PELÍCULAS PARA QUE NO TE ABURRAS.
SÍ, SUENA CHIVO.
APARTE DE TENER QUE LLENAR LOS FORMULARIOS DE LOS VIEJITOS, TODO ES MUY TRANQUILO.
ENTONCES ME PUSE A PENSAR EN LO DIFÍCIL QUE FUE PARA TI Y MI TÍA LLEGAR HASTA AQUÍ. RECUERDO COMO TODOS ESTÁBAMOS MUY PREOCUPADOS POR USTEDES.
ME HIZO PREGUNTARME POR QUÉ TÚ Y YO NUNCA HABLAMOS DE ESO.
LA VERDAD ES QUE NO HE HABLADO DE ESO CON NADIE... SOLO HE CONTADO ALGUNAS PARTES DE LA HISTORIA . .
ME SORPRENDIÓ SABER QUE MI TÍA ELENA Y TÚ SE IBAN A IR DEL PAÍS. PERO ÉRAMOS UNOS NIÑOS, YO NO TENÍA CONCIENCIA DE LAS DIFICULTADES QUE USTEDES ESTABAN VIVIENDO.
NO FUE NADA FUERA DE LO COMÚN. CADA DÍA MILES DE PERSONAS VIENEN A ESTADOS UNIDOS CON HISTORIAS PEORES QUE LA MÍA.
LO SÉ, PERO NINGUNA HISTORIA ES INSIGNIFICANTE.

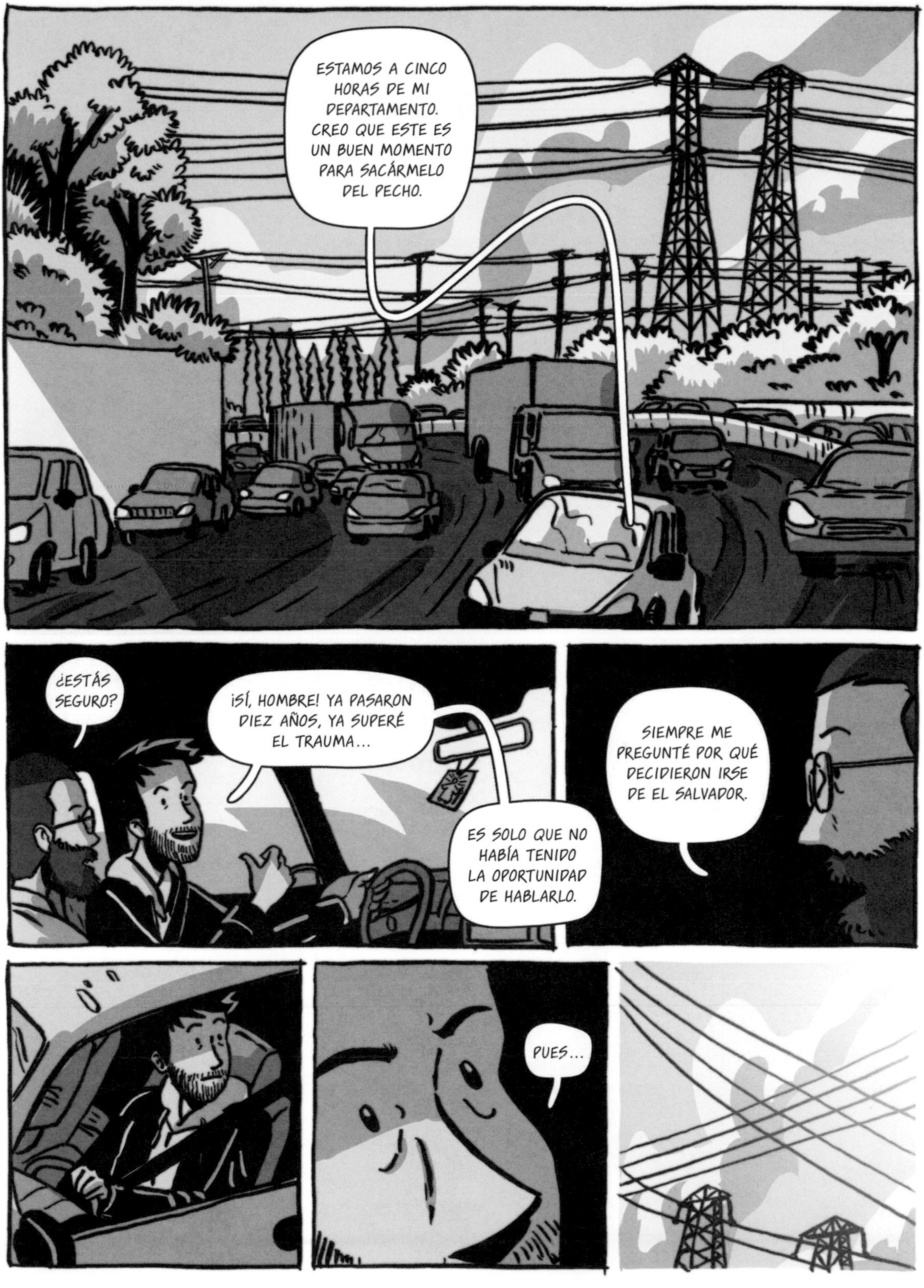
ESTAMOS A CINCO HORAS DE MI DEPARTAMENTO. CREO QUE ESTE ES UN BUEN MOMENTO PARA SACÁRMELO DEL PECHO.
¿ESTÁS SEGURO?
¡SÍ, HOMBRE! YA PASARON DIEZ AÑOS, YA SUPERÉ EL TRAUMA...
ES SOLO QUE NO HABÍA TENIDO LA OPORTUNIDAD DE HABLARLO.
SIEMPRE ME PREGUNTÉ POR QUÉ DECIDIERON IRSE DE EL SALVADOR.
PUES...

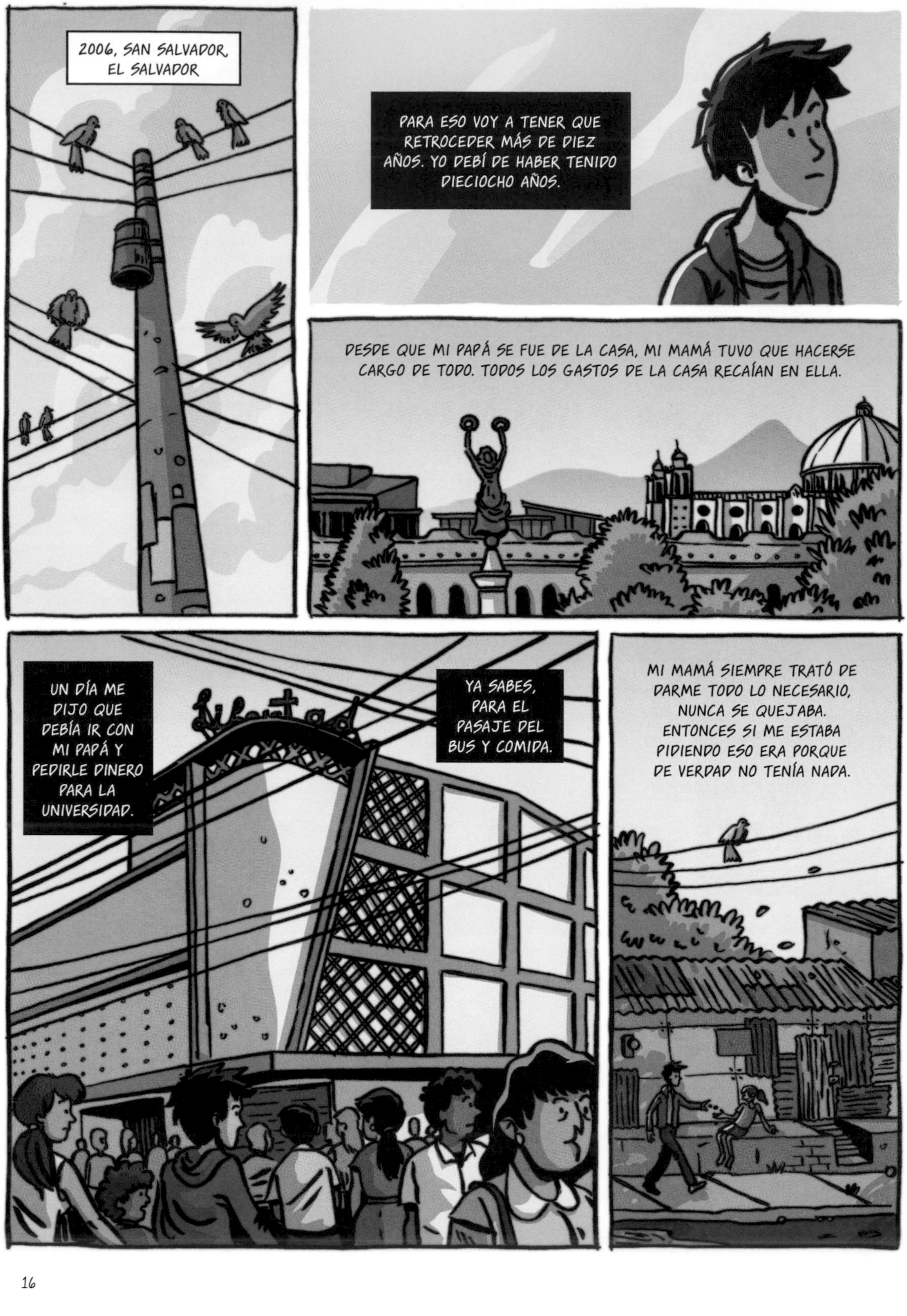
2006, SAN SALVADOR, EL SALVADOR
PARA ESO VOY A TENER QUE RETROCEDER MÁS DE DIEZ AÑOS. YO DEBÍ DE HABER TENIDO DIECIOCHO AÑOS.
DESDE QUE MI PAPÁ SE FUE DE LA CASA, MI MAMÁ TUVO QUE HACERSE CARGO DE TODO. TODOS LOS GASTOS DE LA CASA RECAÍAN EN ELLA.
UN DÍA ME DIJO QUE DEBÍA IR CON MI PAPÁ Y PEDIRLE DINERO PARA LA UNIVERSIDAD.
YA SABES, PARA EL PASAJE DEL BUS Y COMIDA.
MI MAMÁ SIEMPRE TRATÓ DE DARME TODO LO NECESARIO, NUNCA SE QUEJABA. ENTONCES SI ME ESTABA PIDIENDO ESO ERA PORQUE DE VERDAD NO TENÍA NADA.

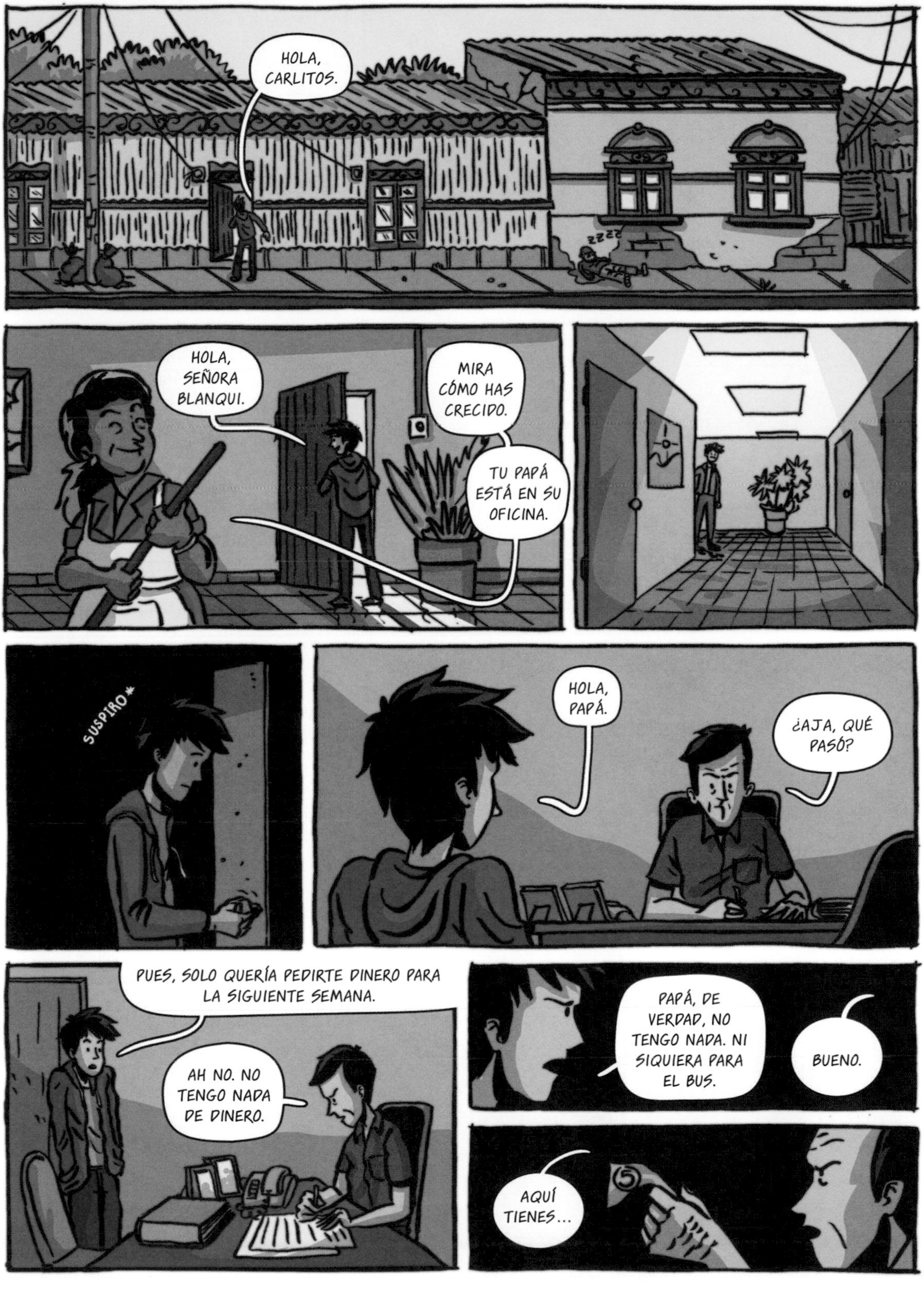
HOLA, CARLITOS.
ZZZZ
HOLA, SEÑORA BLANQUI.
MIRA CÓMO HAS CRECIDO.
TU PAPÁ ESTÁ EN SU OFICINA.
SUSPIRO
HOLA, PAPÁ.
¿AJA, QUÉ PASÓ?
PUES, SOLO QUERÍA PEDIRTE DINERO PARA LA SIGUIENTE SEMANA.
AH NO. NO TENGO NADA DE DINERO.
PAPÁ, DE VERDAD, NO TENGO NADA. NI SIQUIERA PARA EL BUS.
BUENO.
AQUÍ TIENES...

PUYA, PAPÁ. ESTO NO ALCANZA NI PARA EL PASAJE DE UN DÍA.

¿LO VAS A AGARRAR O QUÉ?

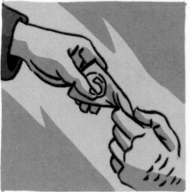

NI SIQUIERA TE IMPORTA, ¿VERDAD?

¿QUÉ TE PARECE ESTO?

MAMÁ ESTÁ PENSANDO SERIAMENTE EN IRSE A ESTADOS UNIDOS

¿Y SABES QUÉ? YO TAMBIÉN ME VOY A IR. ES IMPOSIBLE VIVIR AQUÍ.

ESO ES UNA TONTERÍA. VAN A HACER QUE LOS MATEN CAMINO A ESTADOS UNIDOS.

CONSIGUE UN TRABAJO, TE VA A IR MEJOR.

18

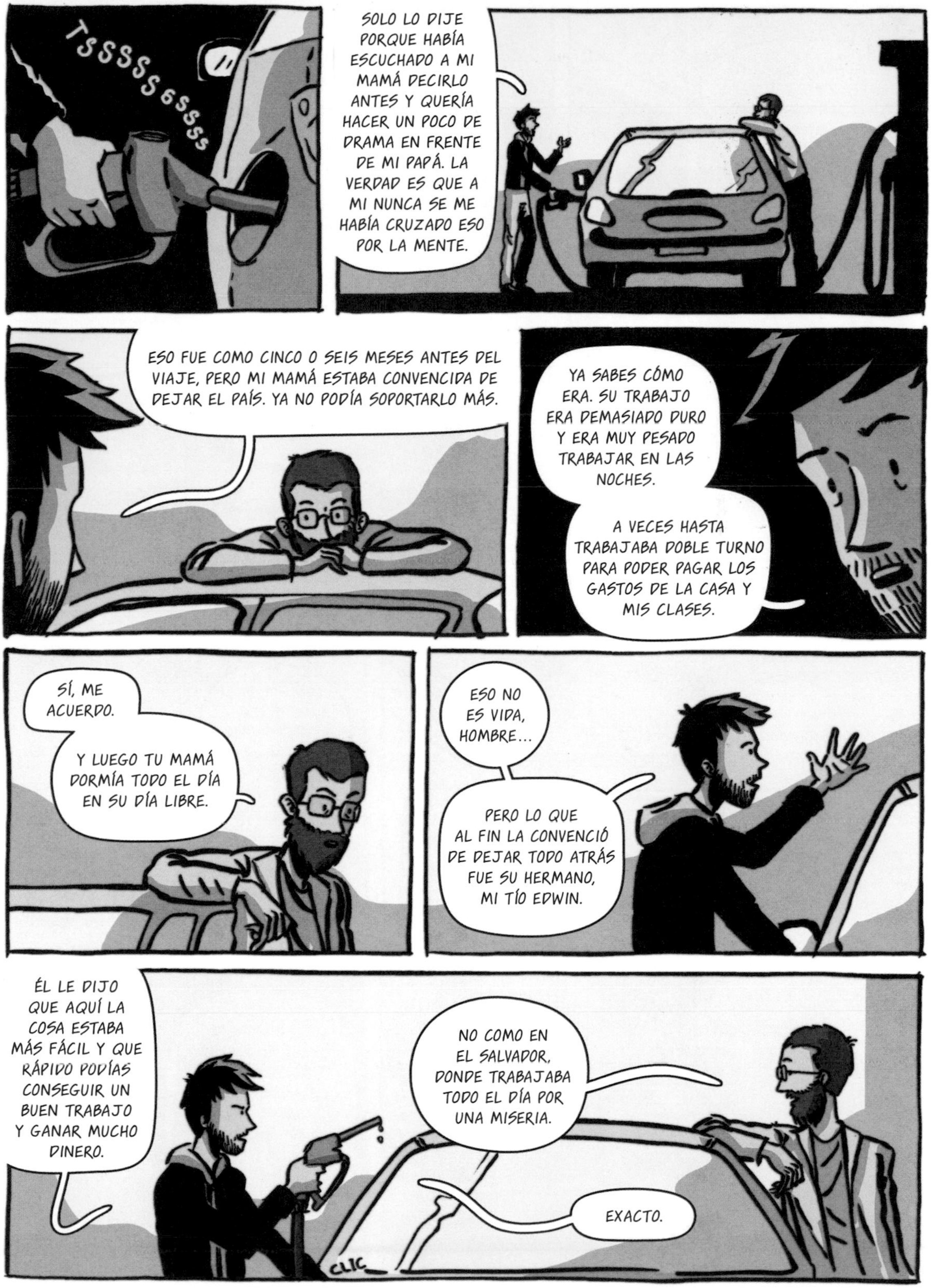
TSSSSSSSSSS
SOLO LO DIJE PORQUE HABÍA ESCUCHADO A MI MAMÁ DECIRLO ANTES Y QUERÍA HACER UN POCO DE DRAMA EN FRENTE DE MI PAPÁ. LA VERDAD ES QUE A MI NUNCA SE ME HABÍA CRUZADO ESO POR LA MENTE.
ESO FUE COMO CINCO O SEIS MESES ANTES DEL VIAJE, PERO MI MAMÁ ESTABA CONVENCIDA DE DEJAR EL PAÍS. YA NO PODÍA SOPORTARLO MÁS.
YA SABES CÓMO ERA. SU TRABAJO ERA DEMASIADO DURO Y ERA MUY PESADO TRABAJAR EN LAS NOCHES.
A VECES HASTA TRABAJABA DOBLE TURNO PARA PODER PAGAR LOS GASTOS DE LA CASA Y MIS CLASES.
SÍ, ME ACUERDO.
Y LUEGO TU MAMÁ DORMÍA TODO EL DÍA EN SU DÍA LIBRE.
ESO NO ES VIDA, HOMBRE...
PERO LO QUE AL FIN LA CONVENCIÓ DE DEJAR TODO ATRÁS FUE SU HERMANO, MI TÍO EDWIN.
ÉL LE DIJO QUE AQUÍ LA COSA ESTABA MÁS FÁCIL Y QUE RÁPIDO PODÍAS CONSEGUIR UN BUEN TRABAJO Y GANAR MUCHO DINERO.
NO COMO EN EL SALVADOR, DONDE TRABAJABA TODO EL DÍA POR UNA MISERIA.
EXACTO.
CLIC

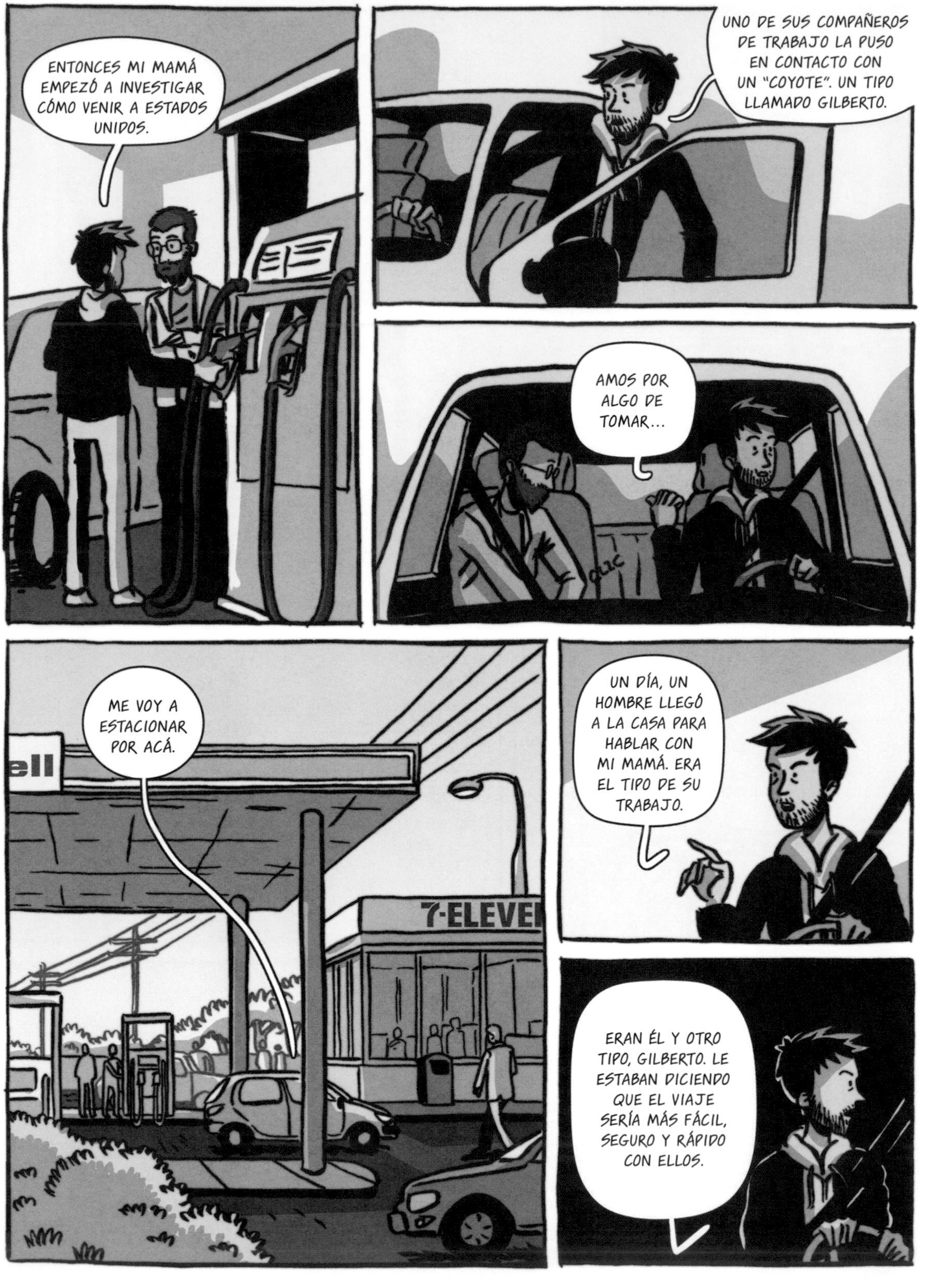
ENTONCES MI MAMÁ EMPEZÓ A INVESTIGAR CÓMO VENIR A ESTADOS UNIDOS.
UNO DE SUS COMPAÑEROS DE TRABAJO LA PUSO EN CONTACTO CON UN "COYOTE". UN TIPO LLAMADO GILBERTO.
AMOS POR ALGO DE TOMAR...
CLIC
ell
7-ELEVEN
ME VOY A ESTACIONAR POR ACÁ.
UN DÍA, UN HOMBRE LLEGÓ A LA CASA PARA HABLAR CON MI MAMÁ. ERA EL TIPO DE SU TRABAJO.
ERAN ÉL Y OTRO TIPO, GILBERTO. LE ESTABAN DICIENDO QUE EL VIAJE SERÍA MÁS FÁCIL, SEGURO Y RÁPIDO CON ELLOS.

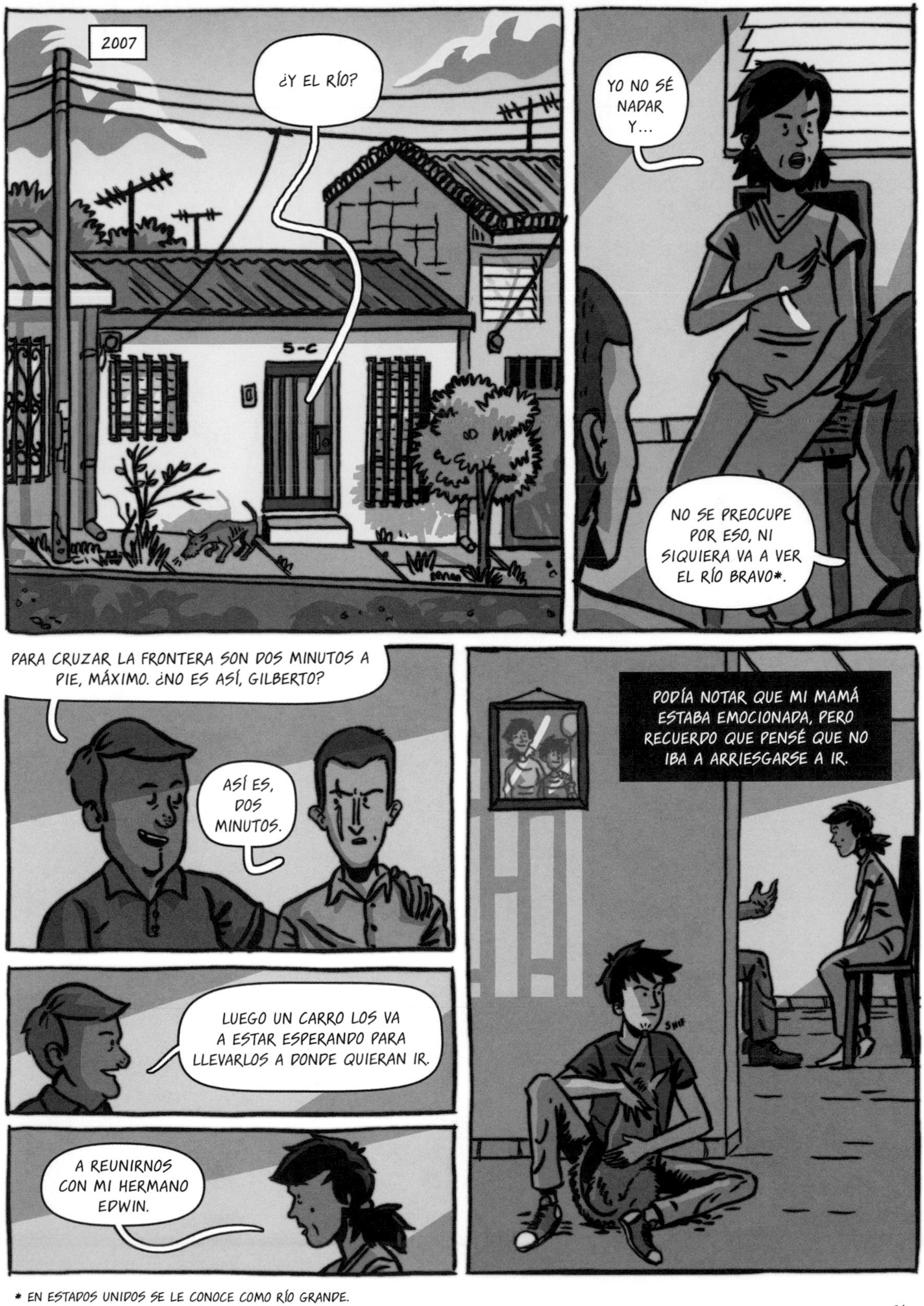
2007
¿Y EL RÍO?
YO NO SÉ NADAR Y...
NO SE PREOCUPE POR ESO, NI SIQUIERA VA A VER EL RÍO BRAVO*.
PARA CRUZAR LA FRONTERA SON DOS MINUTOS A PIE, MÁXIMO. ¿NO ES ASÍ, GILBERTO?
ASÍ ES, DOS MINUTOS.
PODÍA NOTAR QUE MI MAMÁ ESTABA EMOCIONADA, PERO RECUERDO QUE PENSÉ QUE NO IBA A ARRIESGARSE A IR.
LUEGO UN CARRO LOS VA A ESTAR ESPERANDO PARA LLEVARLOS A DONDE QUIERAN IR.
A REUNIRNOS CON MI HERMANO EDWIN.

* EN ESTADOS UNIDOS SE LE CONOCE COMO RÍO GRANDE.

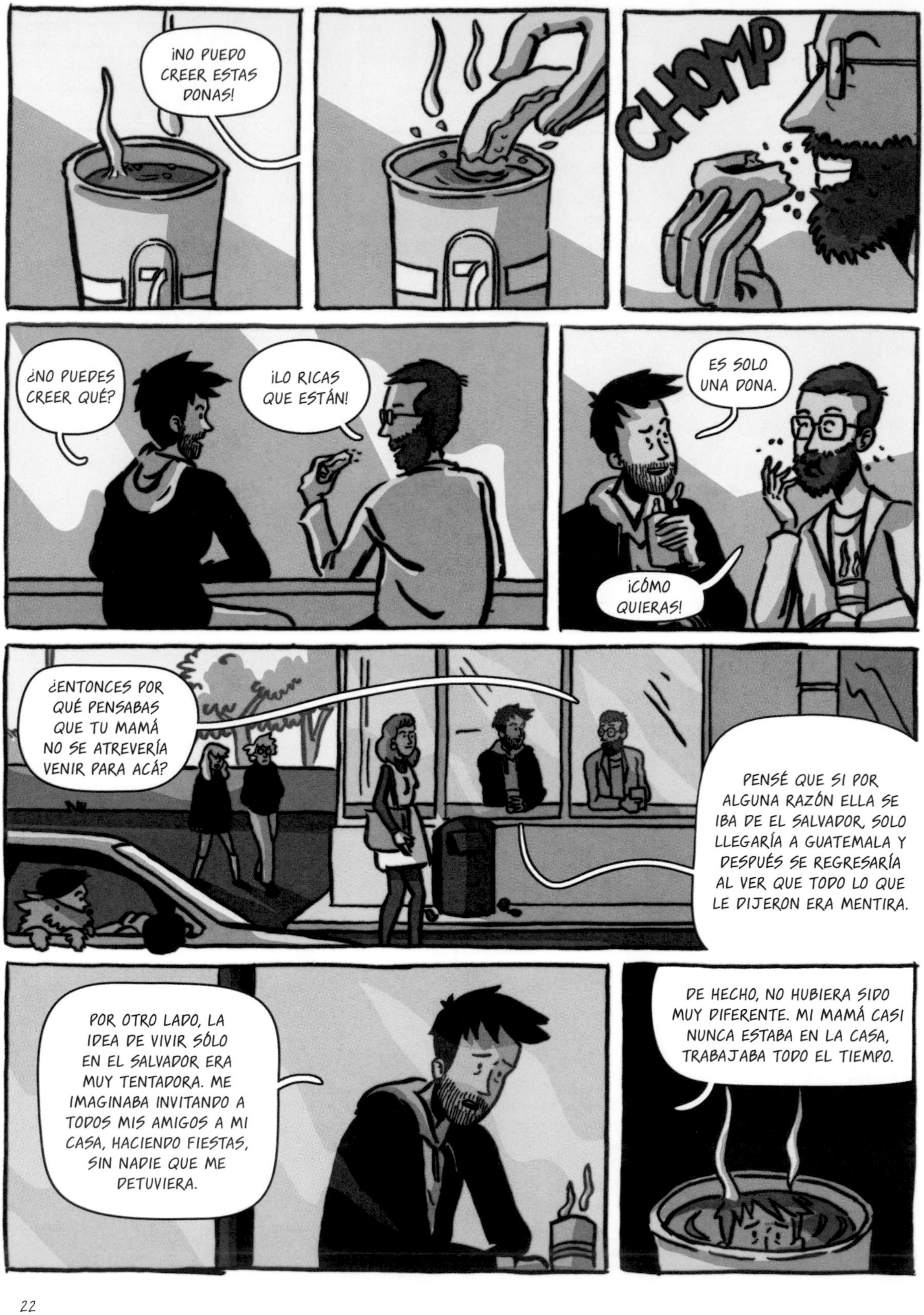
¡NO PUEDO CREER ESTAS DONAS!
CHOMP
¿NO PUEDES CREER QUÉ?
¡LO RICAS QUE ESTÁN!
ES SOLO UNA DONA.
¡CÓMO QUIERAS!
¿ENTONCES POR QUÉ PENSABAS QUE TU MAMÁ NO SE ATREVERÍA VENIR PARA ACÁ?
PENSÉ QUE SI POR ALGUNA RAZÓN ELLA SE IBA DE EL SALVADOR, SOLO LLEGARÍA A GUATEMALA Y DESPUÉS SE REGRESARÍA AL VER QUE TODO LO QUE LE DIJERON ERA MENTIRA.
POR OTRO LADO, LA IDEA DE VIVIR SÓLO EN EL SALVADOR ERA MUY TENTADORA. ME IMAGINABA INVITANDO A TODOS MIS AMIGOS A MI CASA, HACIENDO FIESTAS, SIN NADIE QUE ME DETUVIERA.
DE HECHO, NO HUBIERA SIDO MUY DIFERENTE. MI MAMÁ CASI NUNCA ESTABA EN LA CASA, TRABAJABA TODO EL TIEMPO.

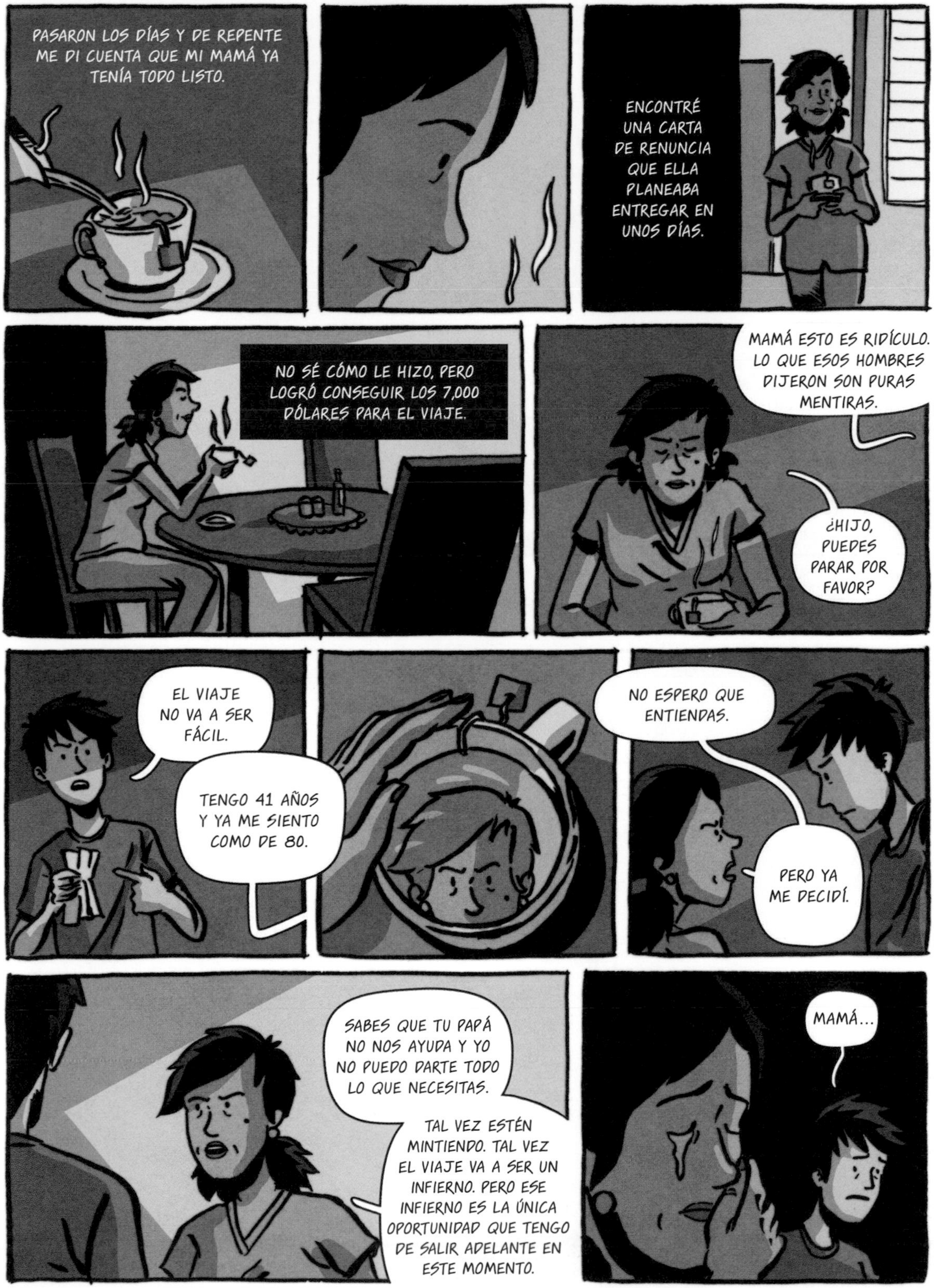
PASARON LOS DÍAS Y DE REPENTE ME DI CUENTA QUE MI MAMÁ YA TENÍA TODO LISTO.
ENCONTRÉ UNA CARTA DE RENUNCIA QUE ELLA PLANEABA ENTREGAR EN UNOS DÍAS.
NO SÉ CÓMO LE HIZO, PERO LOGRÓ CONSEGUIR LOS 7,000 DÓLARES PARA EL VIAJE.
MAMÁ ESTO ES RIDÍCULO. LO QUE ESOS HOMBRES DIJERON SON PURAS MENTIRAS.
¿HIJO, PUEDES PARAR POR FAVOR?
EL VIAJE NO VA A SER FÁCIL.
TENGO 41 AÑOS Y YA ME SIENTO COMO DE 80.
NO ESPERO QUE ENTIENDAS.
PERO YA ME DECIDÍ.
SABES QUE TU PAPÁ NO NOS AYUDA Y YO NO PUEDO DARTE TODO LO QUE NECESITAS.
TAL VEZ ESTÉN MINTIENDO. TAL VEZ EL VIAJE VA A SER UN INFIERNO. PERO ESE INFIERNO ES LA ÚNICA OPORTUNIDAD QUE TENGO DE SALIR ADELANTE EN ESTE MOMENTO.
MAMÁ...

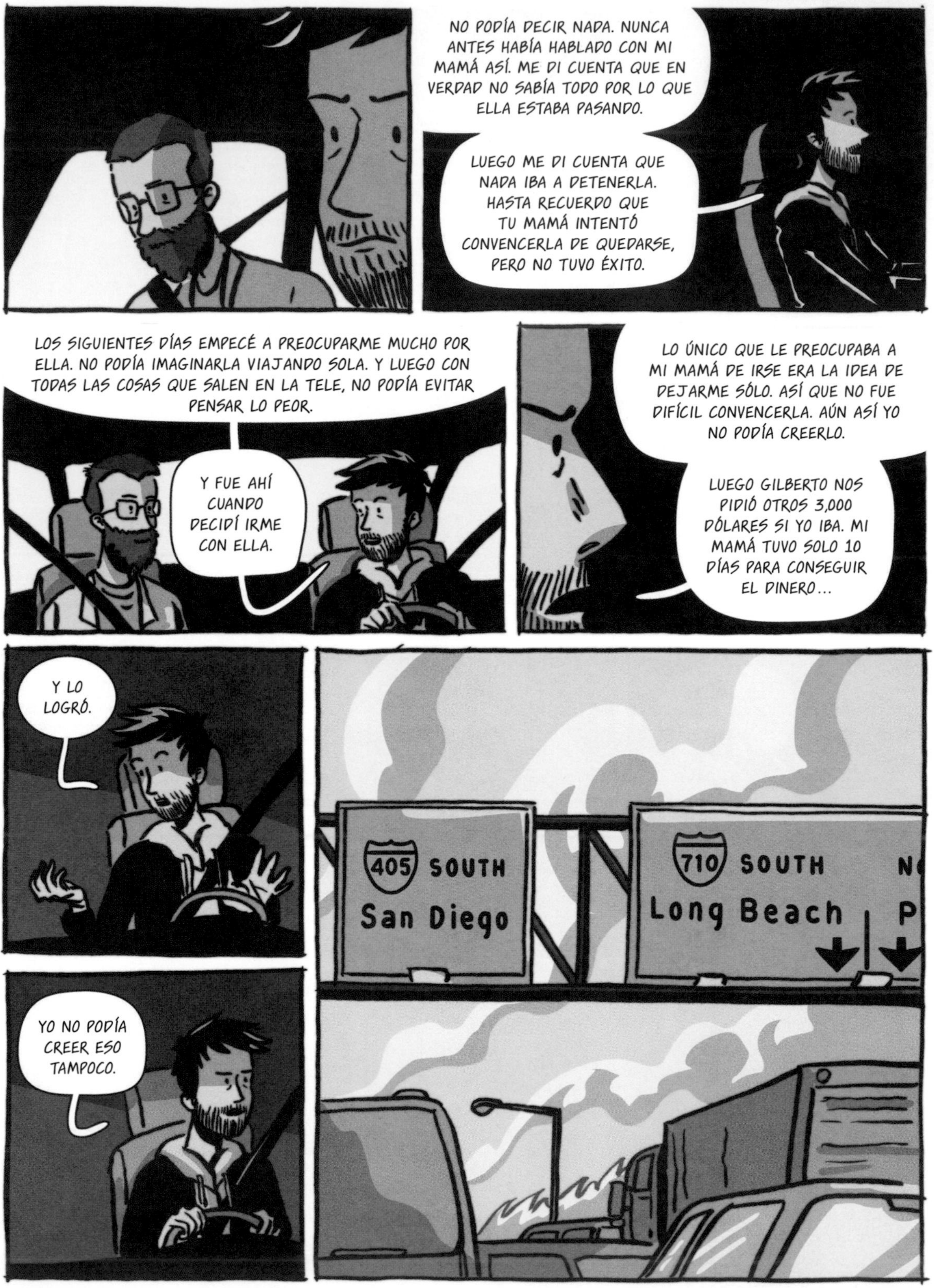
NO PODÍA DECIR NADA. NUNCA ANTES HABÍA HABLADO CON MI MAMÁ ASÍ. ME DI CUENTA QUE EN VERDAD NO SABÍA TODO POR LO QUE ELLA ESTABA PASANDO.
LUEGO ME DI CUENTA QUE NADA IBA A DETENERLA. HASTA RECUERDO QUE TU MAMÁ INTENTÓ CONVENCERLA DE QUEDARSE, PERO NO TUVO ÉXITO.
LOS SIGUIENTES DÍAS EMPECÉ A PREOCUPARME MUCHO POR ELLA. NO PODÍA IMAGINARLA VIAJANDO SOLA. Y LUEGO CON TODAS LAS COSAS QUE SALEN EN LA TELE, NO PODÍA EVITAR PENSAR LO PEOR.
Y FUE AHÍ CUANDO DECIDÍ IRME CON ELLA.
LO ÚNICO QUE LE PREOCUPABA A MI MAMÁ DE IRSE ERA LA IDEA DE DEJARME SÓLO. ASÍ QUE NO FUE DIFÍCIL CONVENCERLA. AÚN ASÍ YO NO PODÍA CREERLO.
LUEGO GILBERTO NOS PIDIÓ OTROS 3,000 DÓLARES SI YO IBA. MI MAMÁ TUVO SOLO 10 DÍAS PARA CONSEGUIR EL DINERO…
Y LO LOGRÓ.
YO NO PODÍA CREER ESO TAMPOCO.
405 SOUTH
San Diego
710 SOUTH
Long Beach

Capítulo 2
SIN DESPEDIDAS

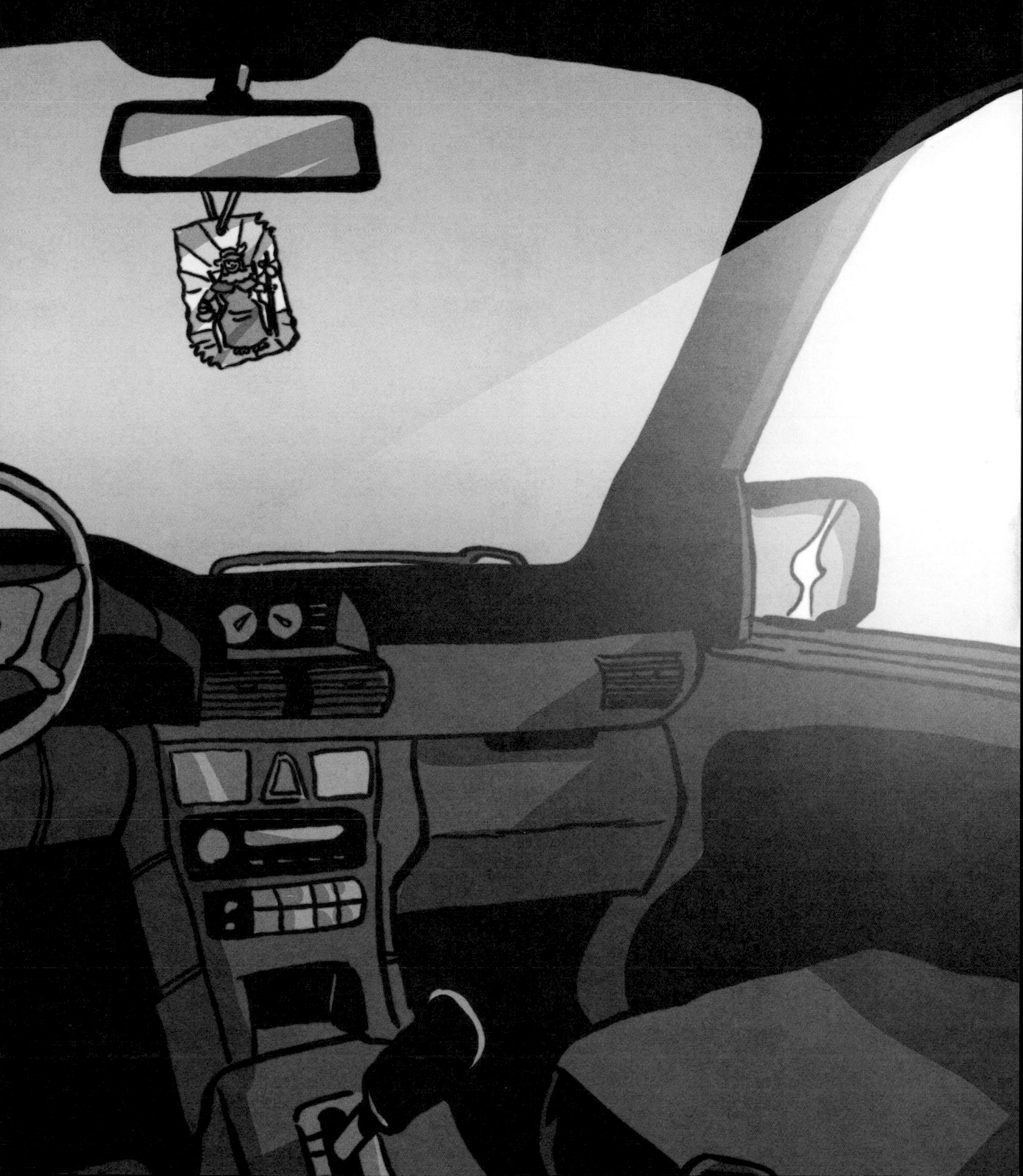

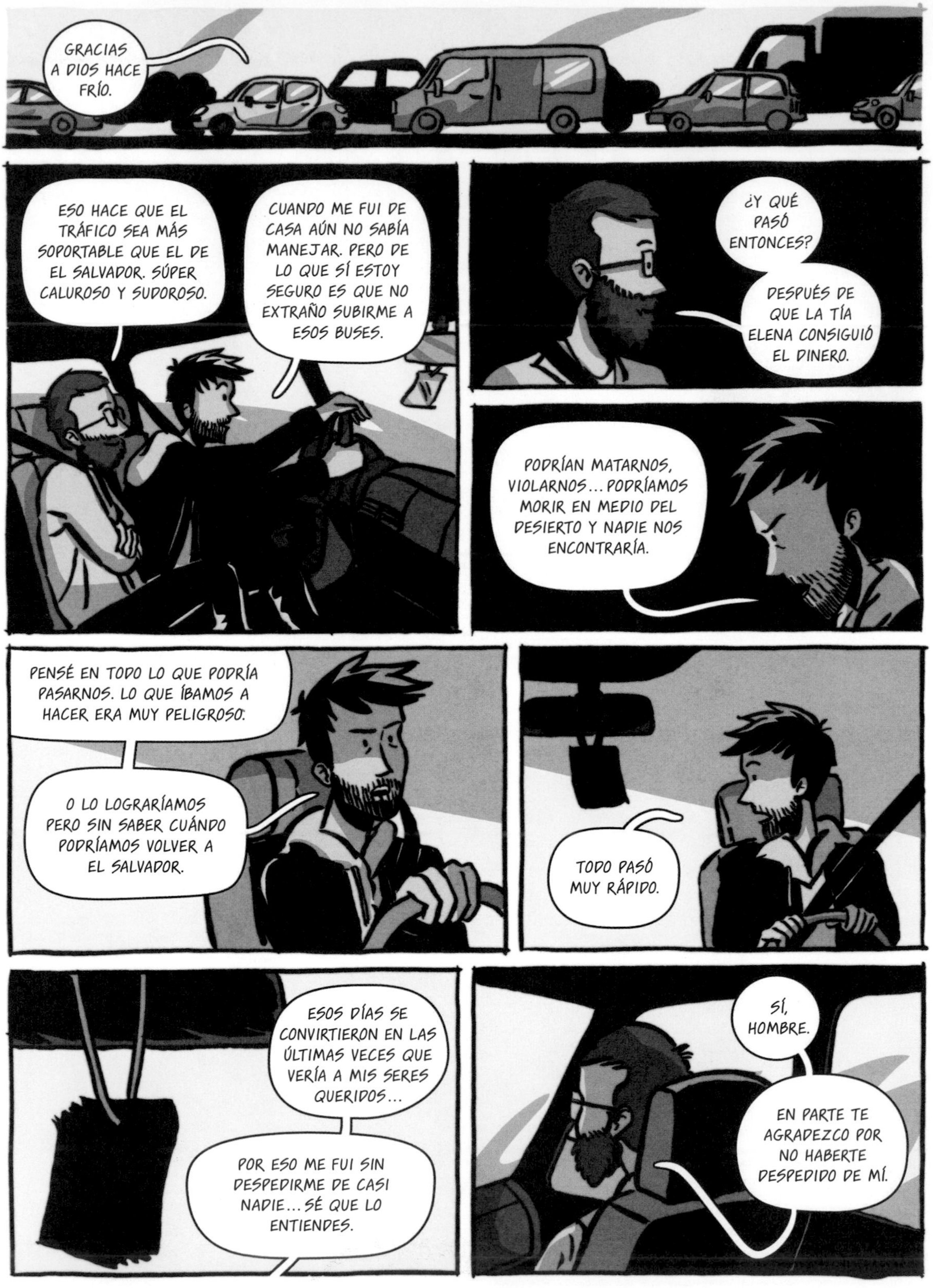
GRACIAS A DIOS HACE FRÍO.
ESO HACE QUE EL TRÁFICO SEA MÁS SOPORTABLE QUE EL DE EL SALVADOR. SÚPER CALUROSO Y SUDOROSO.
CUANDO ME FUI DE CASA AÚN NO SABÍA MANEJAR. PERO DE LO QUE SÍ ESTOY SEGURO ES QUE NO EXTRAÑO SUBIRME A ESOS BUSES.
¿Y QUÉ PASÓ ENTONCES?
DESPUÉS DE QUE LA TÍA ELENA CONSIGUIÓ EL DINERO.
PODRÍAN MATARNOS, VIOLARNOS... PODRÍAMOS MORIR EN MEDIO DEL DESIERTO Y NADIE NOS ENCONTRARÍA.
PENSÉ EN TODO LO QUE PODRÍA PASARNOS. LO QUE ÍBAMOS A HACER ERA MUY PELIGROSO.
O LO LOGRARÍAMOS PERO SIN SABER CUÁNDO PODRÍAMOS VOLVER A EL SALVADOR.
TODO PASÓ MUY RÁPIDO.
ESOS DÍAS SE CONVIRTIERON EN LAS ÚLTIMAS VECES QUE VERÍA A MIS SERES QUERIDOS...
POR ESO ME FUI SIN DESPEDIRME DE CASI NADIE... SÉ QUE LO ENTIENDES.
SÍ, HOMBRE.
EN PARTE TE AGRADEZCO POR NO HABERTE DESPEDIDO DE MÍ.

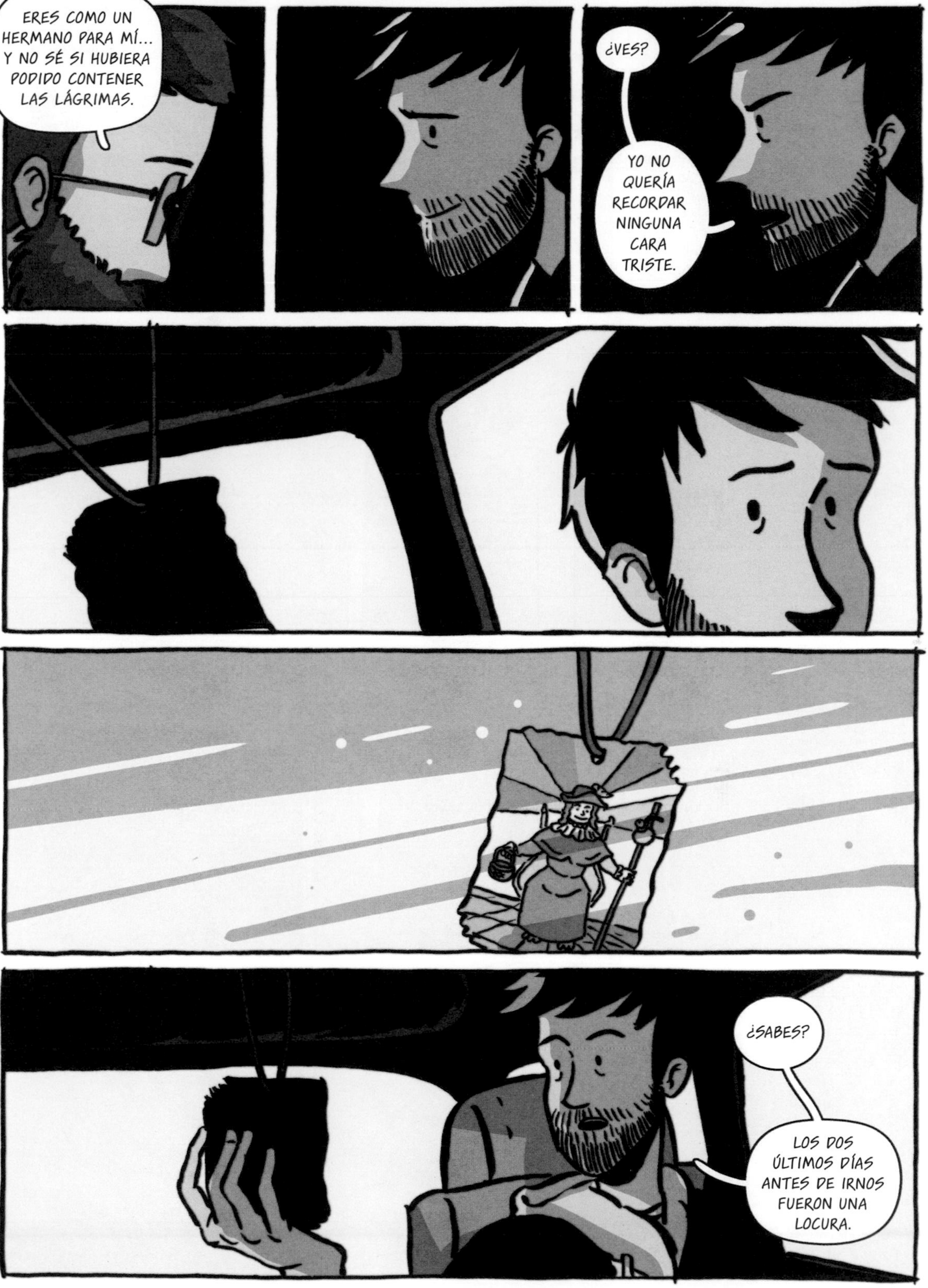
ERES COMO UN HERMANO PARA MÍ... Y NO SÉ SI HUBIERA PODIDO CONTENER LAS LÁGRIMAS.
¿VES?
YO NO QUERÍA RECORDAR NINGUNA CARA TRISTE.
¿SABES?
LOS DOS ÚLTIMOS DÍAS ANTES DE IRNOS FUERON UNA LOCURA.

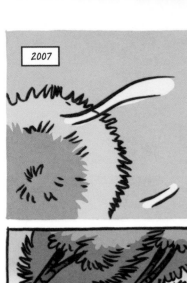

2007

ME GUSTAN SUS PANTALONES, TÍO.

LOS COMPRÉ LA SEMANA PASADA EN LAS CHINAMAS.

ESTÁN BIEN CHIVOS. ES DIFÍCIL CONSEGUIR PANTALONES ASÍ HOY EN DÍA.

PLAS

¡CRREEK! ¡CRREEK!

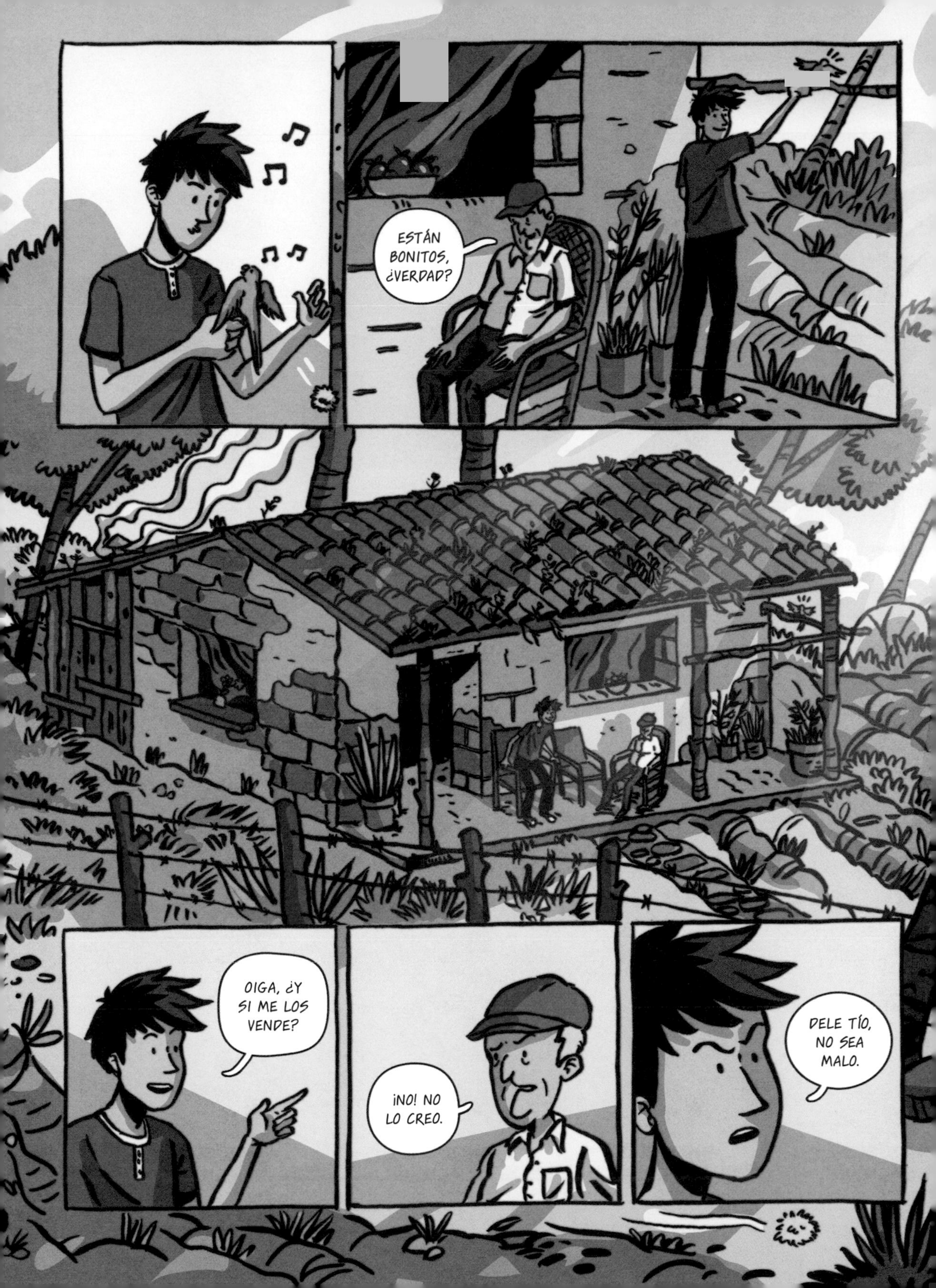

ESTÁN BONITOS, ¿VERDAD?
OIGA, ¿Y SI ME LOS VENDE?
¡NO! NO LO CREO.
DELE TÍO, NO SEA MALO.

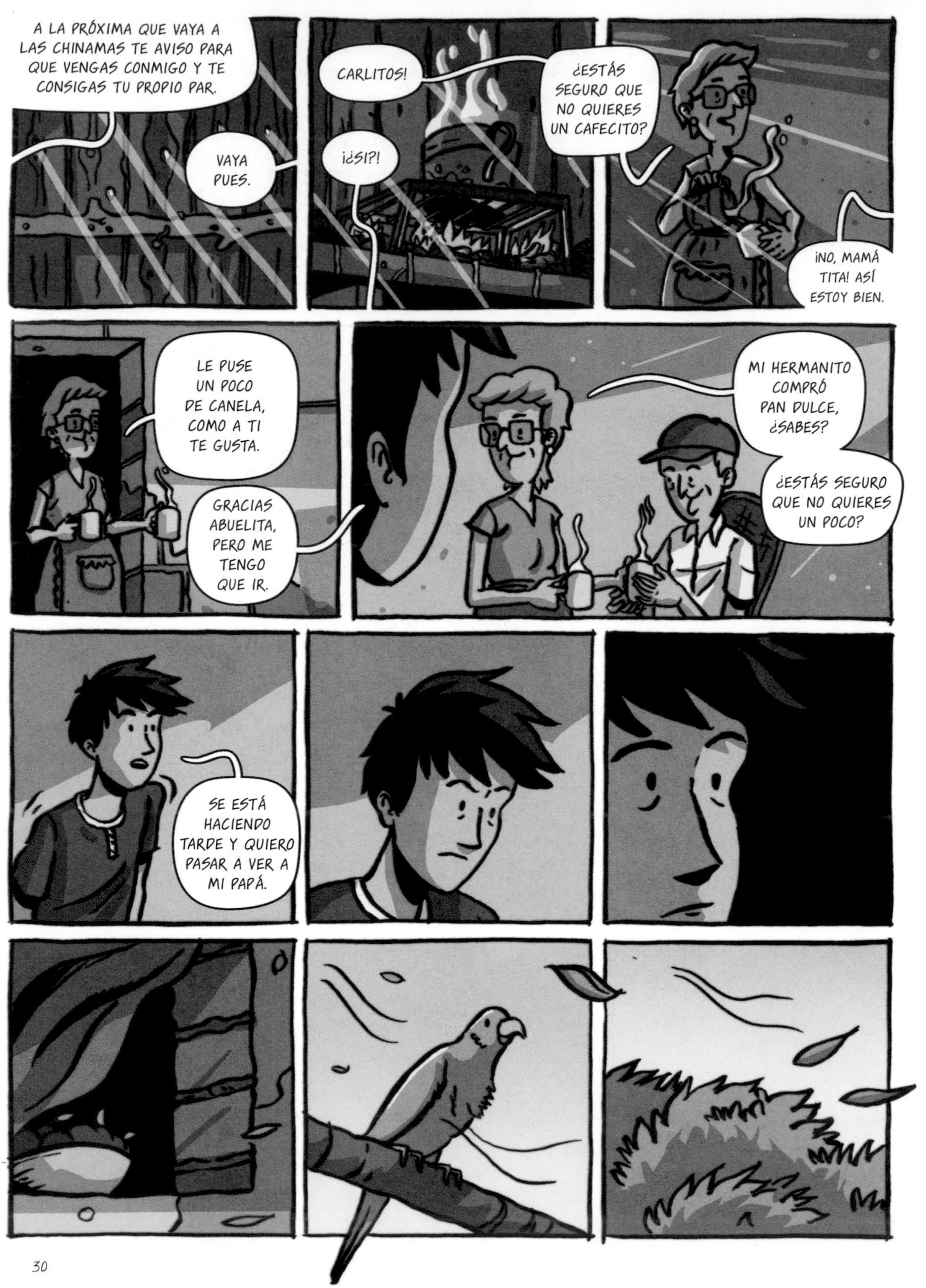
A LA PRÓXIMA QUE VAYA A LAS CHINAMAS TE AVISO PARA QUE VENGAS CONMIGO Y TE CONSIGAS TU PROPIO PAR.
VAYA PUES.
CARLITOS!
¡¿SI?!
¿ESTÁS SEGURO QUE NO QUIERES UN CAFECITO?
¡NO, MAMÁ TITA! ASÍ ESTOY BIEN.
LE PUSE UN POCO DE CANELA, COMO A TI TE GUSTA.
GRACIAS ABUELITA, PERO ME TENGO QUE IR.
MI HERMANITO COMPRÓ PAN DULCE, ¿SABES?
¿ESTÁS SEGURO QUE NO QUIERES UN POCO?
SE ESTÁ HACIENDO TARDE Y QUIERO PASAR A VER A MI PAPÁ.

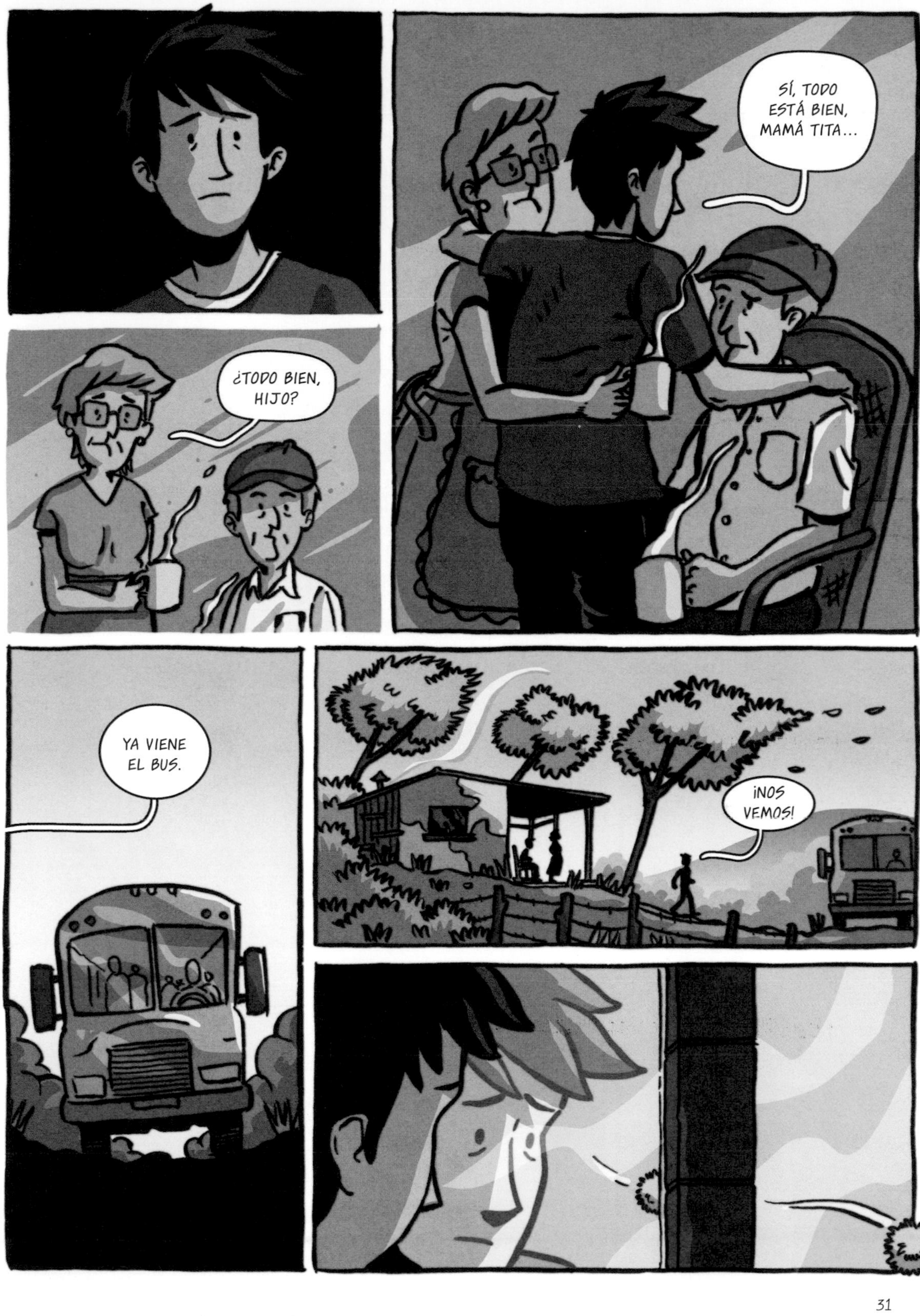
¿TODO BIEN, HIJO?
SÍ, TODO ESTÁ BIEN, MAMÁ TITA...
YA VIENE EL BUS.
¡NOS VEMOS!

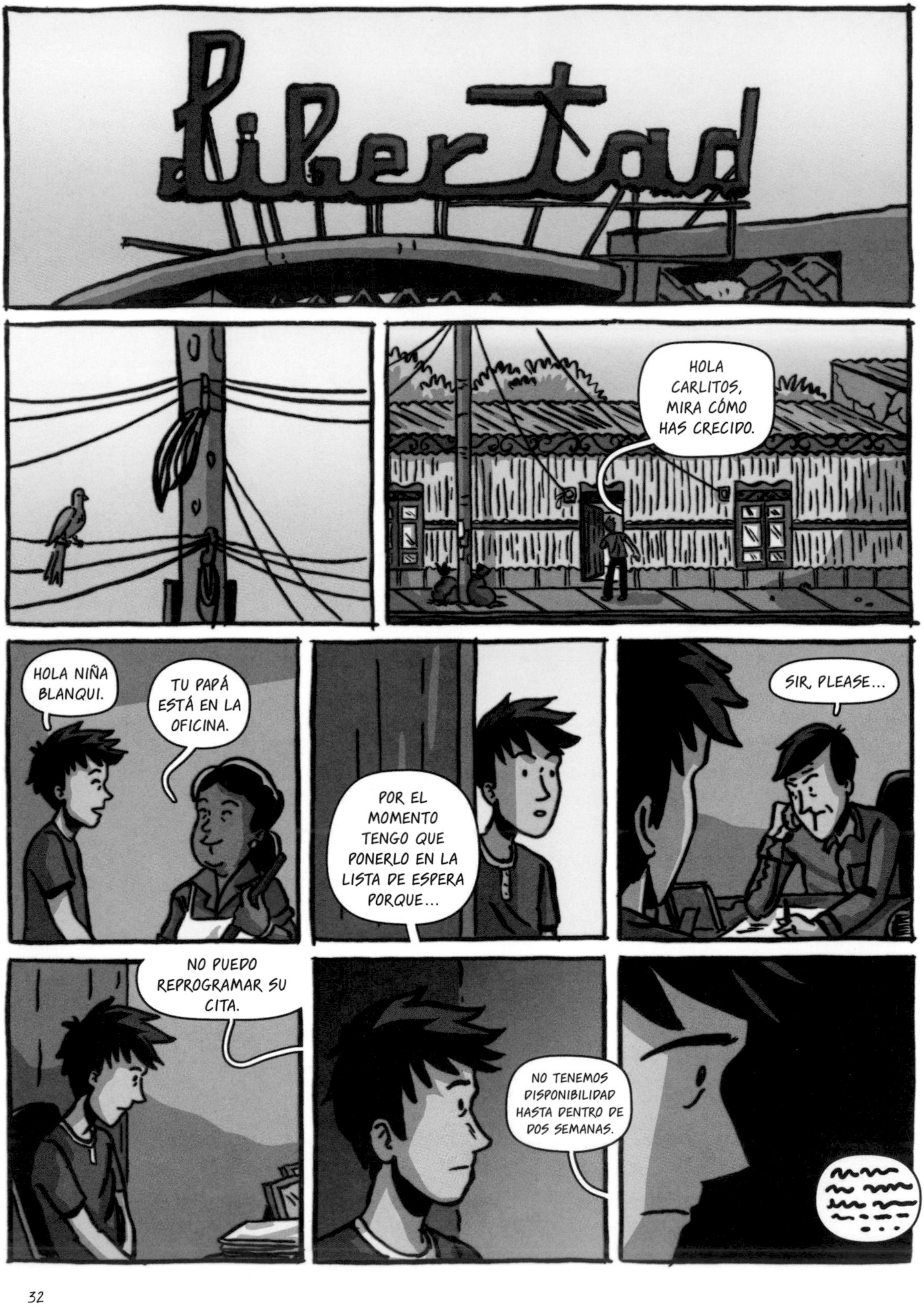
Libertad
HOLA CARLITOS, MIRA CÓMO HAS CRECIDO.
HOLA NIÑA BLANQUI.
TU PAPÁ ESTÁ EN LA OFICINA.
POR EL MOMENTO TENGO QUE PONERLO EN LA LISTA DE ESPERA PORQUE...
SIR, PLEASE...
NO PUEDO REPROGRAMAR SU CITA.
NO TENEMOS DISPONIBILIDAD HASTA DENTRO DE DOS SEMANAS.

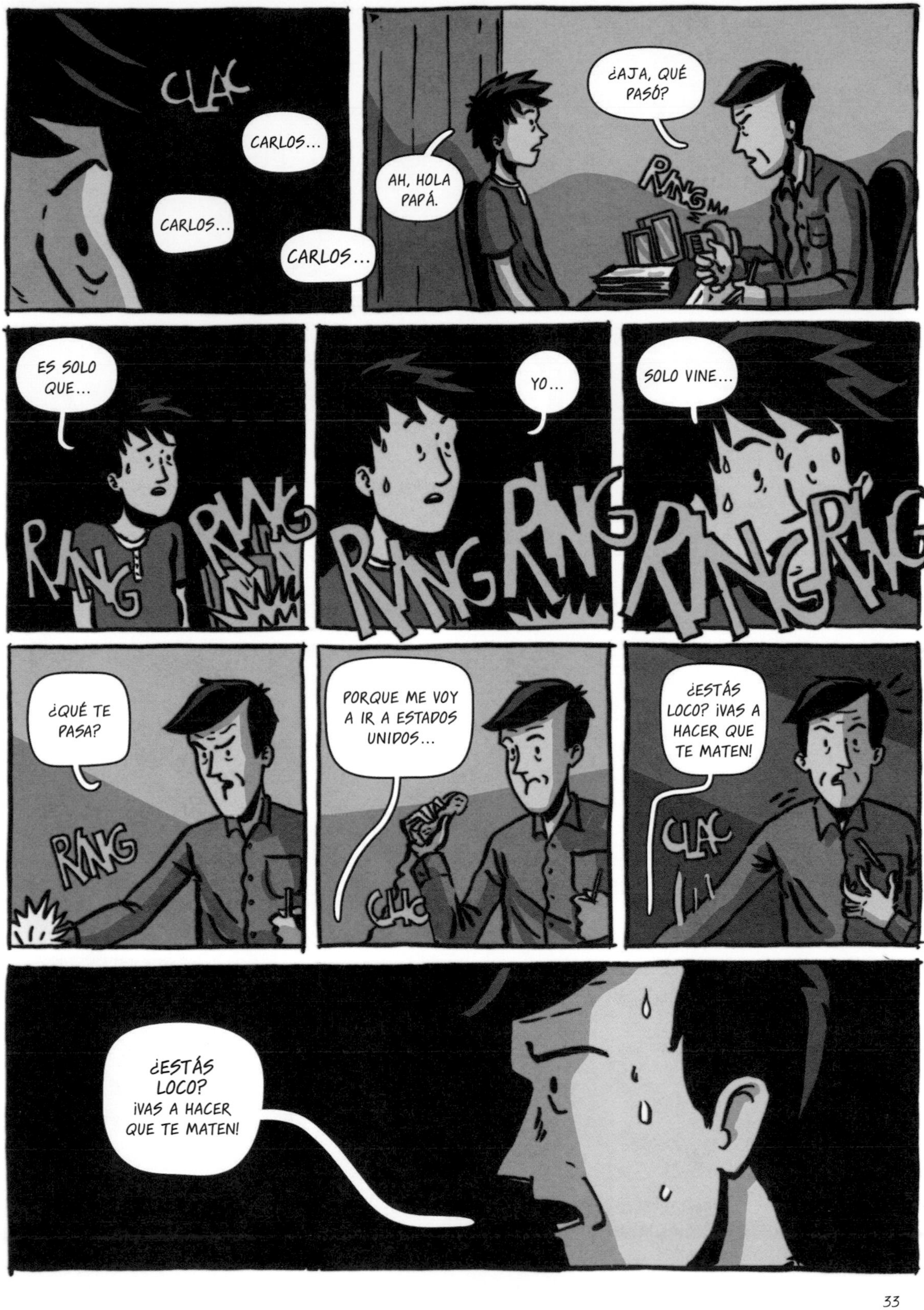
CLAC
CARLOS...
CARLOS...
CARLOS...
AH, HOLA PAPÁ.
¿AJA, QUÉ PASÓ?
RING
ES SOLO QUE...
RING
RING
YO...
RING
RING
SOLO VINE...
RING
RING
¿QUÉ TE PASA?
RING
PORQUE ME VOY A IR A ESTADOS UNIDOS...
CLAC
¿ESTÁS LOCO? ¡VAS A HACER QUE TE MATEN!
CLAC
¿ESTÁS LOCO? ¡VAS A HACER QUE TE MATEN!

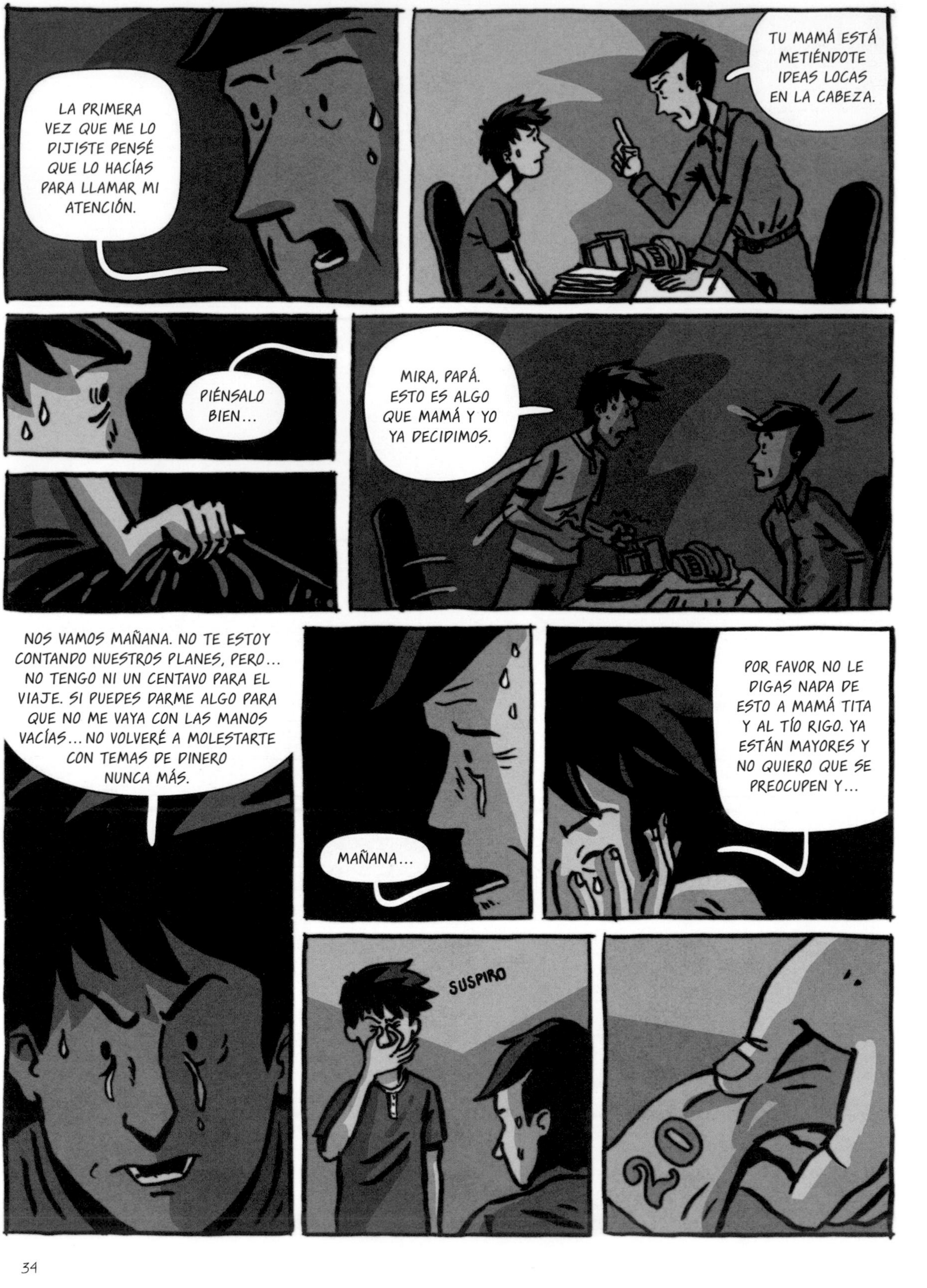
LA PRIMERA VEZ QUE ME LO DIJISTE PENSÉ QUE LO HACÍAS PARA LLAMAR MI ATENCIÓN.
TU MAMÁ ESTÁ METIÉNDOTE IDEAS LOCAS EN LA CABEZA.
PIÉNSALO BIEN…
MIRA, PAPÁ. ESTO ES ALGO QUE MAMÁ Y YO YA DECIDIMOS.
NOS VAMOS MAÑANA. NO TE ESTOY CONTANDO NUESTROS PLANES, PERO… NO TENGO NI UN CENTAVO PARA EL VIAJE. SI PUEDES DARME ALGO PARA QUE NO ME VAYA CON LAS MANOS VACÍAS… NO VOLVERÉ A MOLESTARTE CON TEMAS DE DINERO NUNCA MÁS.
MAÑANA…
POR FAVOR NO LE DIGAS NADA DE ESTO A MAMÁ TITA Y AL TÍO RIGO. YA ESTÁN MAYORES Y NO QUIERO QUE SE PREOCUPEN Y…
SUSPIRO
20

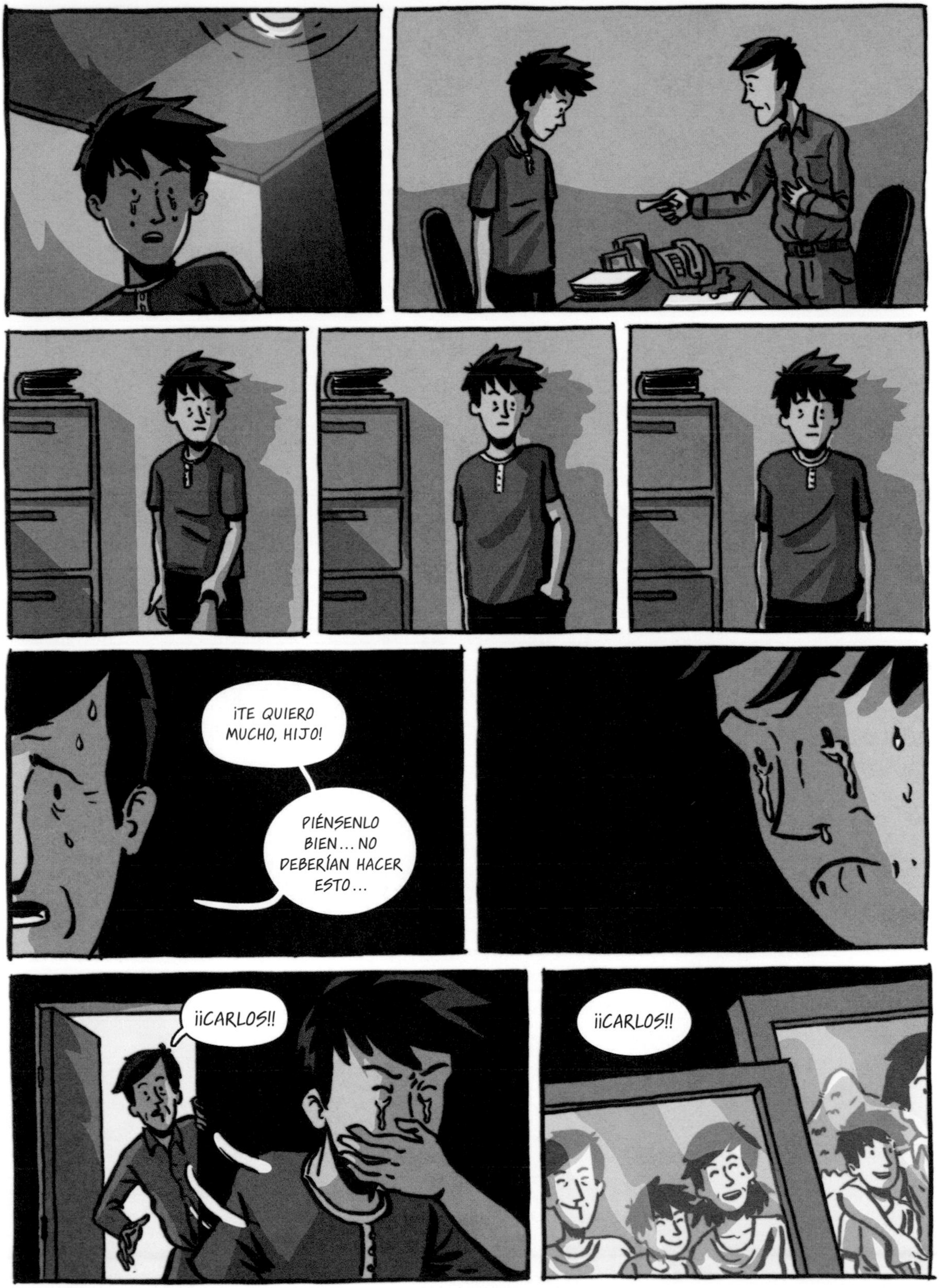
¡TE QUIERO MUCHO, HIJO!
PIÉNSENLO BIEN... NO DEBERÍAN HACER ESTO...
¡¡CARLOS!!
¡¡CARLOS!!

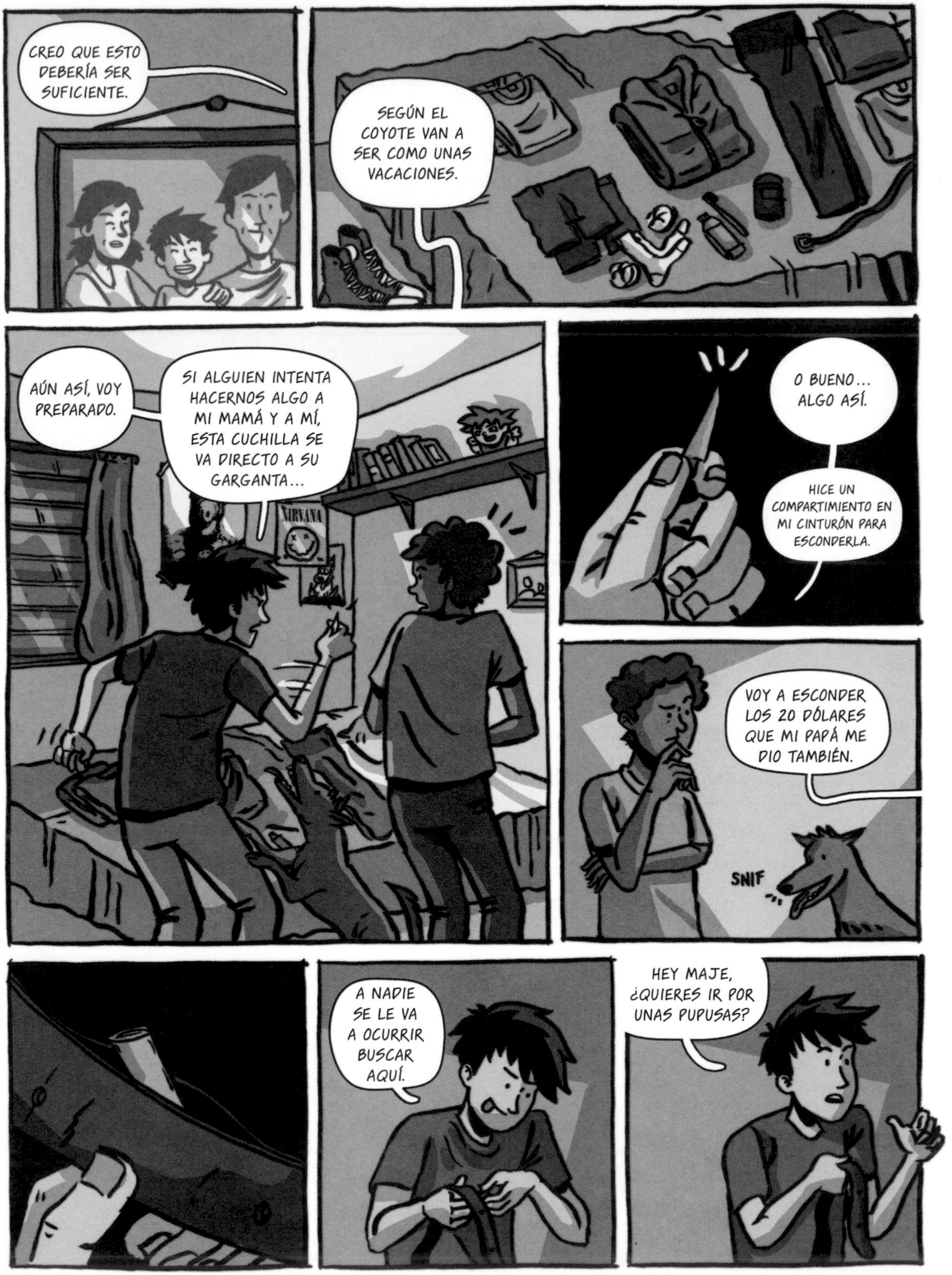

CREO QUE ESTO DEBERÍA SER SUFICIENTE.
SEGÚN EL COYOTE VAN A SER COMO UNAS VACACIONES.
AÚN ASÍ, VOY PREPARADO.
SI ALGUIEN INTENTA HACERNOS ALGO A MI MAMÁ Y A MÍ, ESTA CUCHILLA SE VA DIRECTO A SU GARGANTA...
NIRVANA
O BUENO... ALGO ASÍ.
HICE UN COMPARTIMIENTO EN MI CINTURÓN PARA ESCONDERLA.
VOY A ESCONDER LOS 20 DÓLARES QUE MI PAPÁ ME DIO TAMBIÉN.
SNIF
A NADIE SE LE VA A OCURRIR BUSCAR AQUÍ.
HEY MAJE, ¿QUIERES IR POR UNAS PUPUSAS?

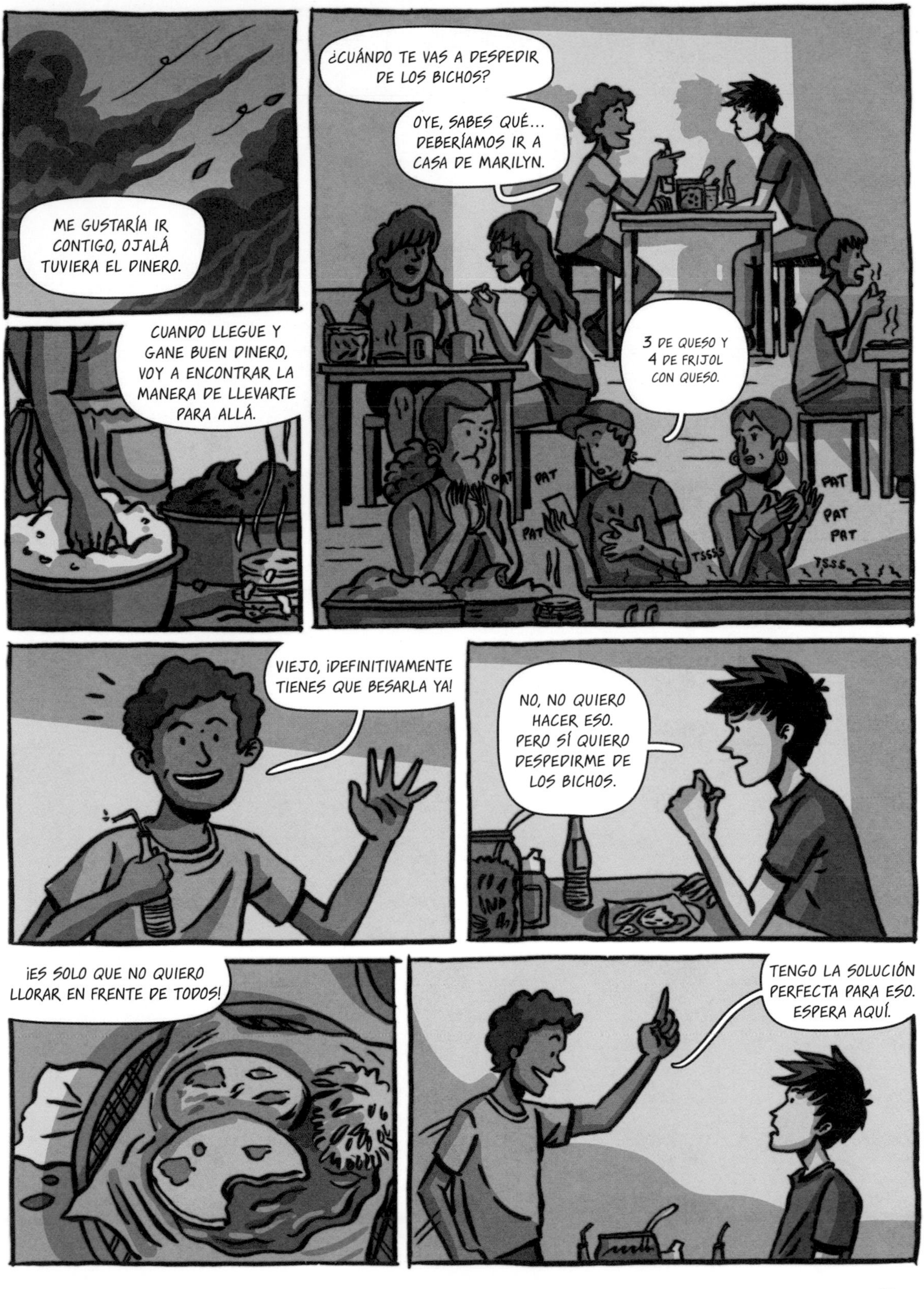
ME GUSTARÍA IR CONTIGO, OJALÁ TUVIERA EL DINERO.
CUANDO LLEGUE Y GANE BUEN DINERO, VOY A ENCONTRAR LA MANERA DE LLEVARTE PARA ALLÁ.
¿CUÁNDO TE VAS A DESPEDIR DE LOS BICHOS?
OYE, SABES QUÉ... DEBERÍAMOS IR A CASA DE MARILYN.
3 DE QUESO Y 4 DE FRIJOL CON QUESO.
PAT
PAT
PAT
PAT
PAT
PAT
TSSSS
TSSSS
VIEJO, ¡DEFINITIVAMENTE TIENES QUE BESARLA YA!
NO, NO QUIERO HACER ESO. PERO SÍ QUIERO DESPEDIRME DE LOS BICHOS.
¡ES SOLO QUE NO QUIERO LLORAR EN FRENTE DE TODOS!
TENGO LA SOLUCIÓN PERFECTA PARA ESO. ESPERA AQUÍ.

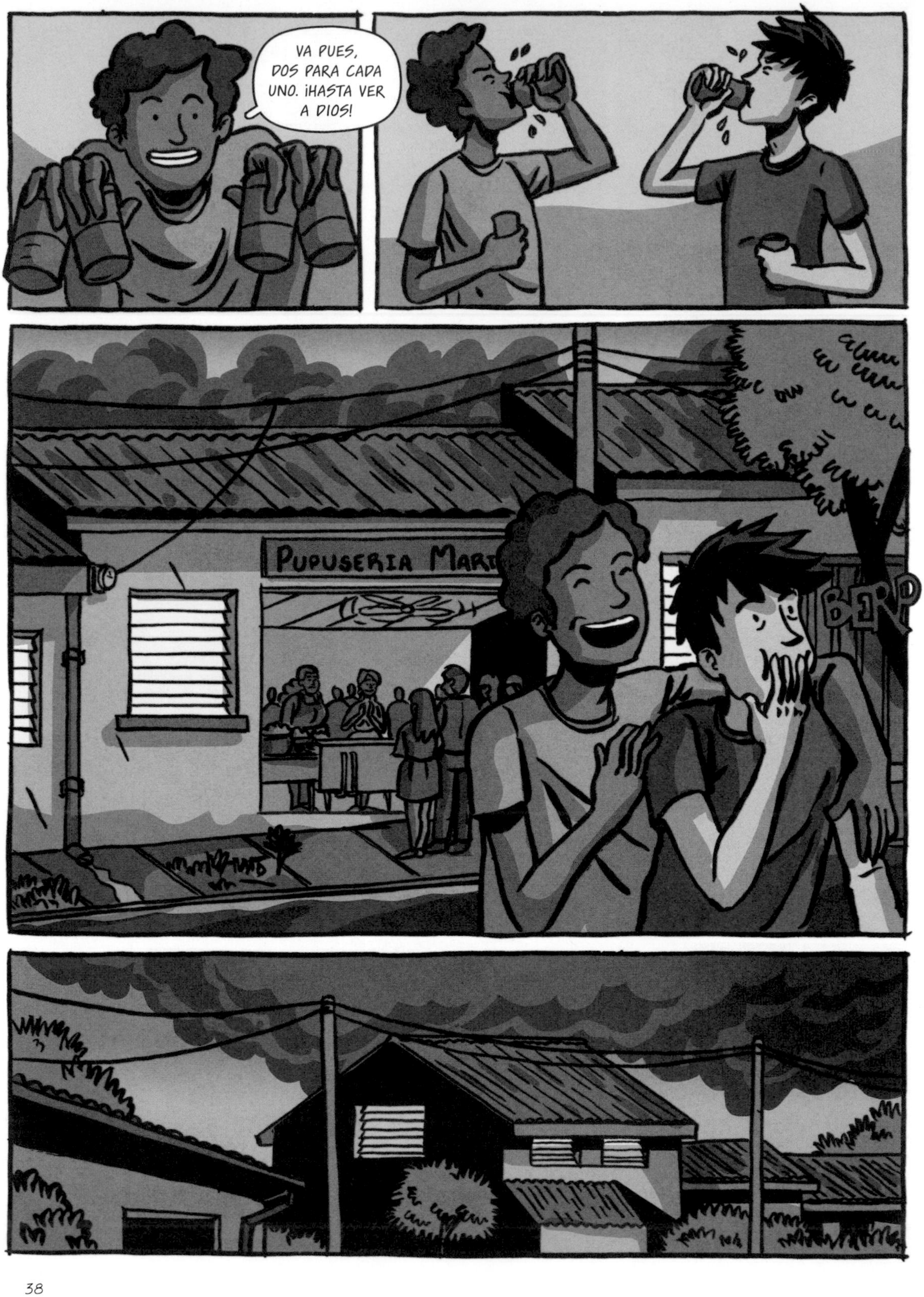
VA PUES, DOS PARA CADA UNO. ¡HASTA VER A DIOS!
PUPUSERIA MART
BERP

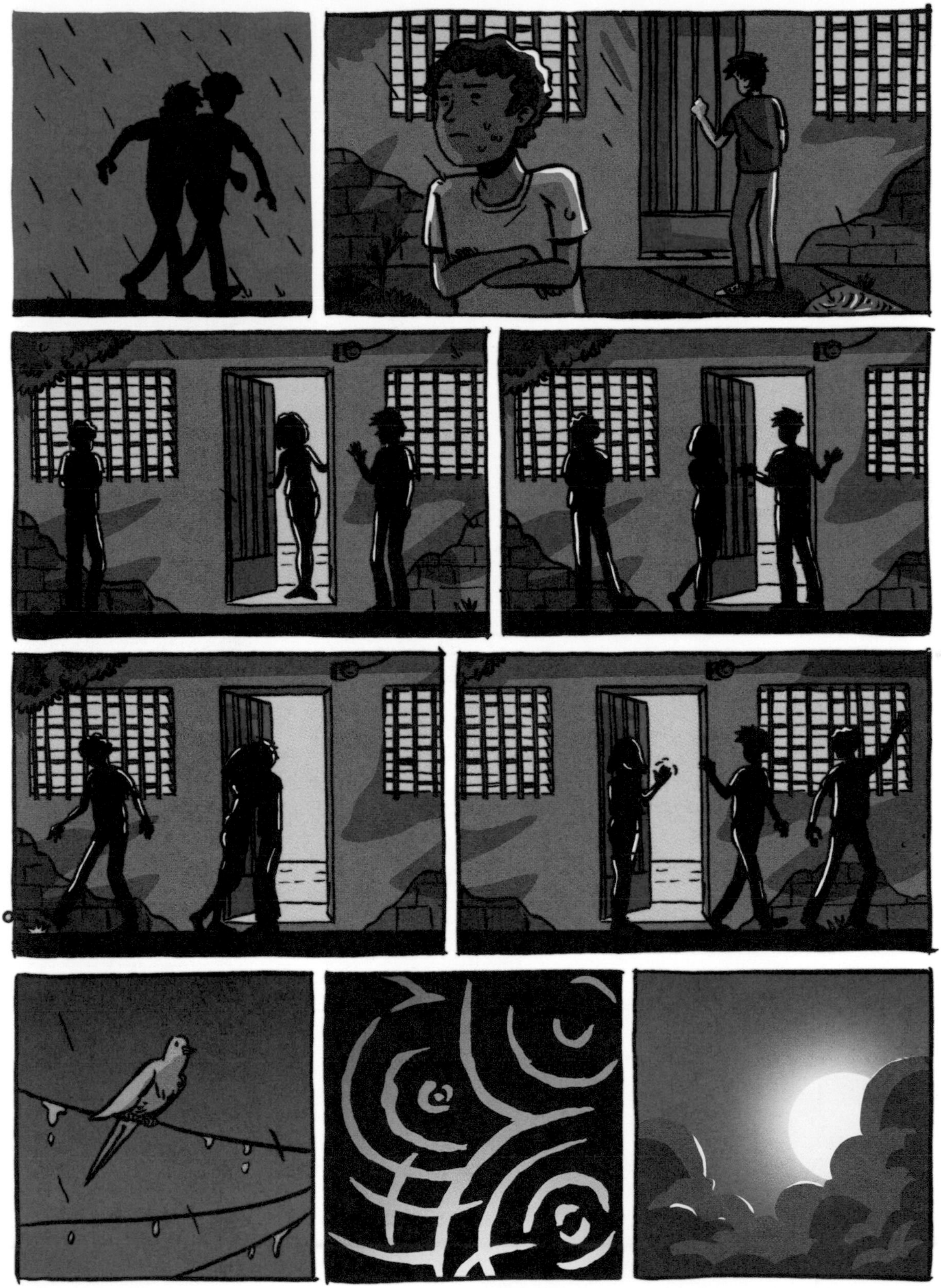

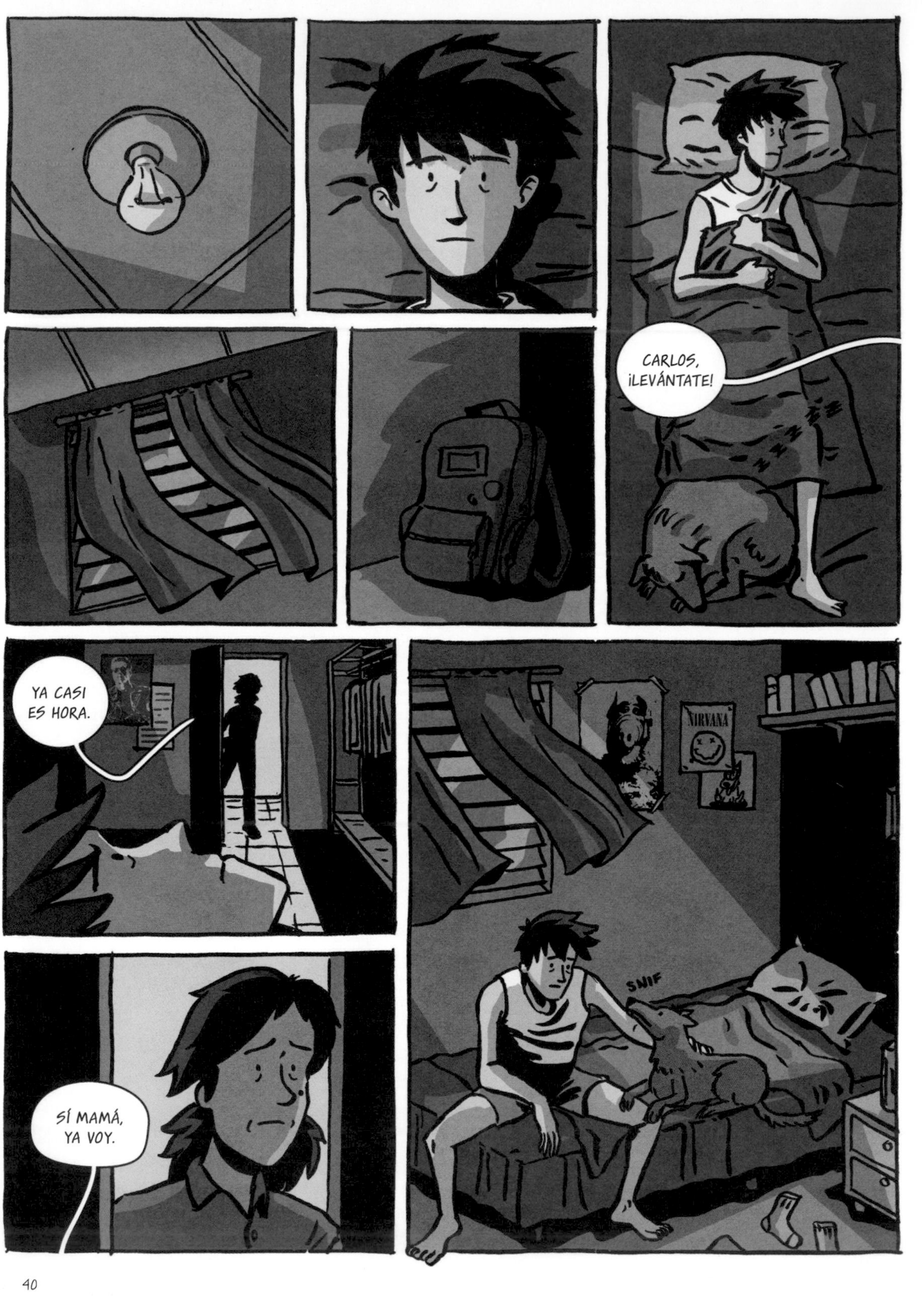
CARLOS, ¡LEVÁNTATE!
YA CASI ES HORA.
NIRVANA
SNIF
SÍ MAMÁ, YA VOY.

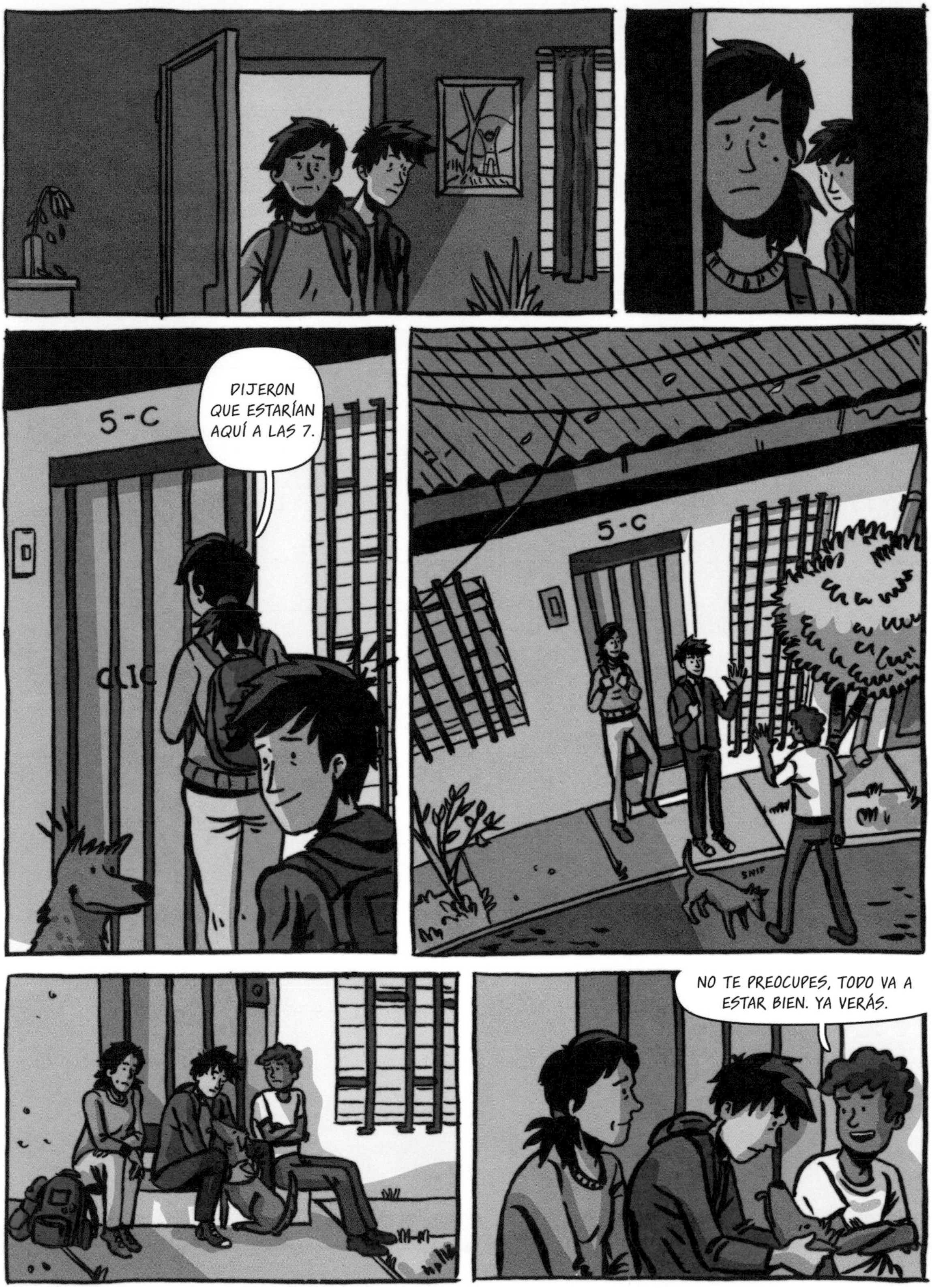
DIJERON QUE ESTARÍAN AQUÍ A LAS 7.
5-C
CLIC
5-C
SNIF
NO TE PREOCUPES, TODO VA A ESTAR BIEN. YA VERÁS.

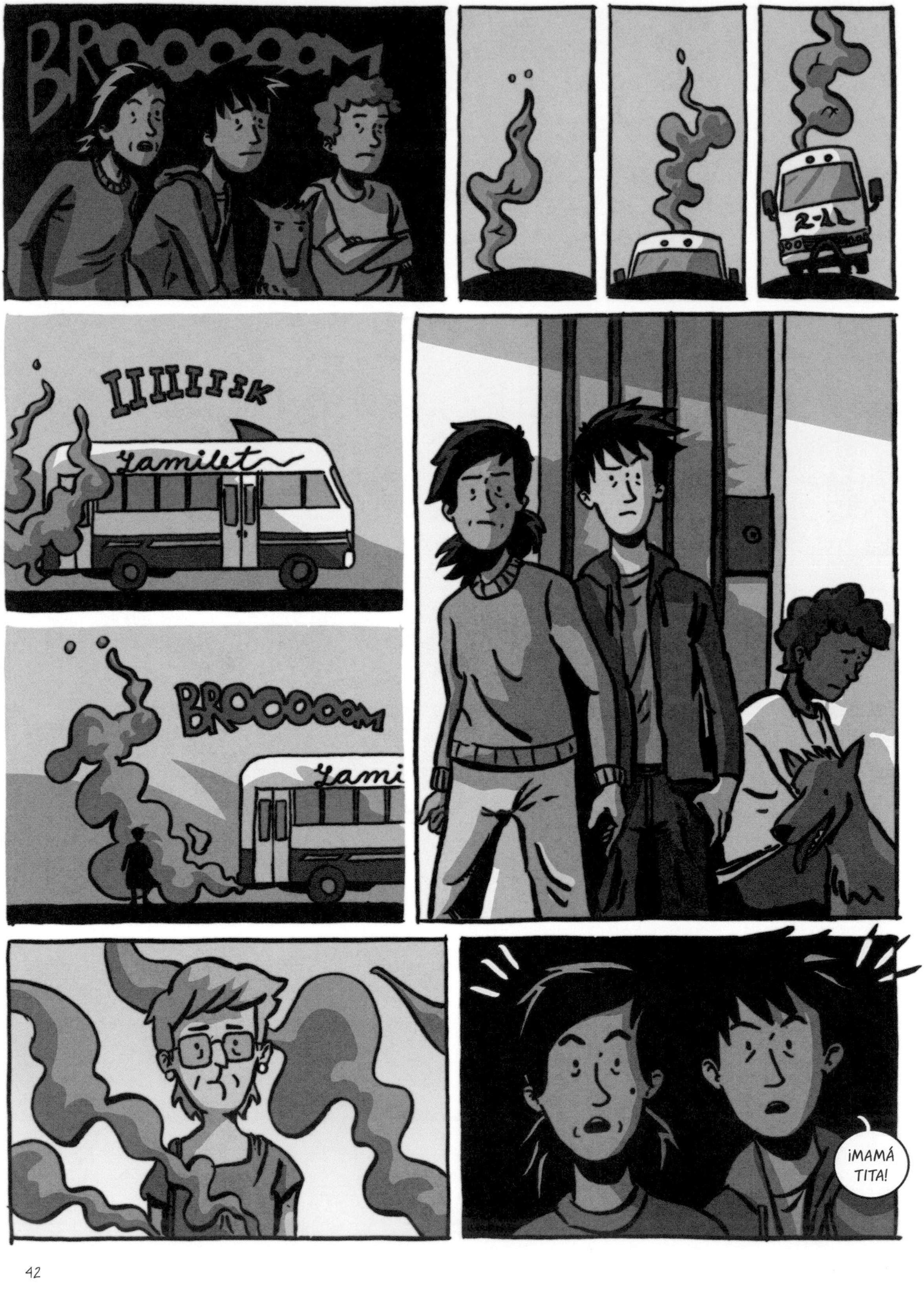
BROOOOOM
IIIIIIIK
Yamilet
BROOOOOM
¡MAMÁ TITA!

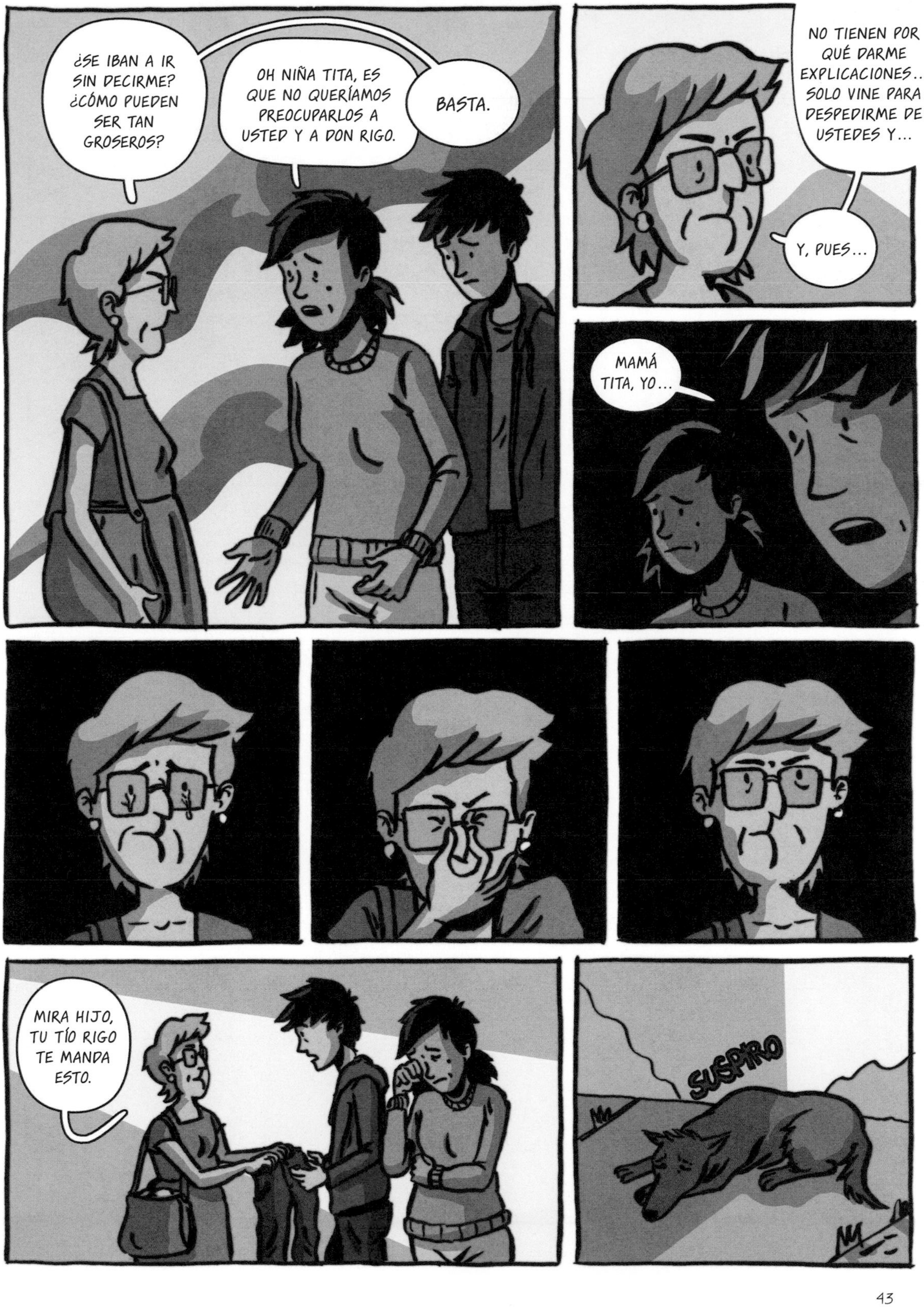
¿SE IBAN A IR SIN DECIRME? ¿CÓMO PUEDEN SER TAN GROSEROS?
OH NIÑA TITA, ES QUE NO QUERÍAMOS PREOCUPARLOS A USTED Y A DON RIGO.
BASTA.
NO TIENEN POR QUÉ DARME EXPLICACIONES… SOLO VINE PARA DESPEDIRME DE USTEDES Y…
Y, PUES…
MAMÁ TITA, YO…
MIRA HIJO, TU TÍO RIGO TE MANDA ESTO.
SUSPIRO

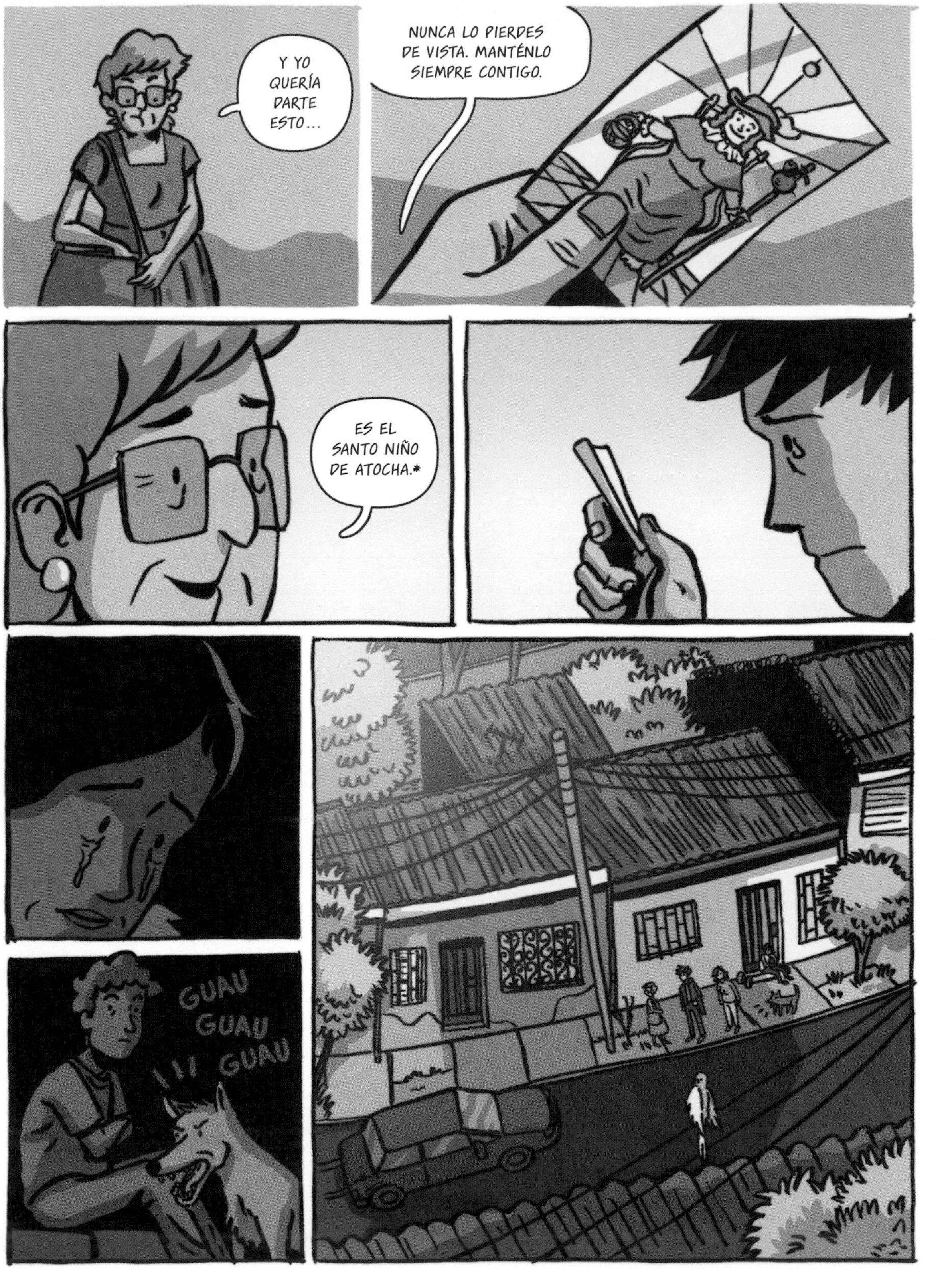
Y YO QUERÍA DARTE ESTO...
NUNCA LO PIERDES DE VISTA. MANTÉNLO SIEMPRE CONTIGO.
ES EL SANTO NIÑO DE ATOCHA.*
GUAU GUAU GUAU

*EL SANTO NIÑO DE ATOCHA ES UNA IMAGEN DE CRISTO NIÑO USADA POR LA GENTE DE LATINOAMÉRICA.

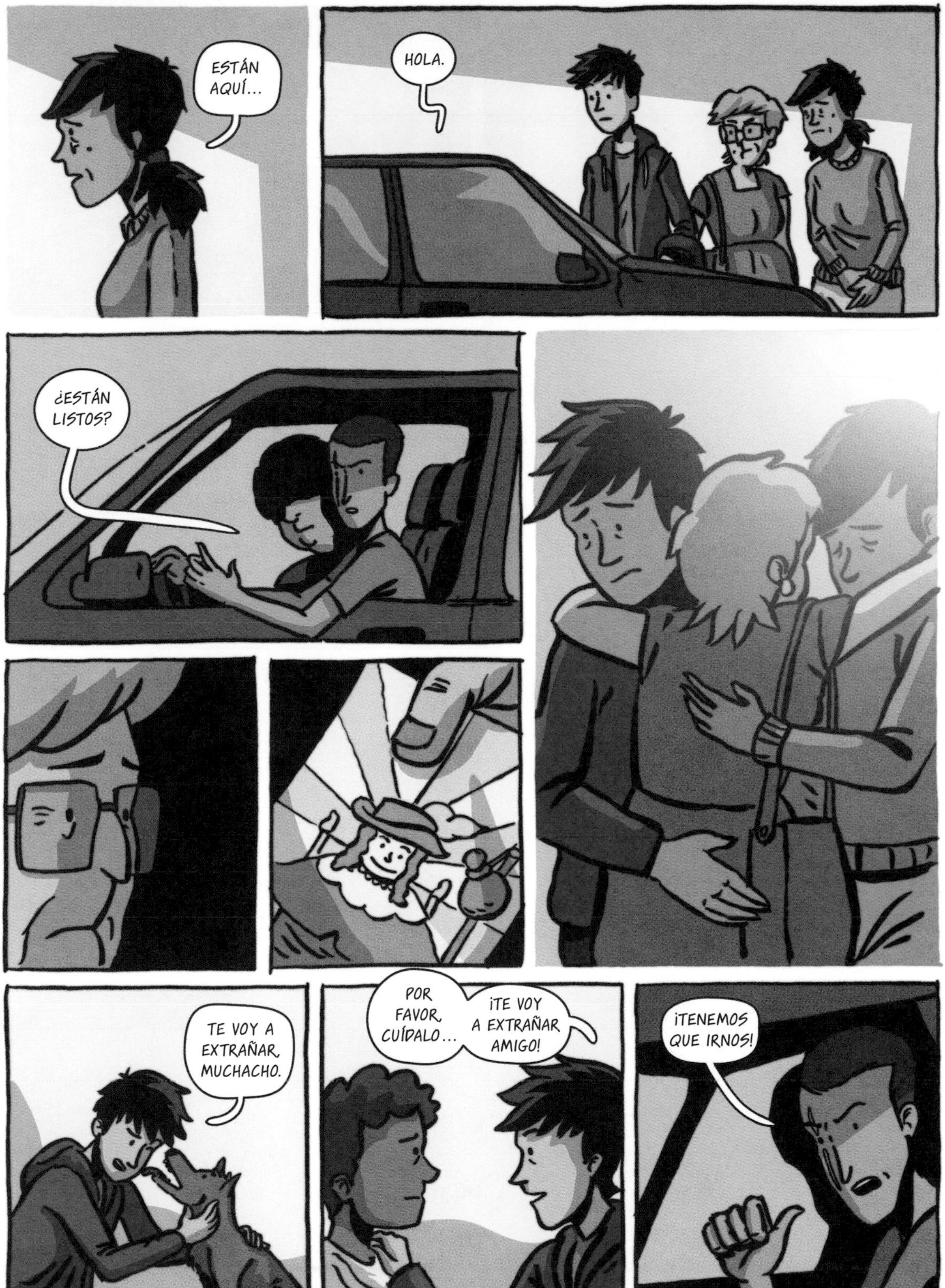
ESTÁN AQUÍ...
HOLA.
¿ESTÁN LISTOS?
TE VOY A EXTRAÑAR, MUCHACHO.
POR FAVOR, CUÍDALO...
¡TE VOY A EXTRAÑAR AMIGO!
¡TENEMOS QUE IRNOS!

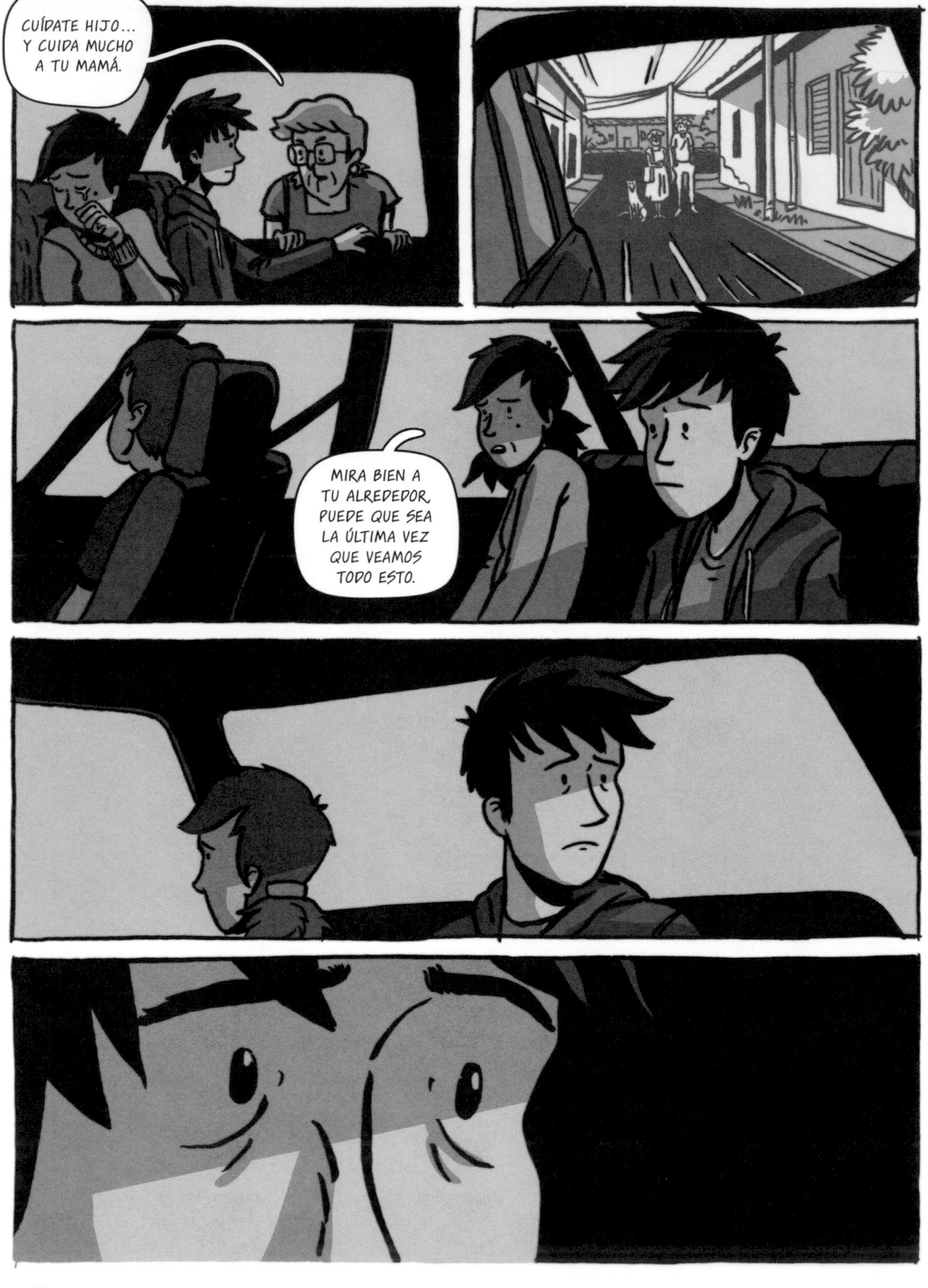
CUÍDATE HIJO...
Y CUIDA MUCHO
A TU MAMÁ.
MIRA BIEN A
TU ALREDEDOR,
PUEDE QUE SEA
LA ÚLTIMA VEZ
QUE VEAMOS
TODO ESTO.

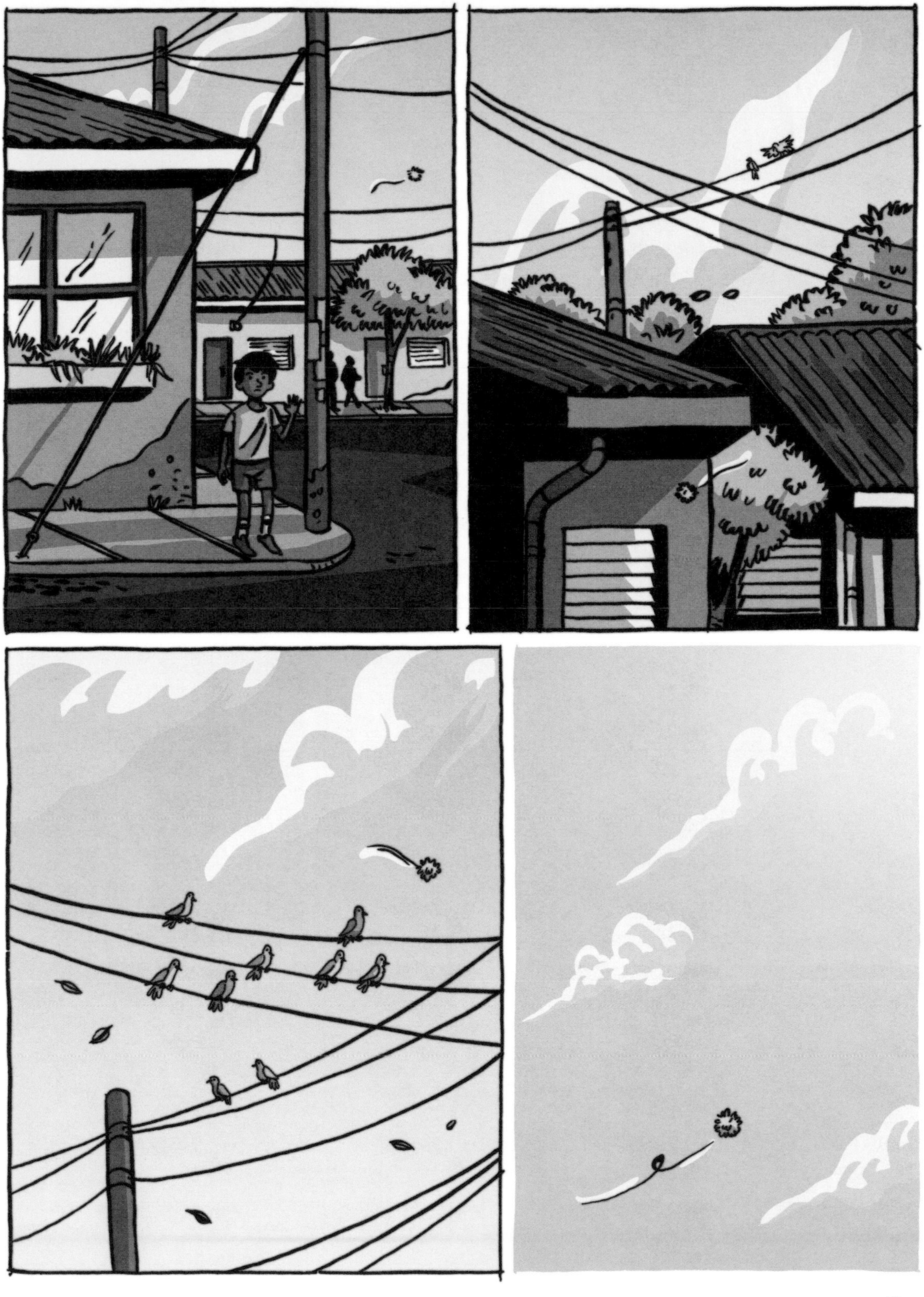

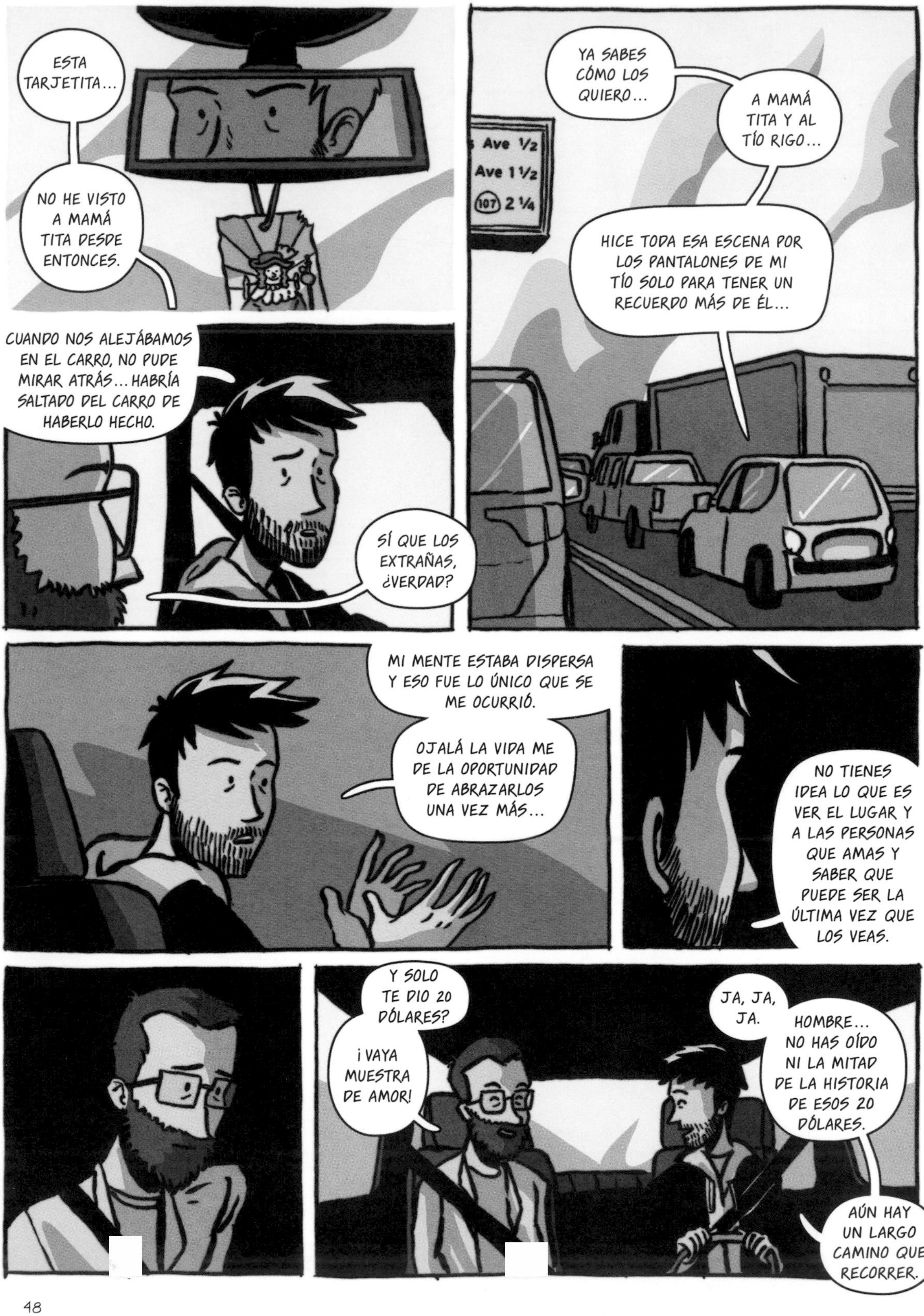

ESTA TARJETITA...
NO HE VISTO A MAMÁ TITA DESDE ENTONCES.
YA SABES CÓMO LOS QUIERO...
A MAMÁ TITA Y AL TÍO RIGO...
Ave 1/2
Ave 1 1/2
107 2 1/4
HICE TODA ESA ESCENA POR LOS PANTALONES DE MI TÍO SOLO PARA TENER UN RECUERDO MÁS DE ÉL...
CUANDO NOS ALEJÁBAMOS EN EL CARRO, NO PUDE MIRAR ATRÁS... HABRÍA SALTADO DEL CARRO DE HABERLO HECHO.
SÍ QUE LOS EXTRAÑAS, ¿VERDAD?
MI MENTE ESTABA DISPERSA Y ESO FUE LO ÚNICO QUE SE ME OCURRIÓ.
OJALÁ LA VIDA ME DE LA OPORTUNIDAD DE ABRAZARLOS UNA VEZ MÁS...
NO TIENES IDEA LO QUE ES VER EL LUGAR Y A LAS PERSONAS QUE AMAS Y SABER QUE PUEDE SER LA ÚLTIMA VEZ QUE LOS VEAS.
Y SOLO TE DIO 20 DÓLARES?
¡VAYA MUESTRA DE AMOR!
JA, JA, JA.
HOMBRE... NO HAS OÍDO NI LA MITAD DE LA HISTORIA DE ESOS 20 DÓLARES.
AÚN HAY UN LARGO CAMINO QUE RECORRER.

Capítulo 3

BIENVENIDOS A LA REPÚBLICA DE GUATEMALA

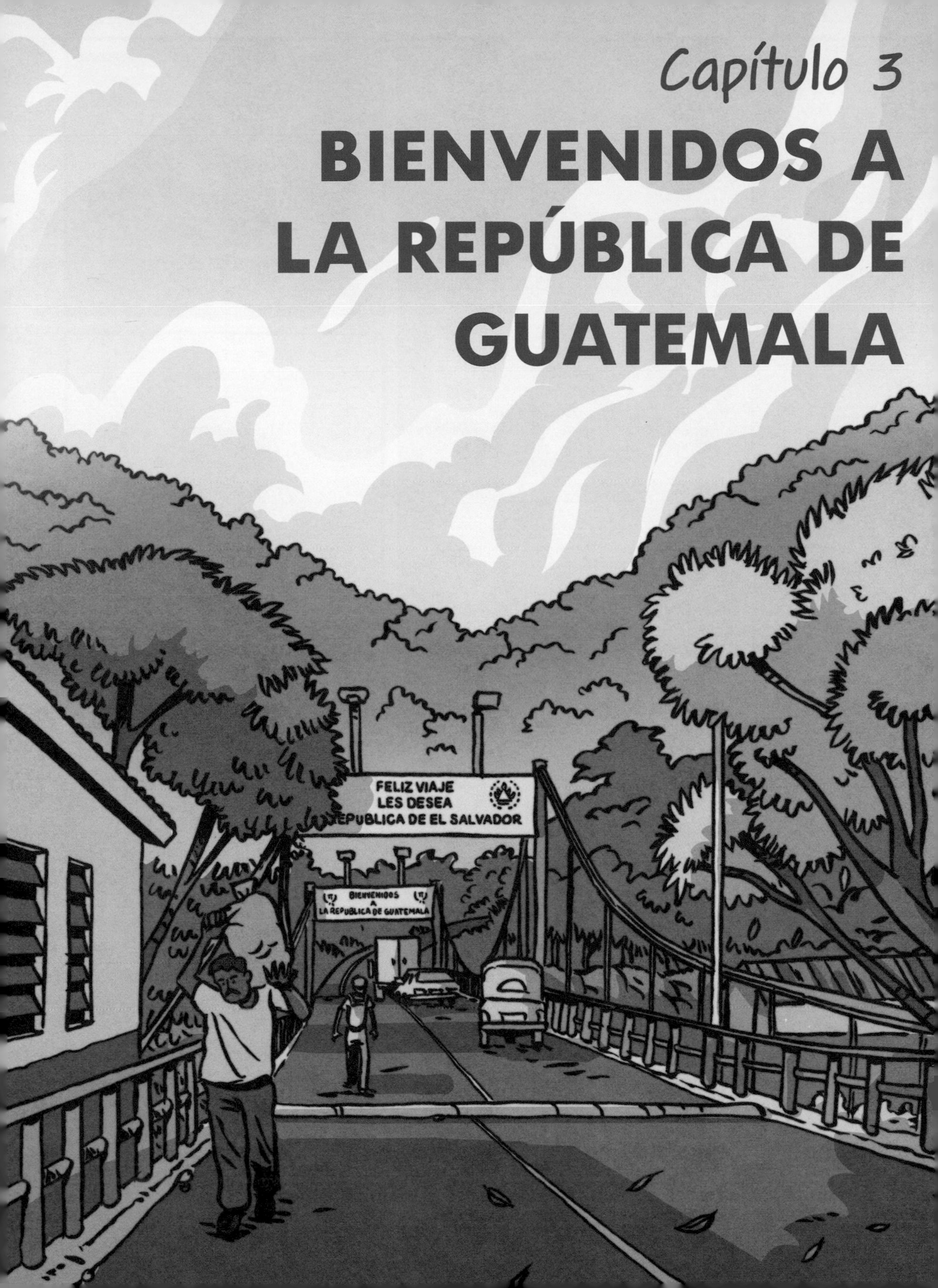
FELIZ VIAJE
LES DESEA
REPUBLICA DE EL SALVADOR
BIENVENIDOS
A
LA REPUBLICA DE GUATEMALA

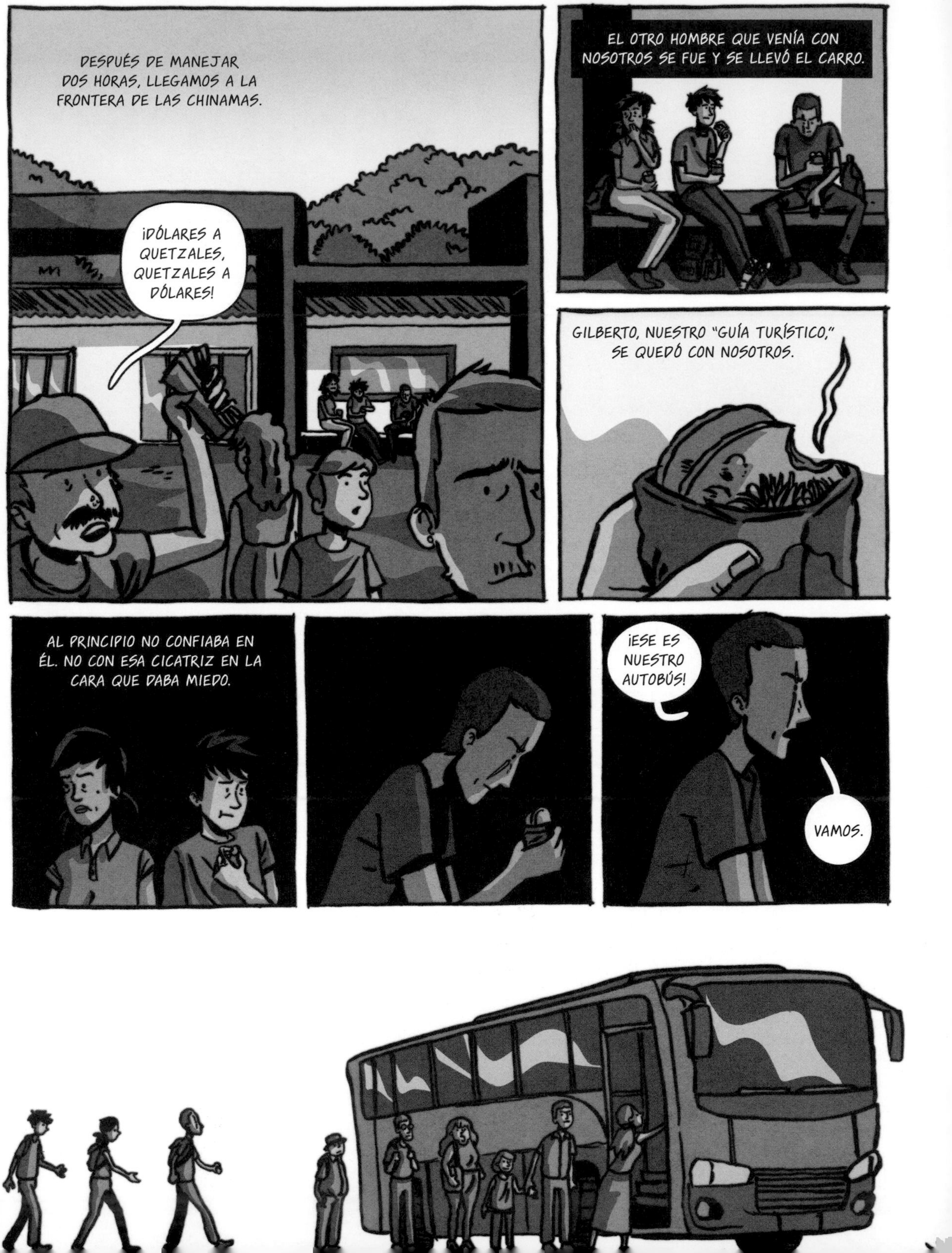
DESPUÉS DE MANEJAR DOS HORAS, LLEGAMOS A LA FRONTERA DE LAS CHINAMAS.
¡DÓLARES A QUETZALES, QUETZALES A DÓLARES!
EL OTRO HOMBRE QUE VENÍA CON NOSOTROS SE FUE Y SE LLEVÓ EL CARRO.
GILBERTO, NUESTRO "GUÍA TURÍSTICO," SE QUEDÓ CON NOSOTROS.
AL PRINCIPIO NO CONFIABA EN ÉL. NO CON ESA CICATRIZ EN LA CARA QUE DABA MIEDO.
¡ESE ES NUESTRO AUTOBÚS!
VAMOS.

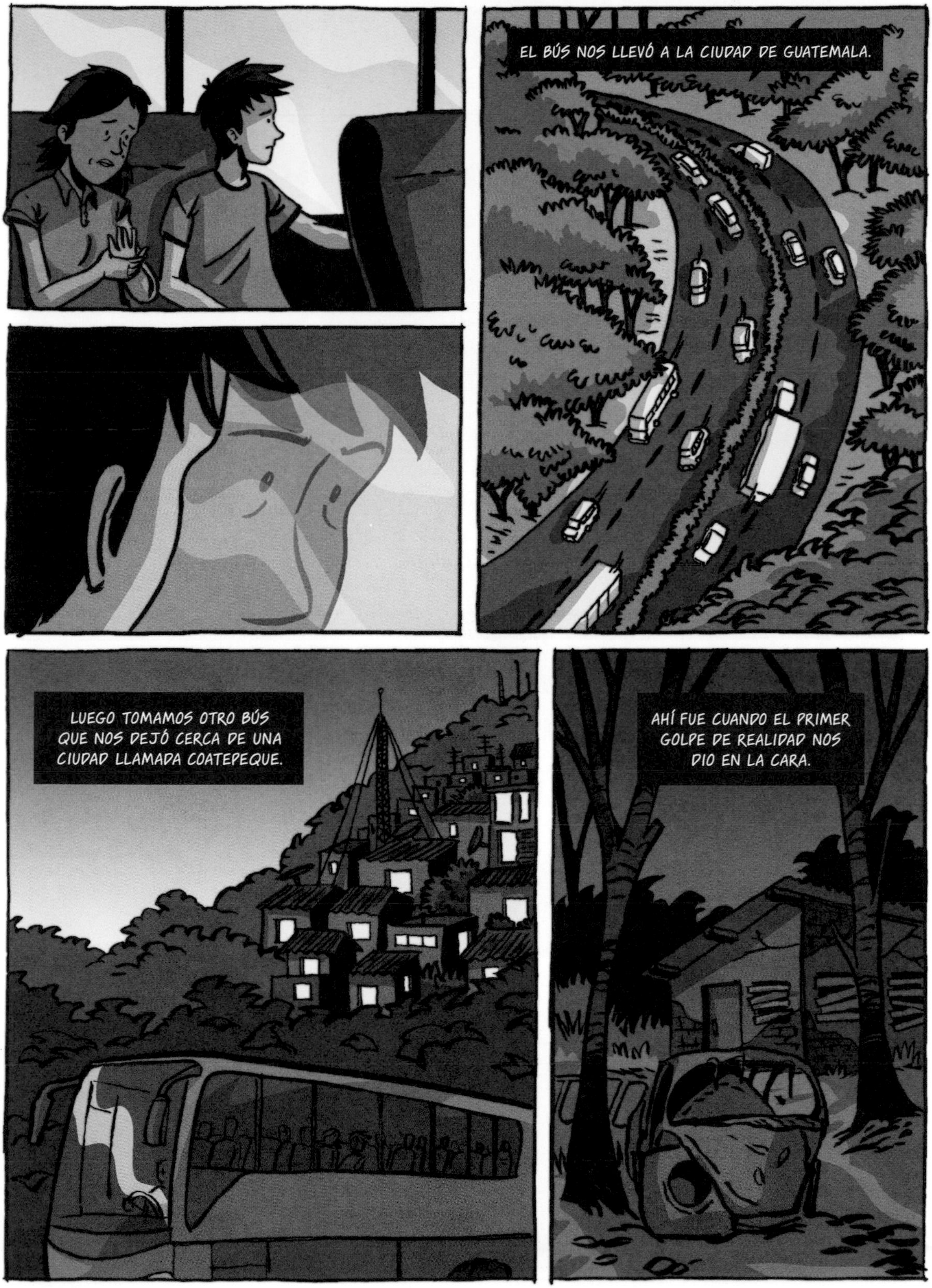
EL BÚS NOS LLEVÓ A LA CIUDAD DE GUATEMALA.
LUEGO TOMAMOS OTRO BÚS QUE NOS DEJÓ CERCA DE UNA CIUDAD LLAMADA COATEPEQUE.
AHÍ FUE CUANDO EL PRIMER GOLPE DE REALIDAD NOS DIO EN LA CARA.

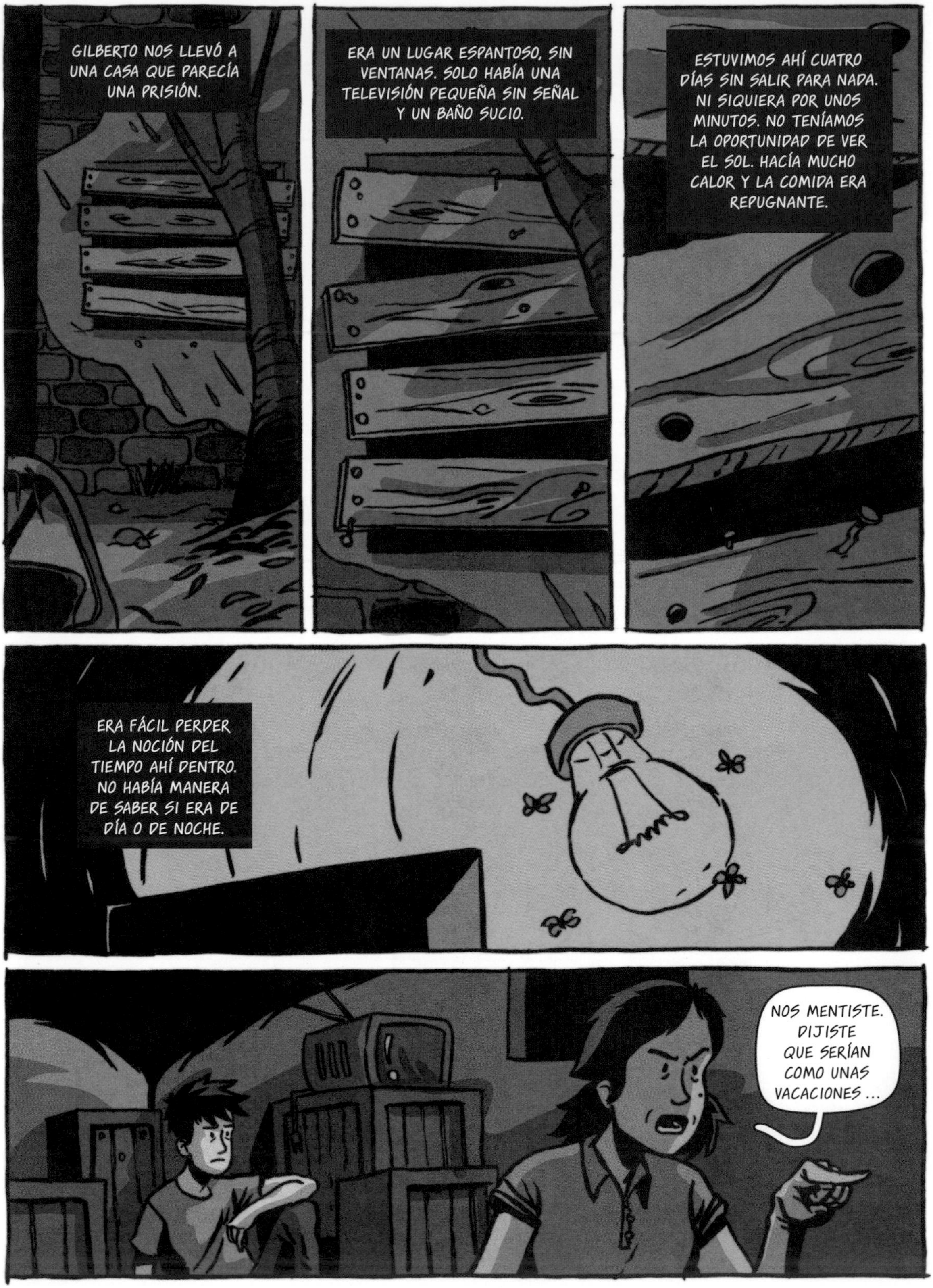
GILBERTO NOS LLEVÓ A UNA CASA QUE PARECÍA UNA PRISIÓN.
ERA UN LUGAR ESPANTOSO, SIN VENTANAS. SOLO HABÍA UNA TELEVISIÓN PEQUEÑA SIN SEÑAL Y UN BAÑO SUCIO.
ESTUVIMOS AHÍ CUATRO DÍAS SIN SALIR PARA NADA. NI SIQUIERA POR UNOS MINUTOS. NO TENÍAMOS LA OPORTUNIDAD DE VER EL SOL. HACÍA MUCHO CALOR Y LA COMIDA ERA REPUGNANTE.
ERA FÁCIL PERDER LA NOCIÓN DEL TIEMPO AHÍ DENTRO. NO HABÍA MANERA DE SABER SI ERA DE DÍA O DE NOCHE.
NOS MENTISTE. DIJISTE QUE SERÍAN COMO UNAS VACACIONES ...

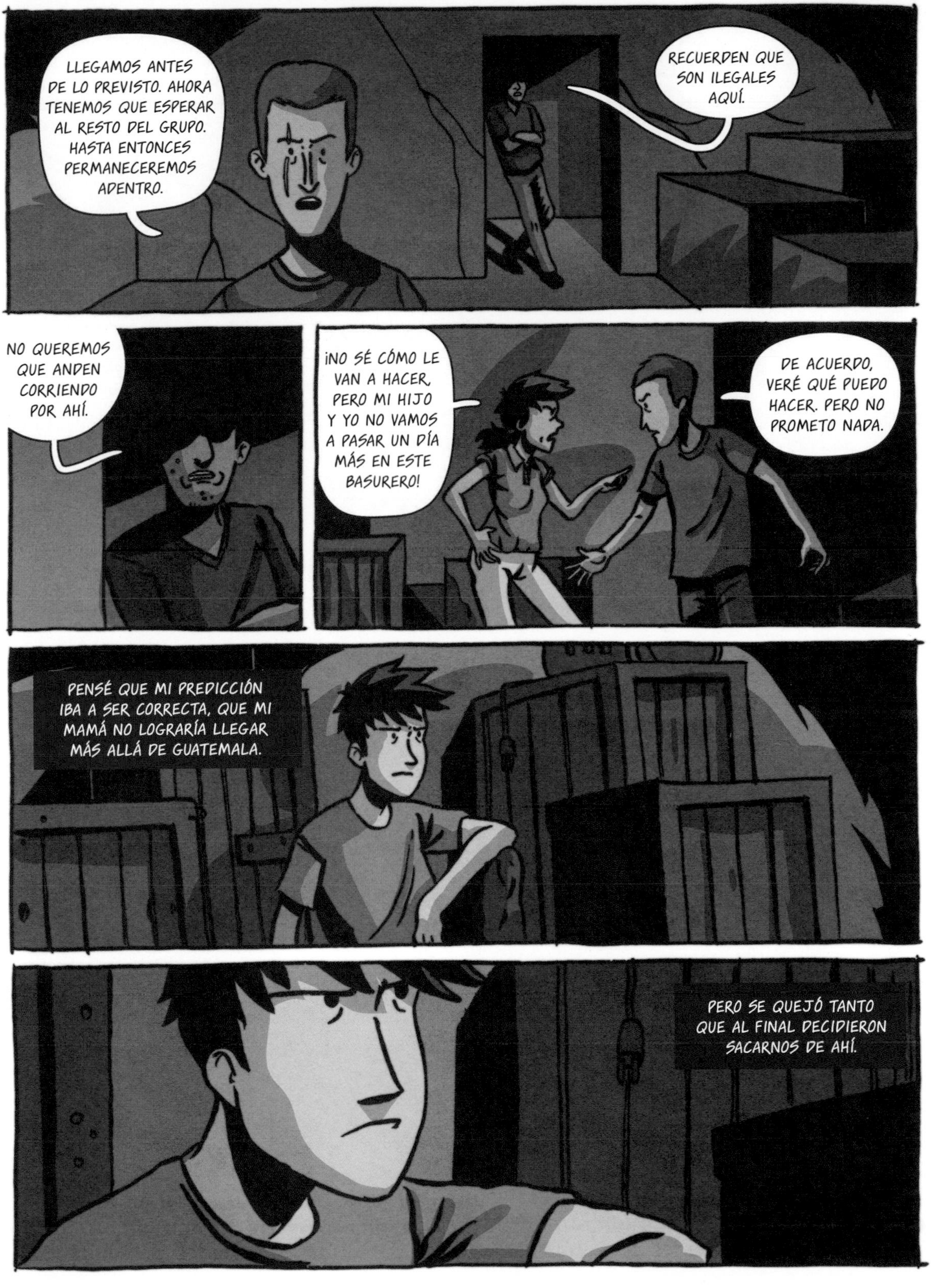
LLEGAMOS ANTES DE LO PREVISTO. AHORA TENEMOS QUE ESPERAR AL RESTO DEL GRUPO. HASTA ENTONCES PERMANECEREMOS ADENTRO.
RECUERDEN QUE SON ILEGALES AQUÍ.
NO QUEREMOS QUE ANDEN CORRIENDO POR AHÍ.
¡NO SÉ CÓMO LE VAN A HACER, PERO MI HIJO Y YO NO VAMOS A PASAR UN DÍA MÁS EN ESTE BASURERO!
DE ACUERDO, VERÉ QUÉ PUEDO HACER. PERO NO PROMETO NADA.
PENSÉ QUE MI PREDICCIÓN IBA A SER CORRECTA, QUE MI MAMÁ NO LOGRARÍA LLEGAR MÁS ALLÁ DE GUATEMALA.
PERO SE QUEJÓ TANTO QUE AL FINAL DECIDIERON SACARNOS DE AHÍ.

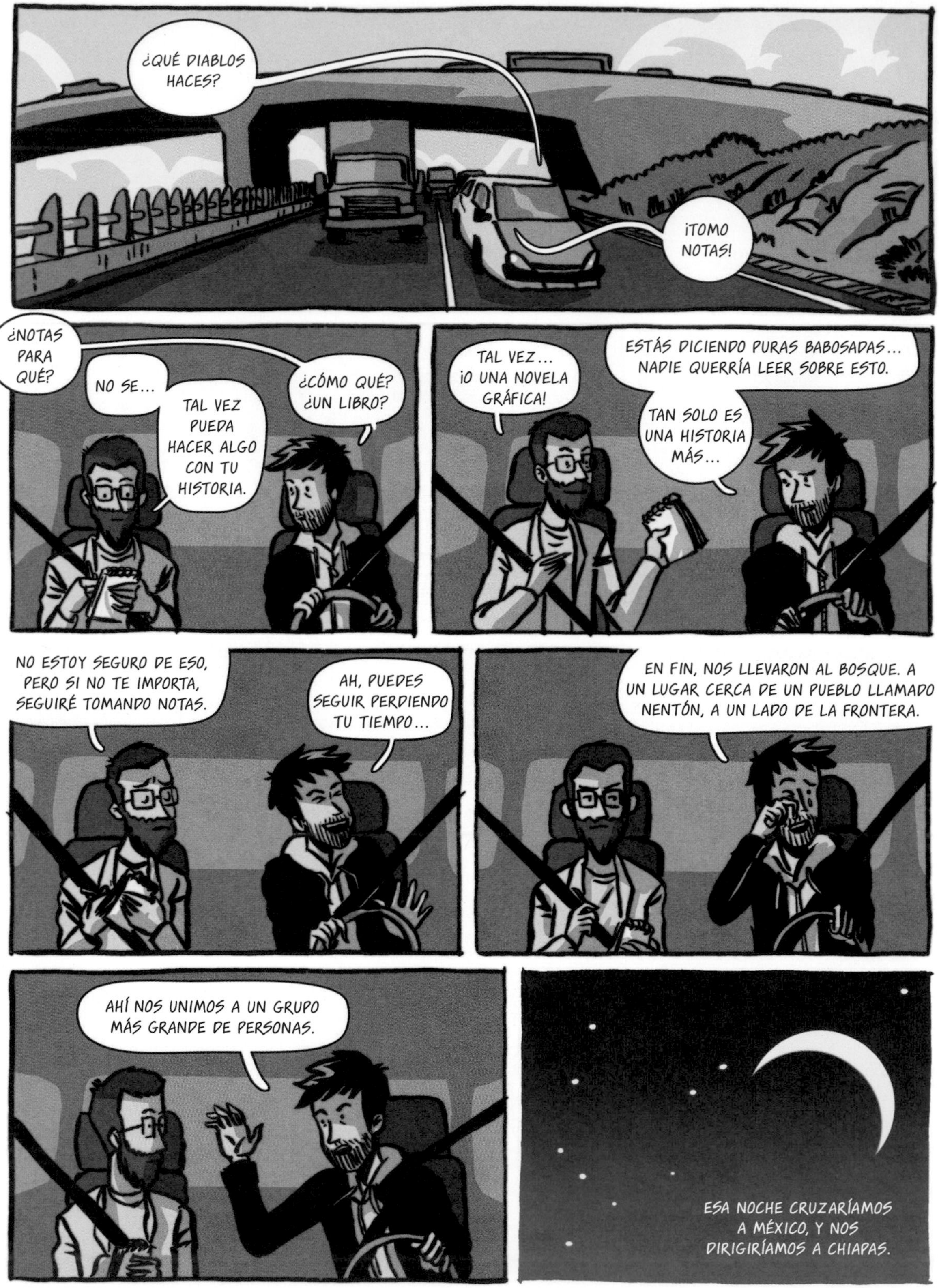
¿QUÉ DIABLOS HACES?
¡TOMO NOTAS!
¿NOTAS PARA QUÉ?
NO SE...
TAL VEZ PUEDA HACER ALGO CON TU HISTORIA.
¿CÓMO QUÉ? ¿UN LIBRO?
TAL VEZ... ¡O UNA NOVELA GRÁFICA!
ESTÁS DICIENDO PURAS BABOSADAS... NADIE QUERRÍA LEER SOBRE ESTO.
TAN SOLO ES UNA HISTORIA MÁS...
NO ESTOY SEGURO DE ESO, PERO SI NO TE IMPORTA, SEGUIRÉ TOMANDO NOTAS.
AH, PUEDES SEGUIR PERDIENDO TU TIEMPO...
EN FIN, NOS LLEVARON AL BOSQUE. A UN LUGAR CERCA DE UN PUEBLO LLAMADO NENTÓN, A UN LADO DE LA FRONTERA.
AHÍ NOS UNIMOS A UN GRUPO MÁS GRANDE DE PERSONAS.
ESA NOCHE CRUZARÍAMOS A MÉXICO, Y NOS DIRIGIRÍAMOS A CHIAPAS.

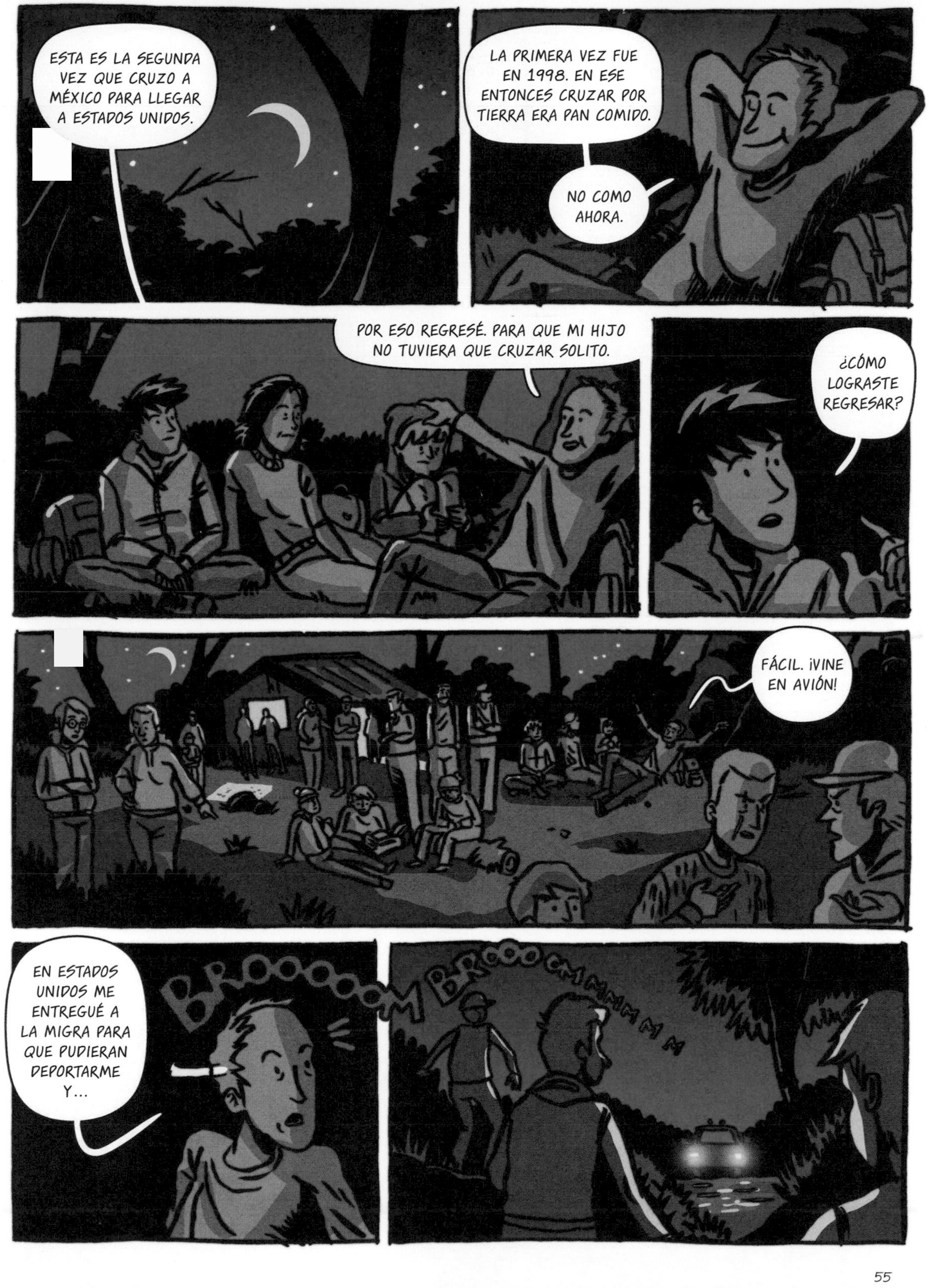
ESTA ES LA SEGUNDA VEZ QUE CRUZO A MÉXICO PARA LLEGAR A ESTADOS UNIDOS.
LA PRIMERA VEZ FUE EN 1998. EN ESE ENTONCES CRUZAR POR TIERRA ERA PAN COMIDO.
NO COMO AHORA.
POR ESO REGRESÉ. PARA QUE MI HIJO NO TUVIERA QUE CRUZAR SOLITO.
¿CÓMO LOGRASTE REGRESAR?
FÁCIL. ¡VINE EN AVIÓN!
EN ESTADOS UNIDOS ME ENTREGUÉ A LA MIGRA PARA QUE PUDIERAN DEPORTARME Y...
BROOOOOOOM
BROOOOOMMMMMMM

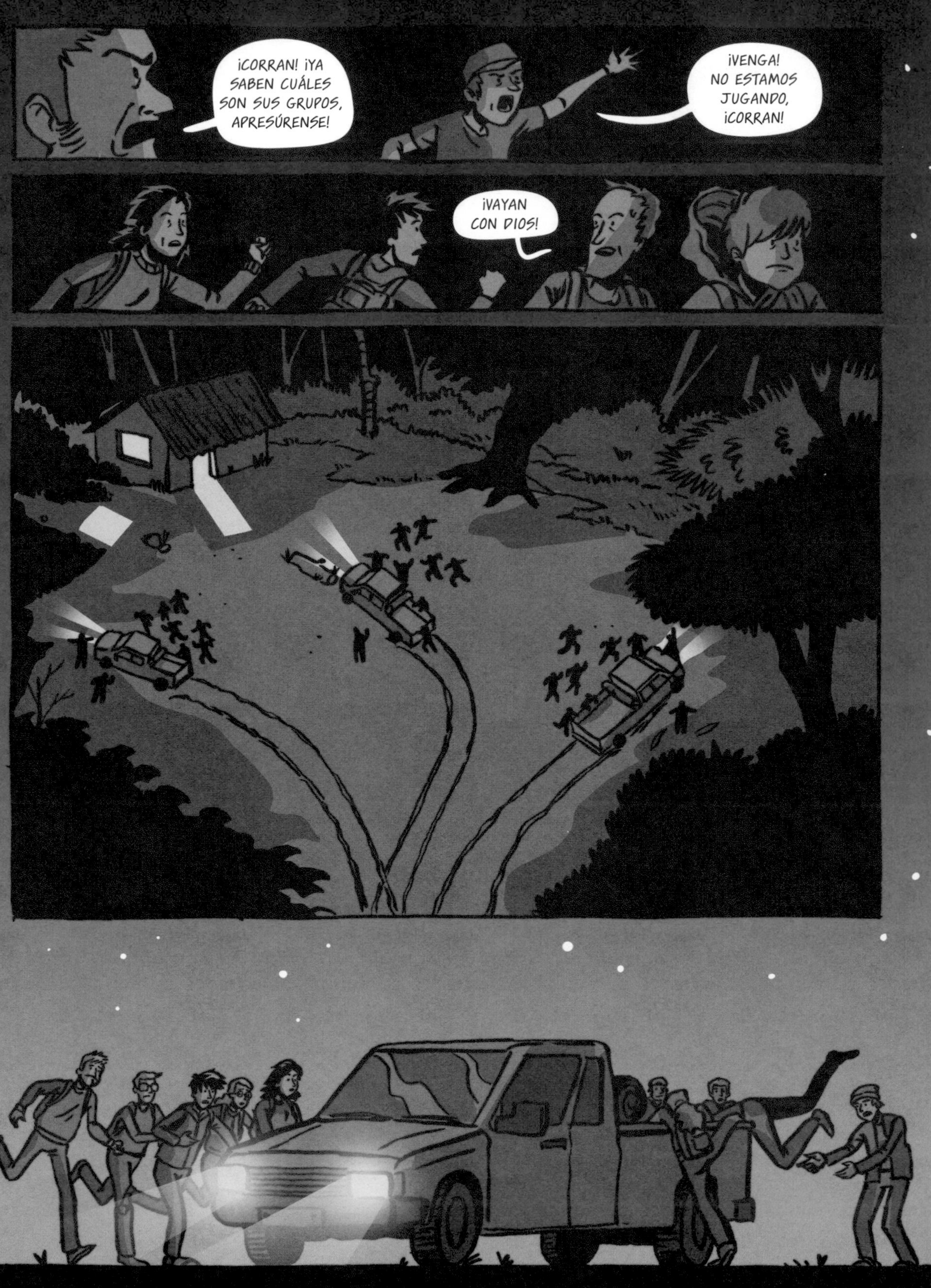
¡CORRAN! ¡YA SABEN CUÁLES SON SUS GRUPOS, APRESÚRENSE!
¡VENGA! NO ESTAMOS JUGANDO, ¡CORRAN!
¡VAYAN CON DIOS!

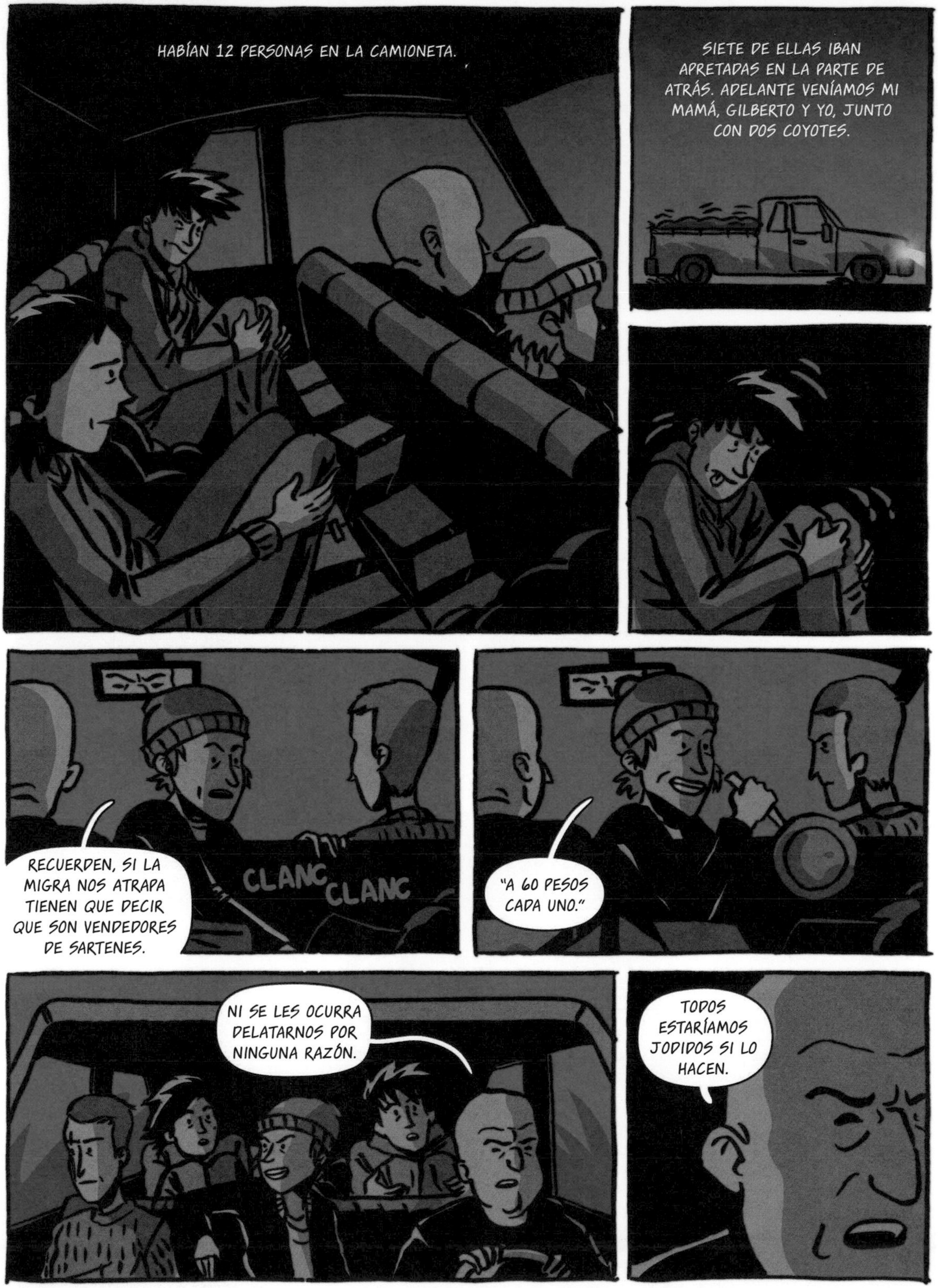
HABÍAN 12 PERSONAS EN LA CAMIONETA.
SIETE DE ELLAS IBAN APRETADAS EN LA PARTE DE ATRÁS. ADELANTE VENÍAMOS MI MAMÁ, GILBERTO Y YO, JUNTO CON DOS COYOTES.
RECUERDEN, SI LA MIGRA NOS ATRAPA TIENEN QUE DECIR QUE SON VENDEDORES DE SARTENES.
CLANC CLANC
"A 60 PESOS CADA UNO."
NI SE LES OCURRA DELATARNOS POR NINGUNA RAZÓN.
TODOS ESTARÍAMOS JODIDOS SI LO HACEN.

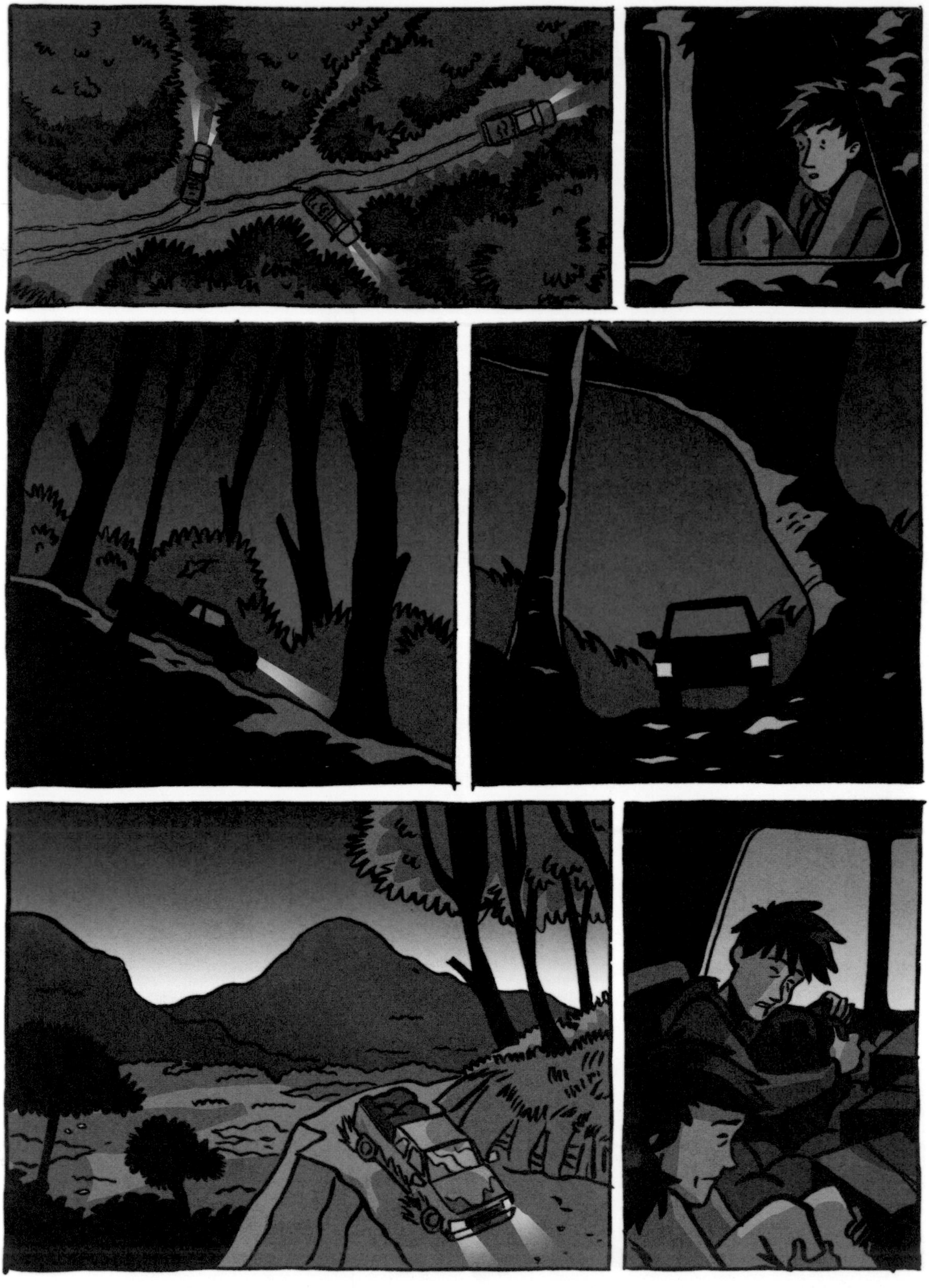

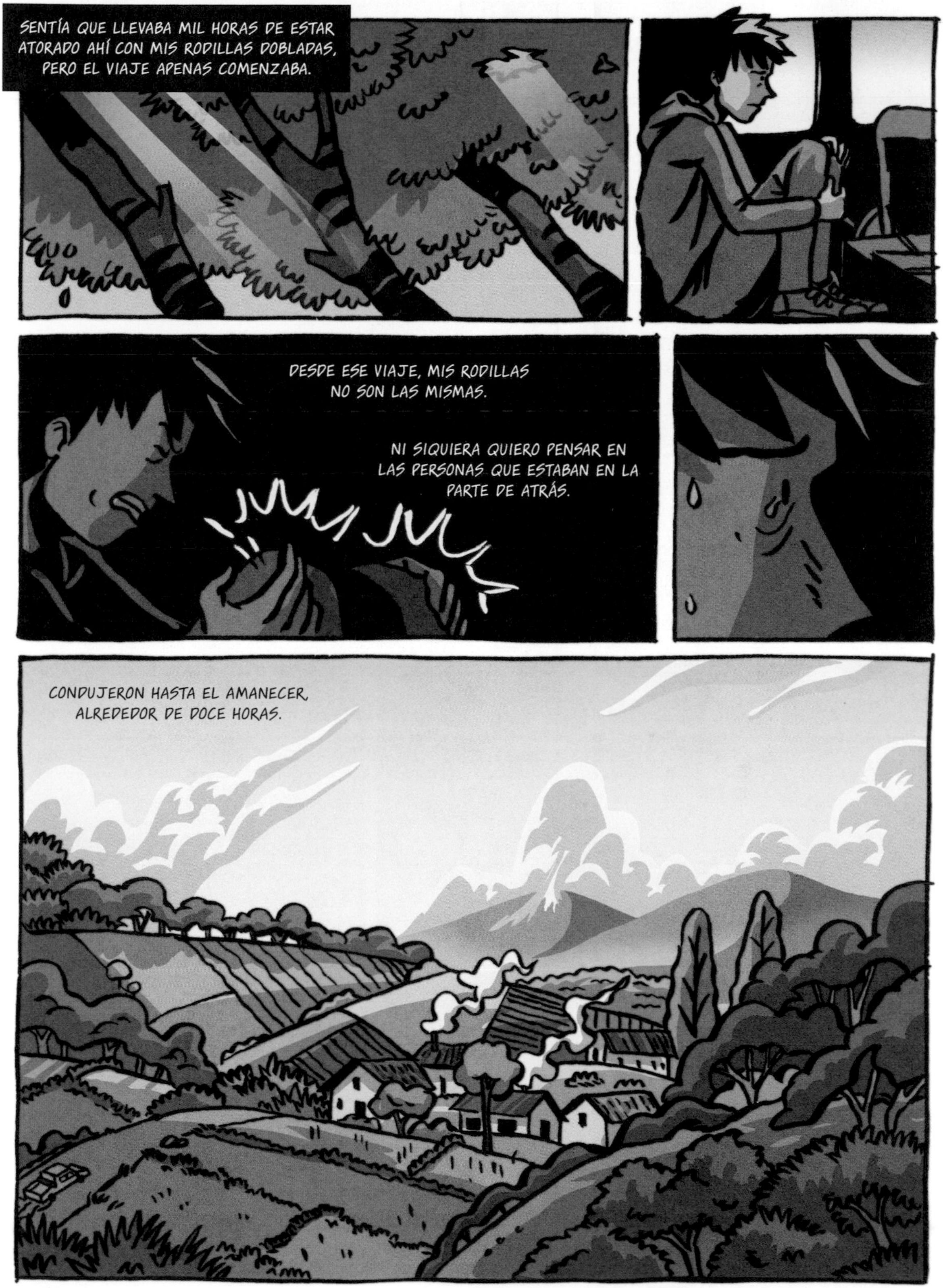
SENTÍA QUE LLEVABA MIL HORAS DE ESTAR ATORADO AHÍ CON MIS RODILLAS DOBLADAS, PERO EL VIAJE APENAS COMENZABA.
DESDE ESE VIAJE, MIS RODILLAS NO SON LAS MISMAS.
NI SIQUIERA QUIERO PENSAR EN LAS PERSONAS QUE ESTABAN EN LA PARTE DE ATRÁS.
CONDUJERON HASTA EL AMANECER, ALREDEDOR DE DOCE HORAS.

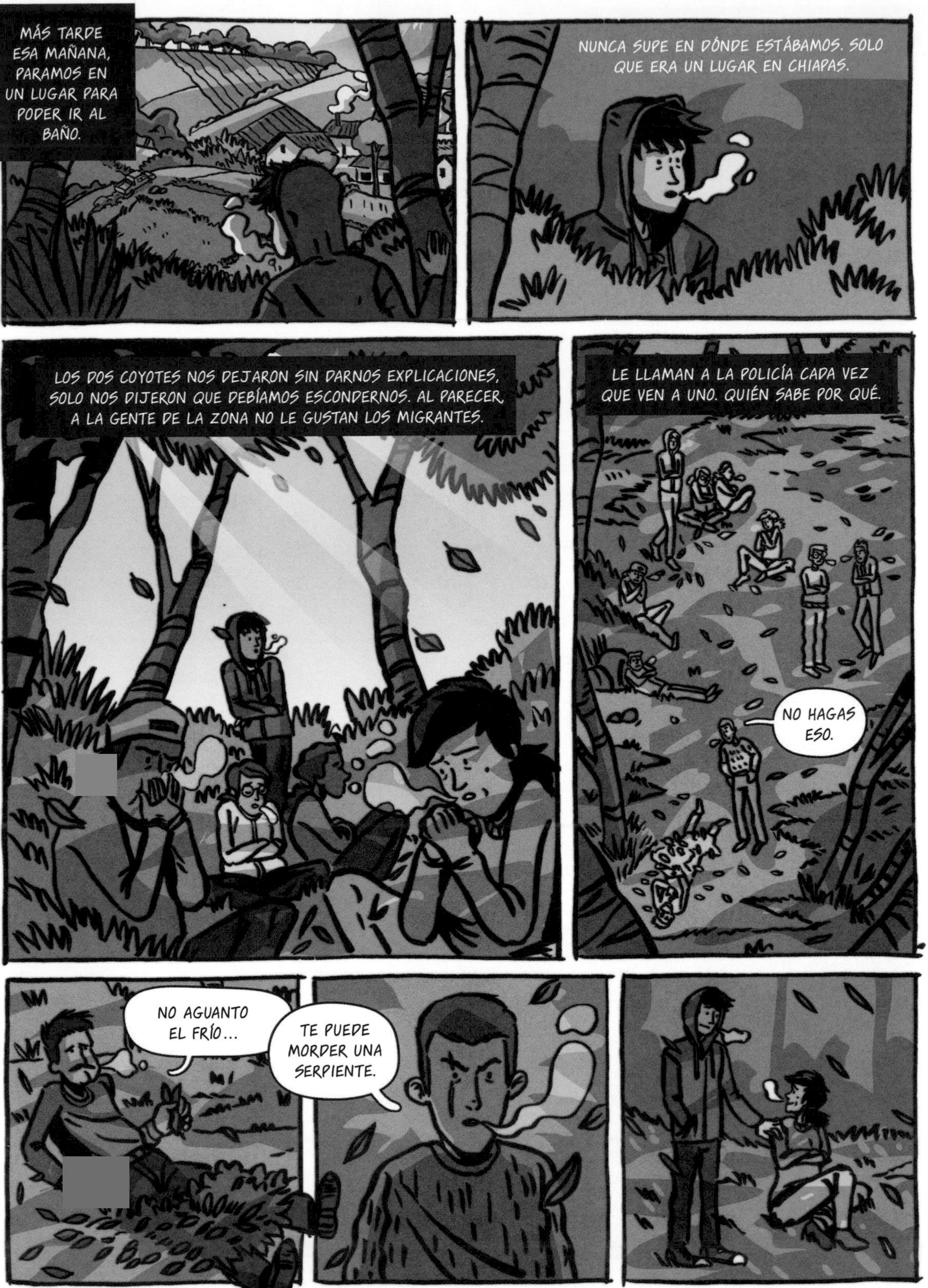
MÁS TARDE ESA MAÑANA, PARAMOS EN UN LUGAR PARA PODER IR AL BAÑO.
NUNCA SUPE EN DÓNDE ESTÁBAMOS. SOLO QUE ERA UN LUGAR EN CHIAPAS.
LOS DOS COYOTES NOS DEJARON SIN DARNOS EXPLICACIONES, SOLO NOS DIJERON QUE DEBÍAMOS ESCONDERNOS. AL PARECER, A LA GENTE DE LA ZONA NO LE GUSTAN LOS MIGRANTES.
LE LLAMAN A LA POLICÍA CADA VEZ QUE VEN A UNO. QUIÉN SABE POR QUÉ.
NO HAGAS ESO.
NO AGUANTO EL FRÍO...
TE PUEDE MORDER UNA SERPIENTE.

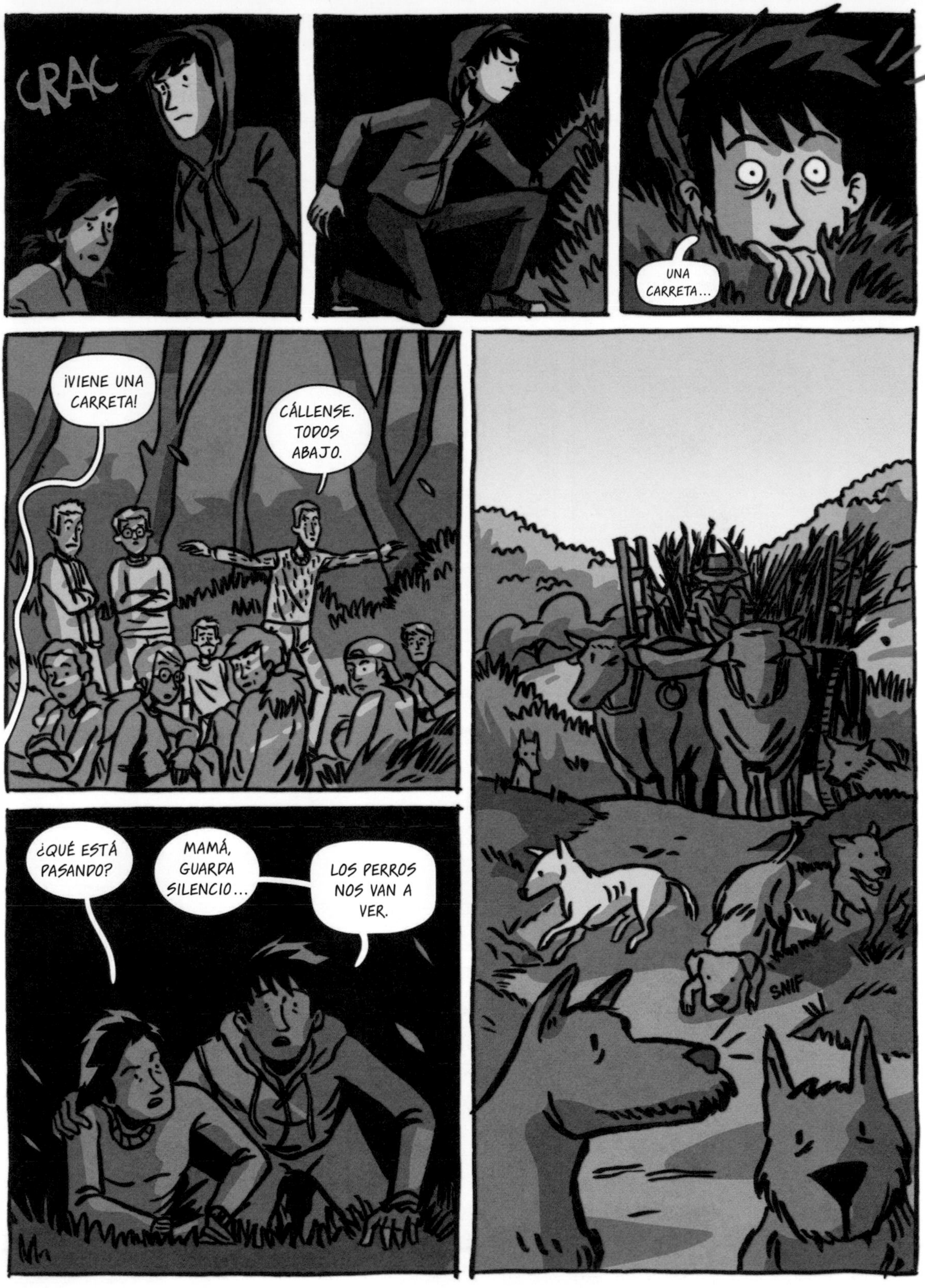
CRAC
UNA CARRETA...
¡VIENE UNA CARRETA!
CÁLLENSE. TODOS ABAJO.
¿QUÉ ESTÁ PASANDO?
MAMÁ, GUARDA SILENCIO...
LOS PERROS NOS VAN A VER.
SNIF

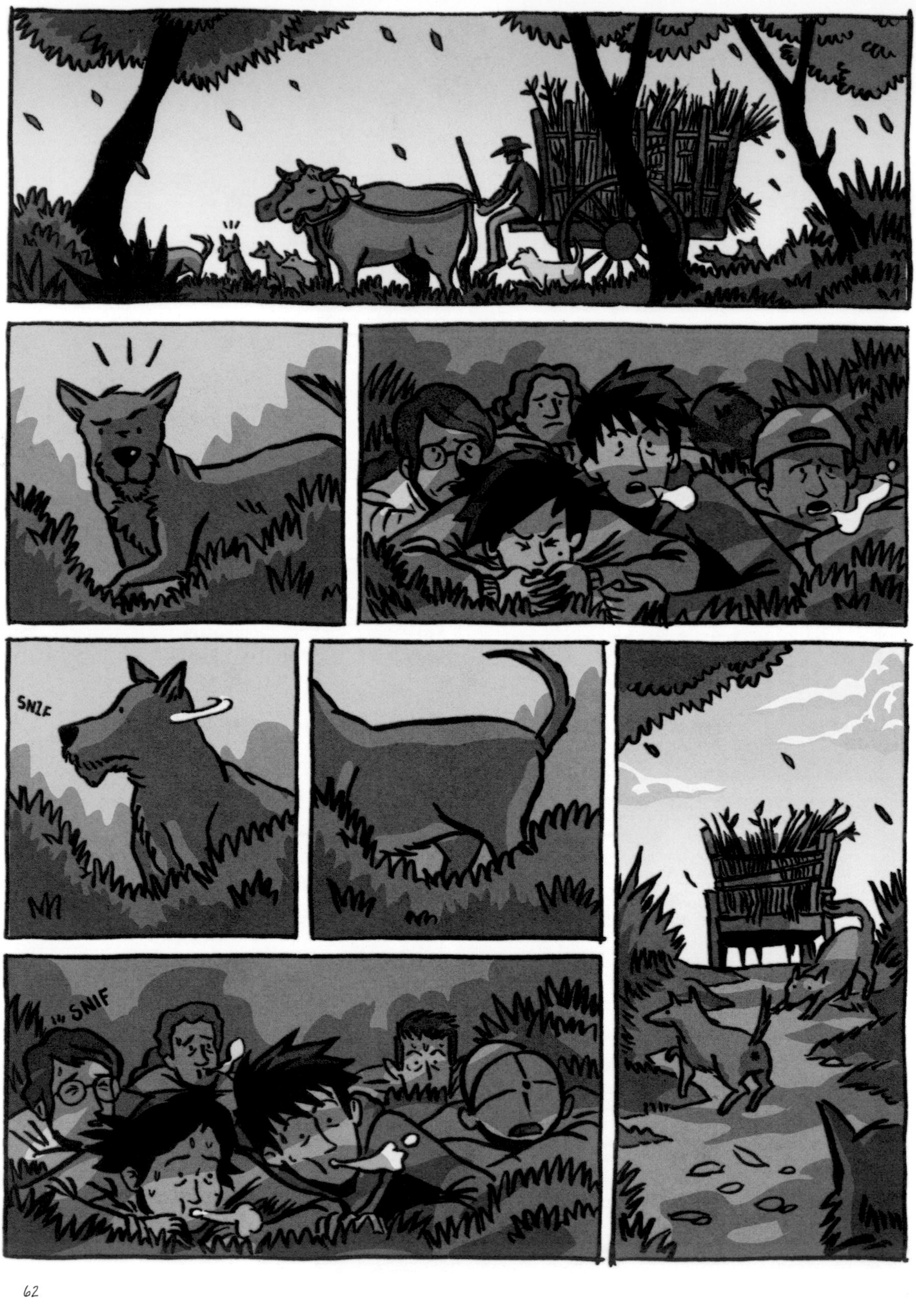
SNIF
SNIF

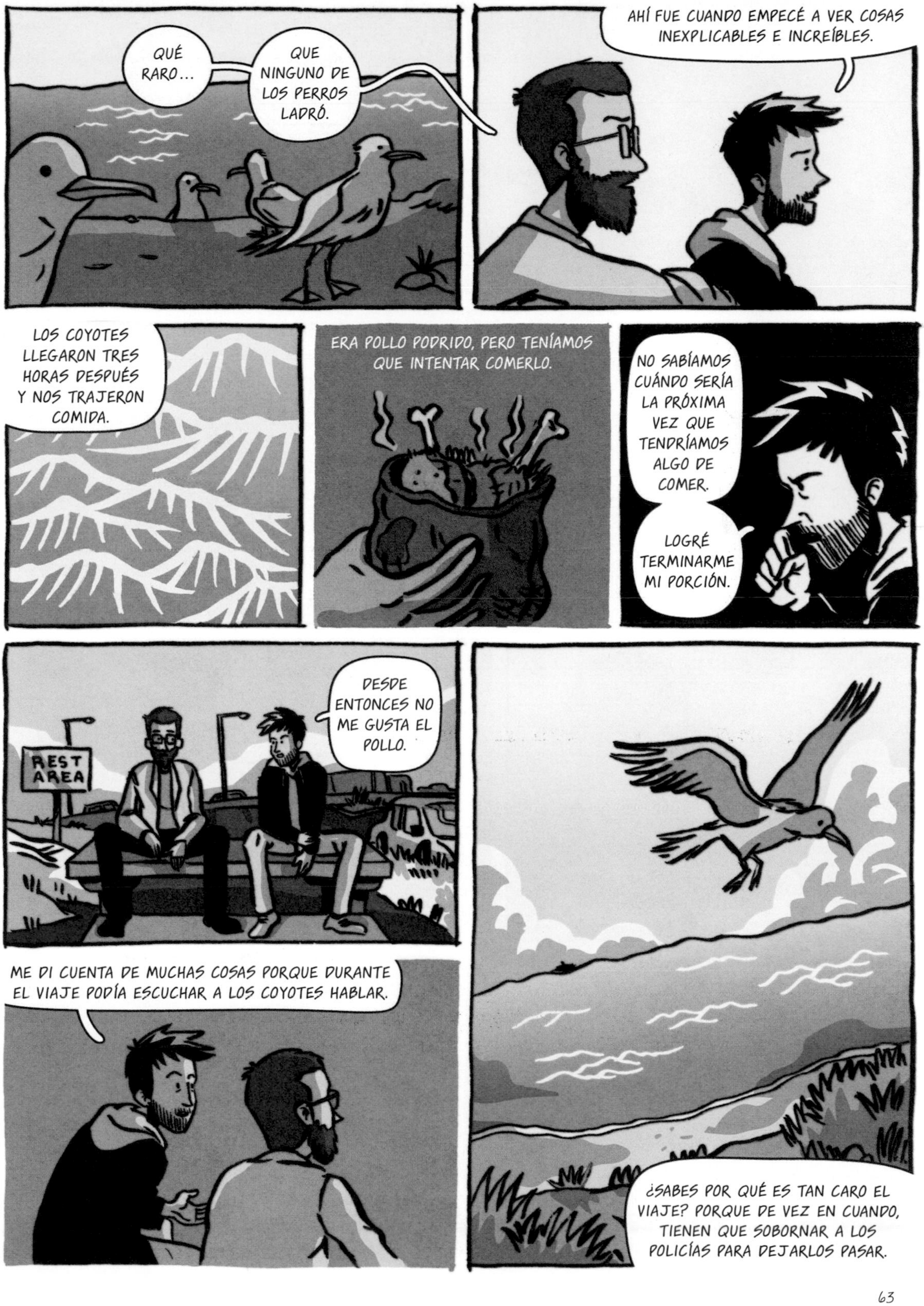
QUÉ RARO...
QUE NINGUNO DE LOS PERROS LADRÓ.
AHÍ FUE CUANDO EMPECÉ A VER COSAS INEXPLICABLES E INCREÍBLES.
LOS COYOTES LLEGARON TRES HORAS DESPUÉS Y NOS TRAJERON COMIDA.
ERA POLLO PODRIDO, PERO TENÍAMOS QUE INTENTAR COMERLO.
NO SABÍAMOS CUÁNDO SERÍA LA PRÓXIMA VEZ QUE TENDRÍAMOS ALGO DE COMER.
LOGRÉ TERMINARME MI PORCIÓN.
REST AREA
DESDE ENTONCES NO ME GUSTA EL POLLO.
ME DI CUENTA DE MUCHAS COSAS PORQUE DURANTE EL VIAJE PODÍA ESCUCHAR A LOS COYOTES HABLAR.
¿SABES POR QUÉ ES TAN CARO EL VIAJE? PORQUE DE VEZ EN CUANDO, TIENEN QUE SOBORNAR A LOS POLICÍAS PARA DEJARLOS PASAR.

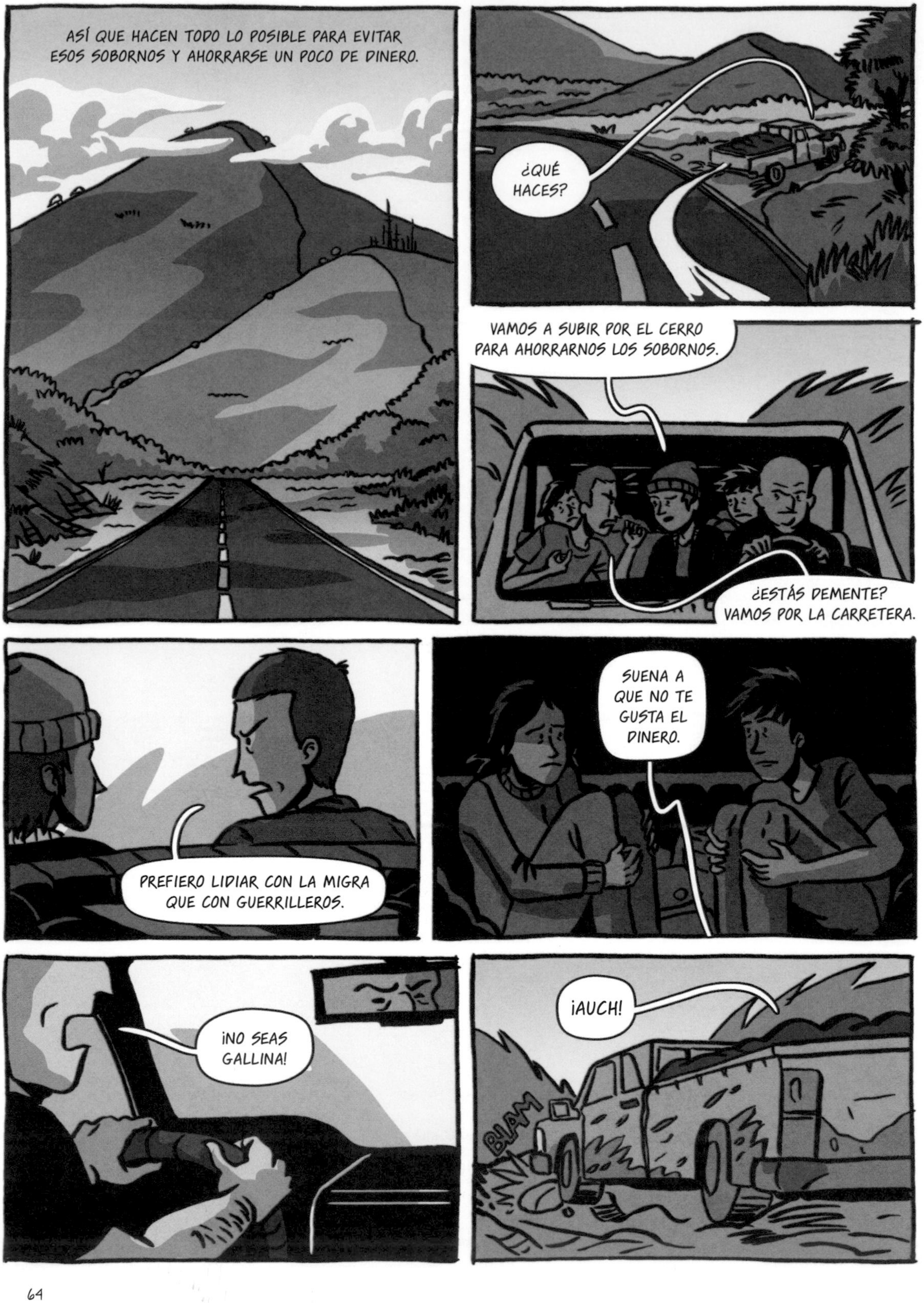

ASÍ QUE HACEN TODO LO POSIBLE PARA EVITAR ESOS SOBORNOS Y AHORRARSE UN POCO DE DINERO.
¿QUÉ HACES?
VAMOS A SUBIR POR EL CERRO PARA AHORRARNOS LOS SOBORNOS.
¿ESTÁS DEMENTE? VAMOS POR LA CARRETERA.
PREFIERO LIDIAR CON LA MIGRA QUE CON GUERRILLEROS.
SUENA A QUE NO TE GUSTA EL DINERO.
¡NO SEAS GALLINA!
¡AUCH!
BLAM

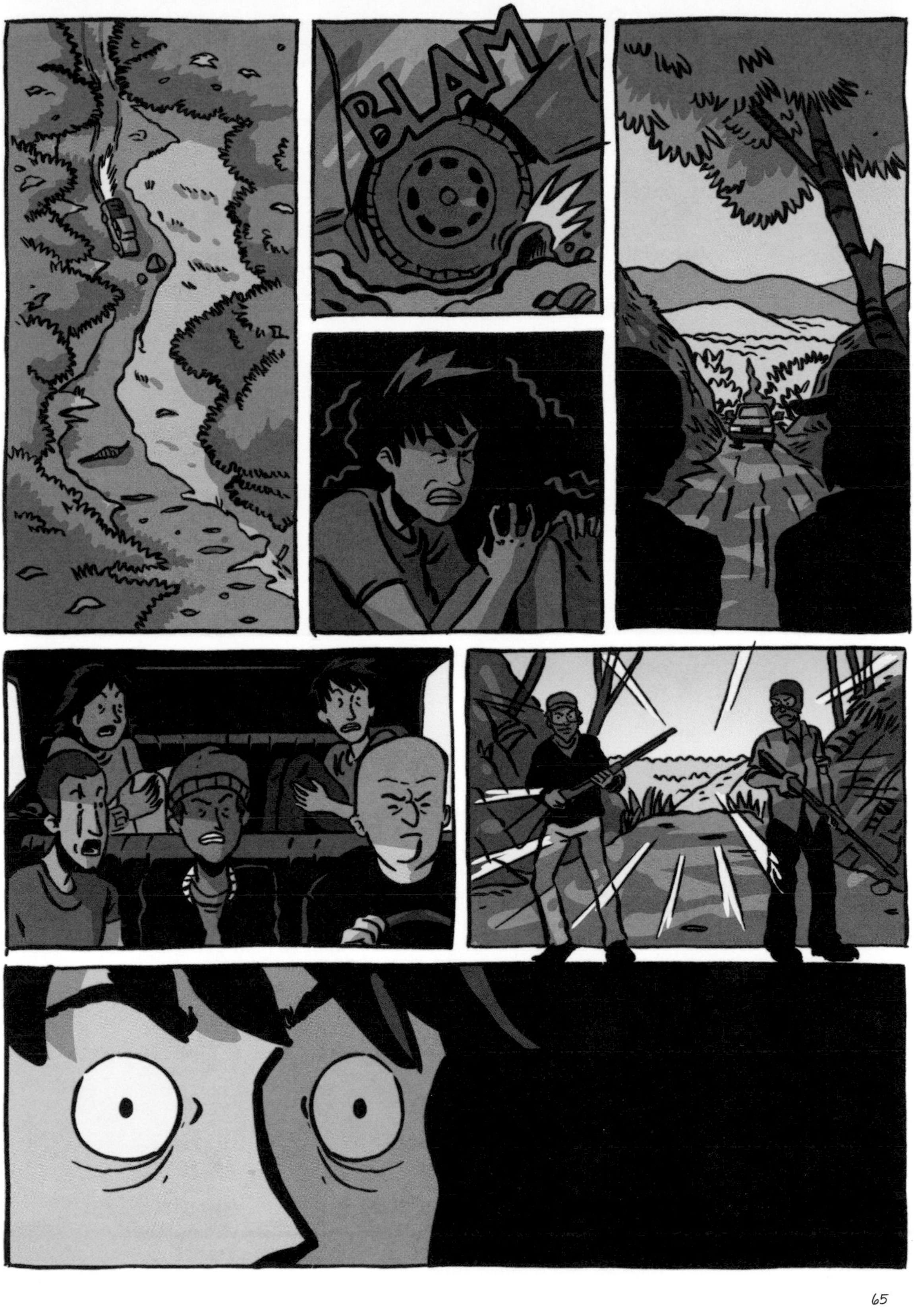
BLAM

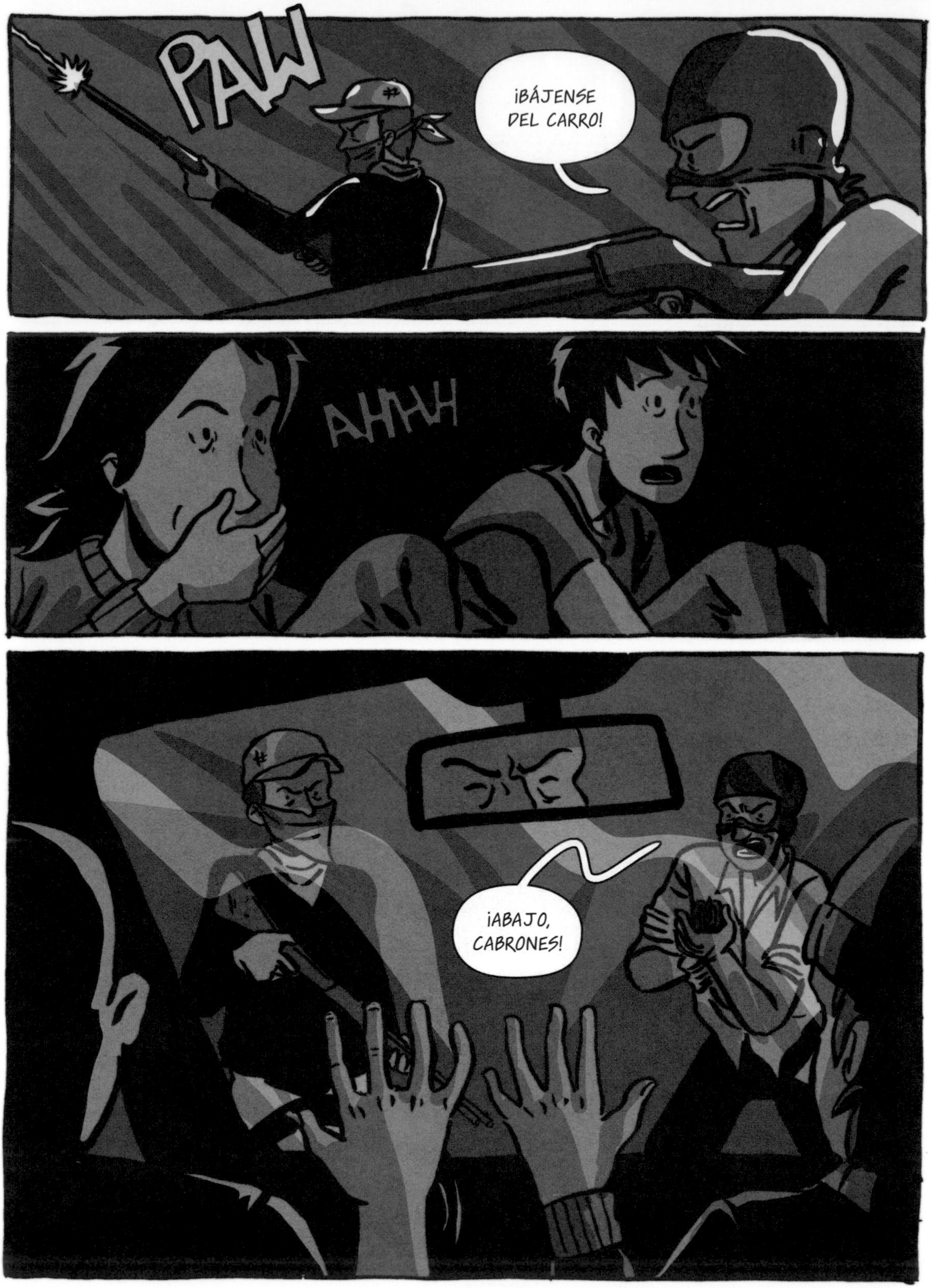
PAW
¡BÁJENSE DEL CARRO!
AHHH
¡ABAJO, CABRONES!

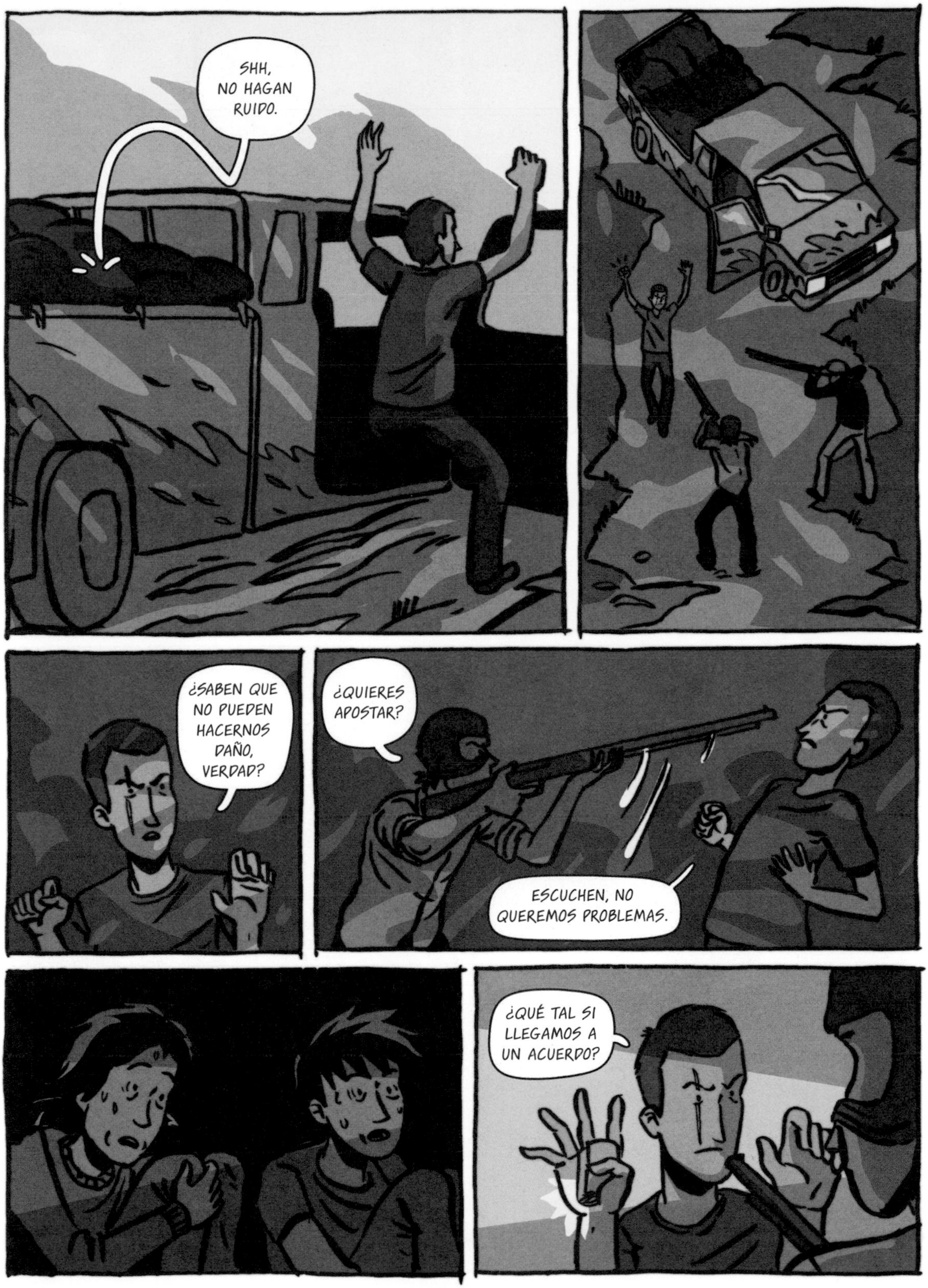
SHH, NO HAGAN RUIDO.
¿SABEN QUE NO PUEDEN HACERNOS DAÑO, VERDAD?
¿QUIERES APOSTAR?
ESCUCHEN, NO QUEREMOS PROBLEMAS.
¿QUÉ TAL SI LLEGAMOS A UN ACUERDO?

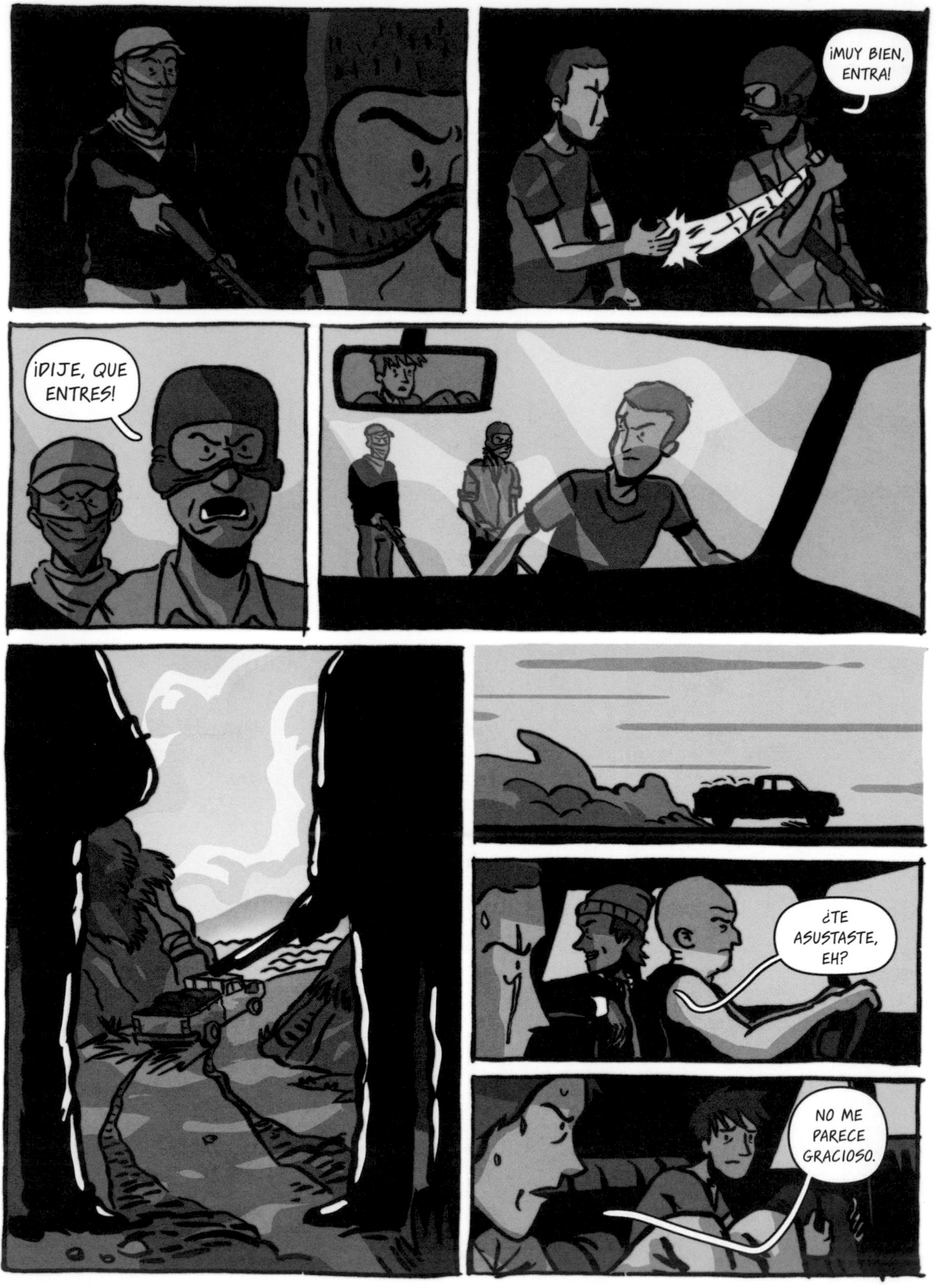
¡MUY BIEN, ENTRA!
¡DIJE, QUE ENTRES!
¿TE ASUSTASTE, EH?
NO ME PARECE GRACIOSO.

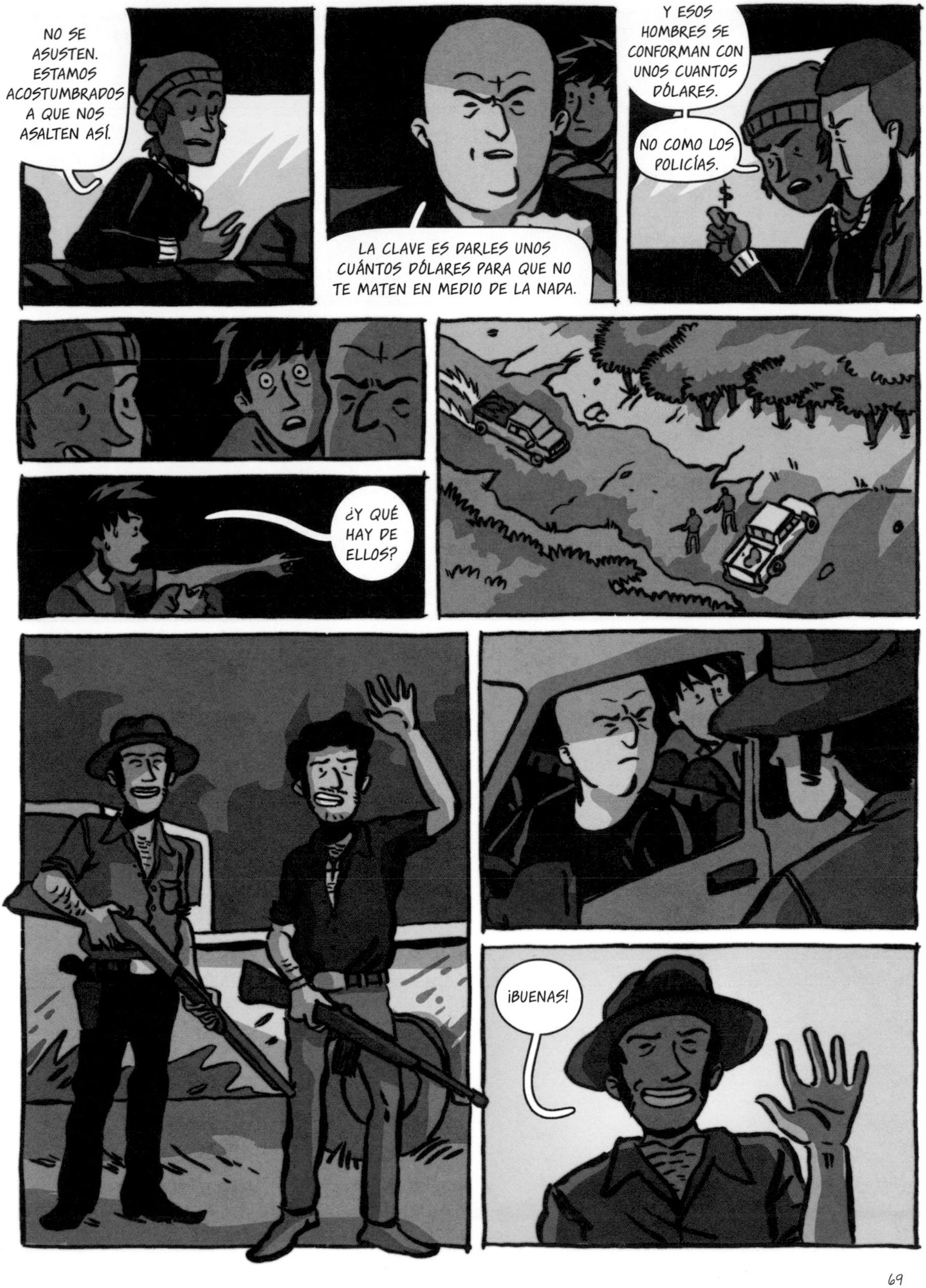
NO SE ASUSTEN. ESTAMOS ACOSTUMBRADOS A QUE NOS ASALTEN ASÍ.
LA CLAVE ES DARLES UNOS CUÁNTOS DÓLARES PARA QUE NO TE MATEN EN MEDIO DE LA NADA.
Y ESOS HOMBRES SE CONFORMAN CON UNOS CUANTOS DÓLARES.
NO COMO LOS POLICÍAS.
¿Y QUÉ HAY DE ELLOS?
¡BUENAS!

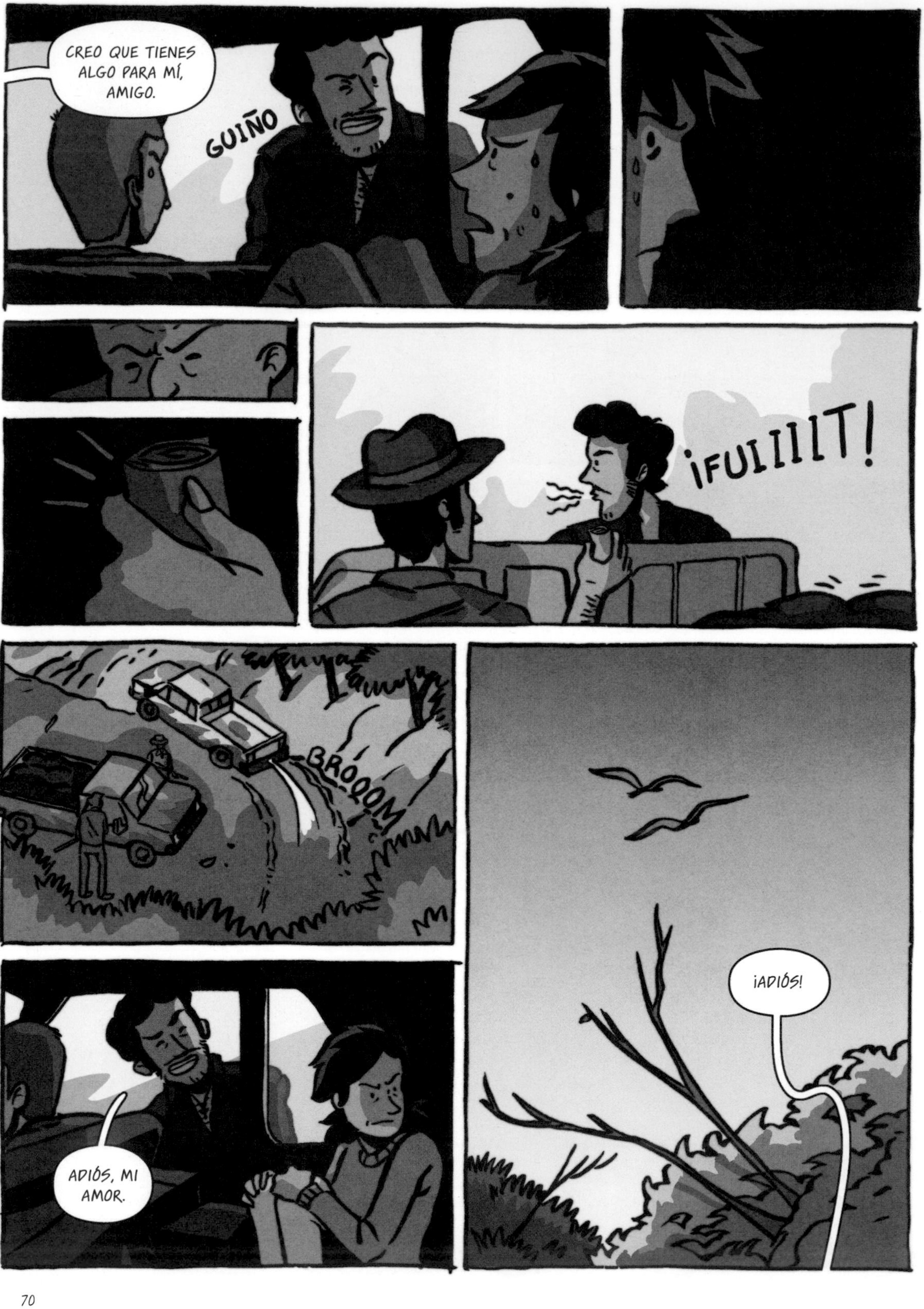
CREO QUE TIENES ALGO PARA MÍ, AMIGO.
GUIÑO
¡FUIIIIT!
BROOOM
ADIÓS, MI AMOR.
¡ADIÓS!

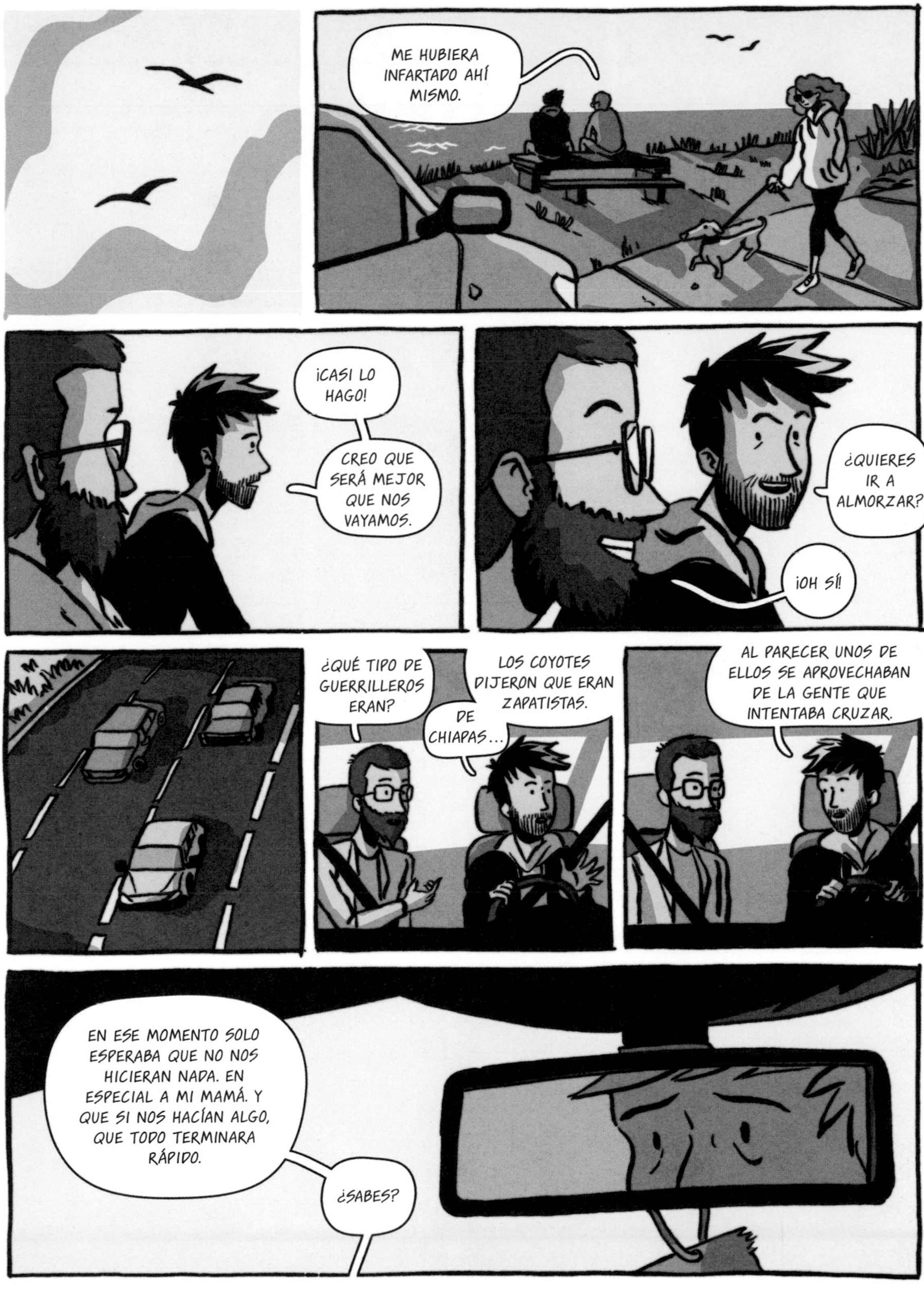
ME HUBIERA INFARTADO AHÍ MISMO.
¡CASI LO HAGO!
CREO QUE SERÁ MEJOR QUE NOS VAYAMOS.
¿QUIERES IR A ALMORZAR?
¡OH SÍ!
¿QUÉ TIPO DE GUERRILLEROS ERAN?
LOS COYOTES DIJERON QUE ERAN ZAPATISTAS.
DE CHIAPAS...
AL PARECER UNOS DE ELLOS SE APROVECHABAN DE LA GENTE QUE INTENTABA CRUZAR.
EN ESE MOMENTO SOLO ESPERABA QUE NO NOS HICIERAN NADA. EN ESPECIAL A MI MAMÁ. Y QUE SI NOS HACÍAN ALGO, QUE TODO TERMINARA RÁPIDO.
¿SABES?

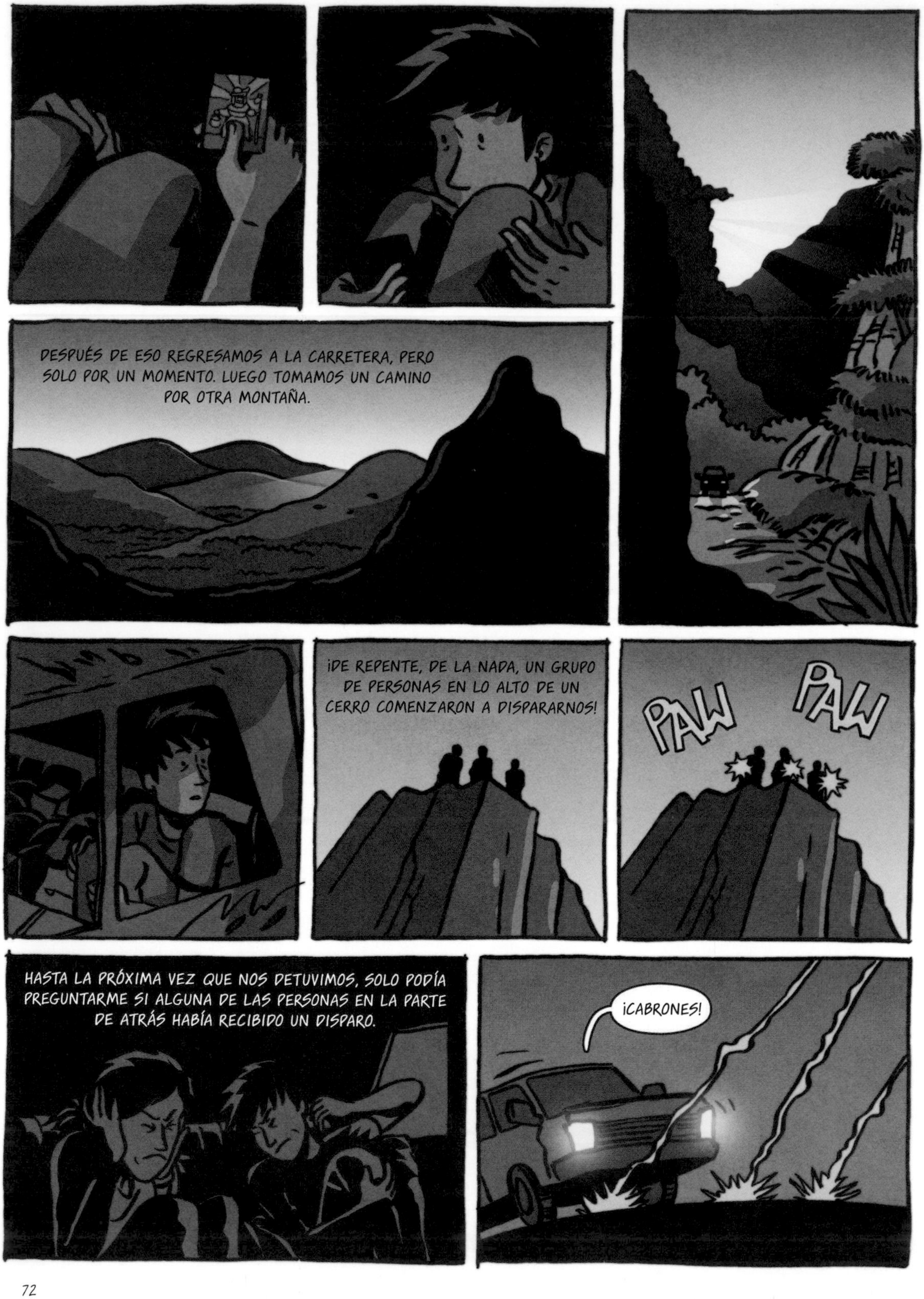
DESPUÉS DE ESO REGRESAMOS A LA CARRETERA, PERO SOLO POR UN MOMENTO. LUEGO TOMAMOS UN CAMINO POR OTRA MONTAÑA.
¡DE REPENTE, DE LA NADA, UN GRUPO DE PERSONAS EN LO ALTO DE UN CERRO COMENZARON A DISPARARNOS!
PAW
PAW
HASTA LA PRÓXIMA VEZ QUE NOS DETUVIMOS, SOLO PODÍA PREGUNTARME SI ALGUNA DE LAS PERSONAS EN LA PARTE DE ATRÁS HABÍA RECIBIDO UN DISPARO.
¡CABRONES!

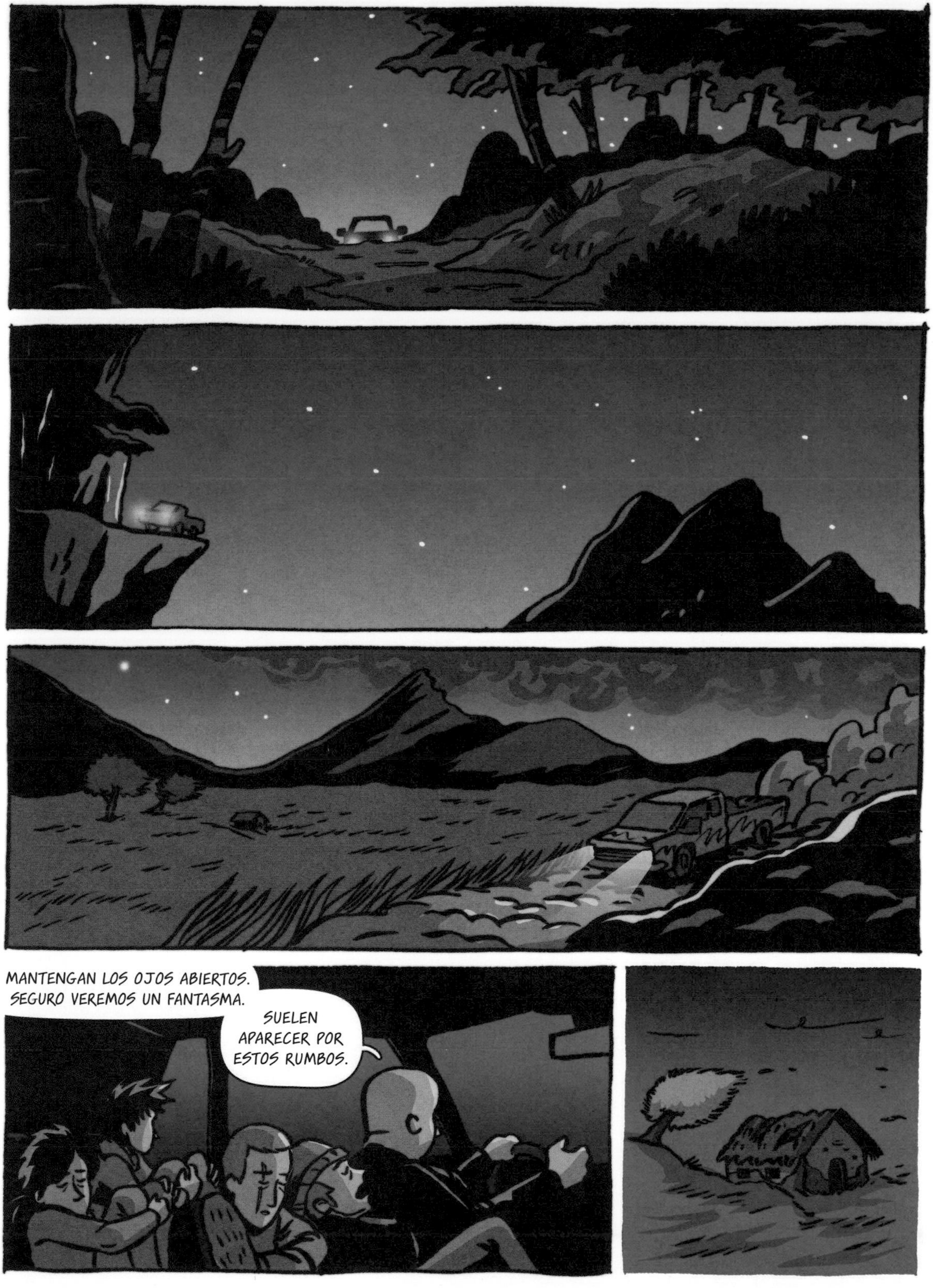
MANTENGAN LOS OJOS ABIERTOS. SEGURO VEREMOS UN FANTASMA.
SUELEN APARECER POR ESTOS RUMBOS.

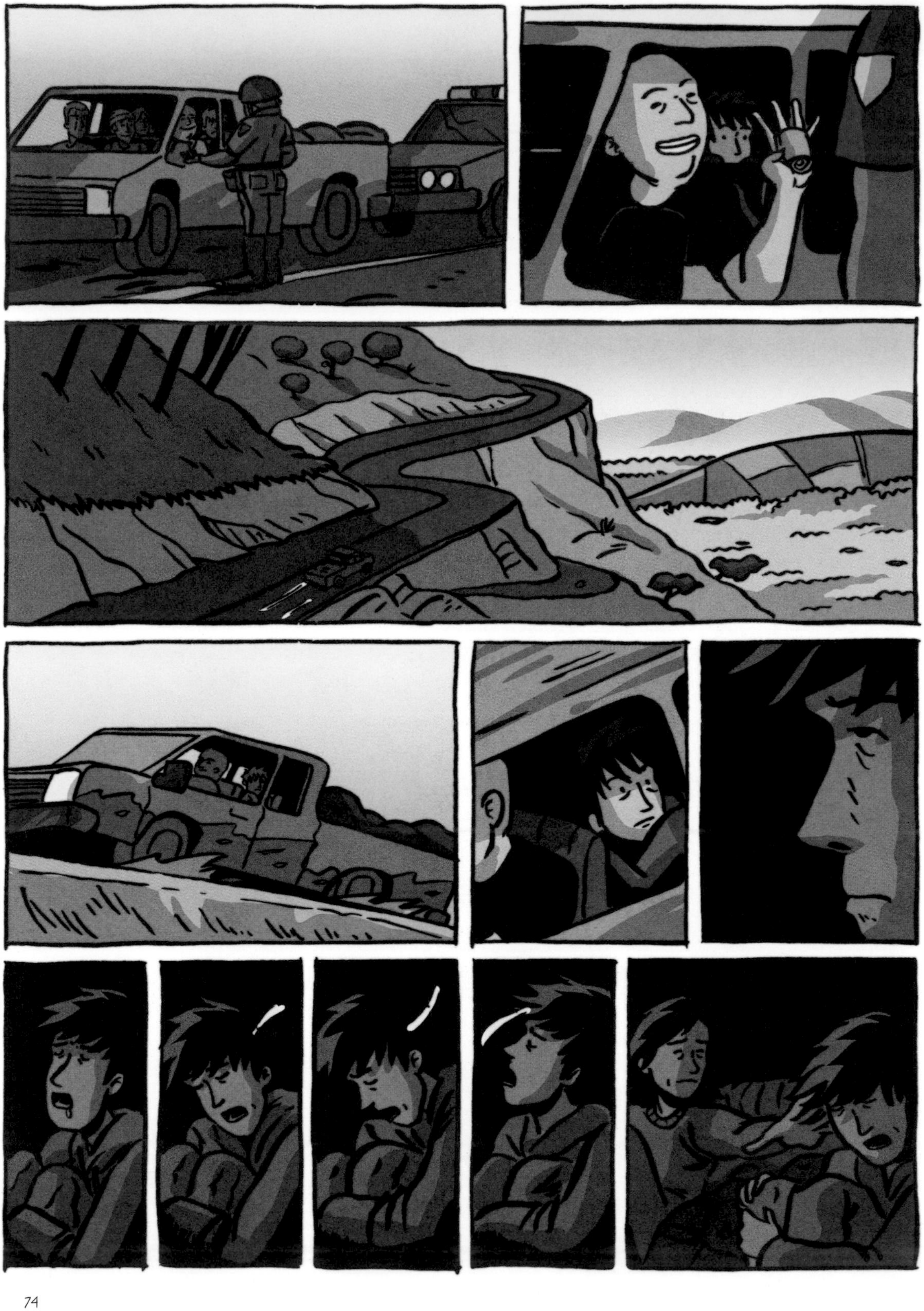

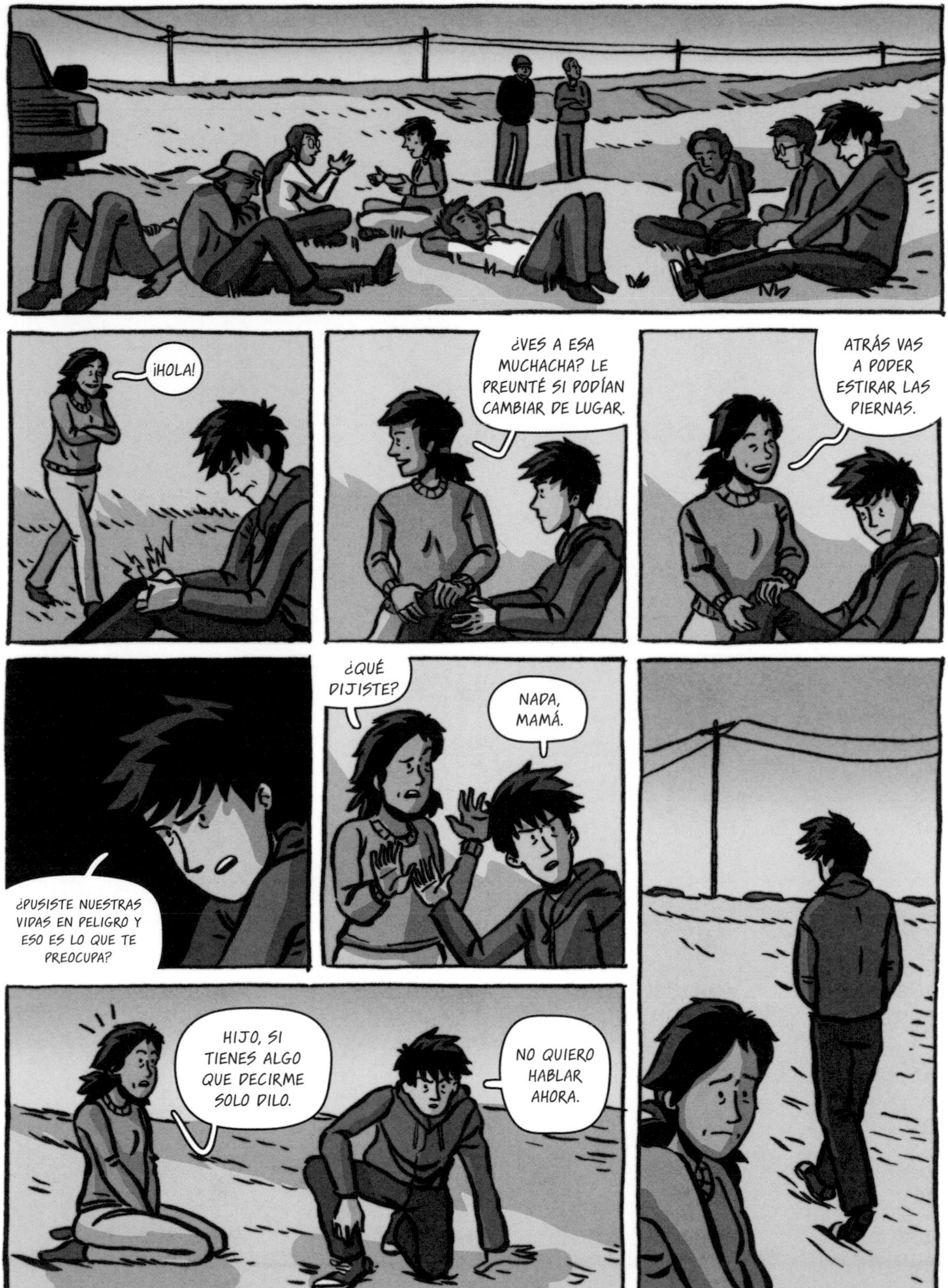
¡HOLA!
¿VES A ESA MUCHACHA? LE PREUNTÉ SI PODÍAN CAMBIAR DE LUGAR.
ATRÁS VAS A PODER ESTIRAR LAS PIERNAS.
¿PUSISTE NUESTRAS VIDAS EN PELIGRO Y ESO ES LO QUE TE PREOCUPA?
¿QUÉ DIJISTE?
NADA, MAMÁ.
HIJO, SI TIENES ALGO QUE DECIRME SOLO DILO.
NO QUIERO HABLAR AHORA.

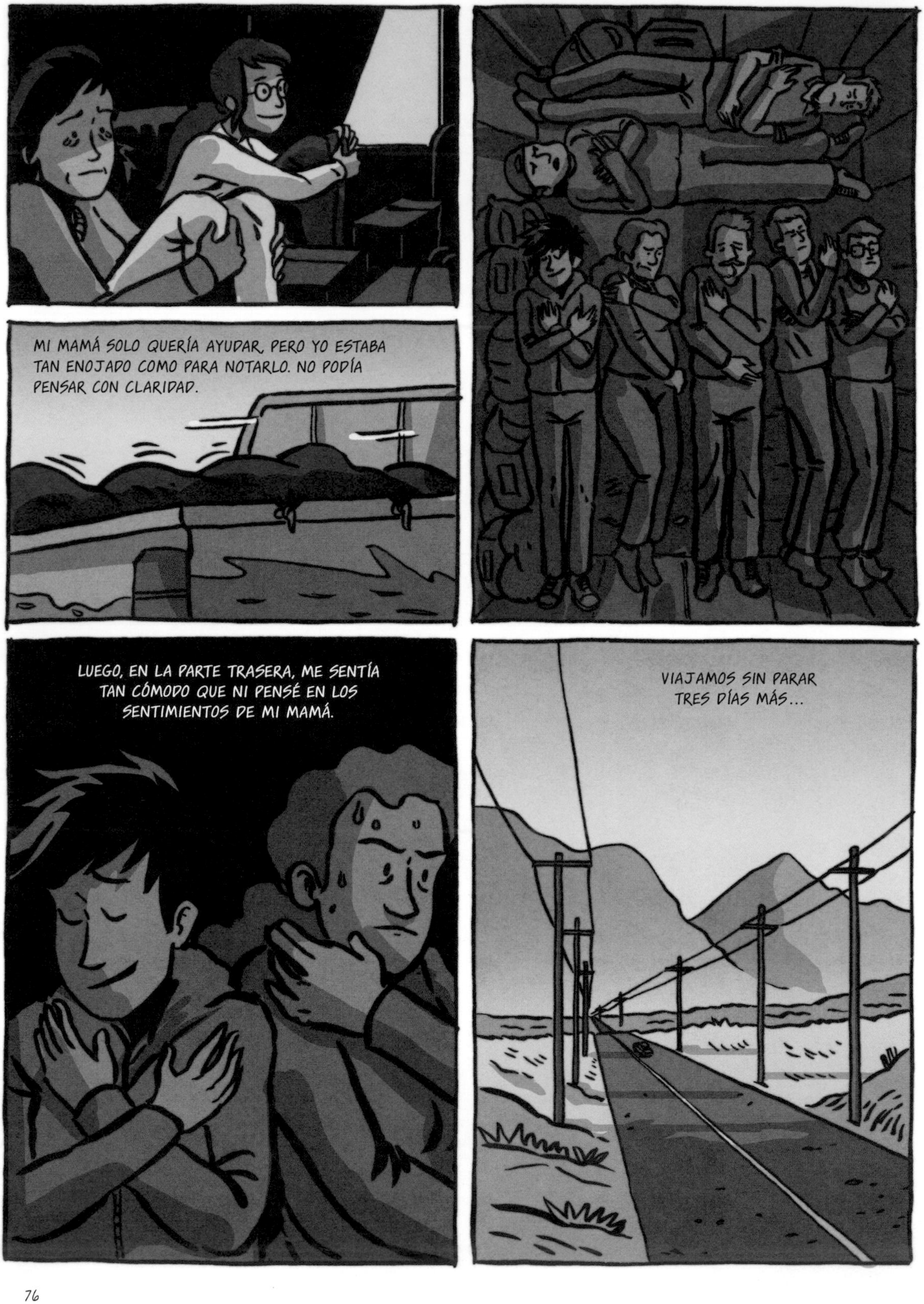
MI MAMÁ SOLO QUERÍA AYUDAR, PERO YO ESTABA TAN ENOJADO COMO PARA NOTARLO. NO PODÍA PENSAR CON CLARIDAD.
LUEGO, EN LA PARTE TRASERA, ME SENTÍA TAN CÓMODO QUE NI PENSÉ EN LOS SENTIMIENTOS DE MI MAMÁ.
VIAJAMOS SIN PARAR TRES DÍAS MÁS...

Capítulo 4

SOMOS GENTE DE AGUSTÍN

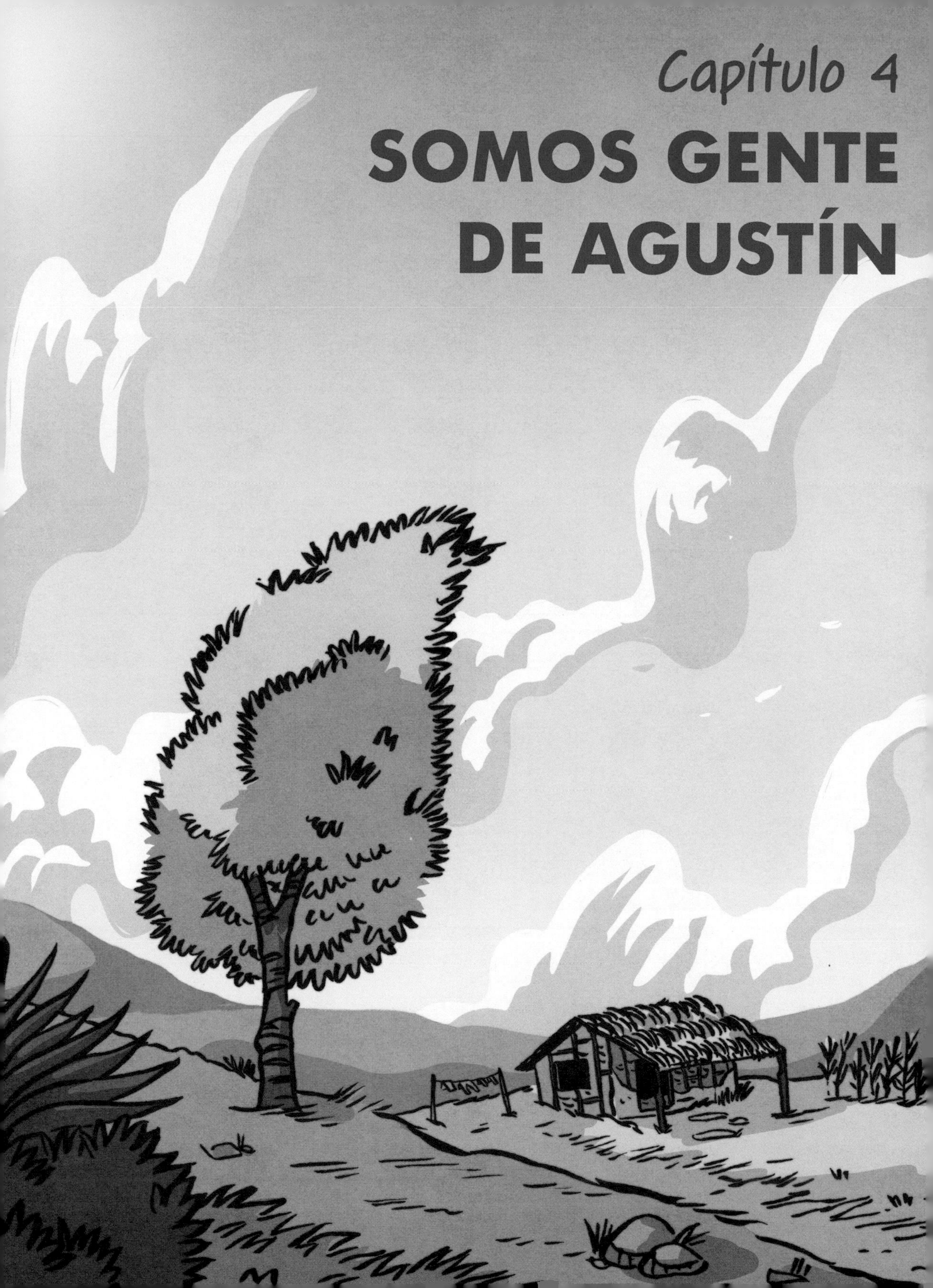

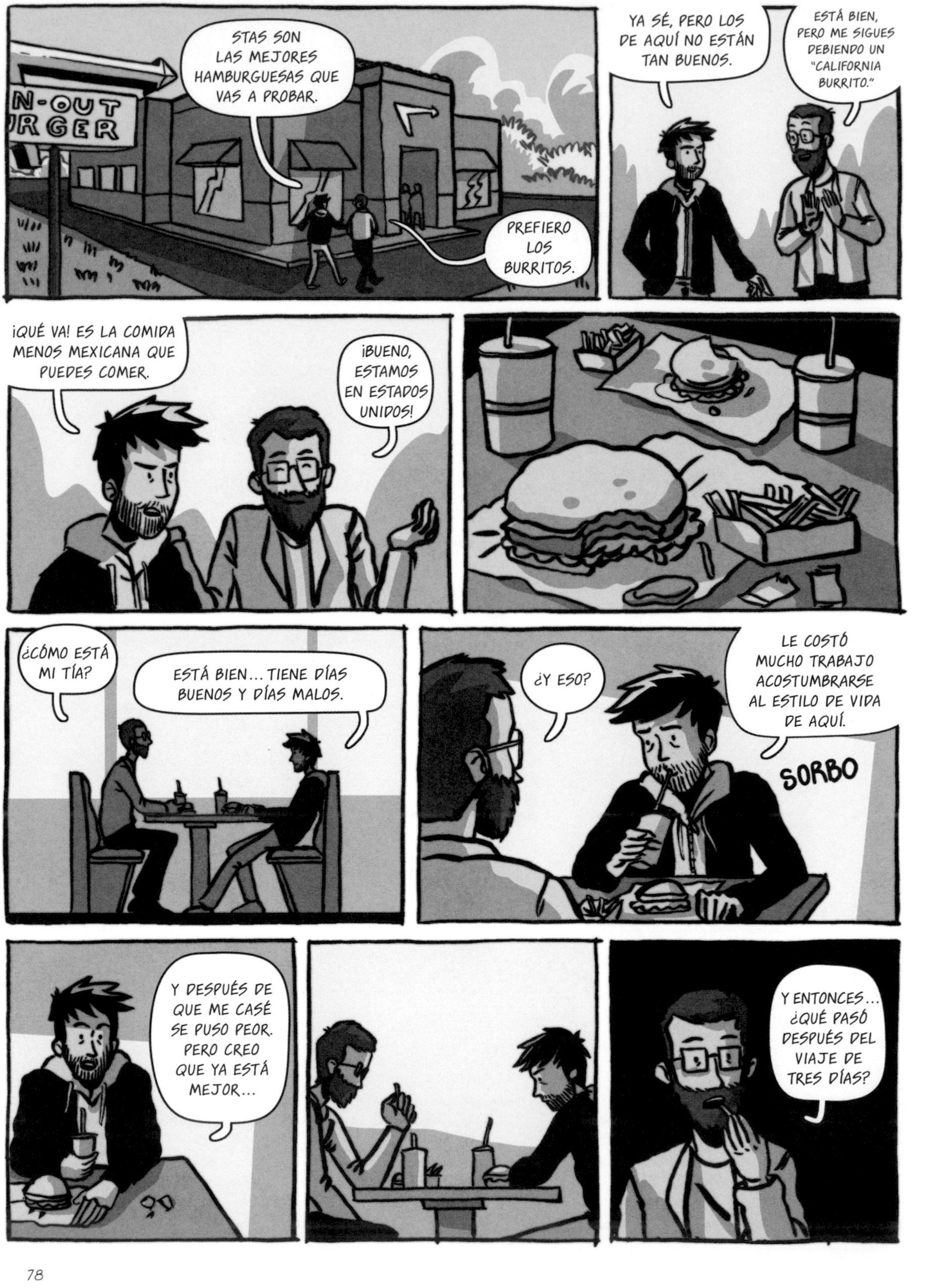
N-OUT
RGER
STAS SON LAS MEJORES HAMBURGUESAS QUE VAS A PROBAR.
PREFIERO LOS BURRITOS.
YA SÉ, PERO LOS DE AQUÍ NO ESTÁN TAN BUENOS.
ESTÁ BIEN, PERO ME SIGUES DEBIENDO UN "CALIFORNIA BURRITO."
¡QUÉ VA! ES LA COMIDA MENOS MEXICANA QUE PUEDES COMER.
¡BUENO, ESTAMOS EN ESTADOS UNIDOS!
¿CÓMO ESTÁ MI TÍA?
ESTÁ BIEN... TIENE DÍAS BUENOS Y DÍAS MALOS.
¿Y ESO?
LE COSTÓ MUCHO TRABAJO ACOSTUMBRARSE AL ESTILO DE VIDA DE AQUÍ.
SORBO
Y DESPUÉS DE QUE ME CASÉ SE PUSO PEOR. PERO CREO QUE YA ESTÁ MEJOR...
Y ENTONCES... ¿QUÉ PASÓ DESPUÉS DEL VIAJE DE TRES DÍAS?

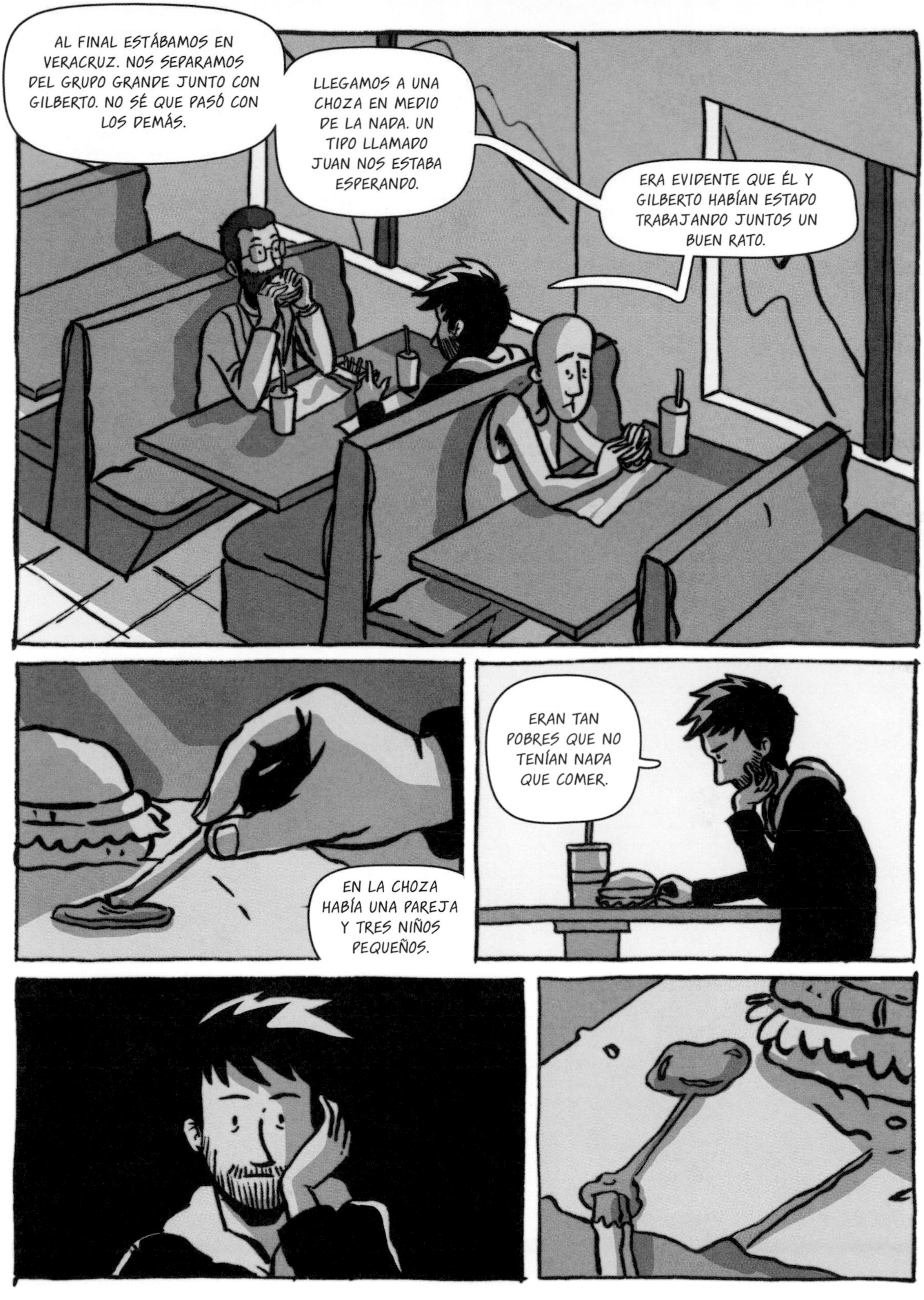
AL FINAL ESTÁBAMOS EN VERACRUZ. NOS SEPARAMOS DEL GRUPO GRANDE JUNTO CON GILBERTO. NO SÉ QUE PASÓ CON LOS DEMÁS.
LLEGAMOS A UNA CHOZA EN MEDIO DE LA NADA. UN TIPO LLAMADO JUAN NOS ESTABA ESPERANDO.
ERA EVIDENTE QUE ÉL Y GILBERTO HABÍAN ESTADO TRABAJANDO JUNTOS UN BUEN RATO.
EN LA CHOZA HABÍA UNA PAREJA Y TRES NIÑOS PEQUEÑOS.
ERAN TAN POBRES QUE NO TENÍAN NADA QUE COMER.

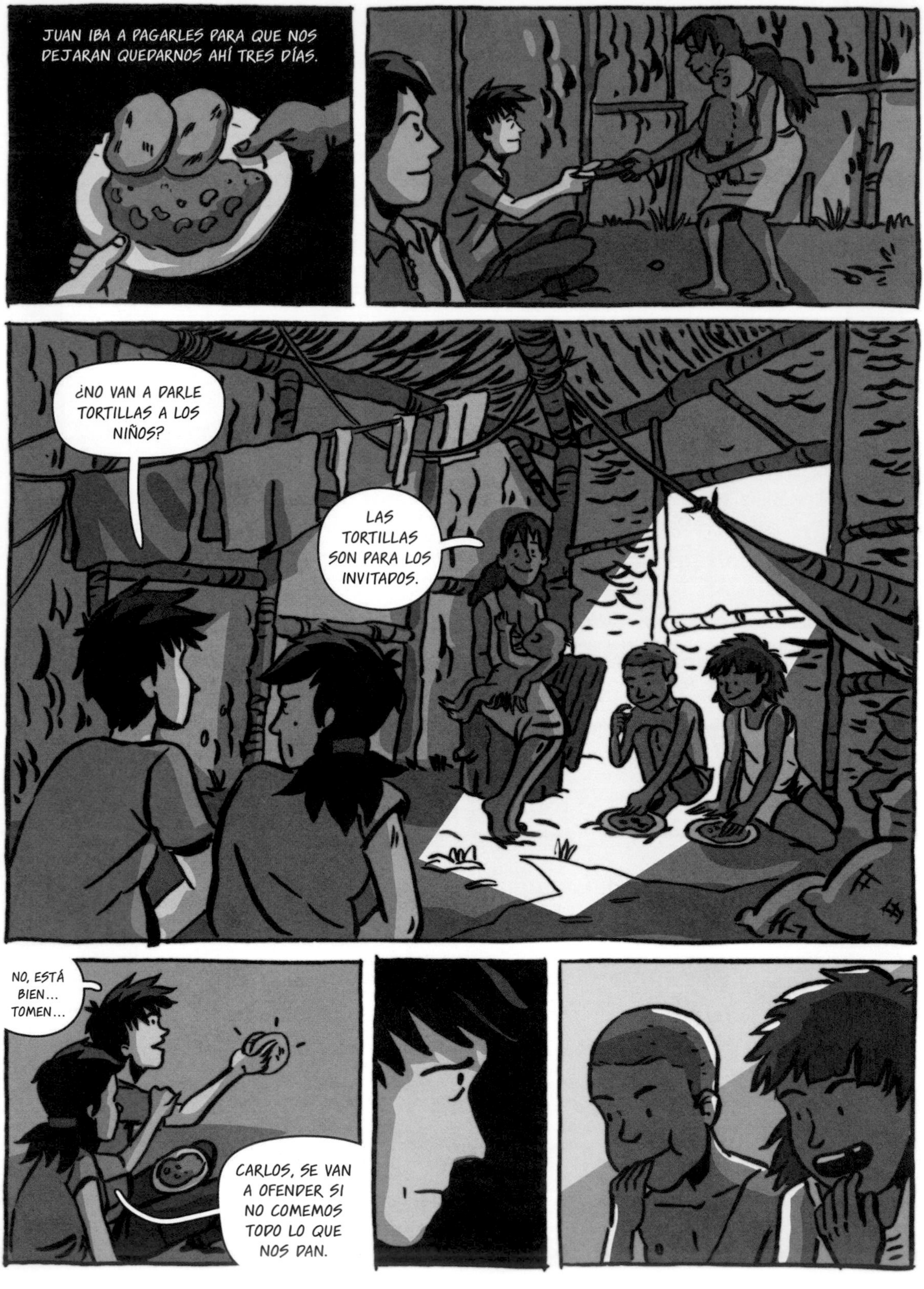

JUAN IBA A PAGARLES PARA QUE NOS DEJARAN QUEDARNOS AHÍ TRES DÍAS.
¿NO VAN A DARLE TORTILLAS A LOS NIÑOS?
LAS TORTILLAS SON PARA LOS INVITADOS.
NO, ESTÁ BIEN… TOMEN…
CARLOS, SE VAN A OFENDER SI NO COMEMOS TODO LO QUE NOS DAN.

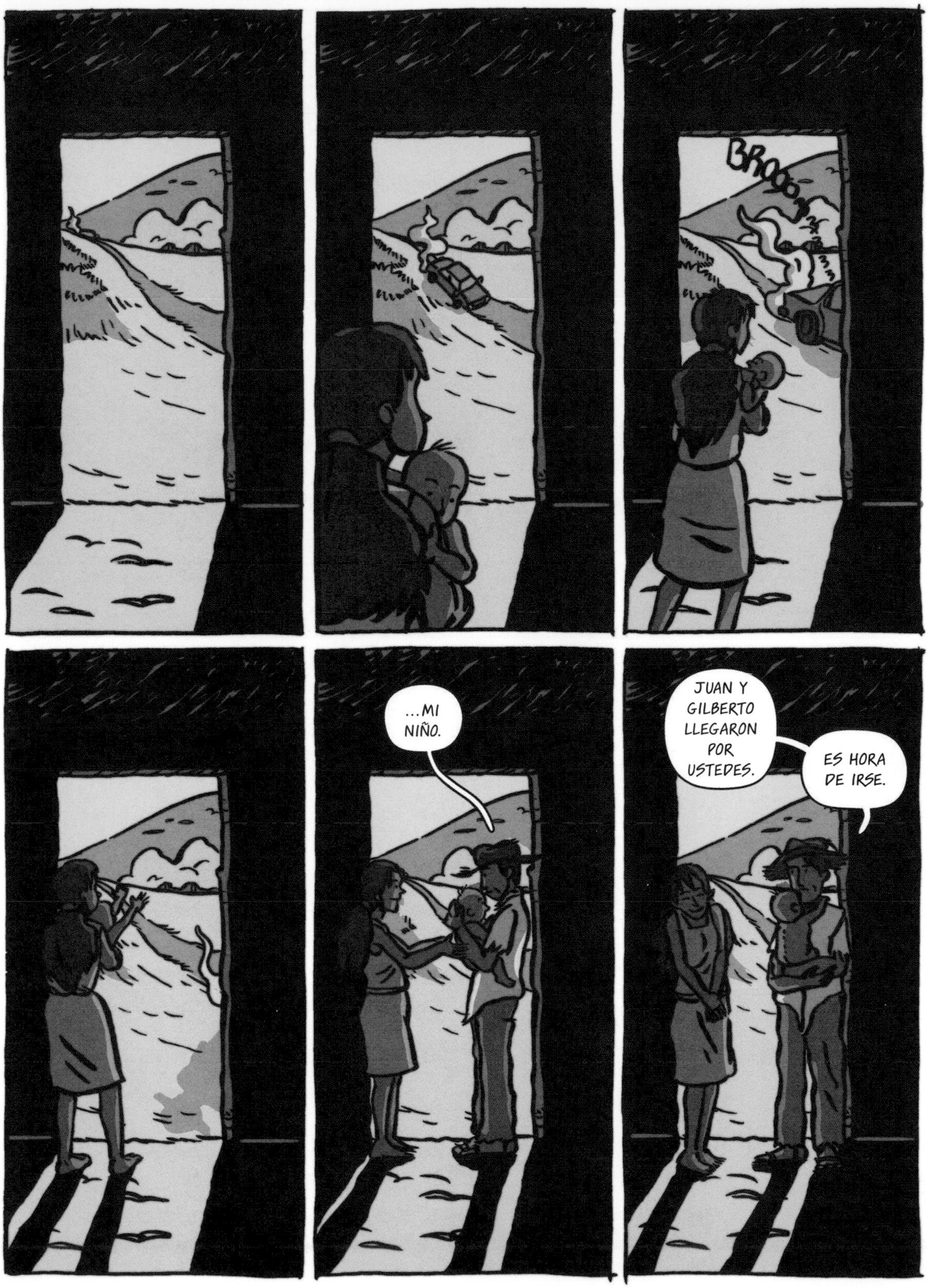
BROOO
...MI NIÑO.
JUAN Y GILBERTO LLEGARON POR USTEDES.
ES HORA DE IRSE.

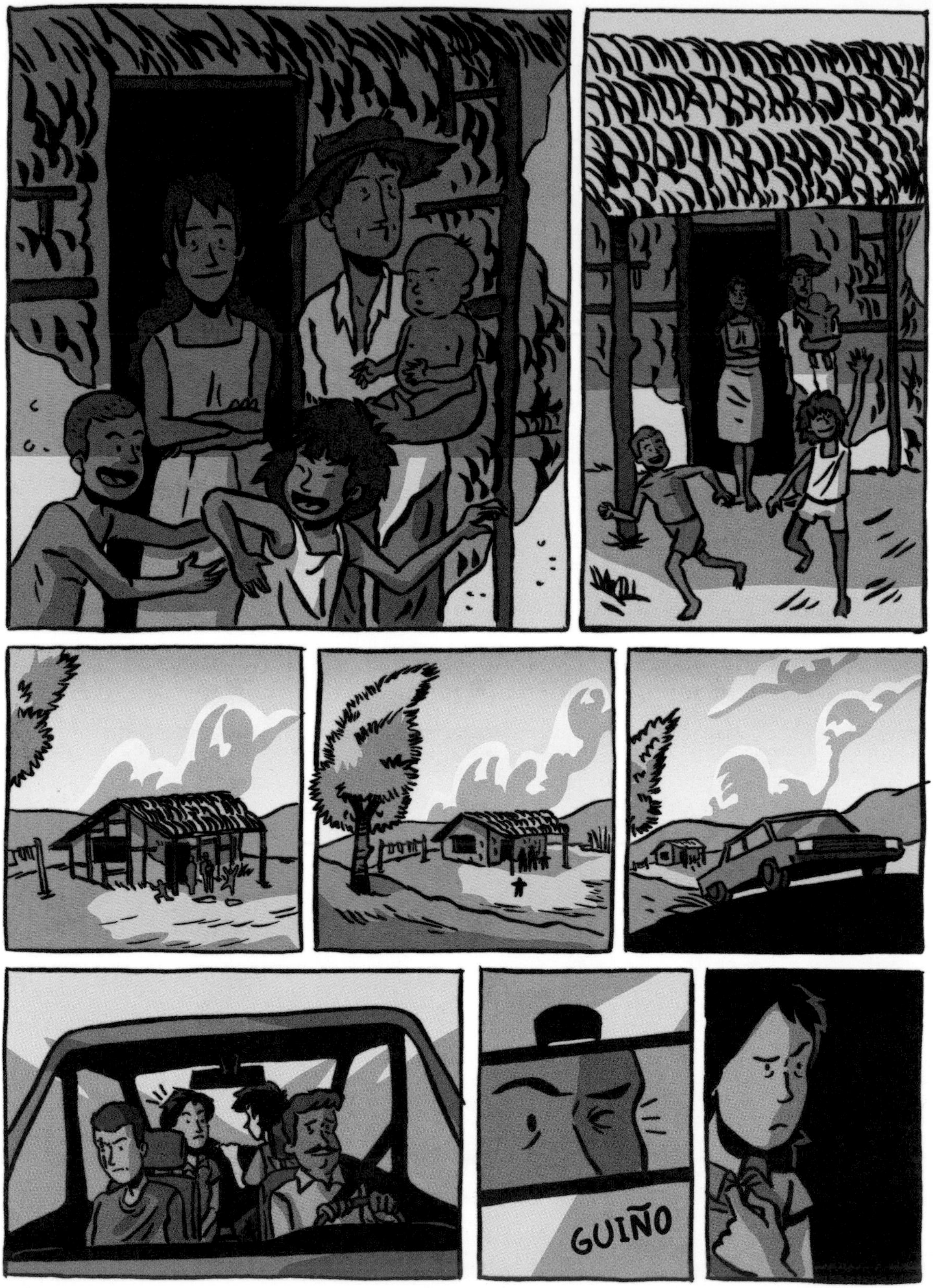
GUIÑO

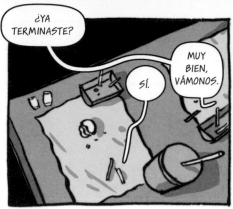
¿YA TERMINASTE?

SÍ.

MUY BIEN, VÁMONOS.

YA CASI LLEGAMOS.

SOUTH
5 San Diego

MI MAMÁ SE VA A ALEGRAR MUCHO. SE EMOCIONÓ CUANDO SE ENTERÓ QUE VENÍAS.

Y SE VA A PONER AÚN MÁS FELIZ CUANDO VEA LO QUE MI MAMÁ LE MANDÓ: TAMALES, PUPUSAS, FRIJOLES...

Y ME HIZO TRAER POLLO CAMPERO PARA EL TÍO EDWIN.

GUÁCALA, A MI MAMÁ TAMBIÉN LE GUSTA ESE POLLO.

NO PUEDEN NEGAR QUE SON HERMANOS.

SI VIVIERA FUERA DE EL SALVADOR, TAMBIÉN EXTRAÑARÍA ESTE POLLO.

¡ODIO EL POLLO!

¿Y A DÓNDE LOS LLEVÓ ESE JUAN?

VIAJAMOS CON ÉL POR COMO DOS DÍAS.

NO ERA MAL TIPO. CREO QUE SE ENAMORÓ DE MI MAMÁ, PERO NUNCA HIZO NADA INAPROPIADO.

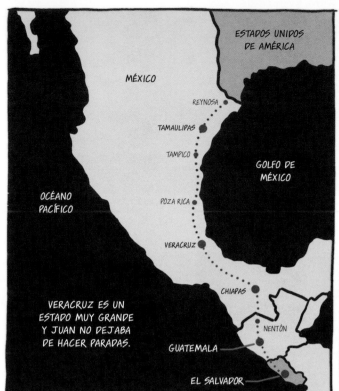

ESTADOS UNIDOS
DE AMÉRICA

MÉXICO

REYNOSA

TAMAULIPAS

TAMPICO

GOLFO DE
MÉXICO

OCÉANO
PACÍFICO

POZA RICA

VERACRUZ

CHIAPAS

VERACRUZ ES UN
ESTADO MUY GRANDE
Y JUAN NO DEJABA
DE HACER PARADAS.

NENTÓN

GUATEMALA

EL SALVADOR

YO ME PREGUNTABA SI QUERÍA TOMARSE SU TIEMPO PARA CHECAR
QUE MI MAMÁ ESTUVIERA BIEN... PERO GILBERTO NO DECÍA NADA,
ENTONCES CREO QUE NUESTRO RITMO ERA NORMAL...

GILBERTO
ES RARO...

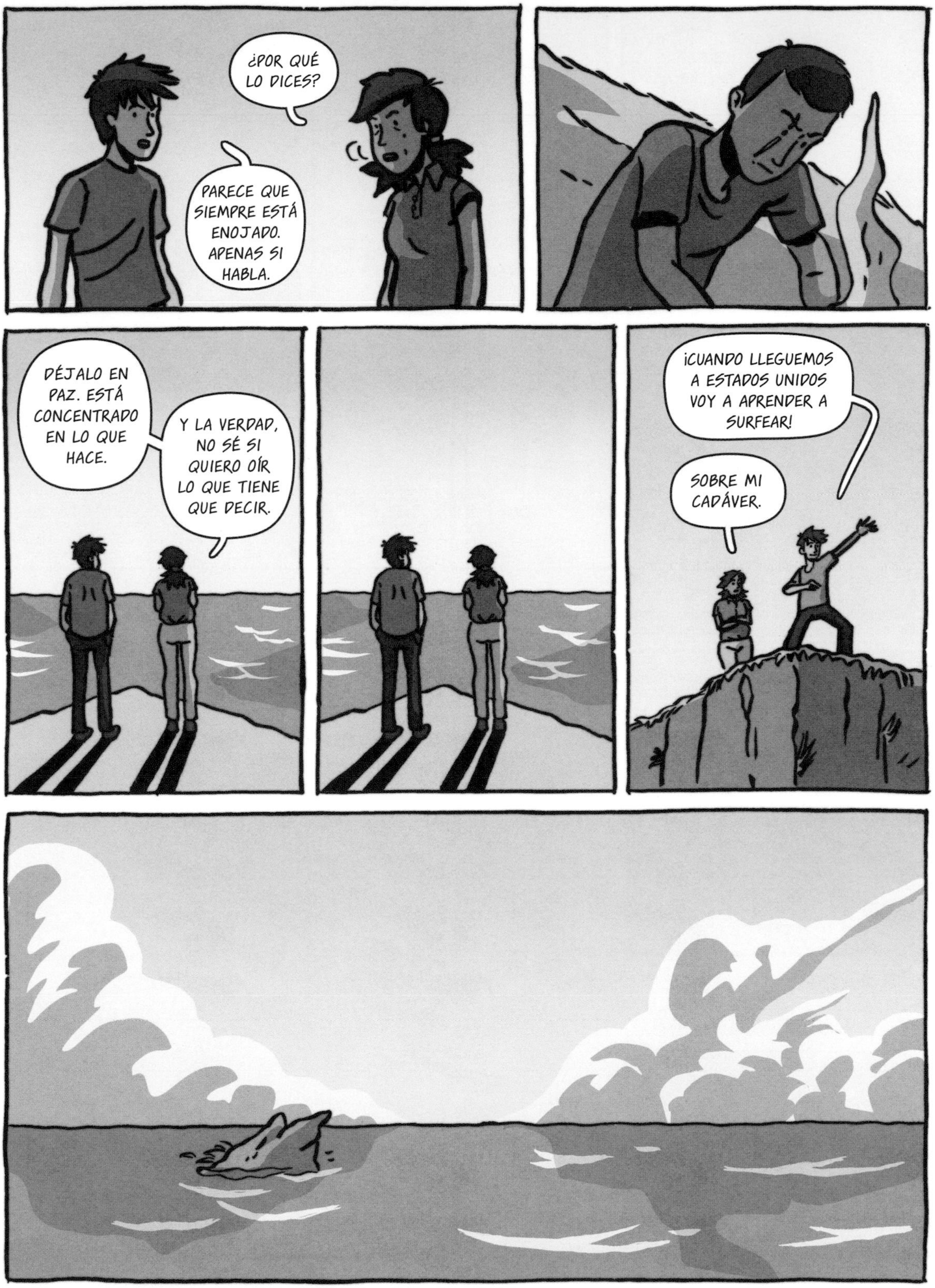
¿POR QUÉ LO DICES?
PARECE QUE SIEMPRE ESTÁ ENOJADO. APENAS SI HABLA.
DÉJALO EN PAZ. ESTÁ CONCENTRADO EN LO QUE HACE.
Y LA VERDAD, NO SÉ SI QUIERO OÍR LO QUE TIENE QUE DECIR.
¡CUANDO LLEGUEMOS A ESTADOS UNIDOS VOY A APRENDER A SURFEAR!
SOBRE MI CADÁVER.

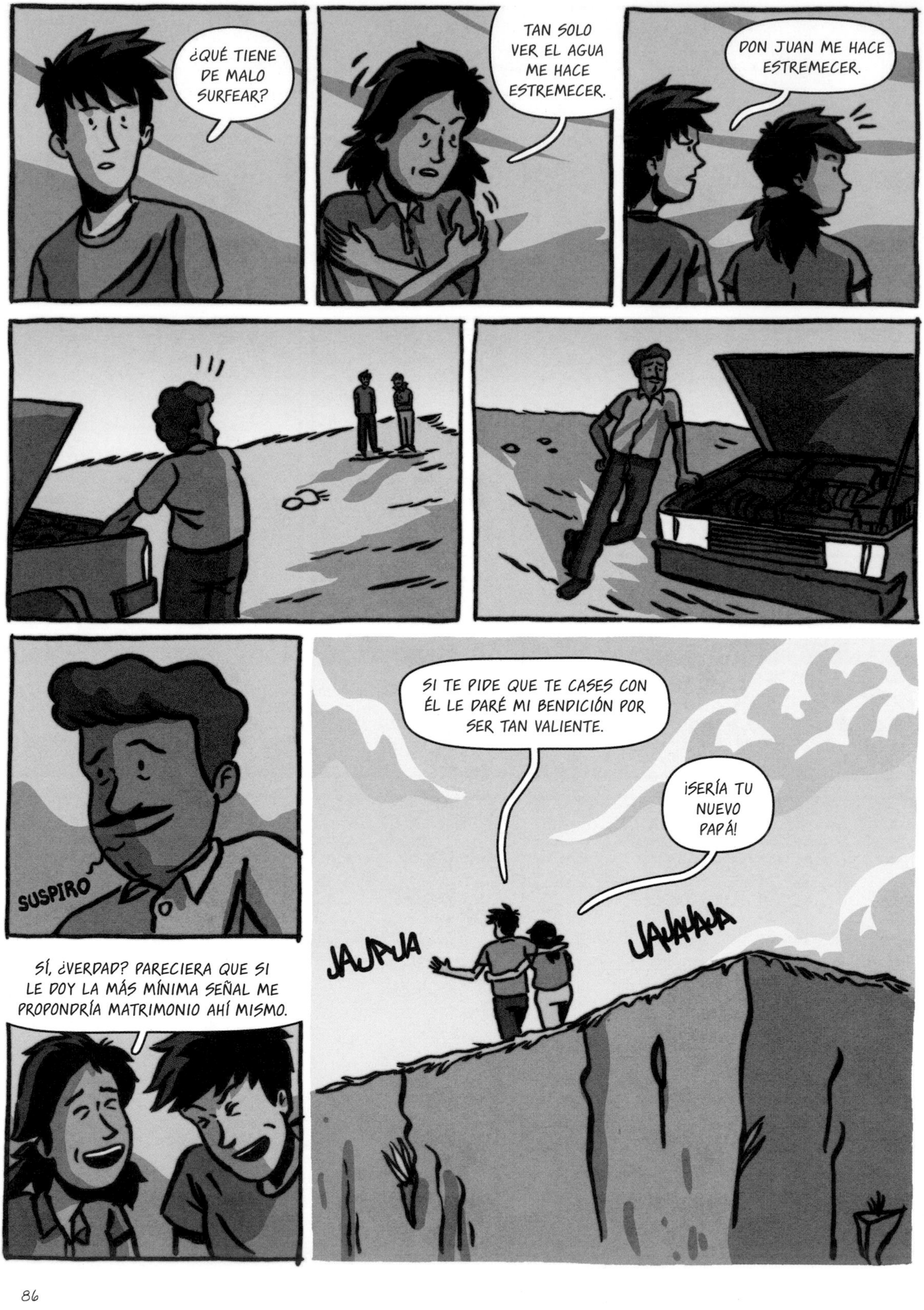
¿QUÉ TIENE DE MALO SURFEAR?
TAN SOLO VER EL AGUA ME HACE ESTREMECER.
DON JUAN ME HACE ESTREMECER.
SUSPIRO
SÍ, ¿VERDAD? PARECIERA QUE SI LE DOY LA MÁS MÍNIMA SEÑAL ME PROPONDRÍA MATRIMONIO AHÍ MISMO.
SI TE PIDE QUE TE CASES CON ÉL LE DARÉ MI BENDICIÓN POR SER TAN VALIENTE.
¡SERÍA TU NUEVO PAPÁ!
JAJAJA
JAJAJAJA

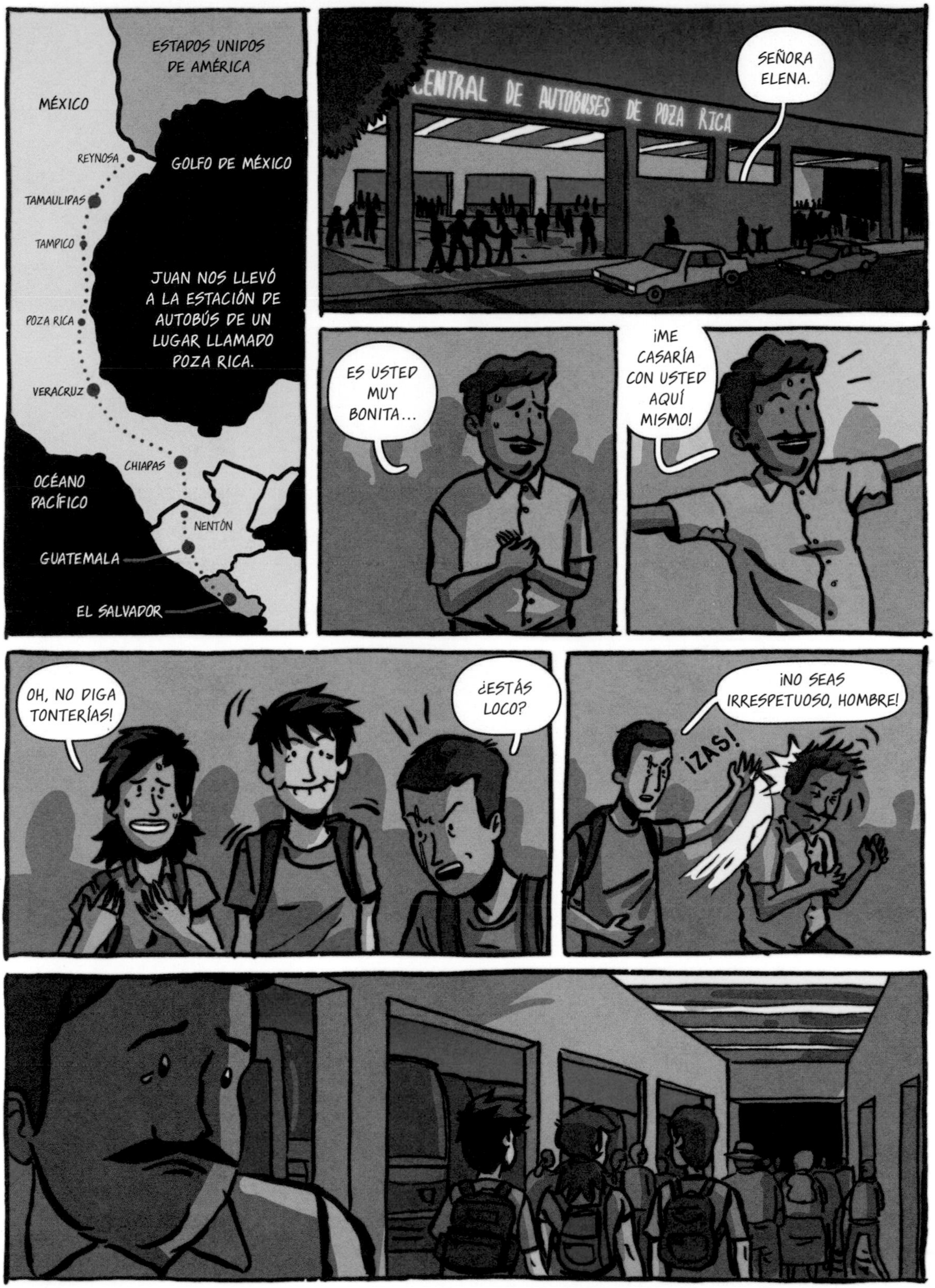
ESTADOS UNIDOS DE AMÉRICA
MÉXICO
REYNOSA
GOLFO DE MÉXICO
TAMAULIPAS
TAMPICO
JUAN NOS LLEVÓ A LA ESTACIÓN DE AUTOBÚS DE UN LUGAR LLAMADO POZA RICA.
POZA RICA
VERACRUZ
CHIAPAS
OCÉANO PACÍFICO
NENTÓN
GUATEMALA
EL SALVADOR
CENTRAL DE AUTOBUSES DE POZA RICA
SEÑORA ELENA.
ES USTED MUY BONITA…
¡ME CASARÍA CON USTED AQUÍ MISMO!
OH, NO DIGA TONTERÍAS!
¿ESTÁS LOCO?
¡NO SEAS IRRESPETUOSO, HOMBRE!
¡ZAS!

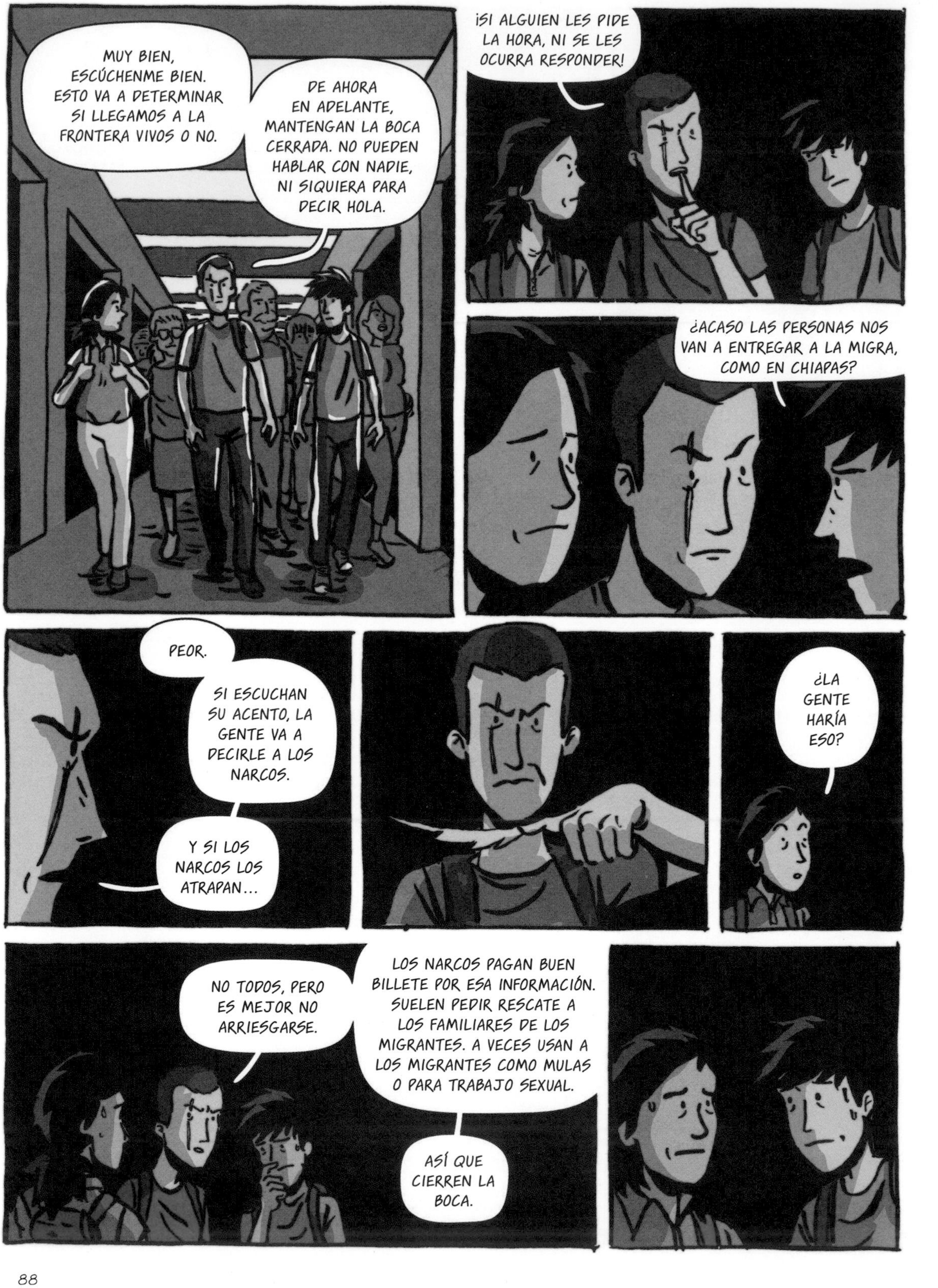
MUY BIEN, ESCÚCHENME BIEN. ESTO VA A DETERMINAR SI LLEGAMOS A LA FRONTERA VIVOS O NO.
DE AHORA EN ADELANTE, MANTENGAN LA BOCA CERRADA. NO PUEDEN HABLAR CON NADIE, NI SIQUIERA PARA DECIR HOLA.
¡SI ALGUIEN LES PIDE LA HORA, NI SE LES OCURRA RESPONDER!
¿ACASO LAS PERSONAS NOS VAN A ENTREGAR A LA MIGRA, COMO EN CHIAPAS?
PEOR.
SI ESCUCHAN SU ACENTO, LA GENTE VA A DECIRLE A LOS NARCOS.
Y SI LOS NARCOS LOS ATRAPAN...
¿LA GENTE HARÍA ESO?
NO TODOS, PERO ES MEJOR NO ARRIESGARSE.
LOS NARCOS PAGAN BUEN BILLETE POR ESA INFORMACIÓN. SUELEN PEDIR RESCATE A LOS FAMILIARES DE LOS MIGRANTES. A VECES USAN A LOS MIGRANTES COMO MULAS O PARA TRABAJO SEXUAL.
ASÍ QUE CIERREN LA BOCA.

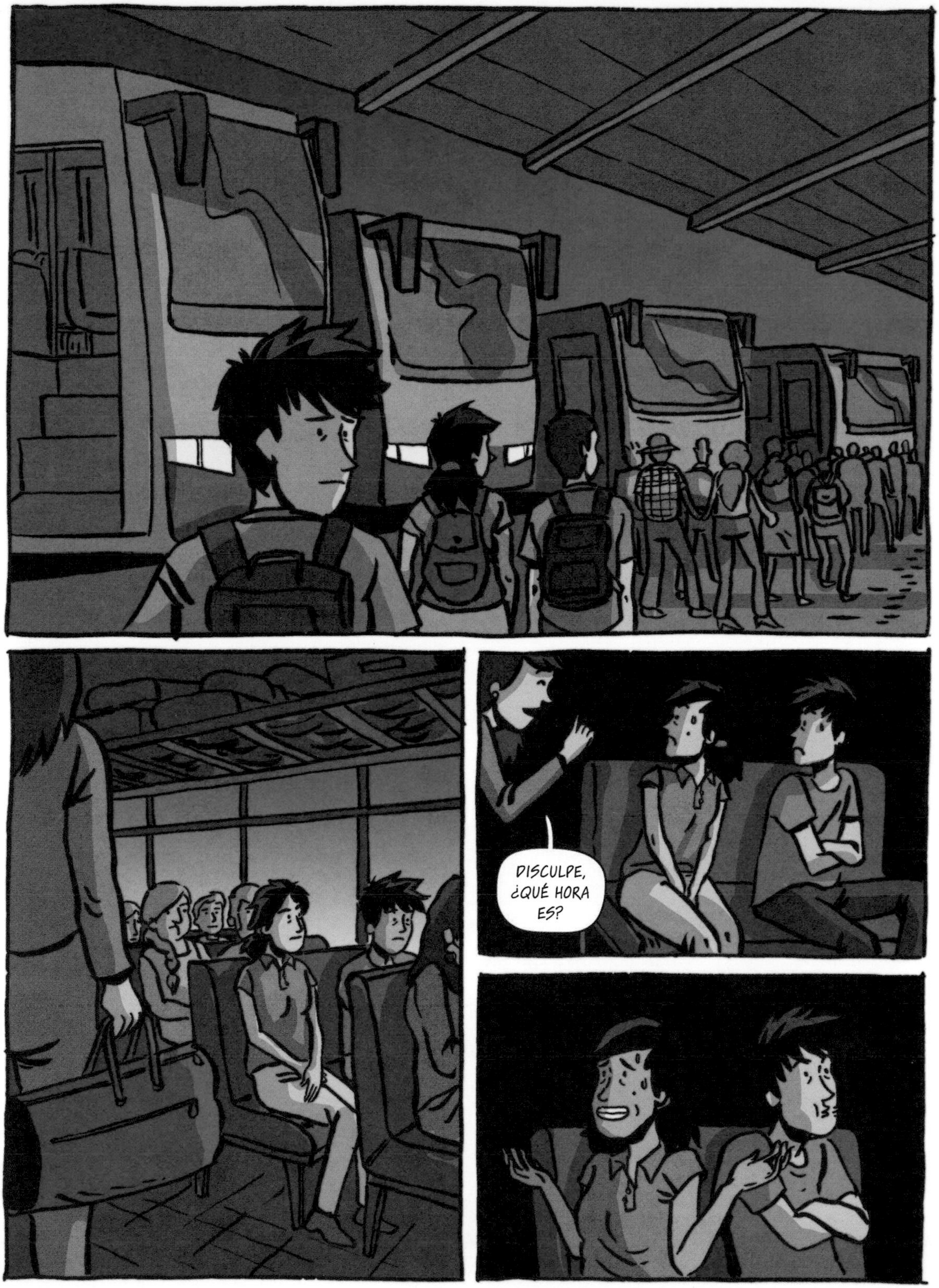
DISCULPE, ¿QUÉ HORA ES?

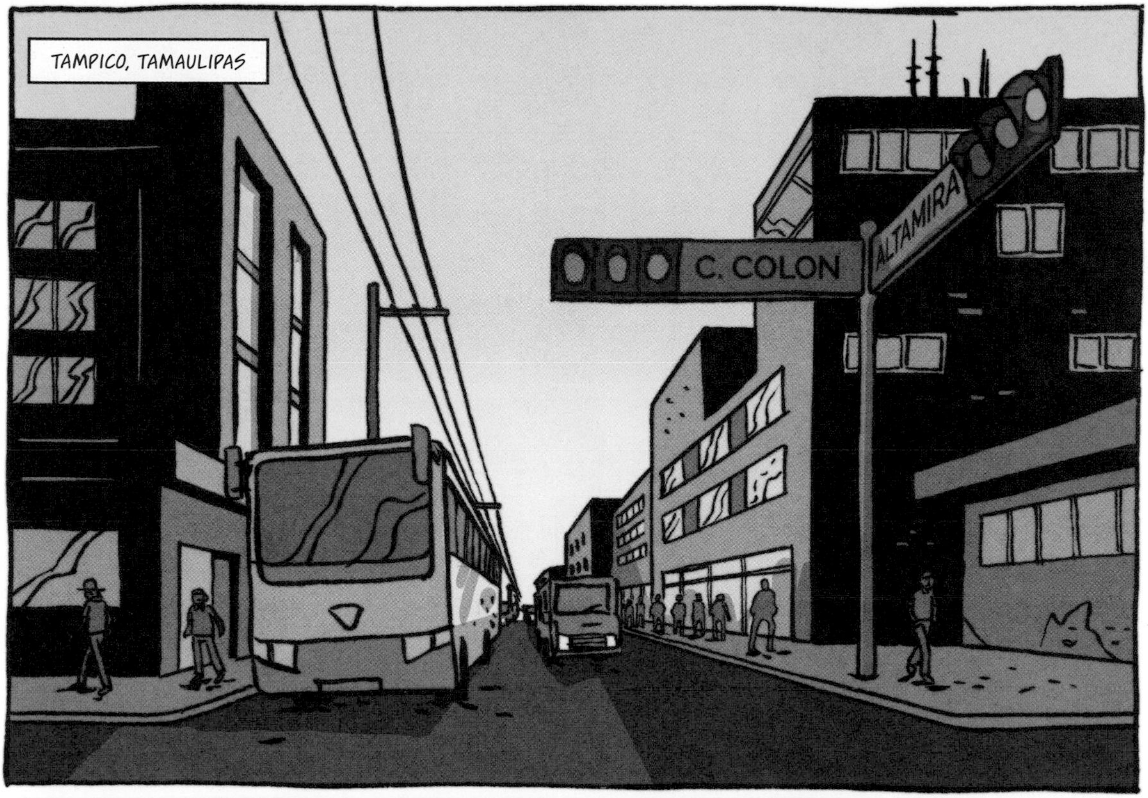
TAMPICO, TAMAULIPAS
C. COLON
ALTAMIRA

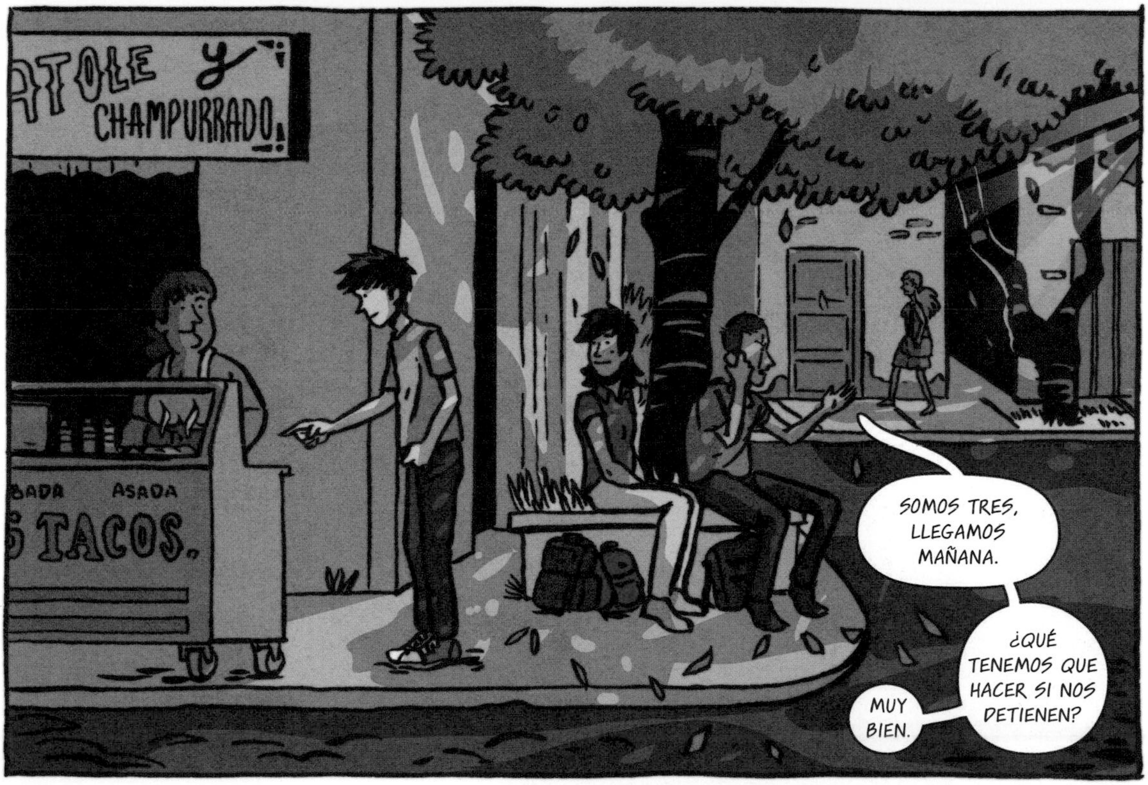
ATOLE y
CHAMPURRADO.
ASADA
TACOS.
SOMOS TRES, LLEGAMOS MAÑANA.
¿QUÉ TENEMOS QUE HACER SI NOS DETIENEN?
MUY BIEN.

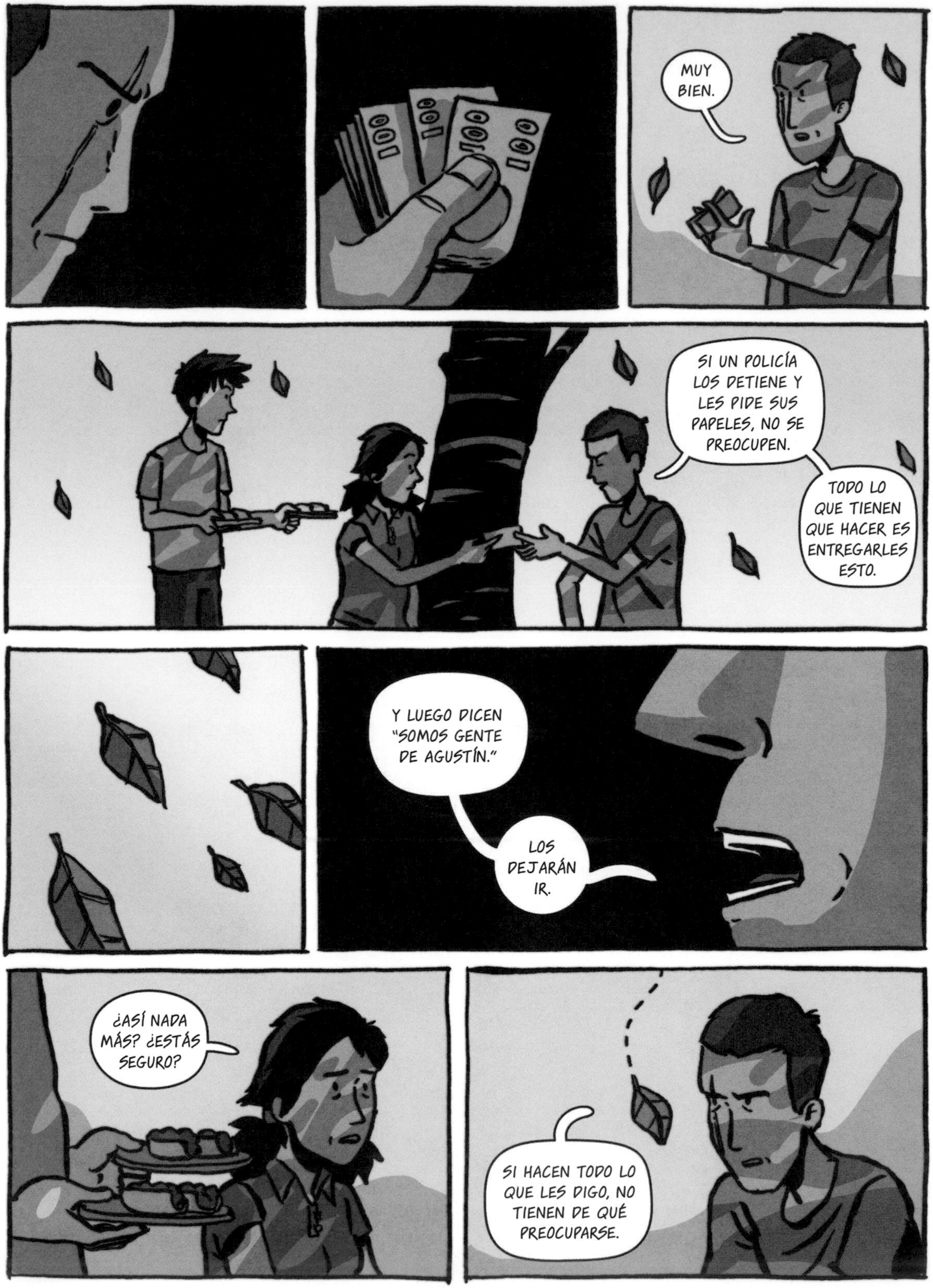
MUY BIEN.
SI UN POLICÍA LOS DETIENE Y LES PIDE SUS PAPELES, NO SE PREOCUPEN.
TODO LO QUE TIENEN QUE HACER ES ENTREGARLES ESTO.
Y LUEGO DICEN "SOMOS GENTE DE AGUSTÍN."
LOS DEJARÁN IR.
¿ASÍ NADA MÁS? ¿ESTÁS SEGURO?
SI HACEN TODO LO QUE LES DIGO, NO TIENEN DE QUÉ PREOCUPARSE.

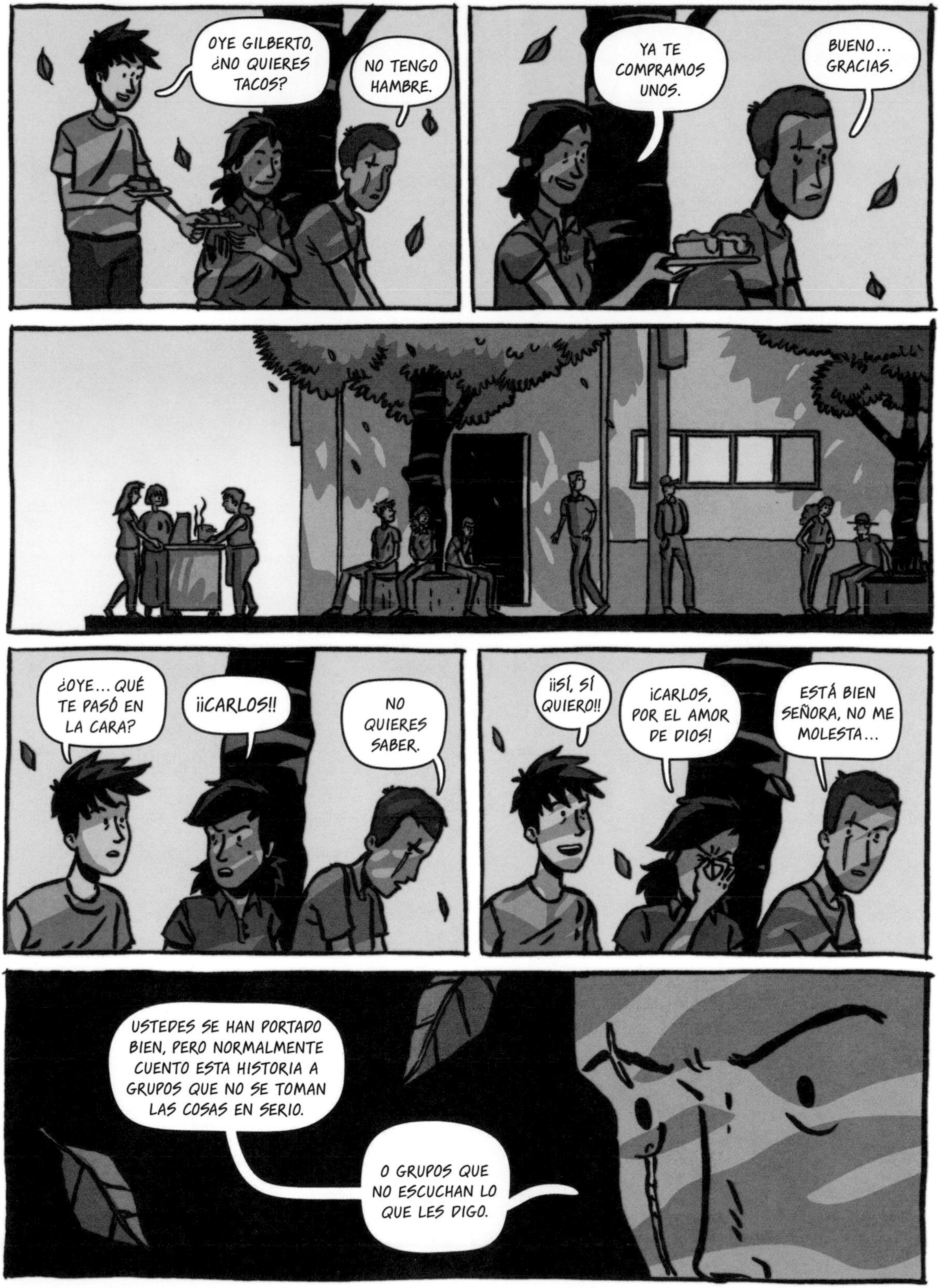
OYE GILBERTO, ¿NO QUIERES TACOS?
NO TENGO HAMBRE.
YA TE COMPRAMOS UNOS.
BUENO... GRACIAS.
¿OYE... QUÉ TE PASÓ EN LA CARA?
¡¡CARLOS!!
NO QUIERES SABER.
¡¡SÍ, SÍ QUIERO!!
¡CARLOS, POR EL AMOR DE DIOS!
ESTÁ BIEN SEÑORA, NO ME MOLESTA...
USTEDES SE HAN PORTADO BIEN, PERO NORMALMENTE CUENTO ESTA HISTORIA A GRUPOS QUE NO SE TOMAN LAS COSAS EN SERIO.
O GRUPOS QUE NO ESCUCHAN LO QUE LES DIGO.

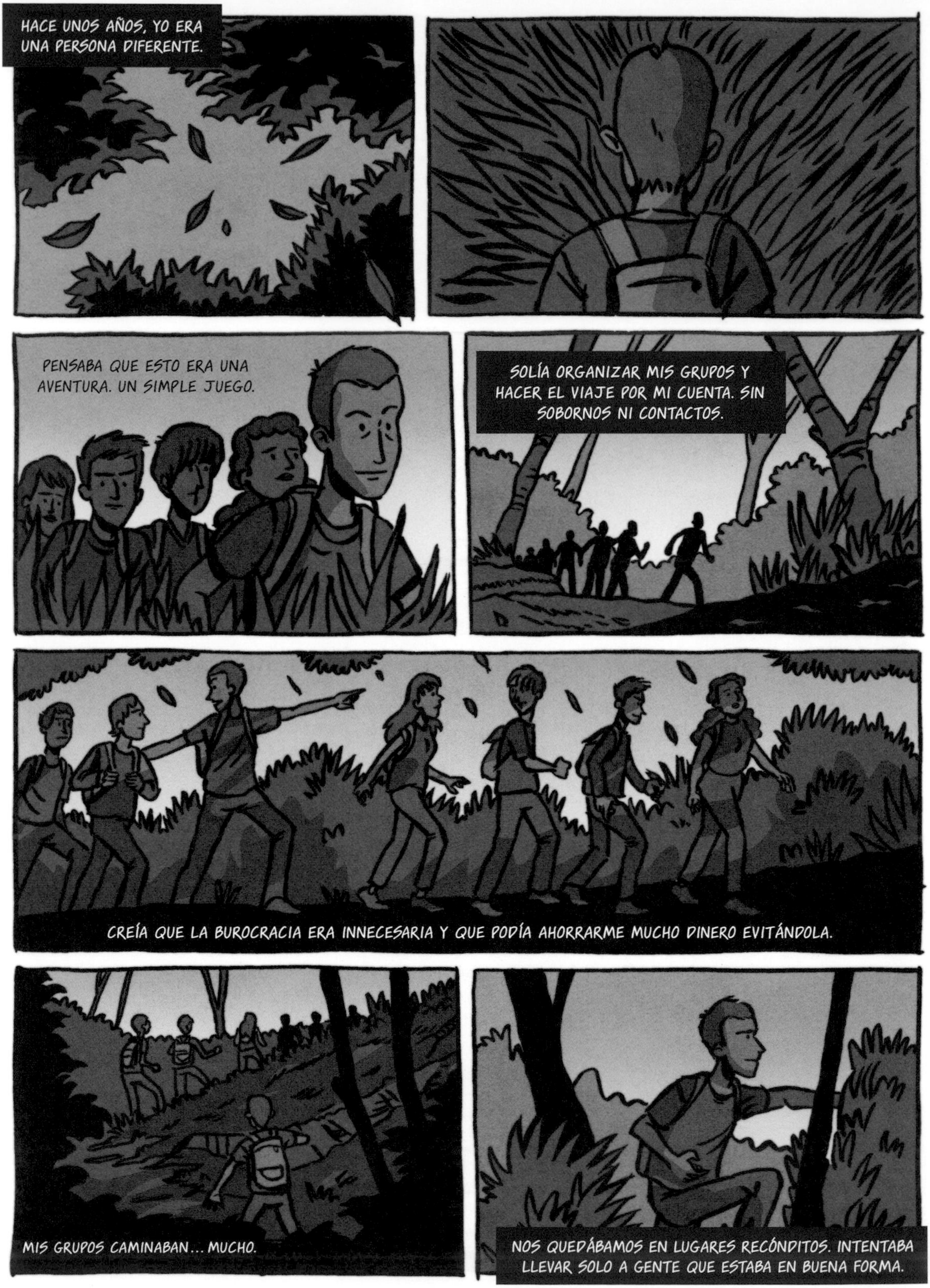
HACE UNOS AÑOS, YO ERA UNA PERSONA DIFERENTE.
PENSABA QUE ESTO ERA UNA AVENTURA. UN SIMPLE JUEGO.
SOLÍA ORGANIZAR MIS GRUPOS Y HACER EL VIAJE POR MI CUENTA. SIN SOBORNOS NI CONTACTOS.
CREÍA QUE LA BUROCRACIA ERA INNECESARIA Y QUE PODÍA AHORRARME MUCHO DINERO EVITÁNDOLA.
MIS GRUPOS CAMINABAN... MUCHO.
NOS QUEDÁBAMOS EN LUGARES RECÓNDITOS. INTENTABA LLEVAR SOLO A GENTE QUE ESTABA EN BUENA FORMA.

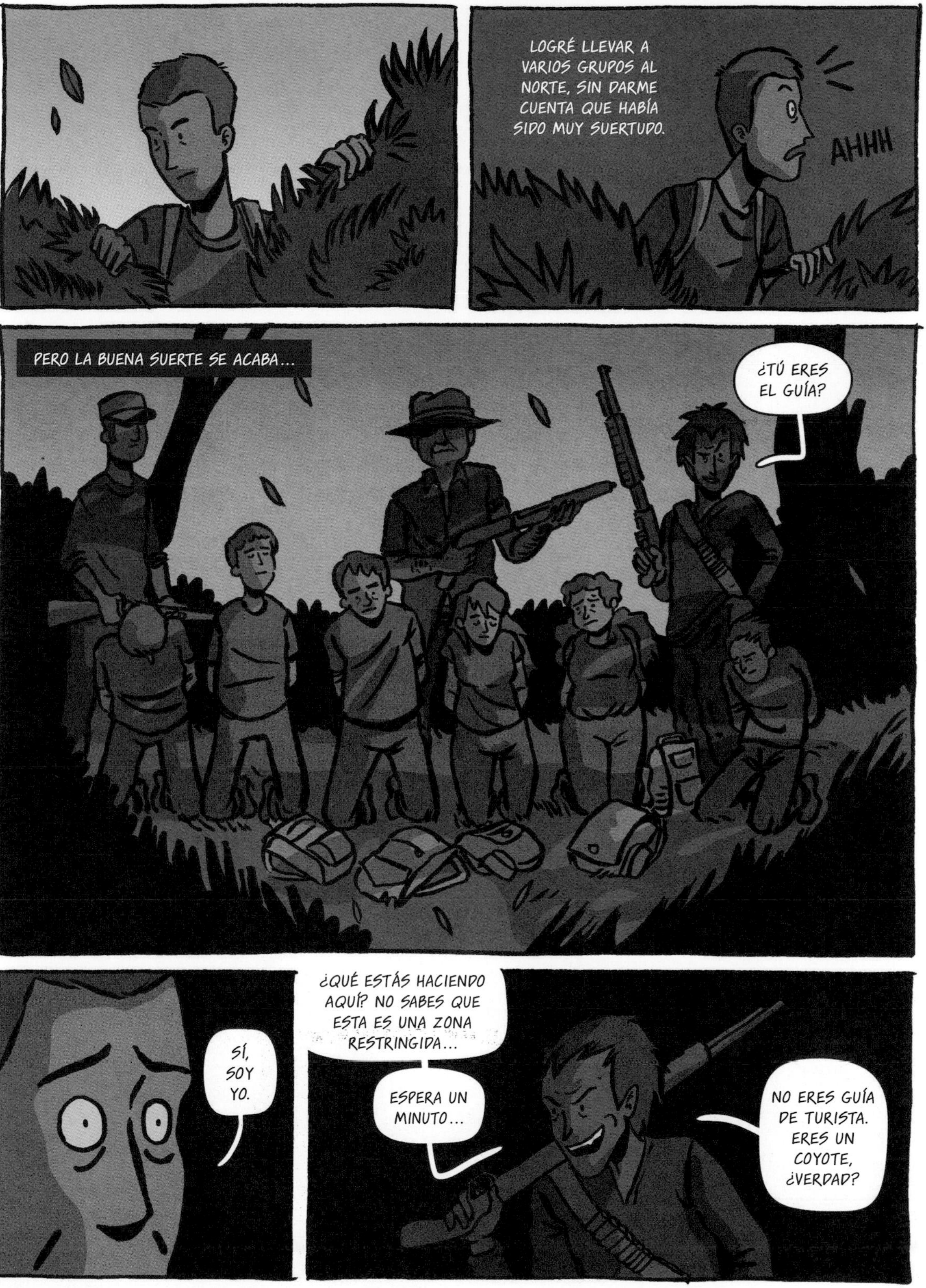

LOGRÉ LLEVAR A VARIOS GRUPOS AL NORTE, SIN DARME CUENTA QUE HABÍA SIDO MUY SUERTUDO.
AHHH
PERO LA BUENA SUERTE SE ACABA...
¿TÚ ERES EL GUÍA?
SÍ, SOY YO.
¿QUÉ ESTÁS HACIENDO AQUÍ? NO SABES QUE ESTA ES UNA ZONA RESTRINGIDA...
ESPERA UN MINUTO...
NO ERES GUÍA DE TURISTA. ERES UN COYOTE, ¿VERDAD?

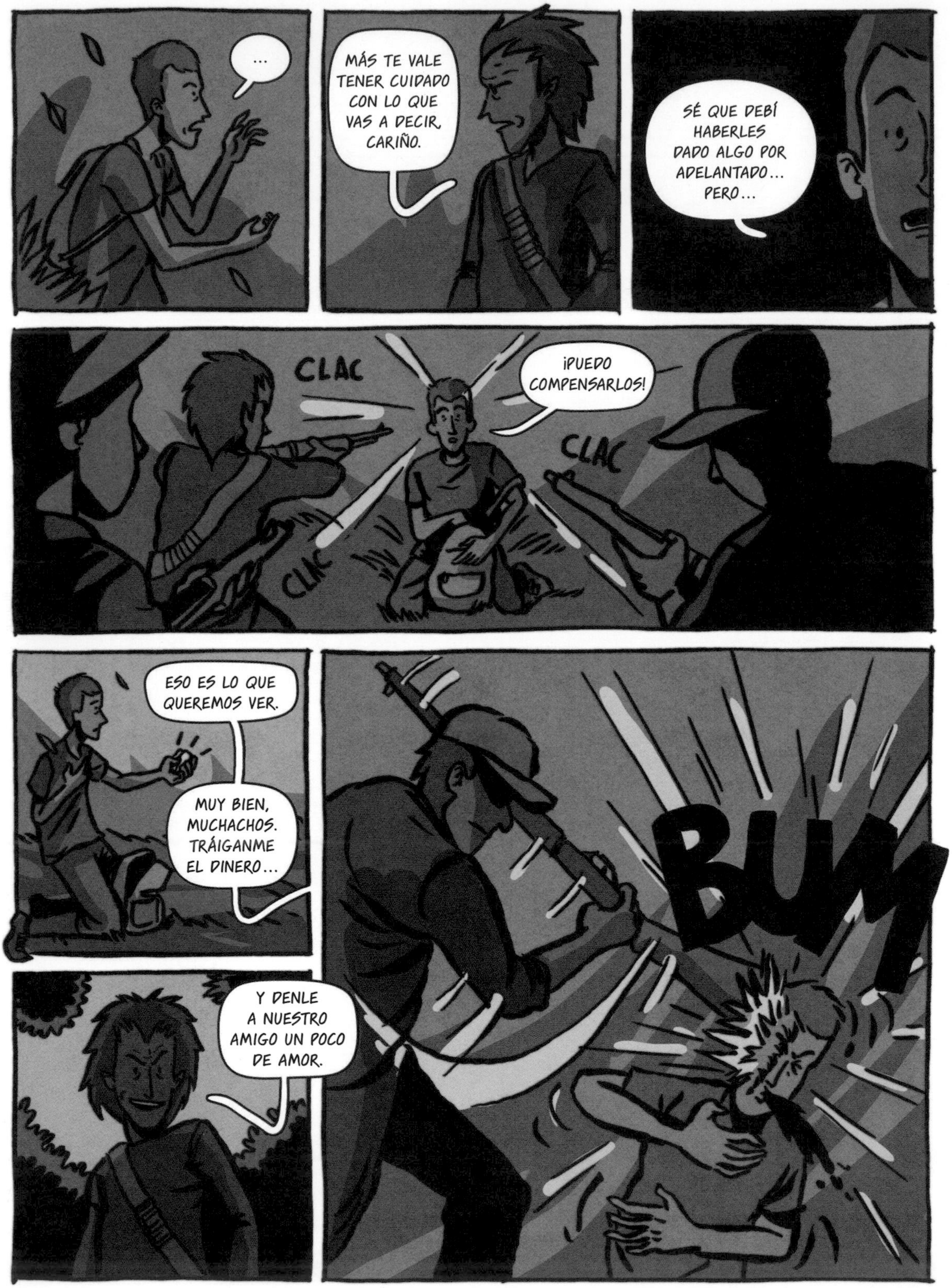
...
MÁS TE VALE TENER CUIDADO CON LO QUE VAS A DECIR, CARIÑO.
SÉ QUE DEBÍ HABERLES DADO ALGO POR ADELANTADO... PERO...
CLAC
¡PUEDO COMPENSARLOS!
CLAC
CLAC
ESO ES LO QUE QUEREMOS VER.
MUY BIEN, MUCHACHOS. TRÁIGANME EL DINERO...
Y DENLE A NUESTRO AMIGO UN POCO DE AMOR.
BUM

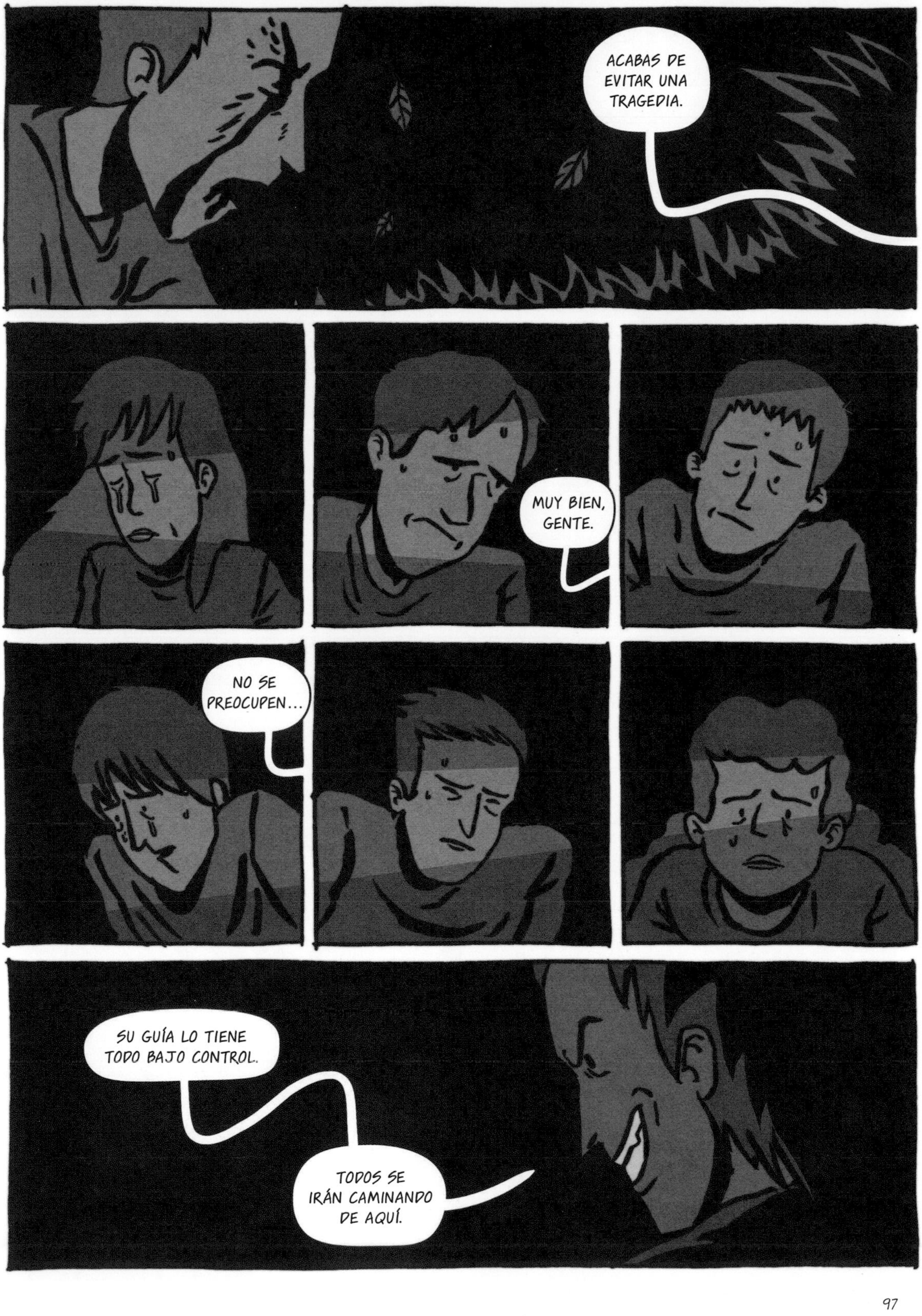
ACABAS DE EVITAR UNA TRAGEDIA.
MUY BIEN, GENTE.
NO SE PREOCUPEN...
SU GUÍA LO TIENE TODO BAJO CONTROL.
TODOS SE IRÁN CAMINANDO DE AQUÍ.

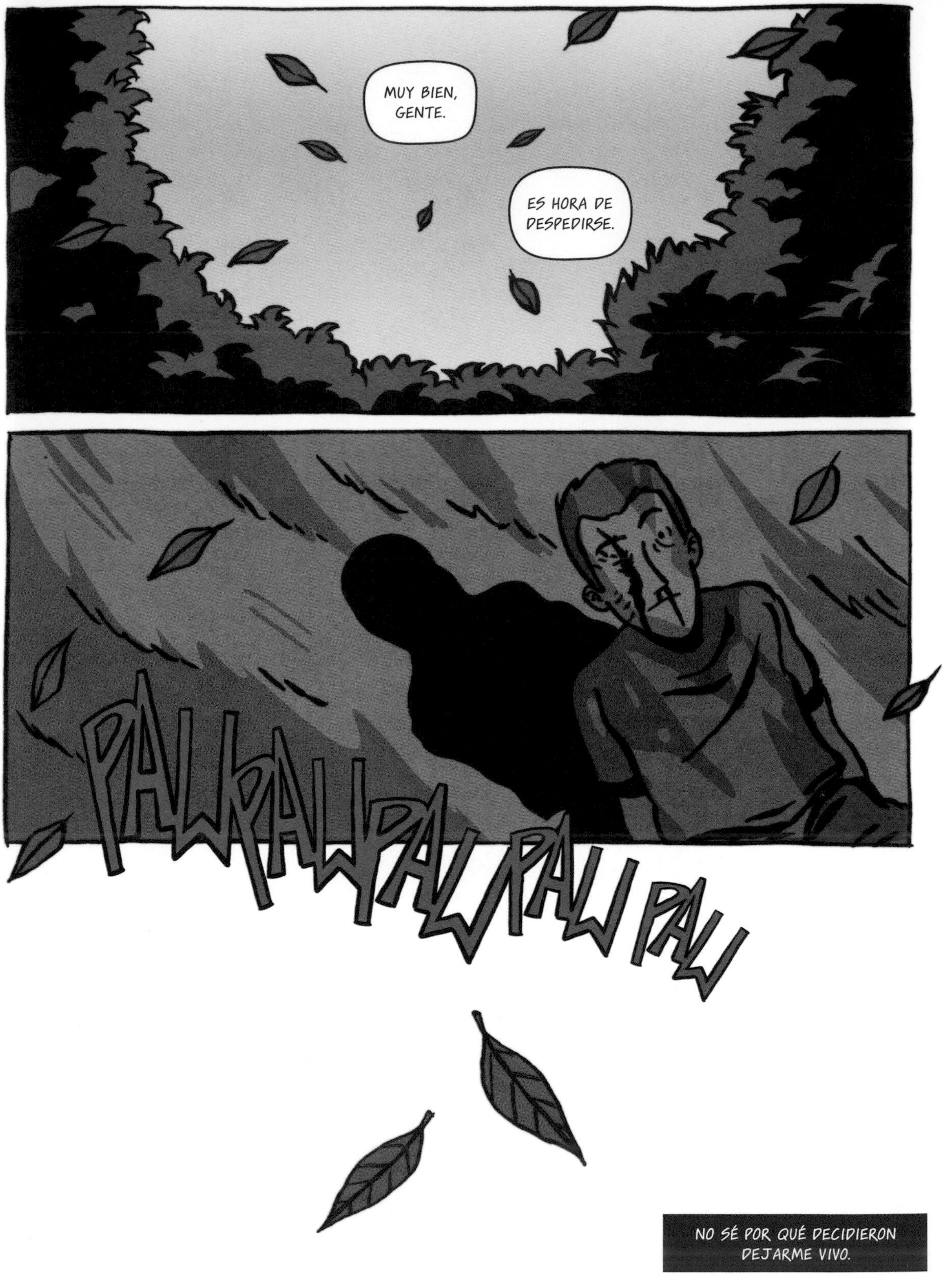

MUY BIEN, GENTE.
ES HORA DE DESPEDIRSE.
PAW PAW PAW PAW PAW
NO SÉ POR QUÉ DECIDIERON DEJARME VIVO.

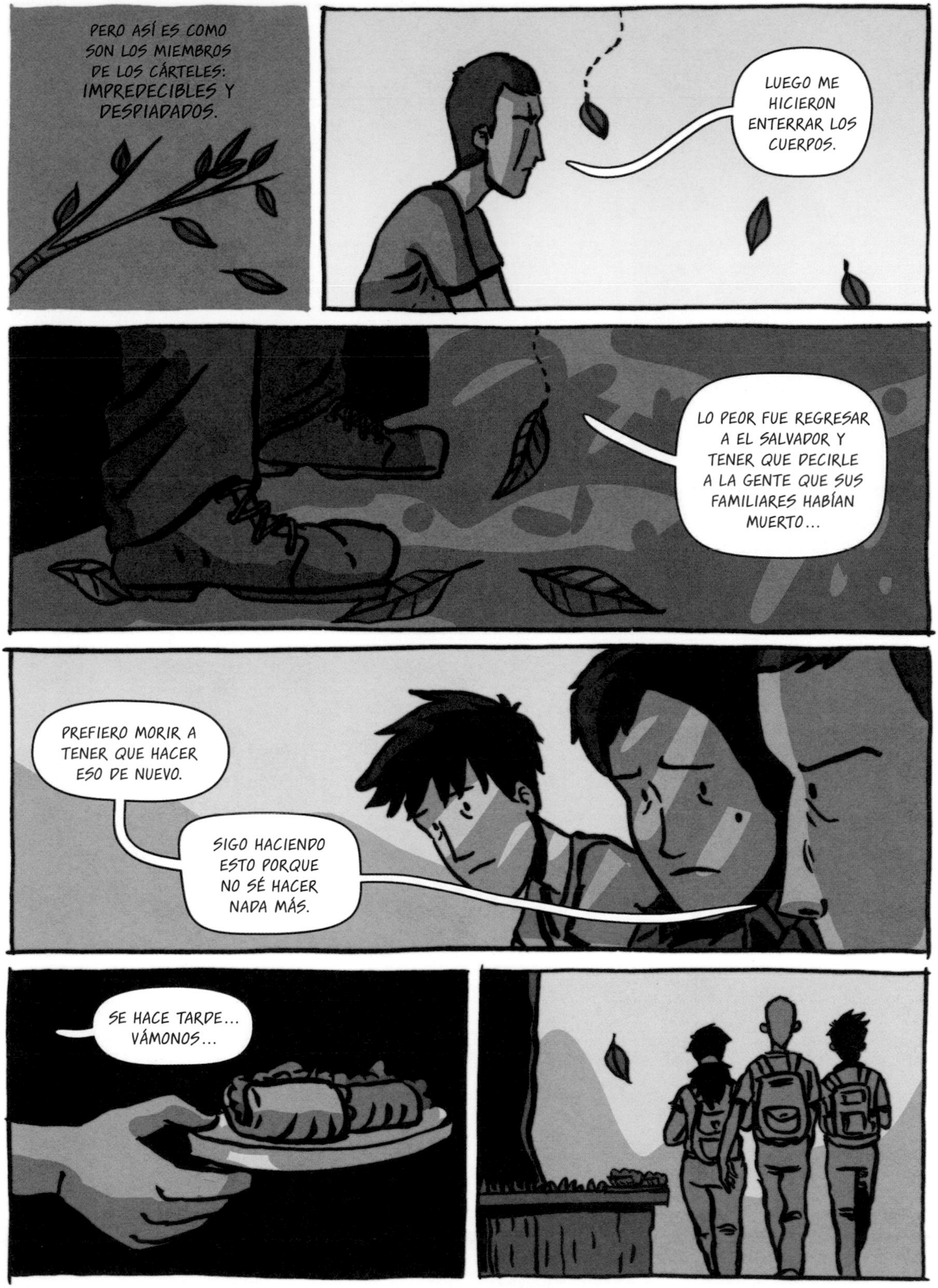
PERO ASÍ ES COMO SON LOS MIEMBROS DE LOS CÁRTELES: IMPREDECIBLES Y DESPIADADOS.
LUEGO ME HICIERON ENTERRAR LOS CUERPOS.
LO PEOR FUE REGRESAR A EL SALVADOR Y TENER QUE DECIRLE A LA GENTE QUE SUS FAMILIARES HABÍAN MUERTO...
PREFIERO MORIR A TENER QUE HACER ESO DE NUEVO.
SIGO HACIENDO ESTO PORQUE NO SÉ HACER NADA MÁS.
SE HACE TARDE... VÁMONOS...

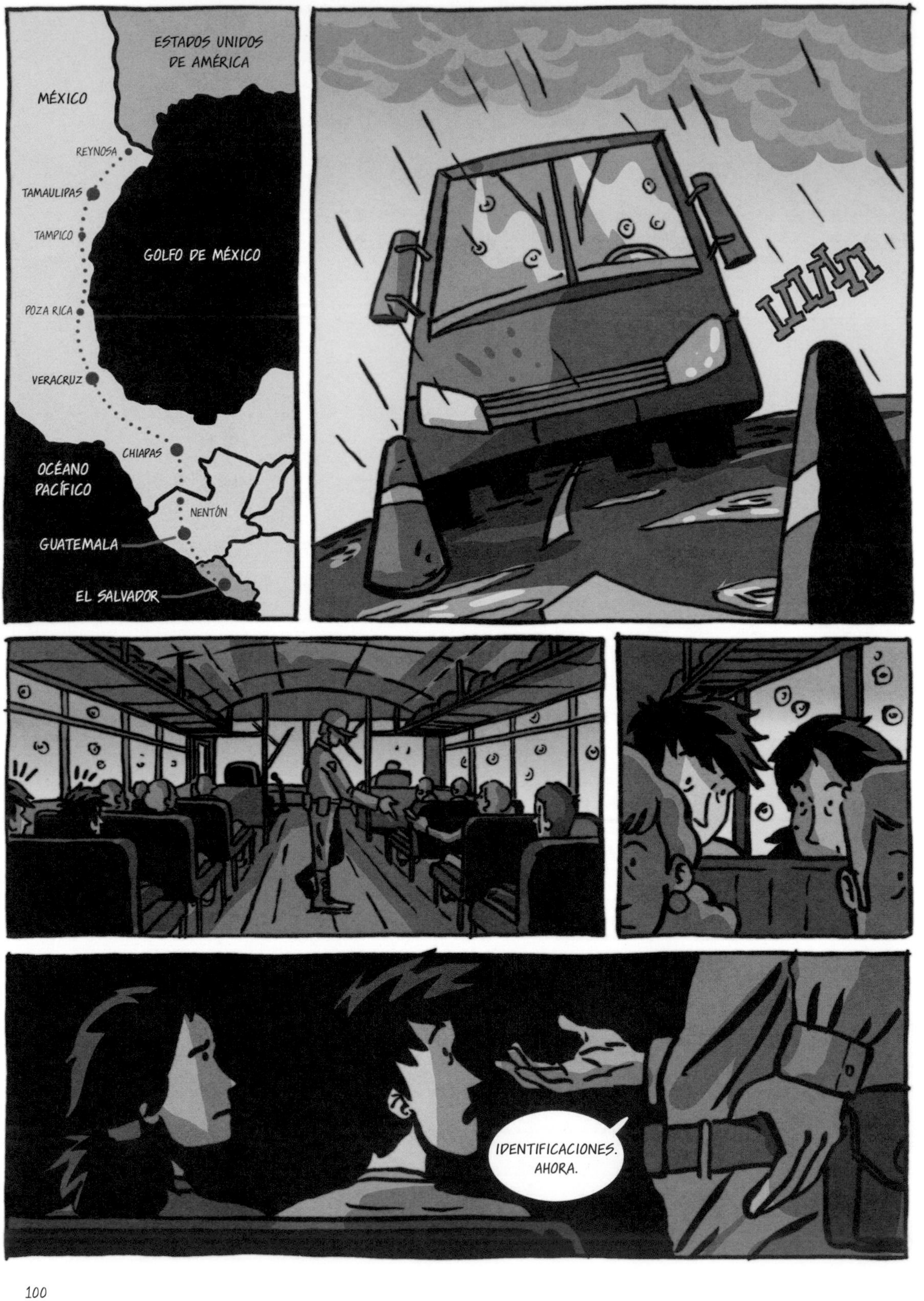
ESTADOS UNIDOS
DE AMÉRICA
MÉXICO
REYNOSA
TAMAULIPAS
TAMPICO
GOLFO DE MÉXICO
POZA RICA
VERACRUZ
CHIAPAS
OCÉANO
PACÍFICO
NENTÓN
GUATEMALA
EL SALVADOR
IDENTIFICACIONES.
AHORA.

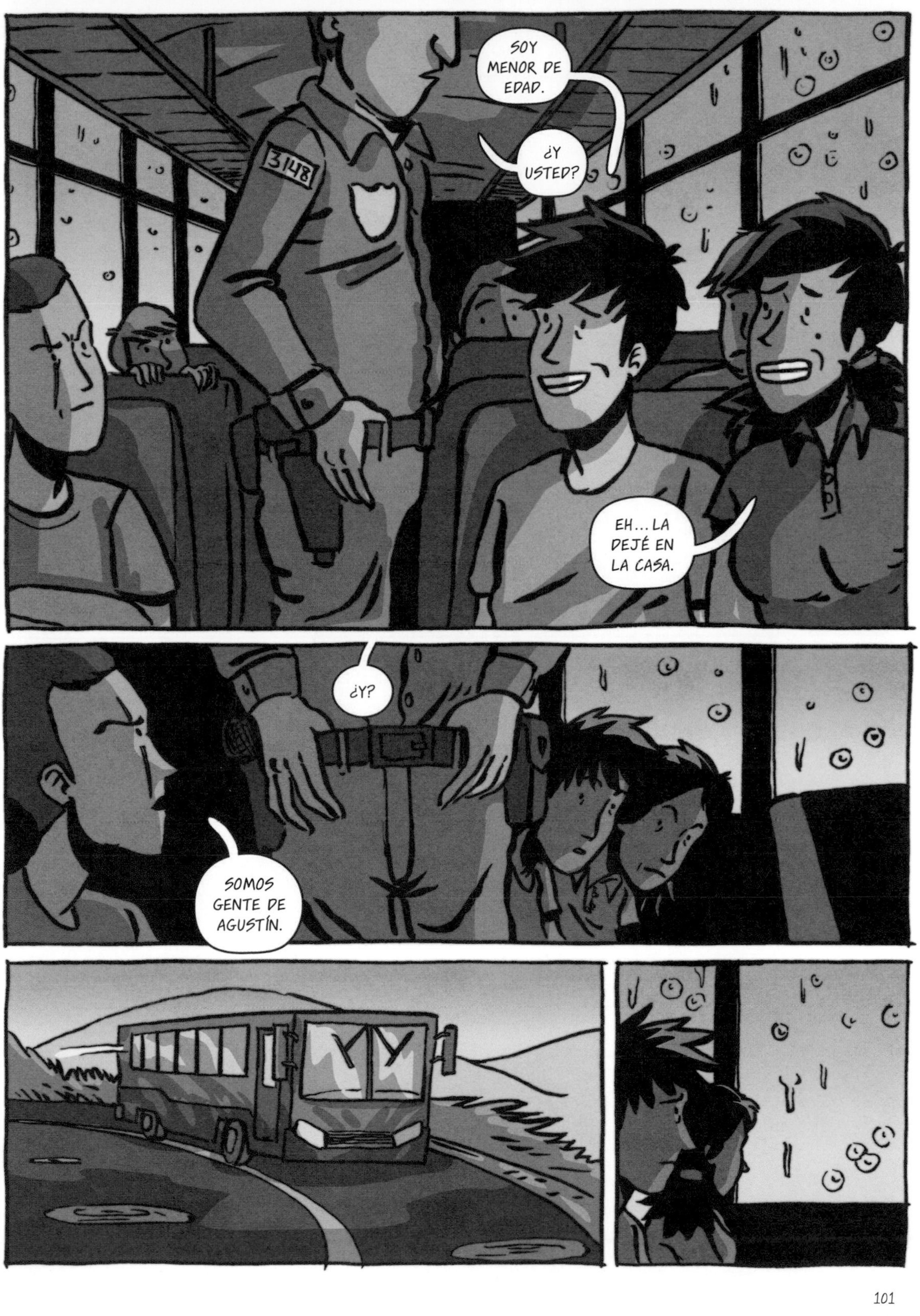
SOY MENOR DE EDAD.
¿Y USTED?
EH... LA DEJÉ EN LA CASA.
¿Y?
SOMOS GENTE DE AGUSTÍN.

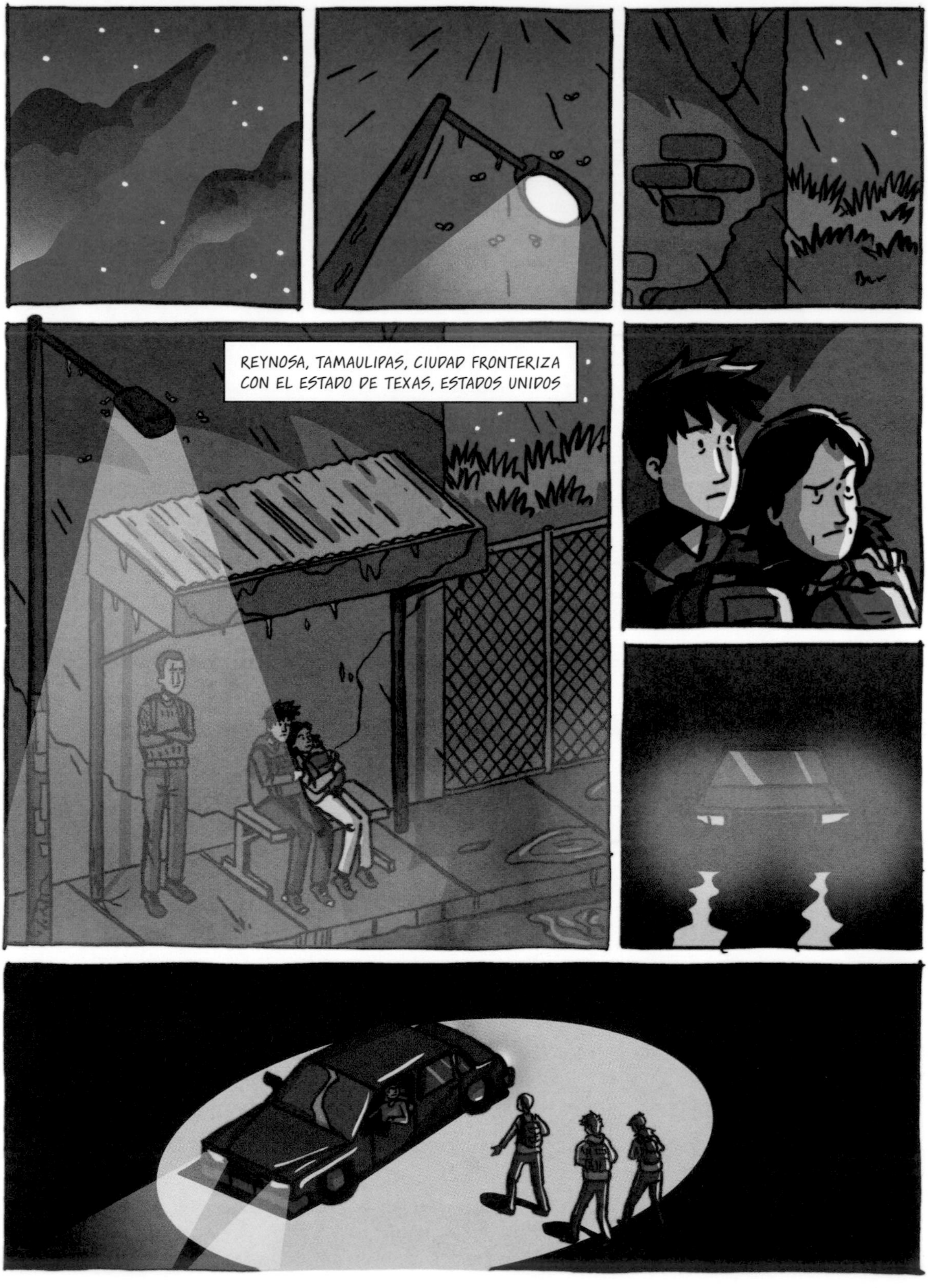
REYNOSA, TAMAULIPAS, CIUDAD FRONTERIZA CON EL ESTADO DE TEXAS, ESTADOS UNIDOS

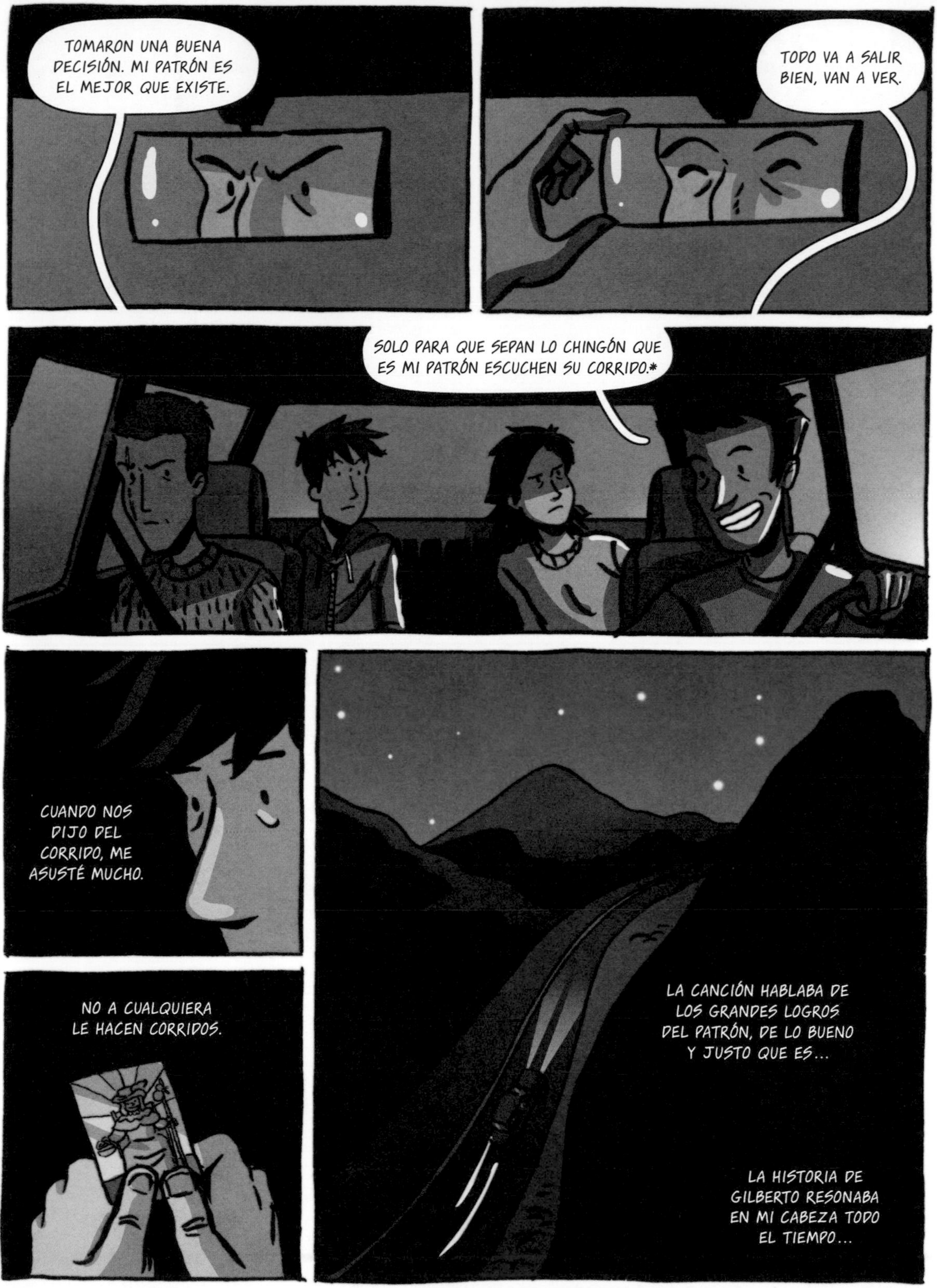
TOMARON UNA BUENA DECISIÓN. MI PATRÓN ES EL MEJOR QUE EXISTE.
TODO VA A SALIR BIEN, VAN A VER.
SOLO PARA QUE SEPAN LO CHINGÓN QUE ES MI PATRÓN ESCUCHEN SU CORRIDO.*
CUANDO NOS DIJO DEL CORRIDO, ME ASUSTÉ MUCHO.
NO A CUALQUIERA LE HACEN CORRIDOS.
LA CANCIÓN HABLABA DE LOS GRANDES LOGROS DEL PATRÓN, DE LO BUENO Y JUSTO QUE ES...
LA HISTORIA DE GILBERTO RESONABA EN MI CABEZA TODO EL TIEMPO...

*EL CORRIDO ES UN GÉNERO MUSICAL EN MÉXICO QUE NARRA LA HISTORIA VERDADERA DE UN PERSONAJE REAL Y/O MÍTICO COMO MUESTRA DE RESPETO.

Chapter 5
PELIGRO

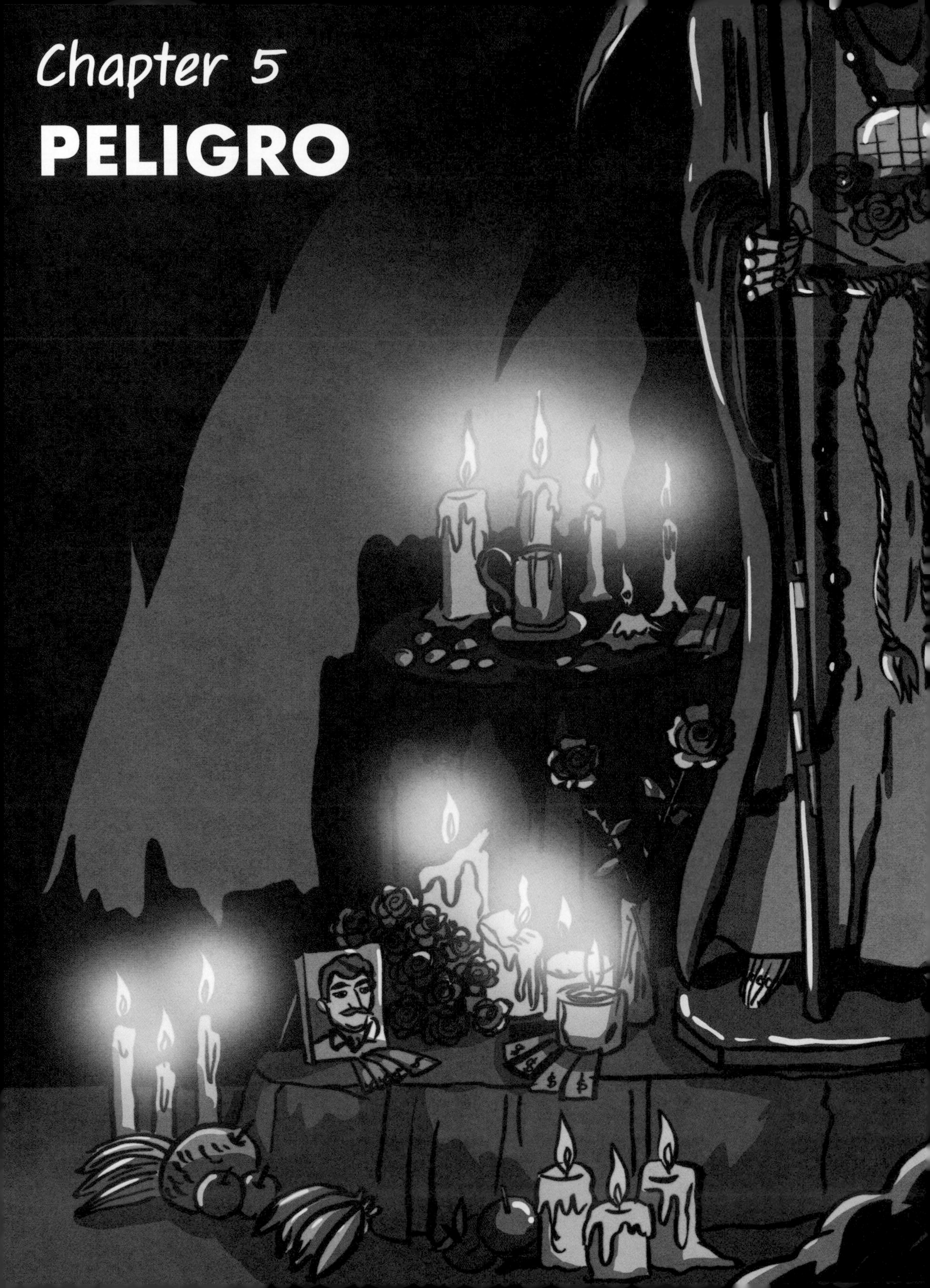

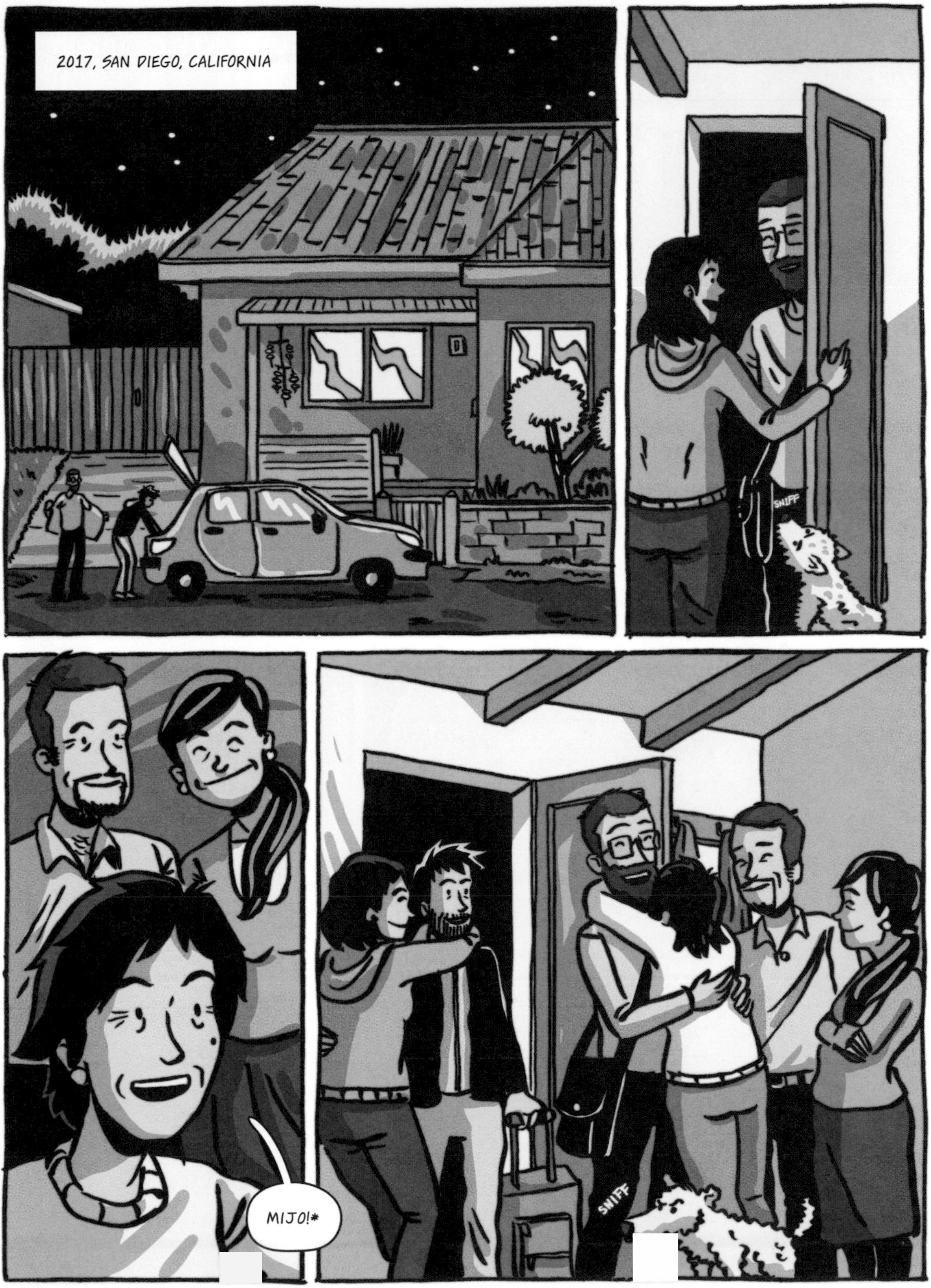
2017, SAN DIEGO, CALIFORNIA
SNIFF
MIJO!*
SNIFF

*FORMA AFECTIVA DE LLAMAR A ALGUIEN MÁS JOVEN, SIN IMPORTAR EL PARENTESCO.

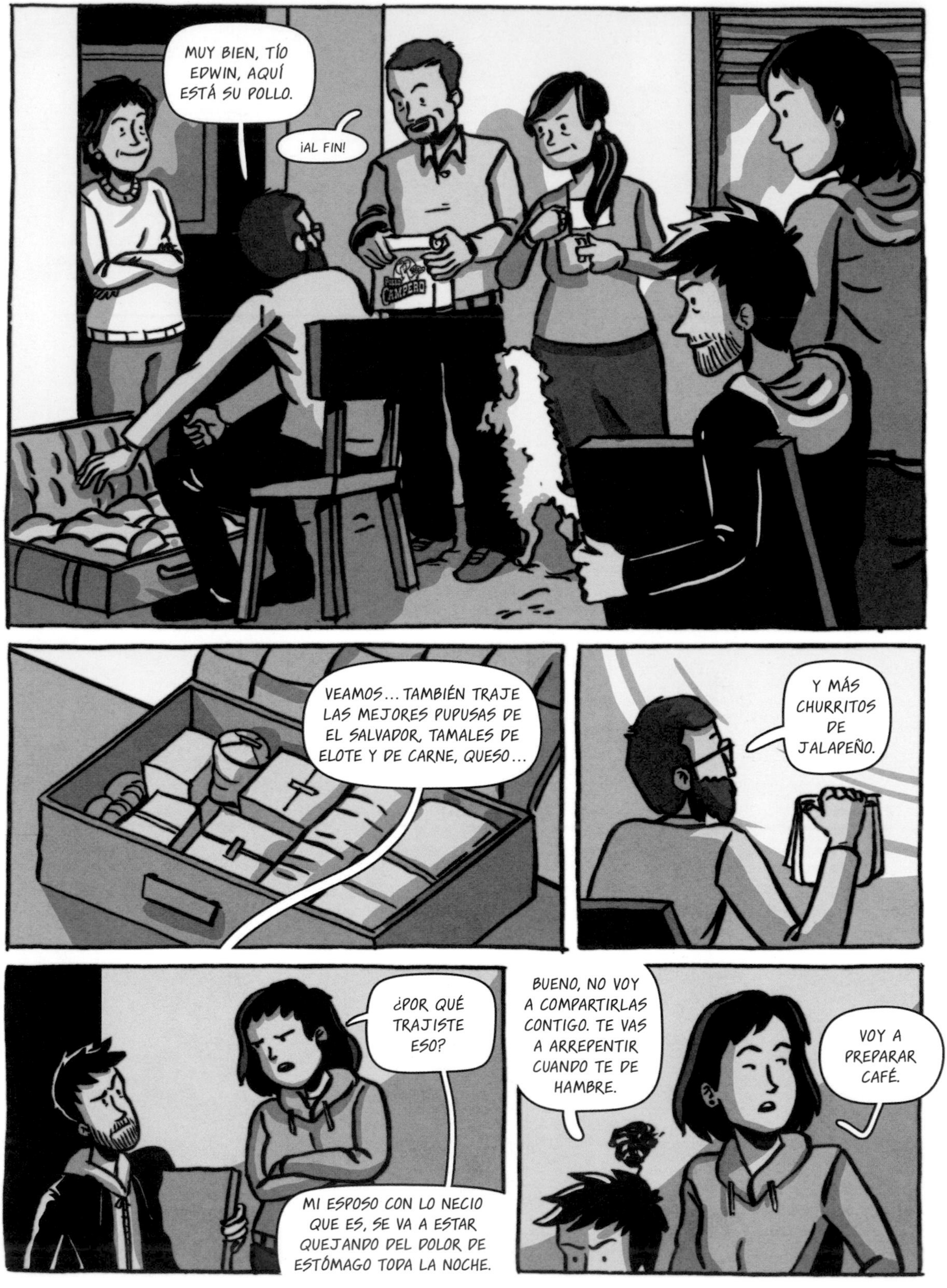
MUY BIEN, TÍO EDWIN, AQUÍ ESTÁ SU POLLO.
¡AL FIN!
POLLO CAMPERO
VEAMOS... TAMBIÉN TRAJE LAS MEJORES PUPUSAS DE EL SALVADOR, TAMALES DE ELOTE Y DE CARNE, QUESO...
Y MÁS CHURRITOS DE JALAPEÑO.
¿POR QUÉ TRAJISTE ESO?
MI ESPOSO CON LO NECIO QUE ES, SE VA A ESTAR QUEJANDO DEL DOLOR DE ESTÓMAGO TODA LA NOCHE.
BUENO, NO VOY A COMPARTIRLAS CONTIGO. TE VAS A ARREPENTIR CUANDO TE DE HAMBRE.
VOY A PREPARAR CAFÉ.

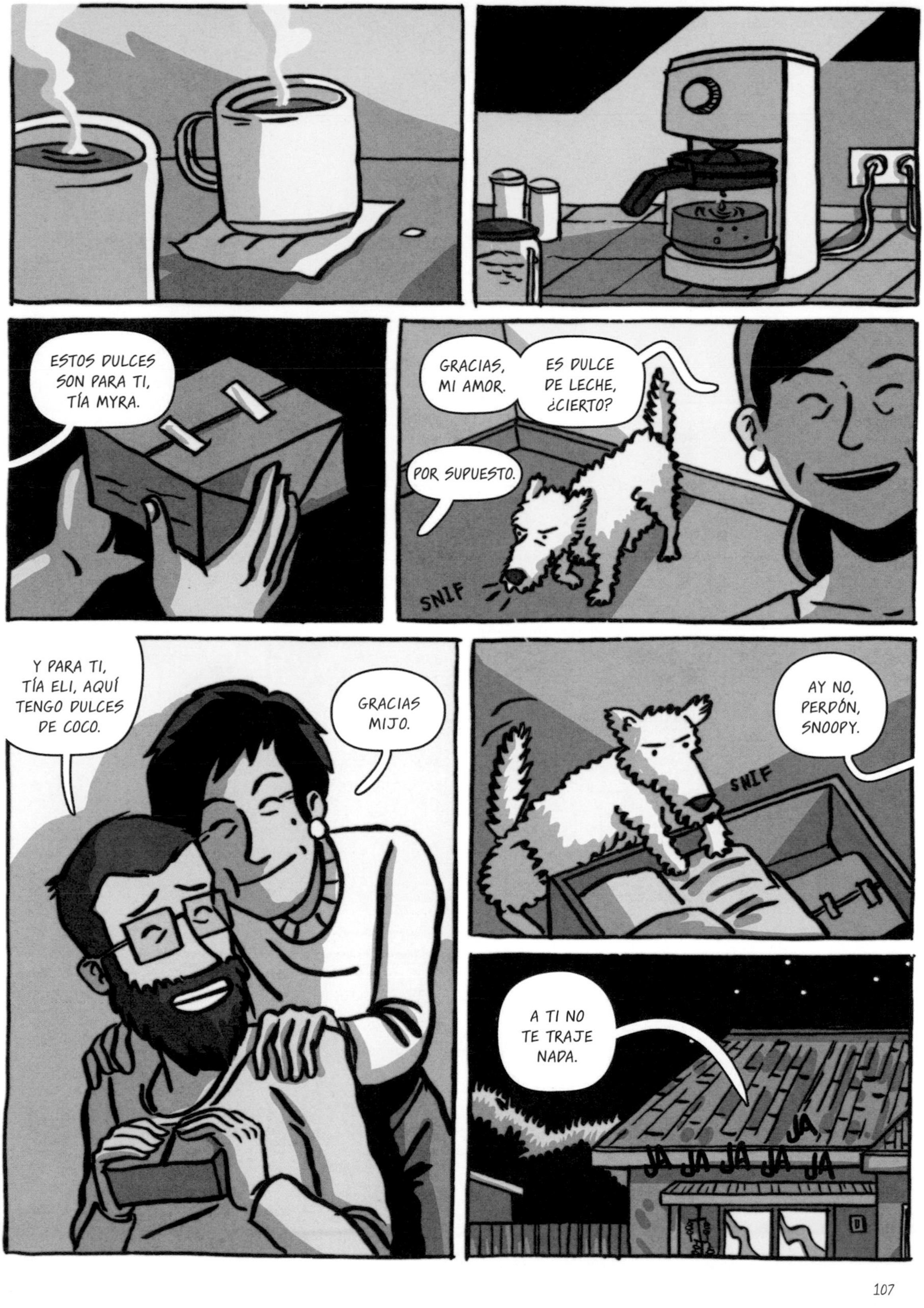
ESTOS DULCES SON PARA TI, TÍA MYRA.
GRACIAS, MI AMOR.
ES DULCE DE LECHE, ¿CIERTO?
POR SUPUESTO.
SNIF
Y PARA TI, TÍA ELI, AQUÍ TENGO DULCES DE COCO.
GRACIAS MIJO.
AY NO, PERDÓN, SNOOPY.
SNIF
A TI NO TE TRAJE NADA.
JA JA JA JA JA JA

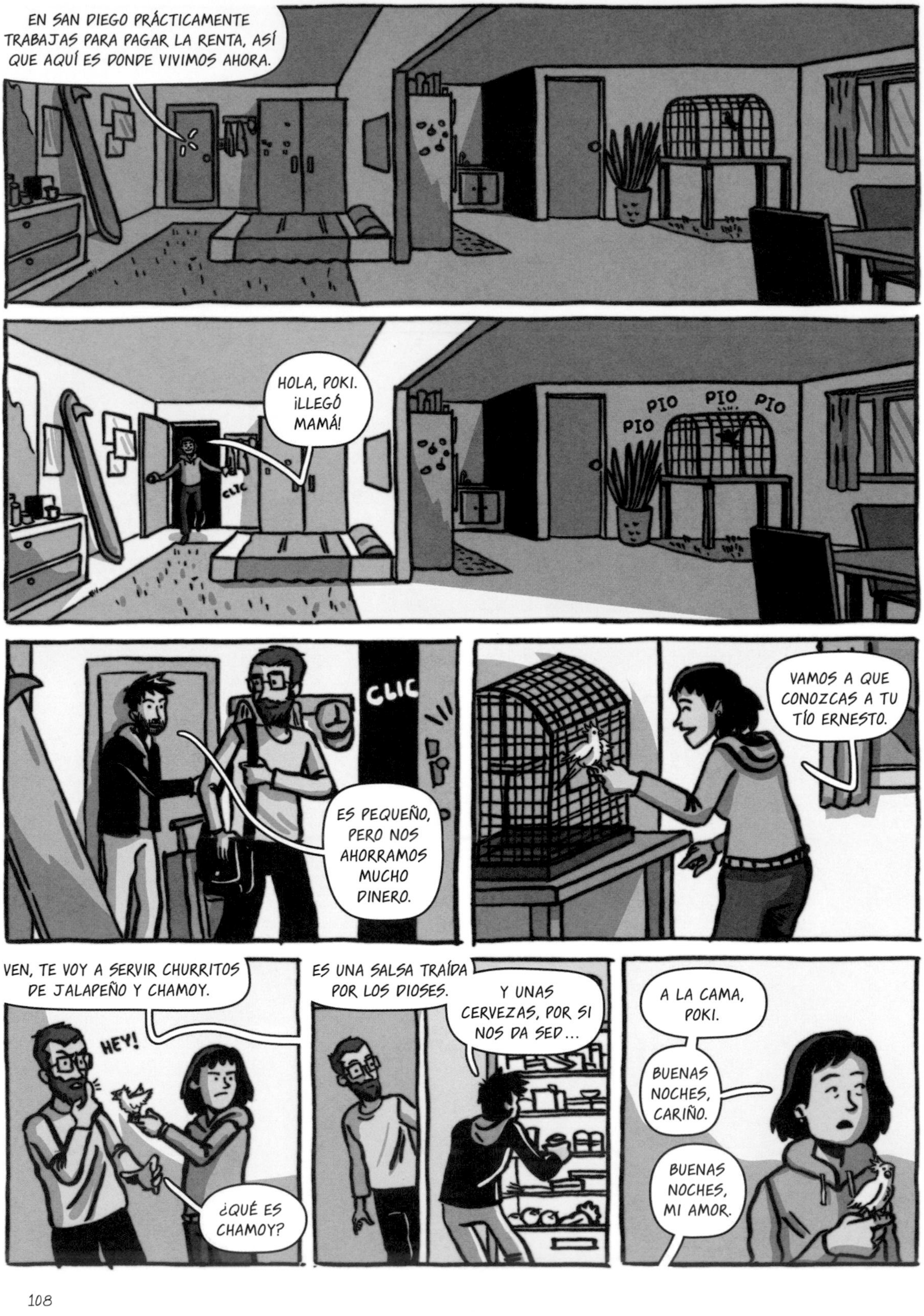

EN SAN DIEGO PRÁCTICAMENTE TRABAJAS PARA PAGAR LA RENTA, ASÍ QUE AQUÍ ES DONDE VIVIMOS AHORA.
HOLA, POKI. ¡LLEGÓ MAMÁ!
CLIC
PIO PIO PIO PIO
CLIC
ES PEQUEÑO, PERO NOS AHORRAMOS MUCHO DINERO.
VAMOS A QUE CONOZCAS A TU TÍO ERNESTO.
VEN, TE VOY A SERVIR CHURRITOS DE JALAPEÑO Y CHAMOY.
HEY!
¿QUÉ ES CHAMOY?
ES UNA SALSA TRAÍDA POR LOS DIOSES.
Y UNAS CERVEZAS, POR SI NOS DA SED…
A LA CAMA, POKI.
BUENAS NOCHES, CARIÑO.
BUENAS NOCHES, MI AMOR.

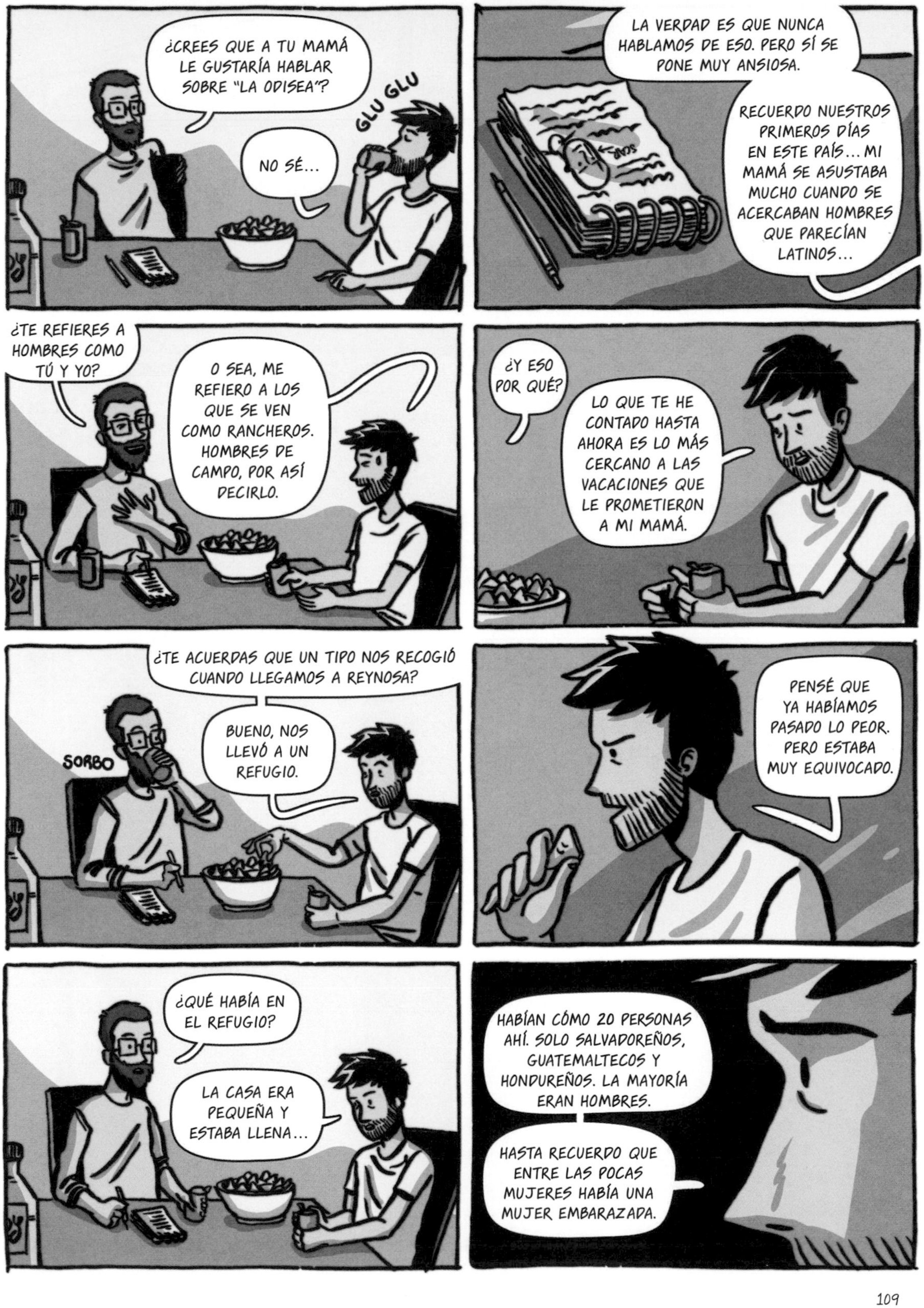
¿CREES QUE A TU MAMÁ LE GUSTARÍA HABLAR SOBRE "LA ODISEA"?
GLU GLU
NO SÉ...
LA VERDAD ES QUE NUNCA HABLAMOS DE ESO. PERO SÍ SE PONE MUY ANSIOSA.
RECUERDO NUESTROS PRIMEROS DÍAS EN ESTE PAÍS... MI MAMÁ SE ASUSTABA MUCHO CUANDO SE ACERCABAN HOMBRES QUE PARECÍAN LATINOS...
¿TE REFIERES A HOMBRES COMO TÚ Y YO?
O SEA, ME REFIERO A LOS QUE SE VEN COMO RANCHEROS. HOMBRES DE CAMPO, POR ASÍ DECIRLO.
¿Y ESO POR QUÉ?
LO QUE TE HE CONTADO HASTA AHORA ES LO MÁS CERCANO A LAS VACACIONES QUE LE PROMETIERON A MI MAMÁ.
¿TE ACUERDAS QUE UN TIPO NOS RECOGIÓ CUANDO LLEGAMOS A REYNOSA?
SORBO
BUENO, NOS LLEVÓ A UN REFUGIO.
PENSÉ QUE YA HABÍAMOS PASADO LO PEOR. PERO ESTABA MUY EQUIVOCADO.
¿QUÉ HABÍA EN EL REFUGIO?
LA CASA ERA PEQUEÑA Y ESTABA LLENA...
HABÍAN CÓMO 20 PERSONAS AHÍ. SOLO SALVADOREÑOS, GUATEMALTECOS Y HONDUREÑOS. LA MAYORÍA ERAN HOMBRES.
HASTA RECUERDO QUE ENTRE LAS POCAS MUJERES HABÍA UNA MUJER EMBARAZADA.

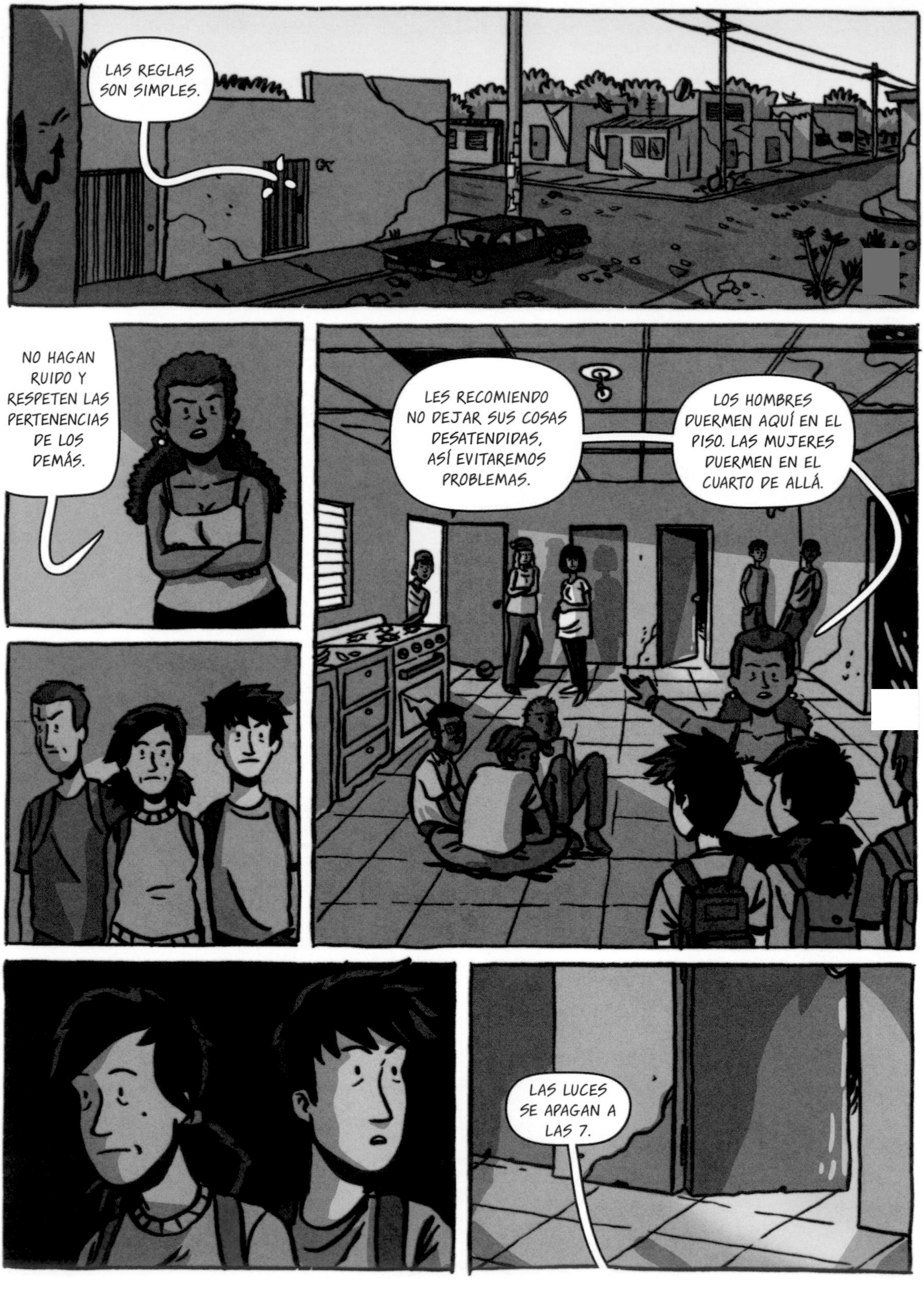
LAS REGLAS SON SIMPLES.
NO HAGAN RUIDO Y RESPETEN LAS PERTENENCIAS DE LOS DEMÁS.
LES RECOMIENDO NO DEJAR SUS COSAS DESATENDIDAS, ASÍ EVITAREMOS PROBLEMAS.
LOS HOMBRES DUERMEN AQUÍ EN EL PISO. LAS MUJERES DUERMEN EN EL CUARTO DE ALLÁ.
LAS LUCES SE APAGAN A LAS 7.

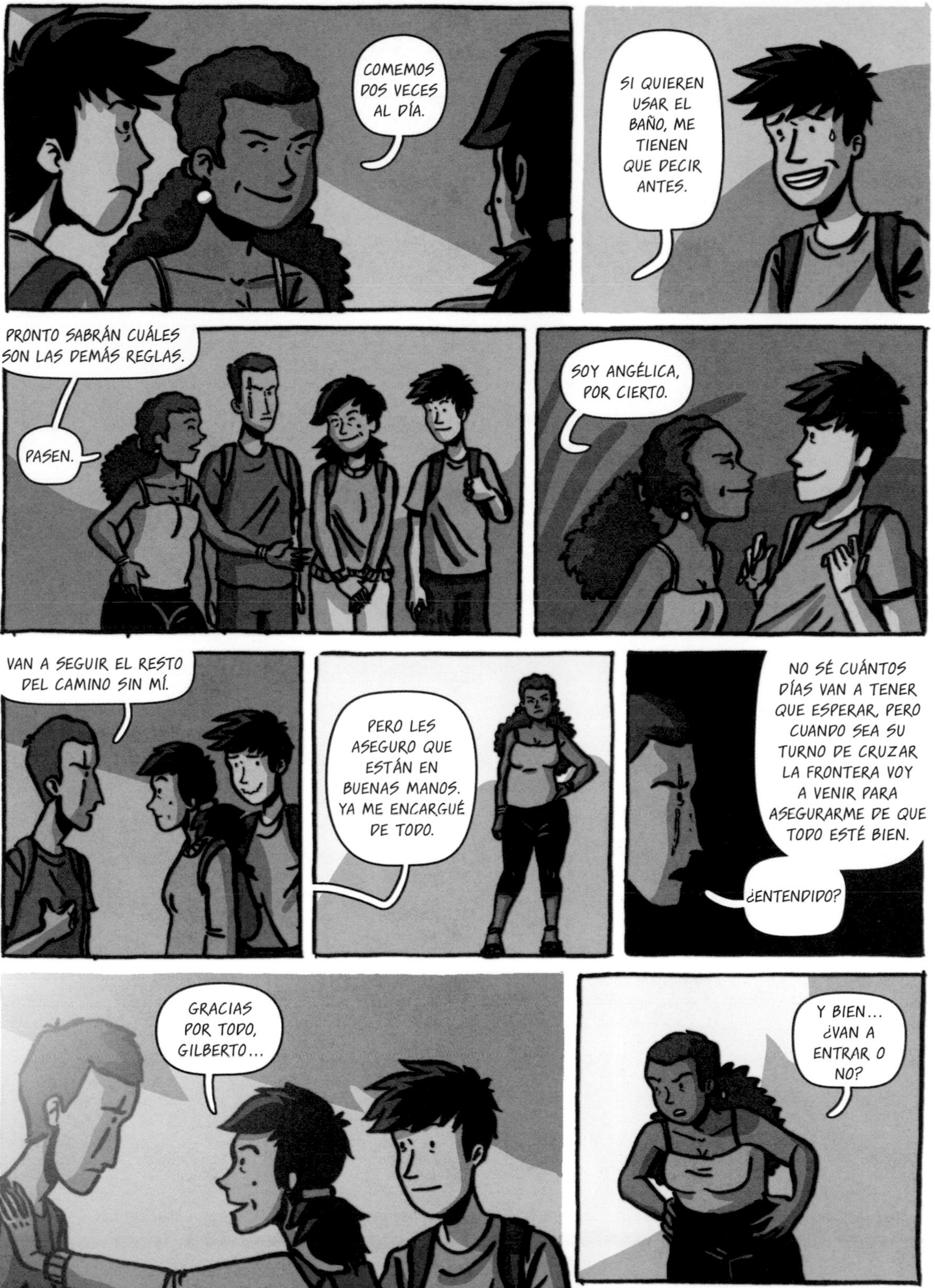
COMEMOS DOS VECES AL DÍA.
SI QUIEREN USAR EL BAÑO, ME TIENEN QUE DECIR ANTES.
PRONTO SABRÁN CUÁLES SON LAS DEMÁS REGLAS.
PASEN.
SOY ANGÉLICA, POR CIERTO.
VAN A SEGUIR EL RESTO DEL CAMINO SIN MÍ.
PERO LES ASEGURO QUE ESTÁN EN BUENAS MANOS. YA ME ENCARGUÉ DE TODO.
NO SÉ CUÁNTOS DÍAS VAN A TENER QUE ESPERAR, PERO CUANDO SEA SU TURNO DE CRUZAR LA FRONTERA VOY A VENIR PARA ASEGURARME DE QUE TODO ESTÉ BIEN.
¿ENTENDIDO?
GRACIAS POR TODO, GILBERTO...
Y BIEN... ¿VAN A ENTRAR O NO?

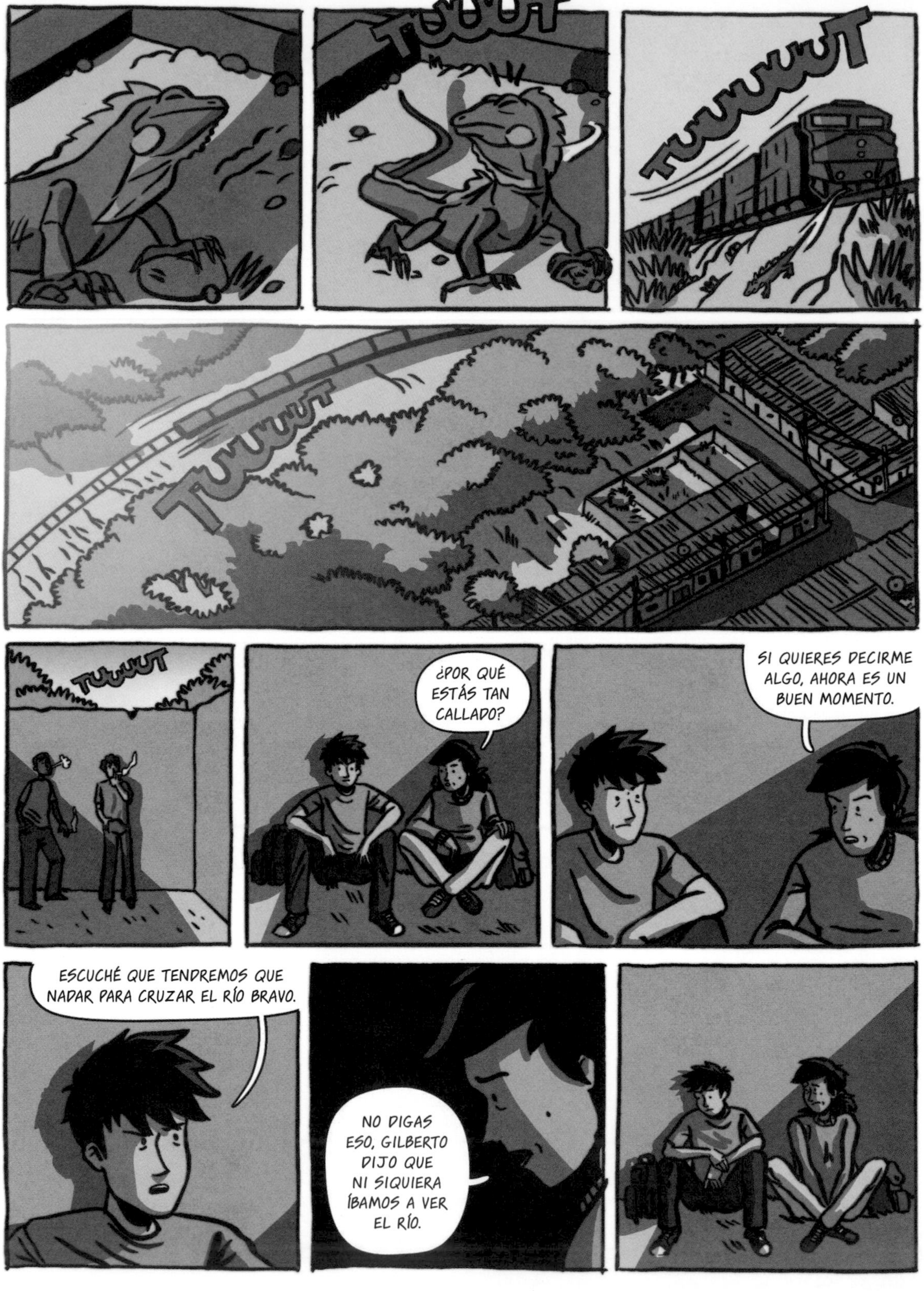
TUUUT
TUUUUUT
TUUUUT
TUUUT
¿POR QUÉ ESTÁS TAN CALLADO?
SI QUIERES DECIRME ALGO, AHORA ES UN BUEN MOMENTO.
ESCUCHÉ QUE TENDREMOS QUE NADAR PARA CRUZAR EL RÍO BRAVO.
NO DIGAS ESO, GILBERTO DIJO QUE NI SIQUIERA ÍBAMOS A VER EL RÍO.

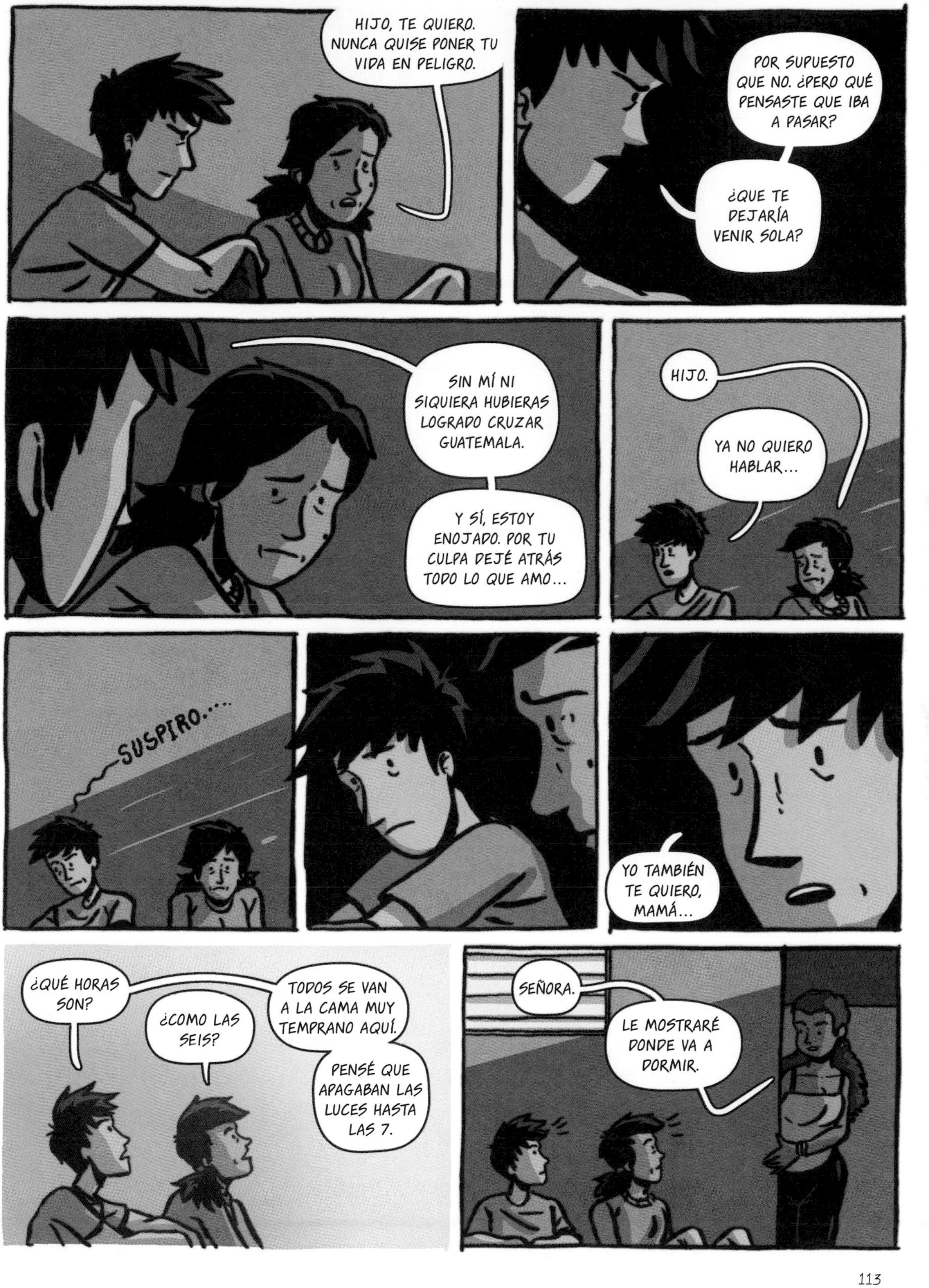
HIJO, TE QUIERO. NUNCA QUISE PONER TU VIDA EN PELIGRO.
POR SUPUESTO QUE NO. ¿PERO QUÉ PENSASTE QUE IBA A PASAR?
¿QUE TE DEJARÍA VENIR SOLA?
SIN MÍ NI SIQUIERA HUBIERAS LOGRADO CRUZAR GUATEMALA.
Y SÍ, ESTOY ENOJADO. POR TU CULPA DEJÉ ATRÁS TODO LO QUE AMO...
HIJO.
YA NO QUIERO HABLAR...
SUSPIRO....
YO TAMBIÉN TE QUIERO, MAMÁ...
¿QUÉ HORAS SON?
¿COMO LAS SEIS?
TODOS SE VAN A LA CAMA MUY TEMPRANO AQUÍ.
PENSÉ QUE APAGABAN LAS LUCES HASTA LAS 7.
SEÑORA.
LE MOSTRARÉ DONDE VA A DORMIR.

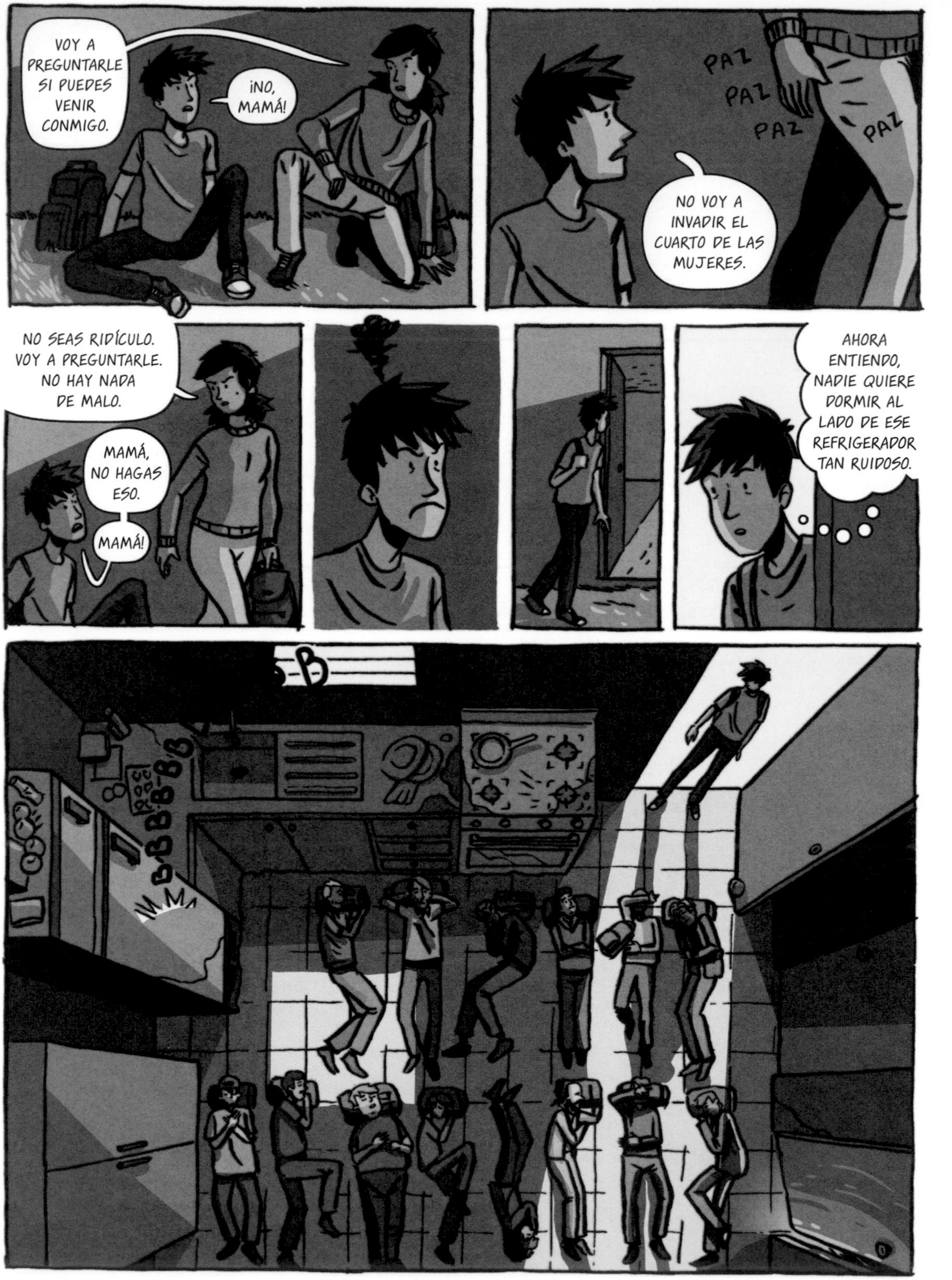
VOY A PREGUNTARLE SI PUEDES VENIR CONMIGO.
¡NO, MAMÁ!
PAZ
PAZ
PAZ
PAZ
NO VOY A INVADIR EL CUARTO DE LAS MUJERES.
NO SEAS RIDÍCULO. VOY A PREGUNTARLE. NO HAY NADA DE MALO.
MAMÁ, NO HAGAS ESO.
MAMÁ!
AHORA ENTIENDO, NADIE QUIERE DORMIR AL LADO DE ESE REFRIGERADOR TAN RUIDOSO.
B
B-B-B-B
MMM

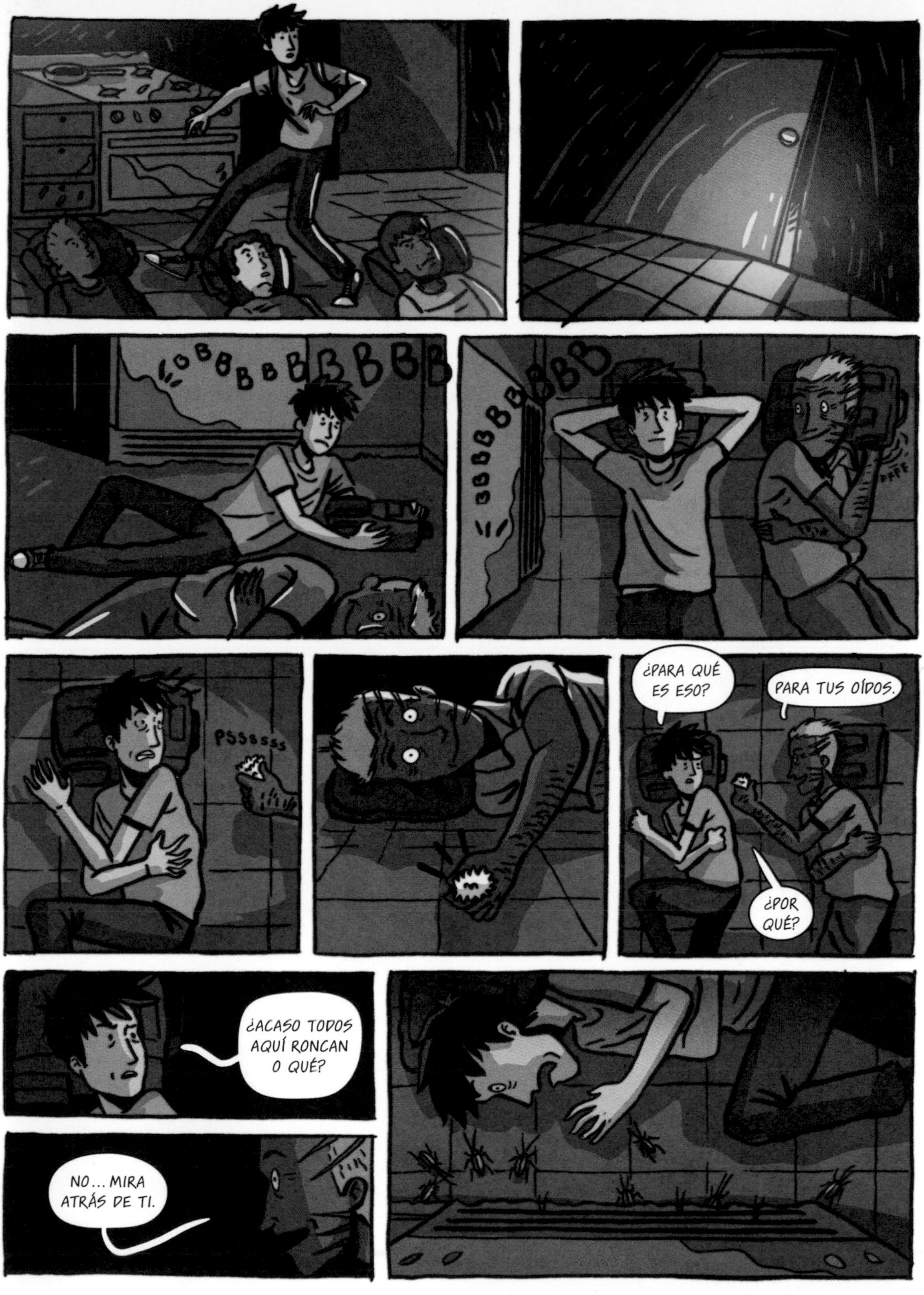

ZBBBBBBBB
BBBBBBBB
FFFF
PSSSSSS
¿PARA QUÉ ES ESO?
PARA TUS OÍDOS.
¿POR QUÉ?
¿ACASO TODOS AQUÍ RONCAN O QUÉ?
NO... MIRA ATRÁS DE TI.

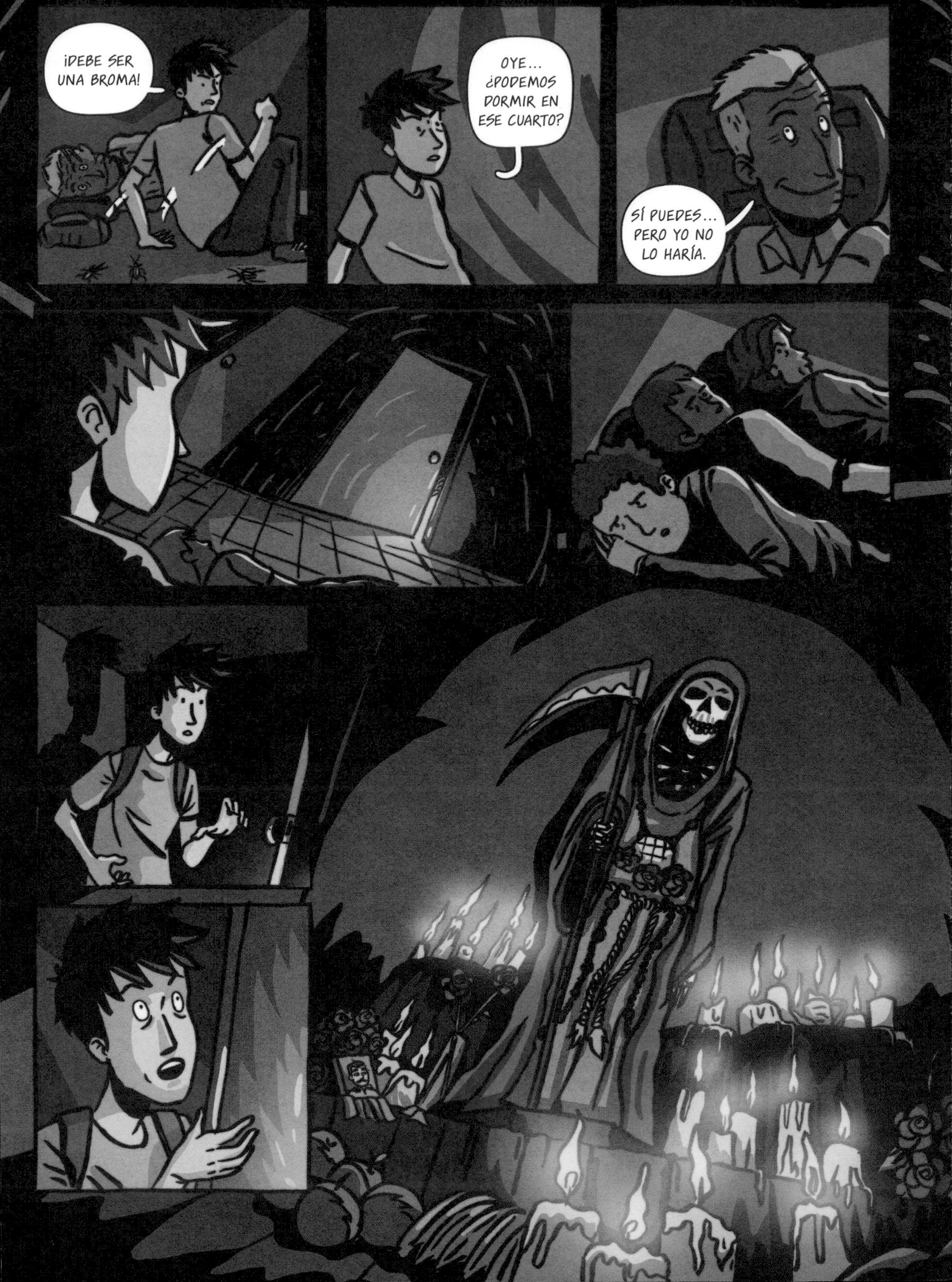
¡DEBE SER UNA BROMA!
OYE… ¿PODEMOS DORMIR EN ESE CUARTO?
SÍ PUEDES… PERO YO NO LO HARÍA.

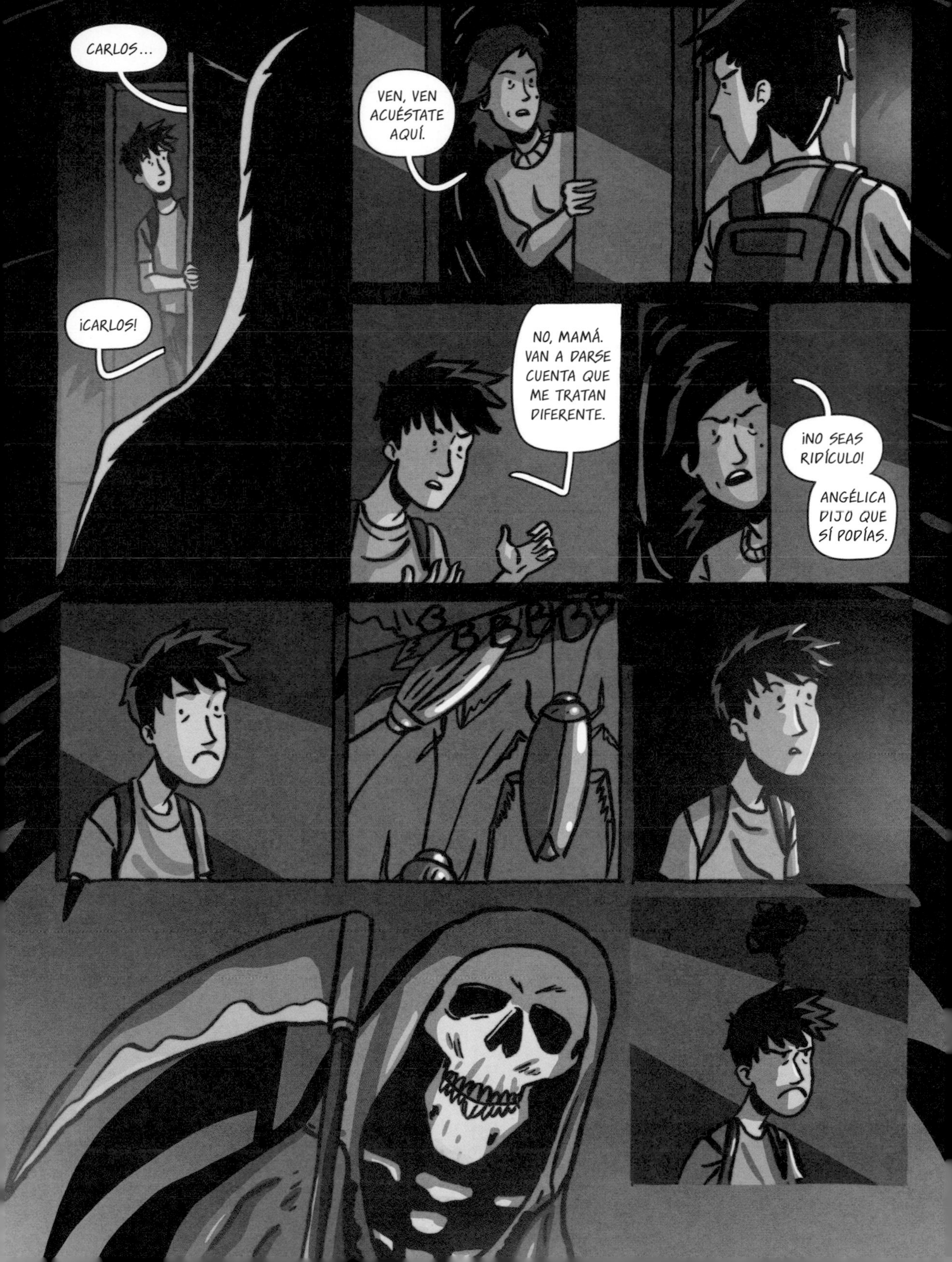
CARLOS...
¡CARLOS!
VEN, VEN ACUÉSTATE AQUÍ.
NO, MAMÁ. VAN A DARSE CUENTA QUE ME TRATAN DIFERENTE.
¡NO SEAS RIDÍCULO!
ANGÉLICA DIJO QUE SÍ PODÍAS.

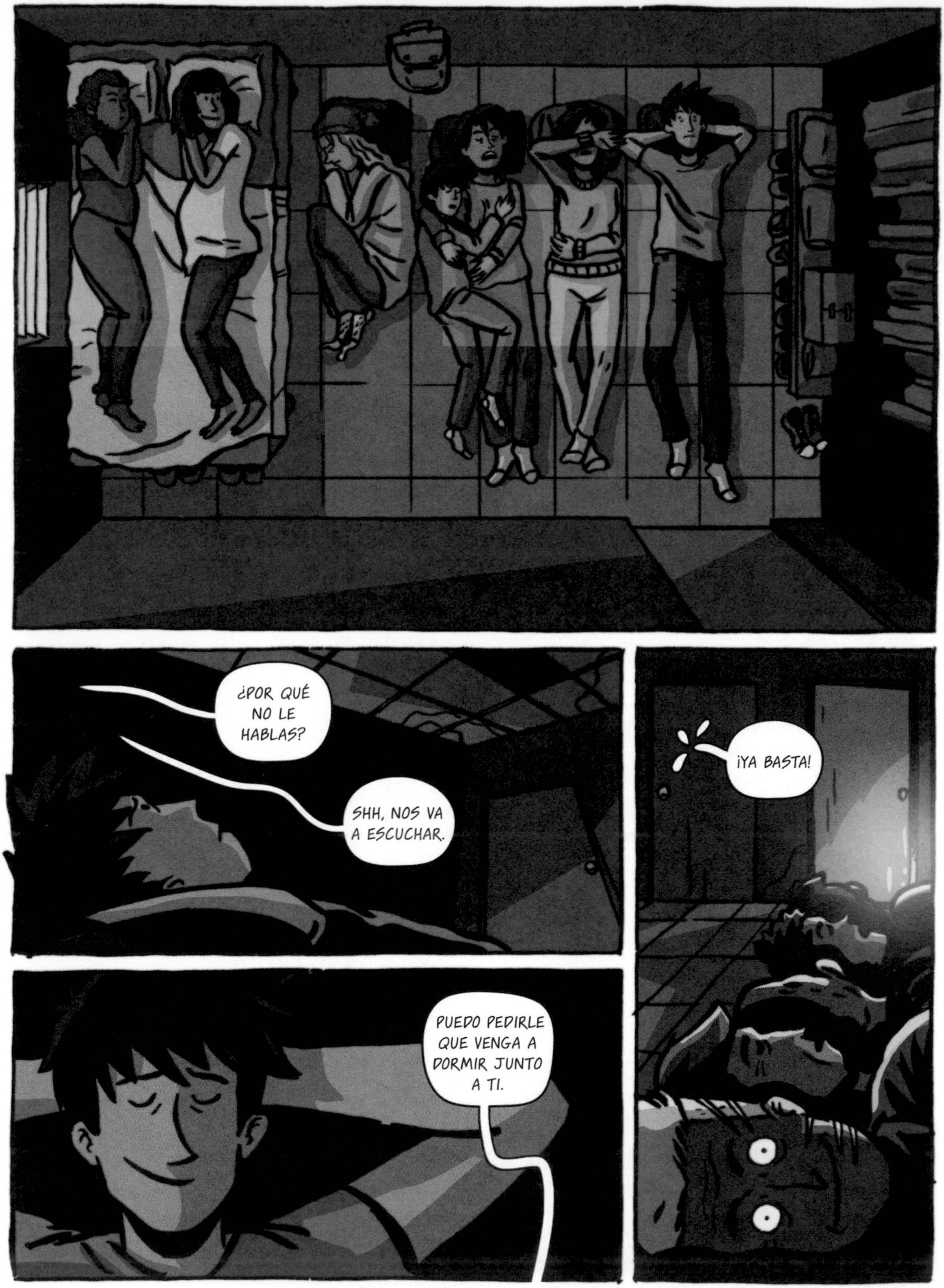
¿POR QUÉ NO LE HABLAS?
SHH, NOS VA A ESCUCHAR.
¡YA BASTA!
PUEDO PEDIRLE QUE VENGA A DORMIR JUNTO A TI.

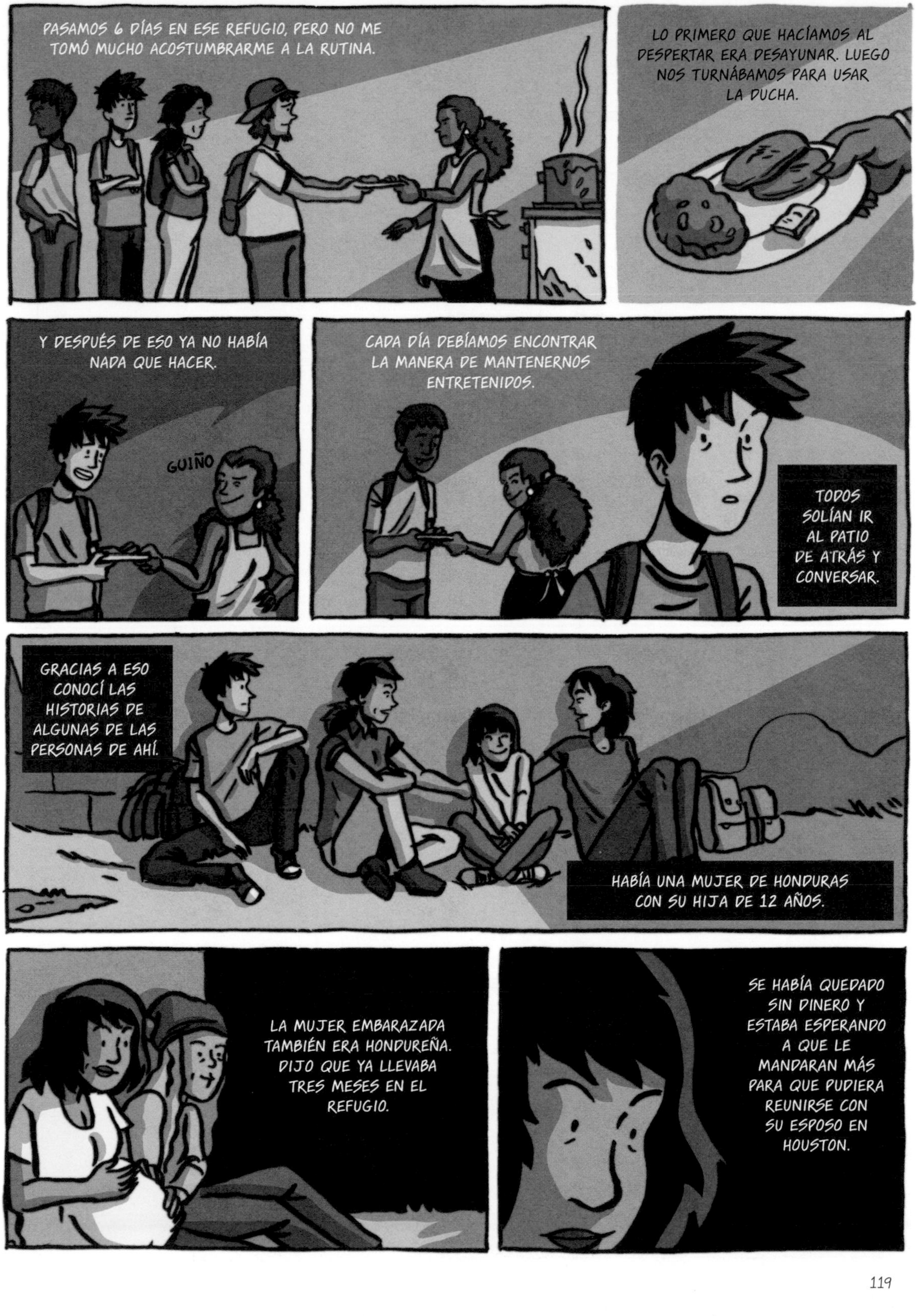
PASAMOS 6 DÍAS EN ESE REFUGIO, PERO NO ME TOMÓ MUCHO ACOSTUMBRARME A LA RUTINA.
LO PRIMERO QUE HACÍAMOS AL DESPERTAR ERA DESAYUNAR. LUEGO NOS TURNÁBAMOS PARA USAR LA DUCHA.
Y DESPUÉS DE ESO YA NO HABÍA NADA QUE HACER.
GUIÑO
CADA DÍA DEBÍAMOS ENCONTRAR LA MANERA DE MANTENERNOS ENTRETENIDOS.
TODOS SOLÍAN IR AL PATIO DE ATRÁS Y CONVERSAR.
GRACIAS A ESO CONOCÍ LAS HISTORIAS DE ALGUNAS DE LAS PERSONAS DE AHÍ.
HABÍA UNA MUJER DE HONDURAS CON SU HIJA DE 12 AÑOS.
LA MUJER EMBARAZADA TAMBIÉN ERA HONDUREÑA. DIJO QUE YA LLEVABA TRES MESES EN EL REFUGIO.
SE HABÍA QUEDADO SIN DINERO Y ESTABA ESPERANDO A QUE LE MANDARAN MÁS PARA QUE PUDIERA REUNIRSE CON SU ESPOSO EN HOUSTON.

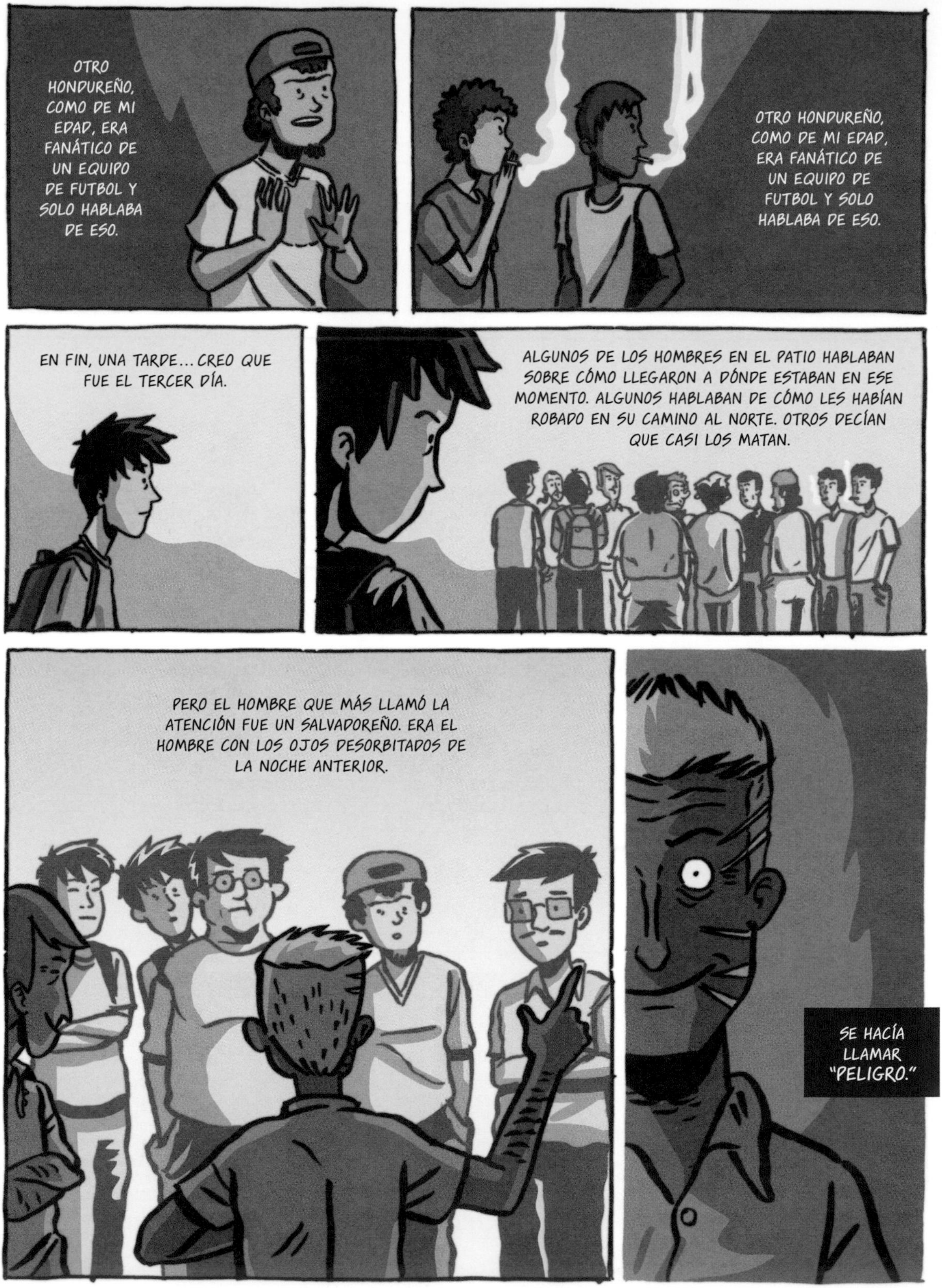
OTRO HONDUREÑO, COMO DE MI EDAD, ERA FANÁTICO DE UN EQUIPO DE FUTBOL Y SOLO HABLABA DE ESO.
OTRO HONDUREÑO, COMO DE MI EDAD, ERA FANÁTICO DE UN EQUIPO DE FUTBOL Y SOLO HABLABA DE ESO.
EN FIN, UNA TARDE... CREO QUE FUE EL TERCER DÍA.
ALGUNOS DE LOS HOMBRES EN EL PATIO HABLABAN SOBRE CÓMO LLEGARON A DÓNDE ESTABAN EN ESE MOMENTO. ALGUNOS HABLABAN DE CÓMO LES HABÍAN ROBADO EN SU CAMINO AL NORTE. OTROS DECÍAN QUE CASI LOS MATAN.
PERO EL HOMBRE QUE MÁS LLAMÓ LA ATENCIÓN FUE UN SALVADOREÑO. ERA EL HOMBRE CON LOS OJOS DESORBITADOS DE LA NOCHE ANTERIOR.
SE HACÍA LLAMAR "PELIGRO."

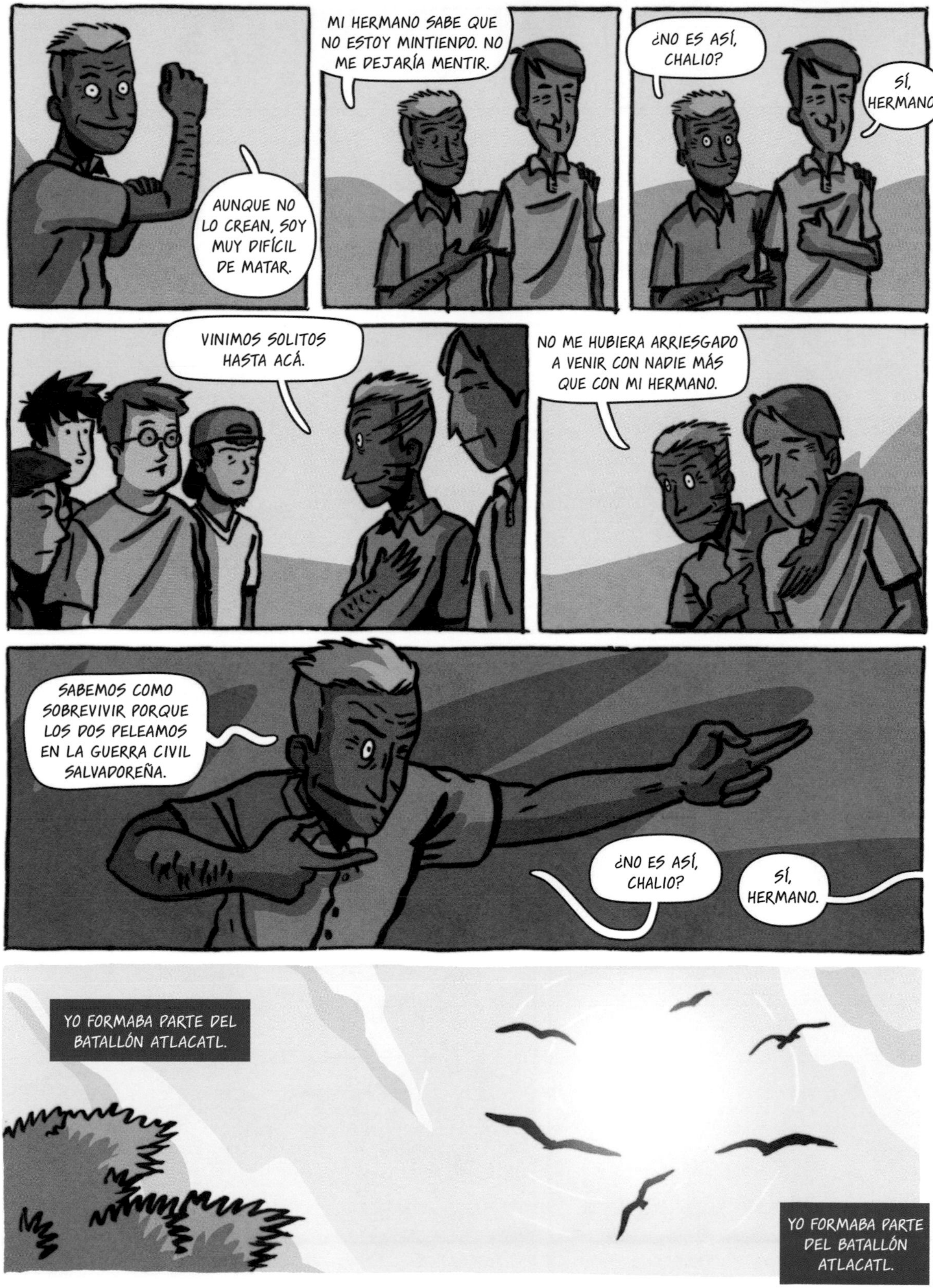
AUNQUE NO LO CREAN, SOY MUY DIFÍCIL DE MATAR.
MI HERMANO SABE QUE NO ESTOY MINTIENDO. NO ME DEJARÍA MENTIR.
¿NO ES ASÍ, CHALIO?
SÍ, HERMANO.
VINIMOS SOLITOS HASTA ACÁ.
NO ME HUBIERA ARRIESGADO A VENIR CON NADIE MÁS QUE CON MI HERMANO.
SABEMOS COMO SOBREVIVIR PORQUE LOS DOS PELEAMOS EN LA GUERRA CIVIL SALVADOREÑA.
¿NO ES ASÍ, CHALIO?
SÍ, HERMANO.
YO FORMABA PARTE DEL BATALLÓN ATLACATL.
YO FORMABA PARTE DEL BATALLÓN ATLACATL.

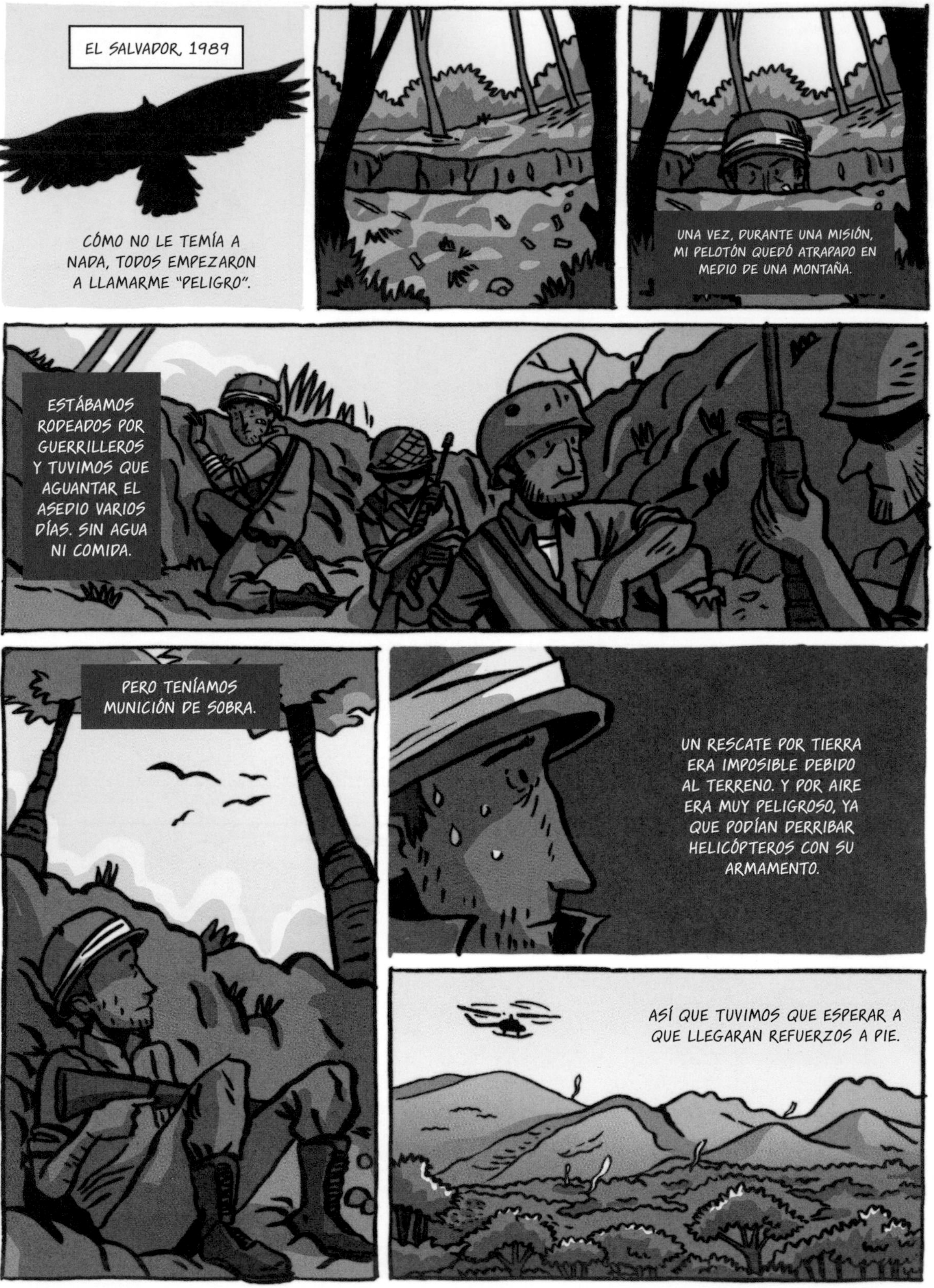
EL SALVADOR, 1989
CÓMO NO LE TEMÍA A NADA, TODOS EMPEZARON A LLAMARME "PELIGRO".
UNA VEZ, DURANTE UNA MISIÓN, MI PELOTÓN QUEDÓ ATRAPADO EN MEDIO DE UNA MONTAÑA.
ESTÁBAMOS RODEADOS POR GUERRILLEROS Y TUVIMOS QUE AGUANTAR EL ASEDIO VARIOS DÍAS. SIN AGUA NI COMIDA.
PERO TENÍAMOS MUNICIÓN DE SOBRA.
UN RESCATE POR TIERRA ERA IMPOSIBLE DEBIDO AL TERRENO. Y POR AIRE ERA MUY PELIGROSO, YA QUE PODÍAN DERRIBAR HELICÓPTEROS CON SU ARMAMENTO.
ASÍ QUE TUVIMOS QUE ESPERAR A QUE LLEGARAN REFUERZOS A PIE.

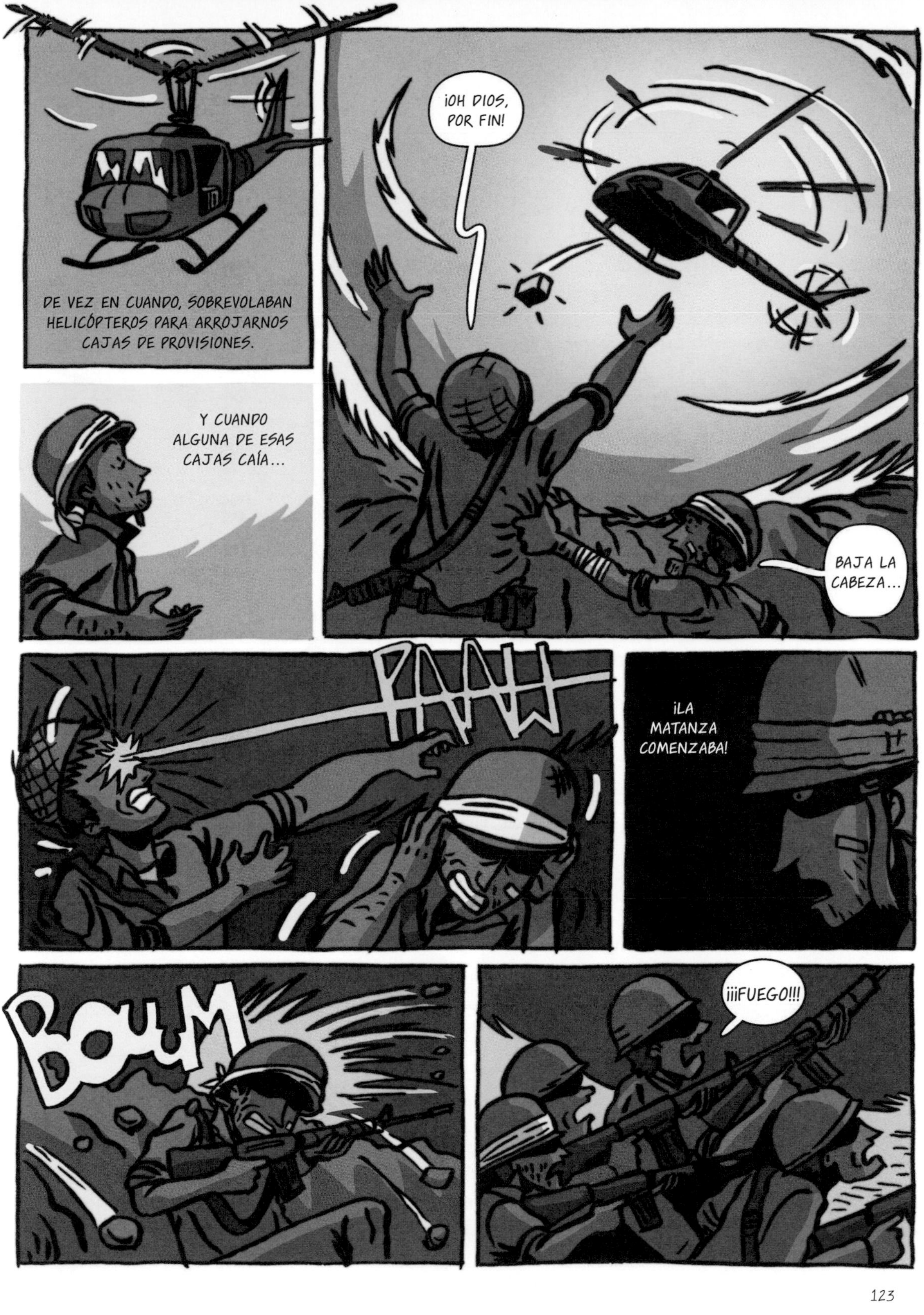
DE VEZ EN CUANDO, SOBREVOLABAN HELICÓPTEROS PARA ARROJARNOS CAJAS DE PROVISIONES.
¡OH DIOS, POR FIN!
Y CUANDO ALGUNA DE ESAS CAJAS CAÍA...
BAJA LA CABEZA...
PAAW
¡LA MATANZA COMENZABA!
BOUM
¡¡¡FUEGO!!!

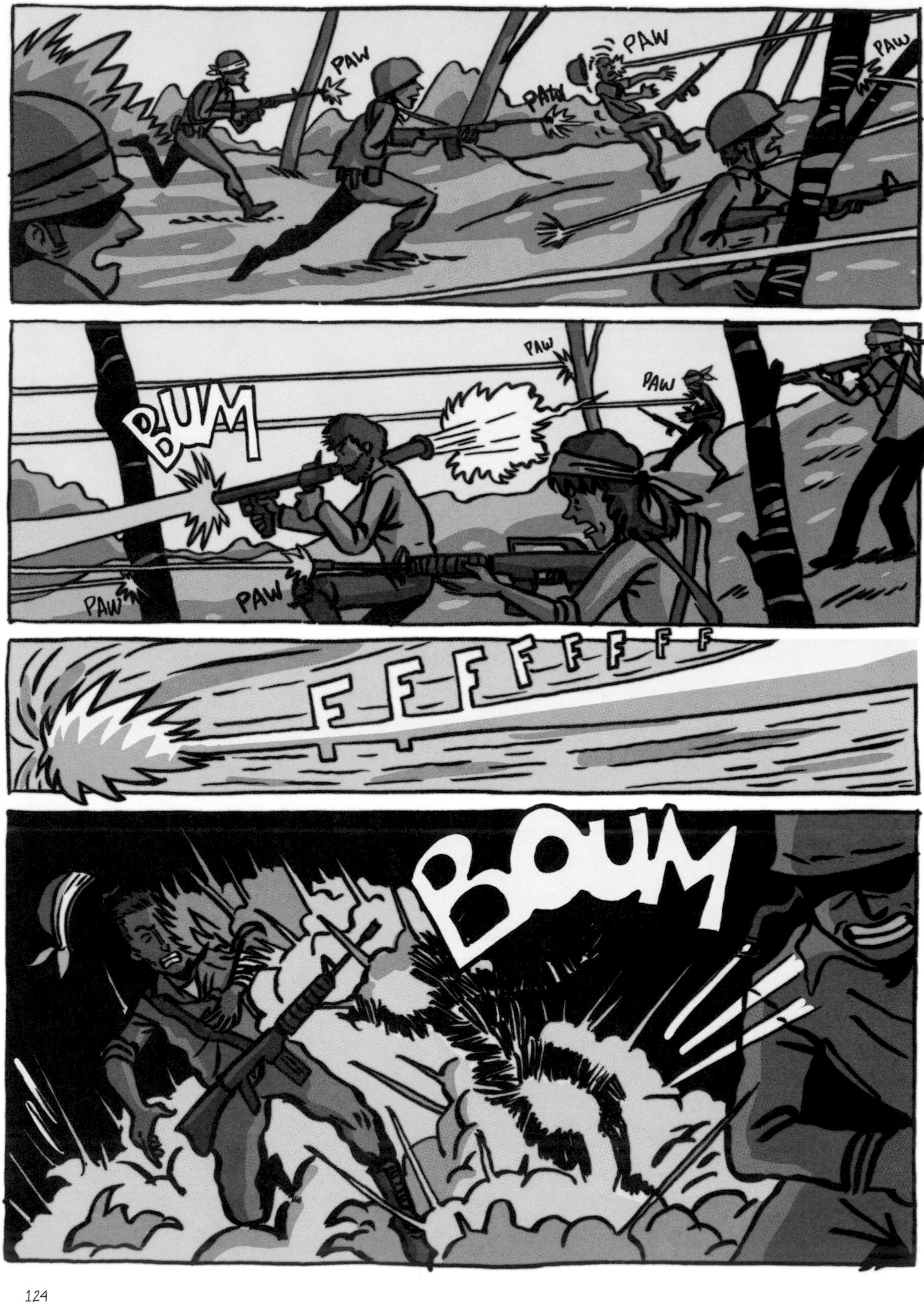
PAW
PAW
PAW
PAW
PAW
PAW
BDUM
PAW
PAW
FFFFFFFFF
BOUM

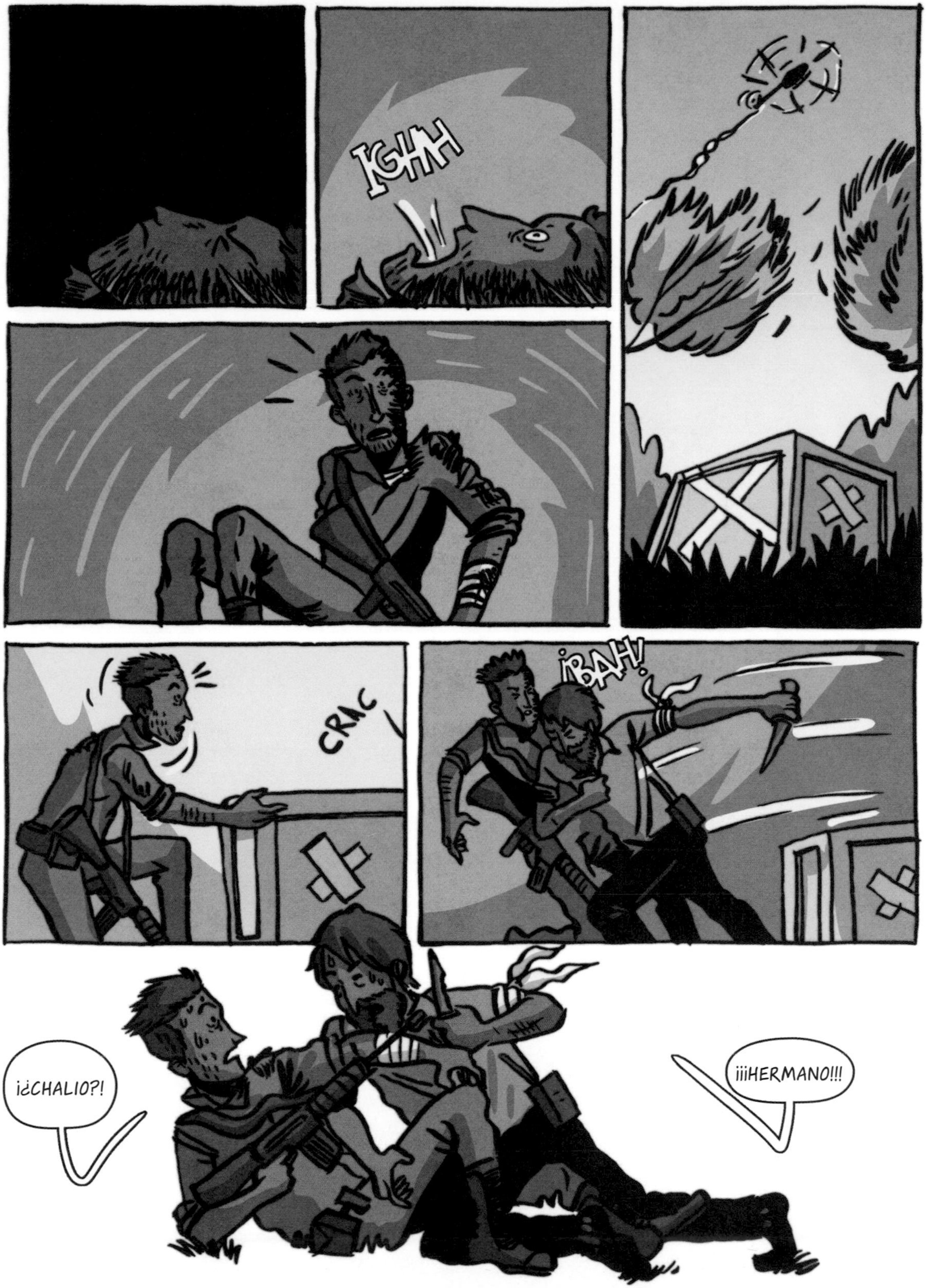
IGHH
CRAC
¡BAH!
¡¿CHALIO?!
¡¡¡HERMANO!!!

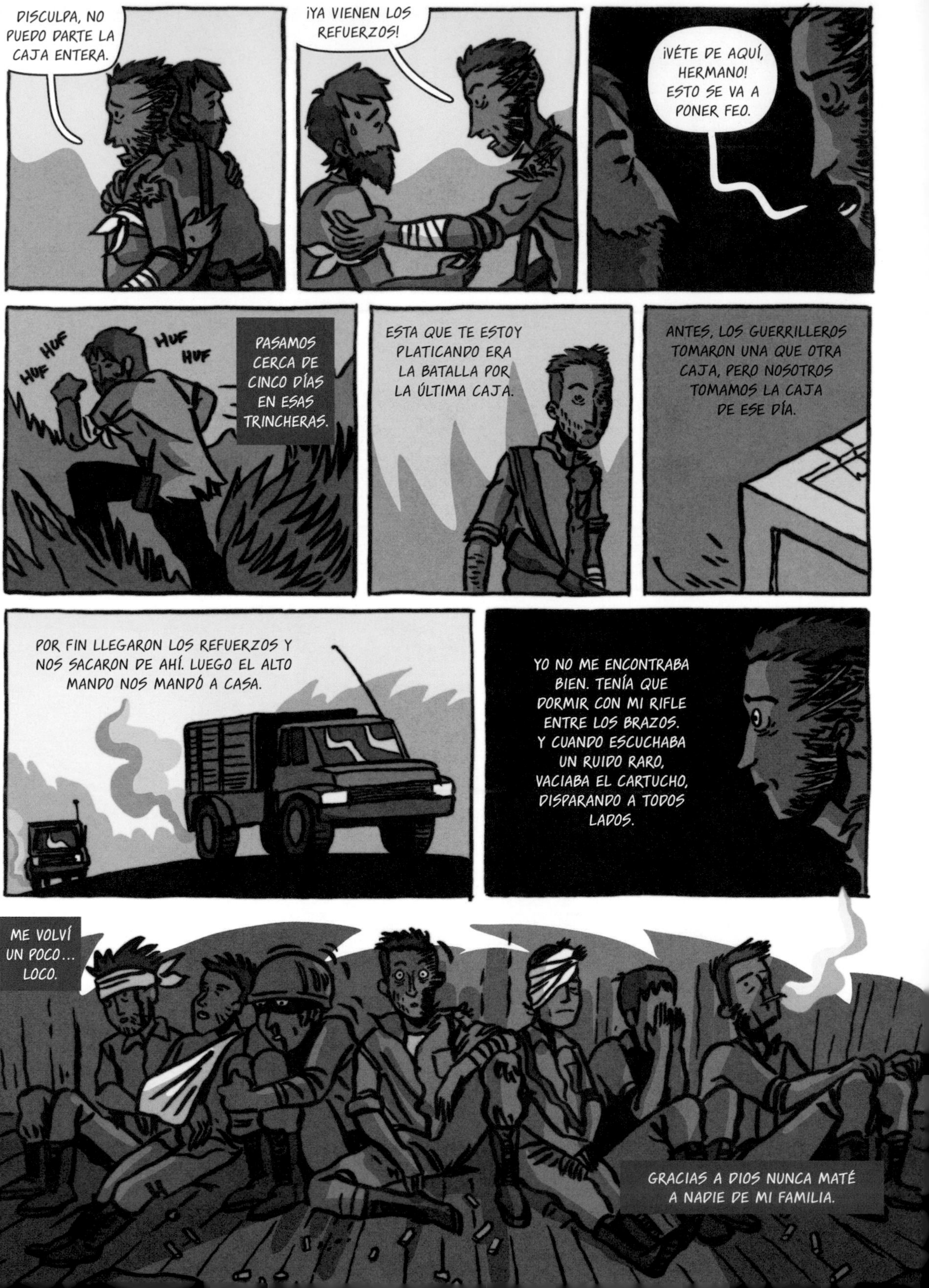
DISCULPA, NO PUEDO DARTE LA CAJA ENTERA.
¡YA VIENEN LOS REFUERZOS!
¡VÉTE DE AQUÍ, HERMANO! ESTO SE VA A PONER FEO.
HUF HUF
HUF HUF
PASAMOS CERCA DE CINCO DÍAS EN ESAS TRINCHERAS.
ESTA QUE TE ESTOY PLATICANDO ERA LA BATALLA POR LA ÚLTIMA CAJA.
ANTES, LOS GUERRILLEROS TOMARON UNA QUE OTRA CAJA, PERO NOSOTROS TOMAMOS LA CAJA DE ESE DÍA.
POR FIN LLEGARON LOS REFUERZOS Y NOS SACARON DE AHÍ. LUEGO EL ALTO MANDO NOS MANDÓ A CASA.
YO NO ME ENCONTRABA BIEN. TENÍA QUE DORMIR CON MI RIFLE ENTRE LOS BRAZOS. Y CUANDO ESCUCHABA UN RUIDO RARO, VACIABA EL CARTUCHO, DISPARANDO A TODOS LADOS.
ME VOLVÍ UN POCO... LOCO.
GRACIAS A DIOS NUNCA MATÉ A NADIE DE MI FAMILIA.

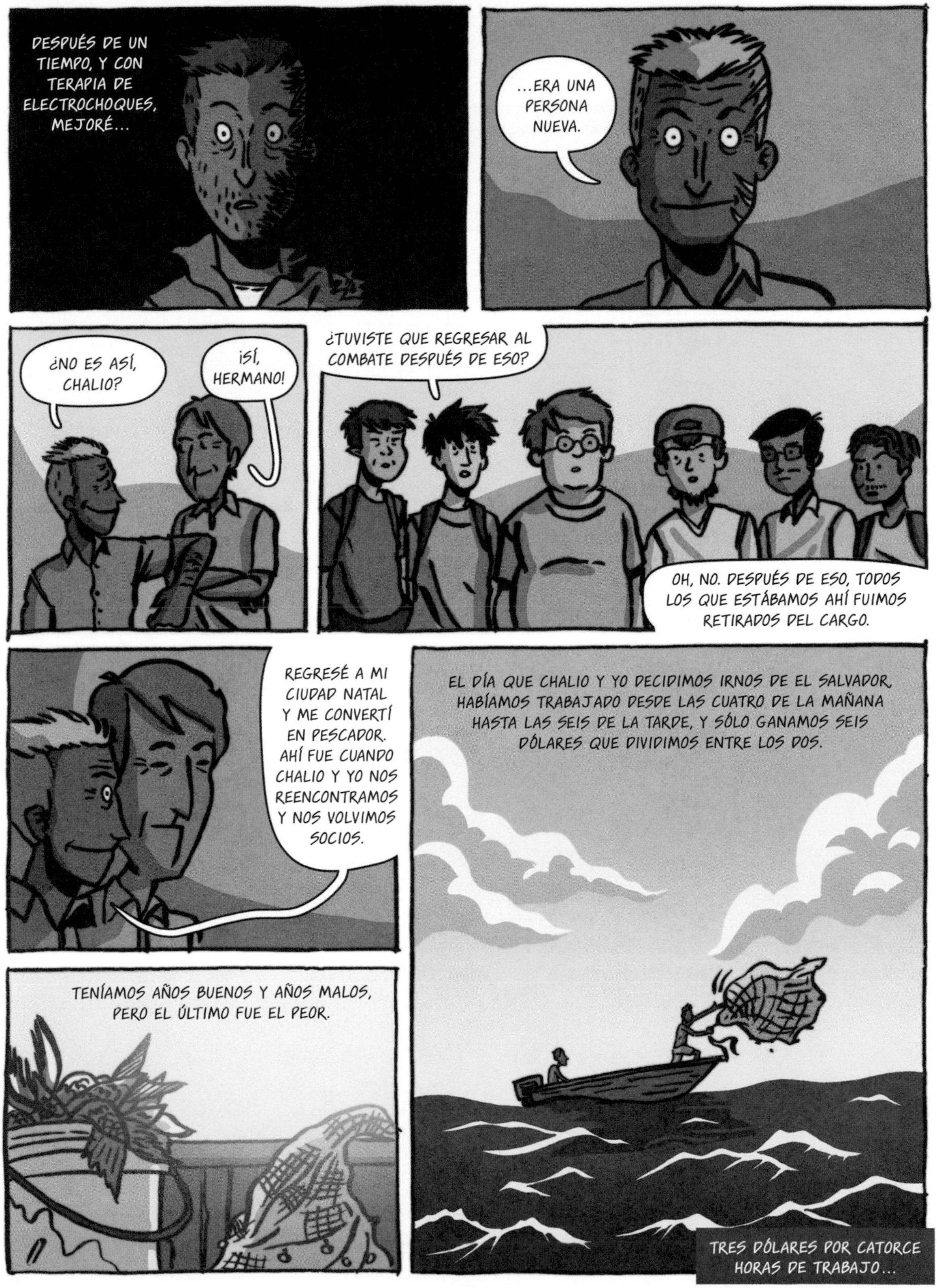
DESPUÉS DE UN TIEMPO, Y CON TERAPIA DE ELECTROCHOQUES, MEJORÉ...
...ERA UNA PERSONA NUEVA.
¿NO ES ASÍ, CHALIO?
¡SÍ, HERMANO!
¿TUVISTE QUE REGRESAR AL COMBATE DESPUÉS DE ESO?
OH, NO. DESPUÉS DE ESO, TODOS LOS QUE ESTÁBAMOS AHÍ FUIMOS RETIRADOS DEL CARGO.
REGRESÉ A MI CIUDAD NATAL Y ME CONVERTÍ EN PESCADOR. AHÍ FUE CUANDO CHALIO Y YO NOS REENCONTRAMOS Y NOS VOLVIMOS SOCIOS.
EL DÍA QUE CHALIO Y YO DECIDIMOS IRNOS DE EL SALVADOR, HABÍAMOS TRABAJADO DESDE LAS CUATRO DE LA MAÑANA HASTA LAS SEIS DE LA TARDE, Y SÓLO GANAMOS SEIS DÓLARES QUE DIVIDIMOS ENTRE LOS DOS.
TENÍAMOS AÑOS BUENOS Y AÑOS MALOS, PERO EL ÚLTIMO FUE EL PEOR.
TRES DÓLARES POR CATORCE HORAS DE TRABAJO...

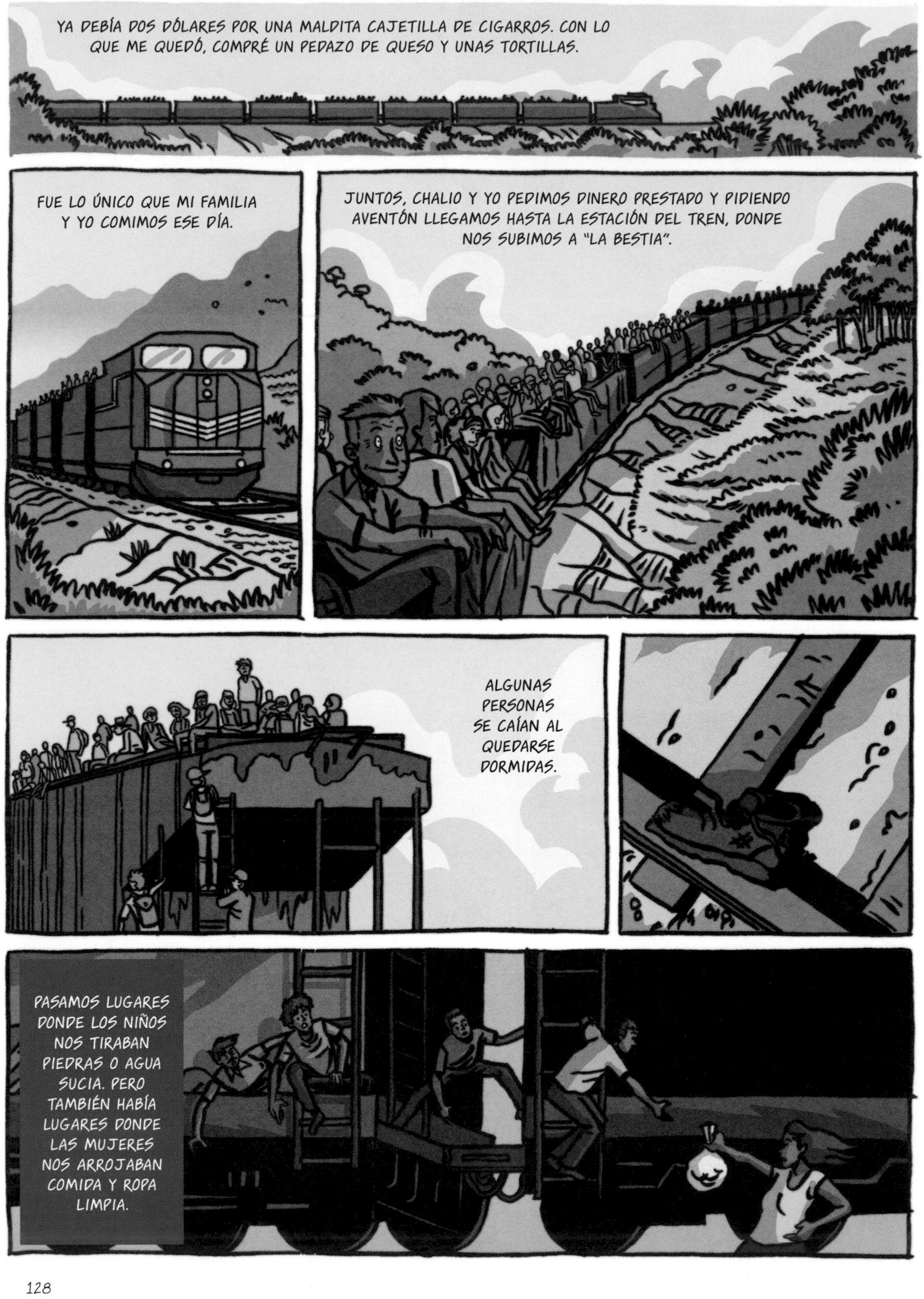
YA DEBÍA DOS DÓLARES POR UNA MALDITA CAJETILLA DE CIGARROS. CON LO QUE ME QUEDÓ, COMPRÉ UN PEDAZO DE QUESO Y UNAS TORTILLAS.
FUE LO ÚNICO QUE MI FAMILIA Y YO COMIMOS ESE DÍA.
JUNTOS, CHALIO Y YO PEDIMOS DINERO PRESTADO Y PIDIENDO AVENTÓN LLEGAMOS HASTA LA ESTACIÓN DEL TREN, DONDE NOS SUBIMOS A "LA BESTIA".
ALGUNAS PERSONAS SE CAÍAN AL QUEDARSE DORMIDAS.
PASAMOS LUGARES DONDE LOS NIÑOS NOS TIRABAN PIEDRAS O AGUA SUCIA. PERO TAMBIÉN HABÍA LUGARES DONDE LAS MUJERES NOS ARROJABAN COMIDA Y ROPA LIMPIA.

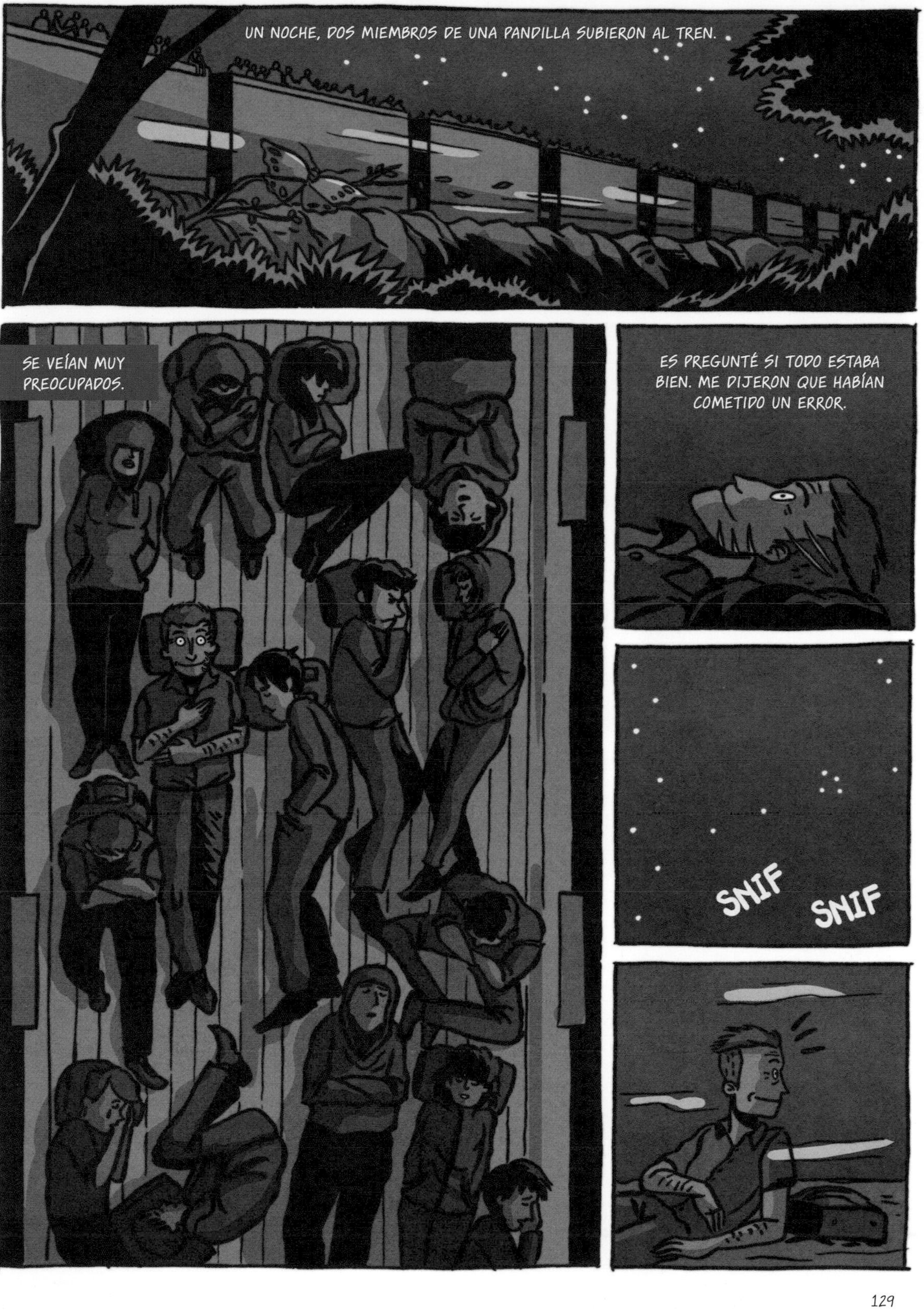
UN NOCHE, DOS MIEMBROS DE UNA PANDILLA SUBIERON AL TREN.
SE VEÍAN MUY PREOCUPADOS.
ES PREGUNTÉ SI TODO ESTABA BIEN. ME DIJERON QUE HABÍAN COMETIDO UN ERROR.
SNIF
SNIF

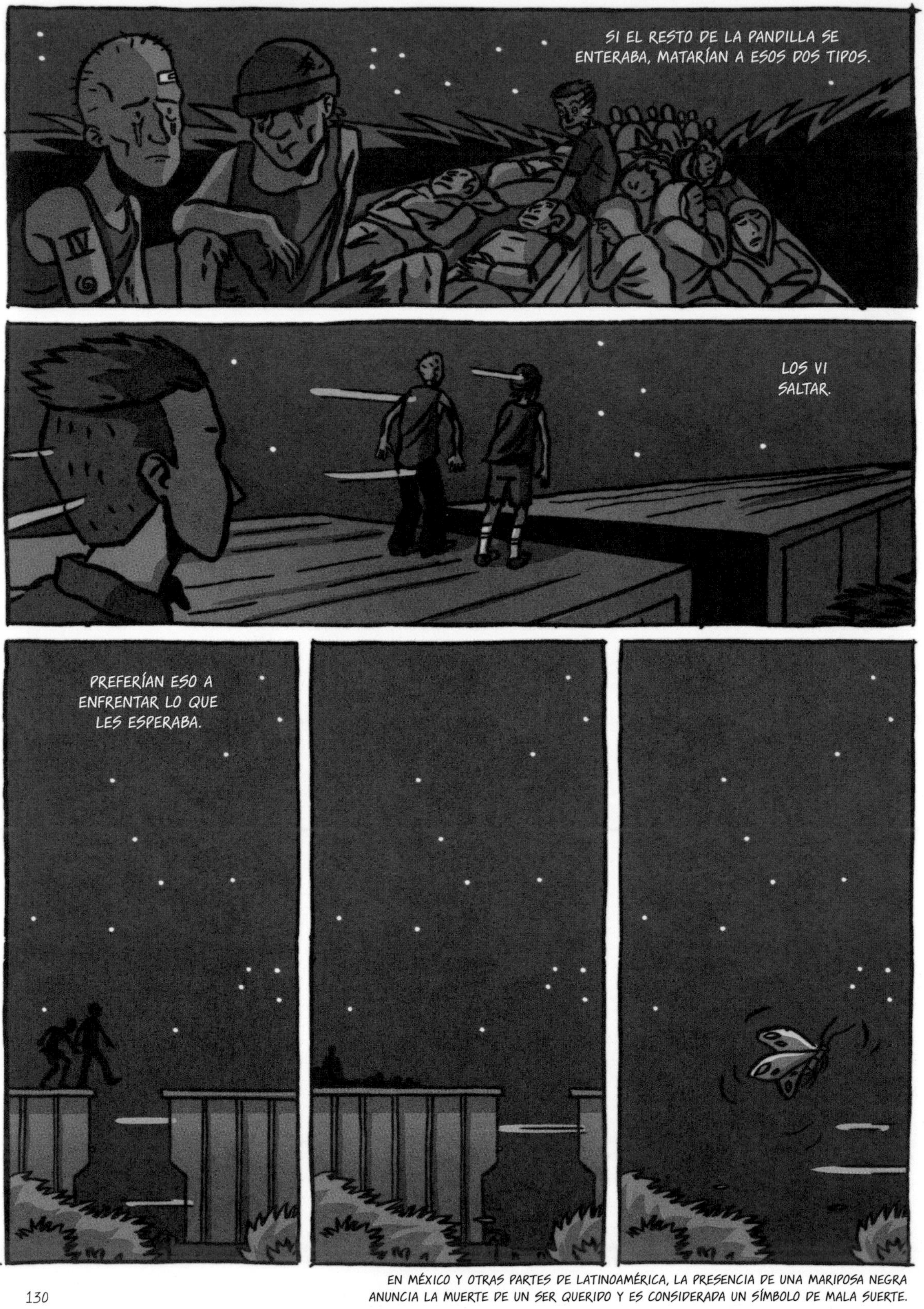
SI EL RESTO DE LA PANDILLA SE ENTERABA, MATARÍAN A ESOS DOS TIPOS.
LOS VI SALTAR.
PREFERÍAN ESO A ENFRENTAR LO QUE LES ESPERABA.

EN MÉXICO Y OTRAS PARTES DE LATINOAMÉRICA, LA PRESENCIA DE UNA MARIPOSA NEGRA ANUNCIA LA MUERTE DE UN SER QUERIDO Y ES CONSIDERADA UN SÍMBOLO DE MALA SUERTE.

Capítulo 6
QUÉDATE

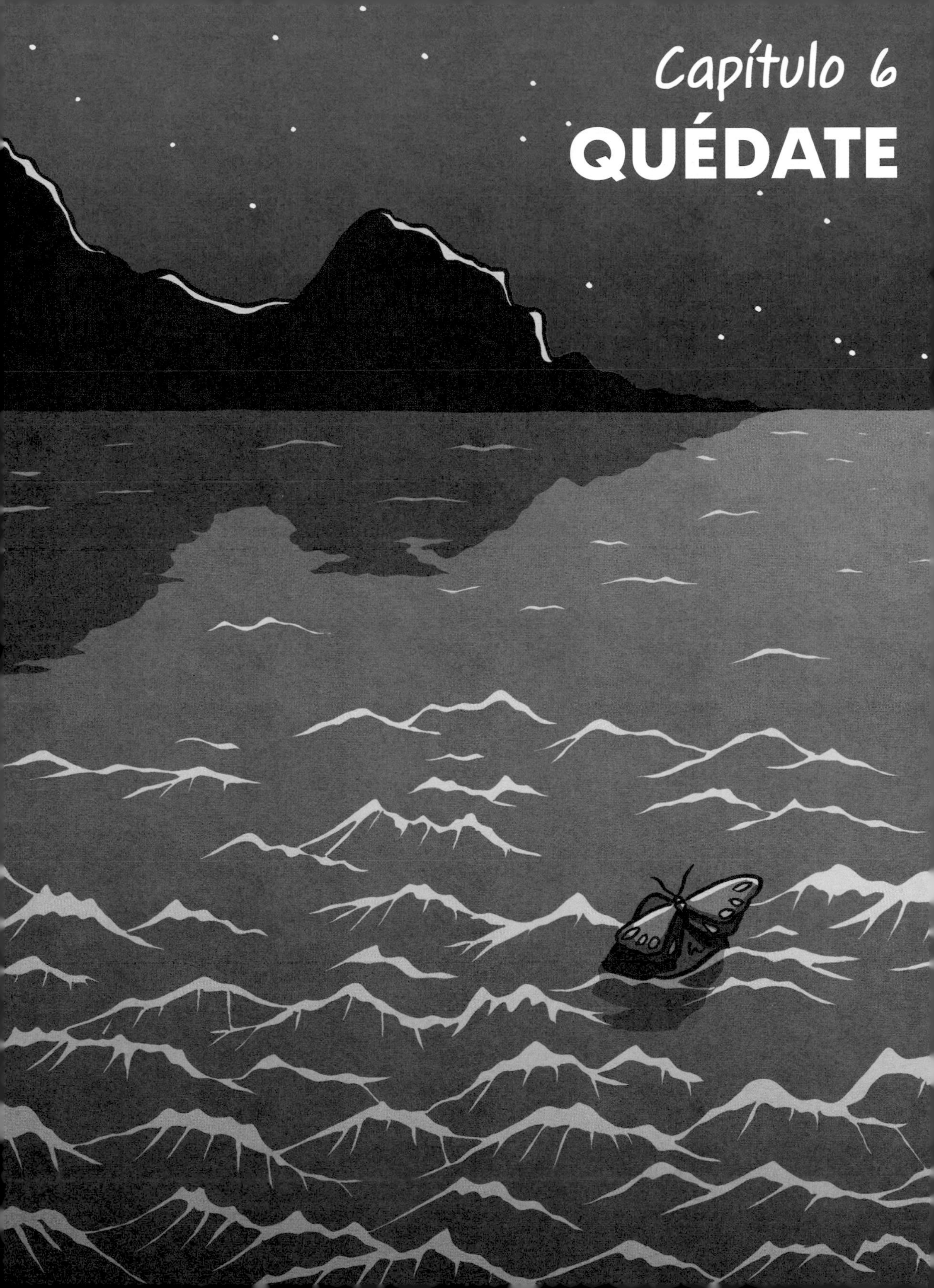

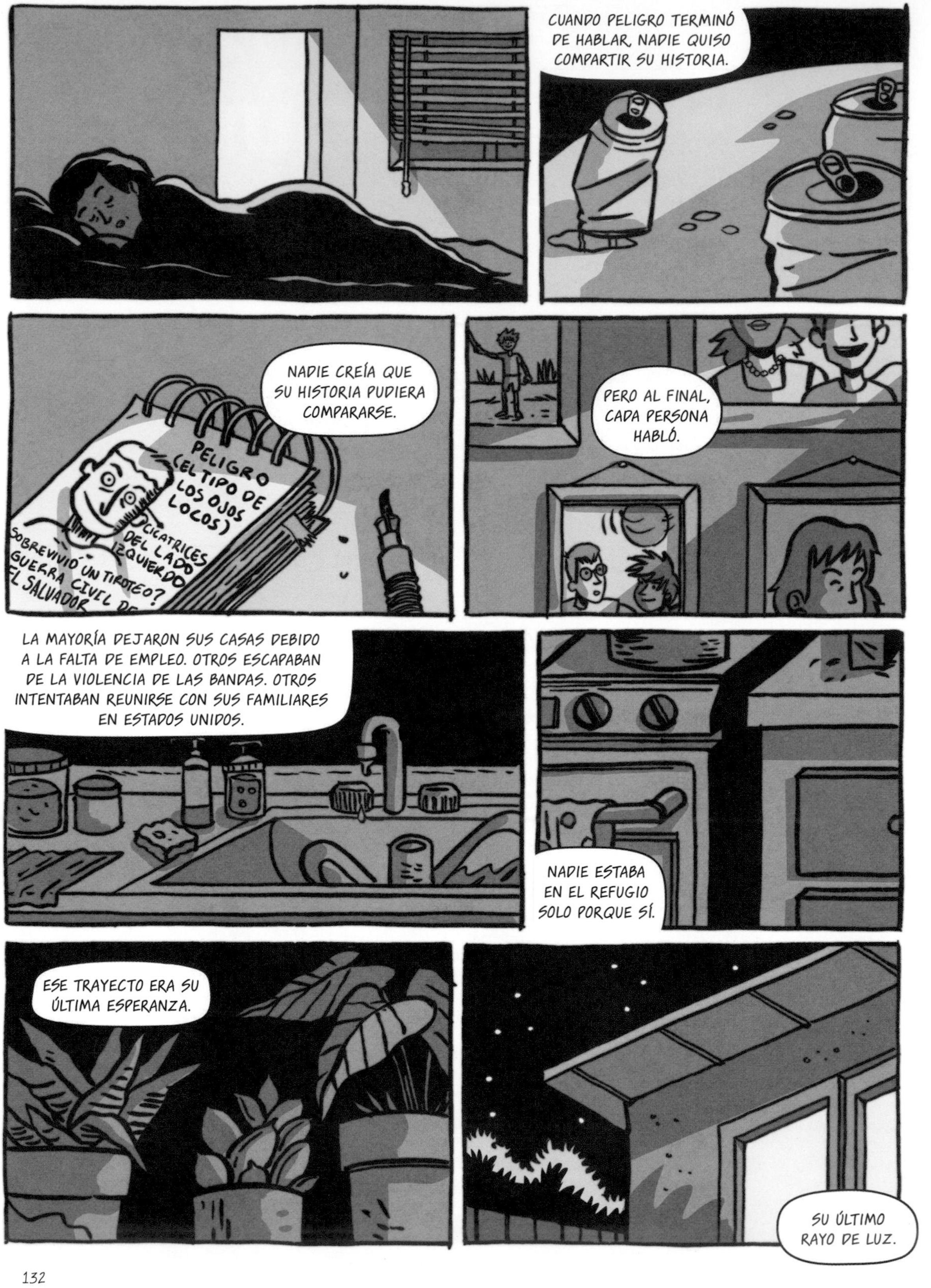
CUANDO PELIGRO TERMINÓ DE HABLAR, NADIE QUISO COMPARTIR SU HISTORIA.
NADIE CREÍA QUE SU HISTORIA PUDIERA COMPARARSE.
PELIGRO (EL TIPO DE LOS OJOS LOCOS)
CICATRICES DEL LADO IZQUIERDO
SOBREVIVIÓ UN TIROTEO?
GUERRA CIVIL DE
EL SALVADOR
PERO AL FINAL, CADA PERSONA HABLÓ.
LA MAYORÍA DEJARON SUS CASAS DEBIDO A LA FALTA DE EMPLEO. OTROS ESCAPABAN DE LA VIOLENCIA DE LAS BANDAS. OTROS INTENTABAN REUNIRSE CON SUS FAMILIARES EN ESTADOS UNIDOS.
NADIE ESTABA EN EL REFUGIO SOLO PORQUE SÍ.
ESE TRAYECTO ERA SU ÚLTIMA ESPERANZA.
SU ÚLTIMO RAYO DE LUZ.

EL QUINTO DÍA, EL PATRÓN LLEGÓ AL REFUGIO: AGUSTÍN.

ESCUCHÉ QUE ALGUNOS DE USTEDES ESTÁN DESESPERADOS AQUÍ,

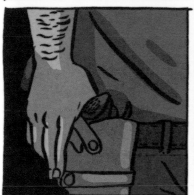

PERO LES DIRÉ, TIENEN QUE SER PACIENTES.

EL RÍO ESTÁ DESBORDADO.

¡¿EL RÍO?!

PARA TODOS LOS QUE NO PARAN DE QUEJARSE, MIS GUÍAS LOS PUEDEN LLEVAR. ELLOS ESTÁN ACOSTUMBRADOS — SON BUENOS NADADORES Y NO MORIRÁN, PERO USTEDES SÍ.

ASÍ ES QUE SI QUIEREN ARRIESGARSE, ADELANTE. PERO NO SERÁ MI CULPA SI SE AHOGAN.

NADIE SE ARRIESGÓ, PERO CREO QUE ES PORQUE NADIE QUERÍA HABLARLE DIRECTAMENTE A ESE HOMBRE.

HUF
HUF
HUF

133

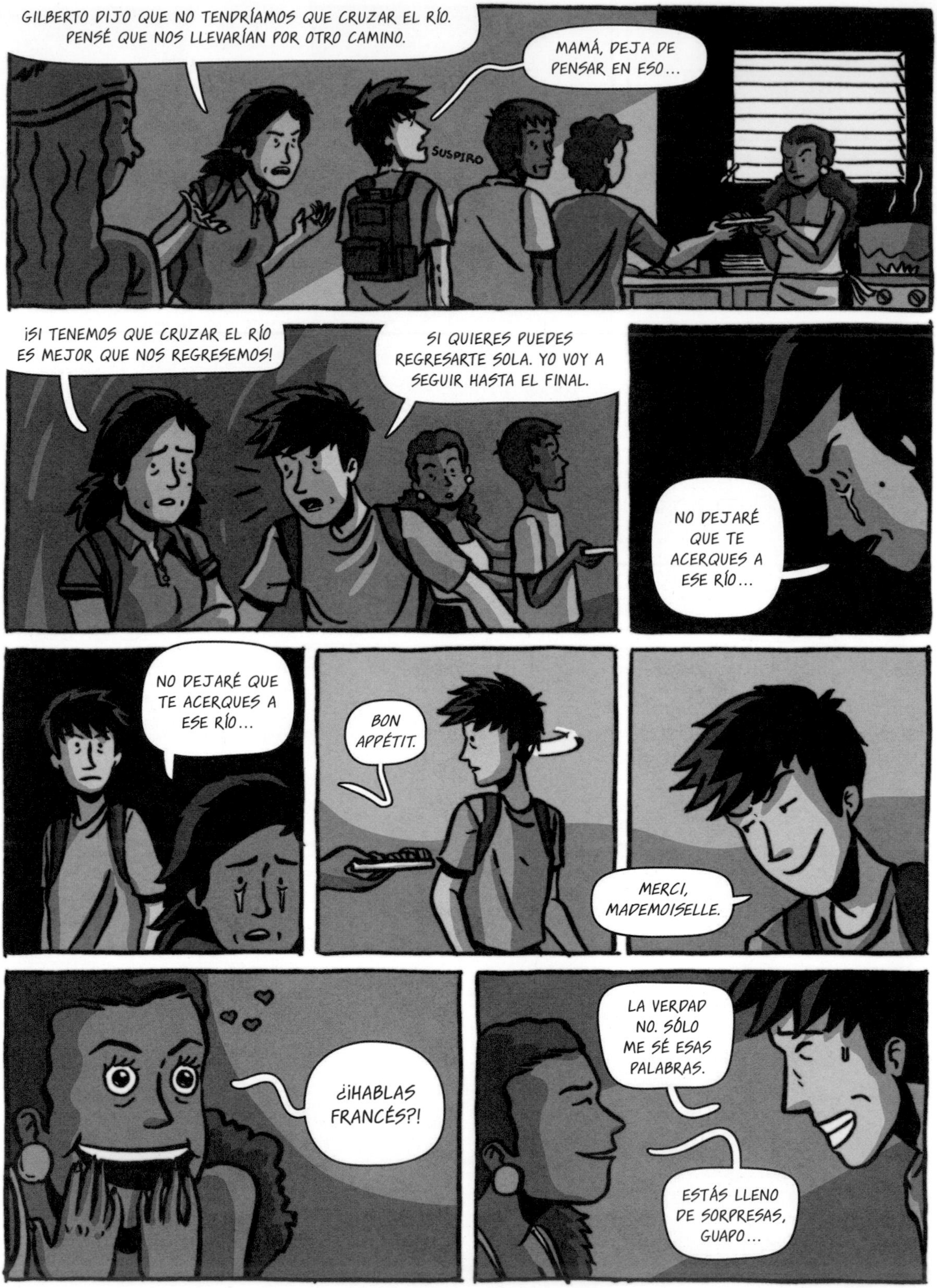
GILBERTO DIJO QUE NO TENDRÍAMOS QUE CRUZAR EL RÍO. PENSÉ QUE NOS LLEVARÍAN POR OTRO CAMINO.
MAMÁ, DEJA DE PENSAR EN ESO...
SUSPIRO
¡SI TENEMOS QUE CRUZAR EL RÍO ES MEJOR QUE NOS REGRESEMOS!
SI QUIERES PUEDES REGRESARTE SOLA. YO VOY A SEGUIR HASTA EL FINAL.
NO DEJARÉ QUE TE ACERQUES A ESE RÍO...
NO DEJARÉ QUE TE ACERQUES A ESE RÍO...
BON APPÉTIT.
MERCI, MADEMOISELLE.
¿IHABLAS FRANCÉS?!
LA VERDAD NO. SÓLO ME SÉ ESAS PALABRAS.
ESTÁS LLENO DE SORPRESAS, GUAPO...

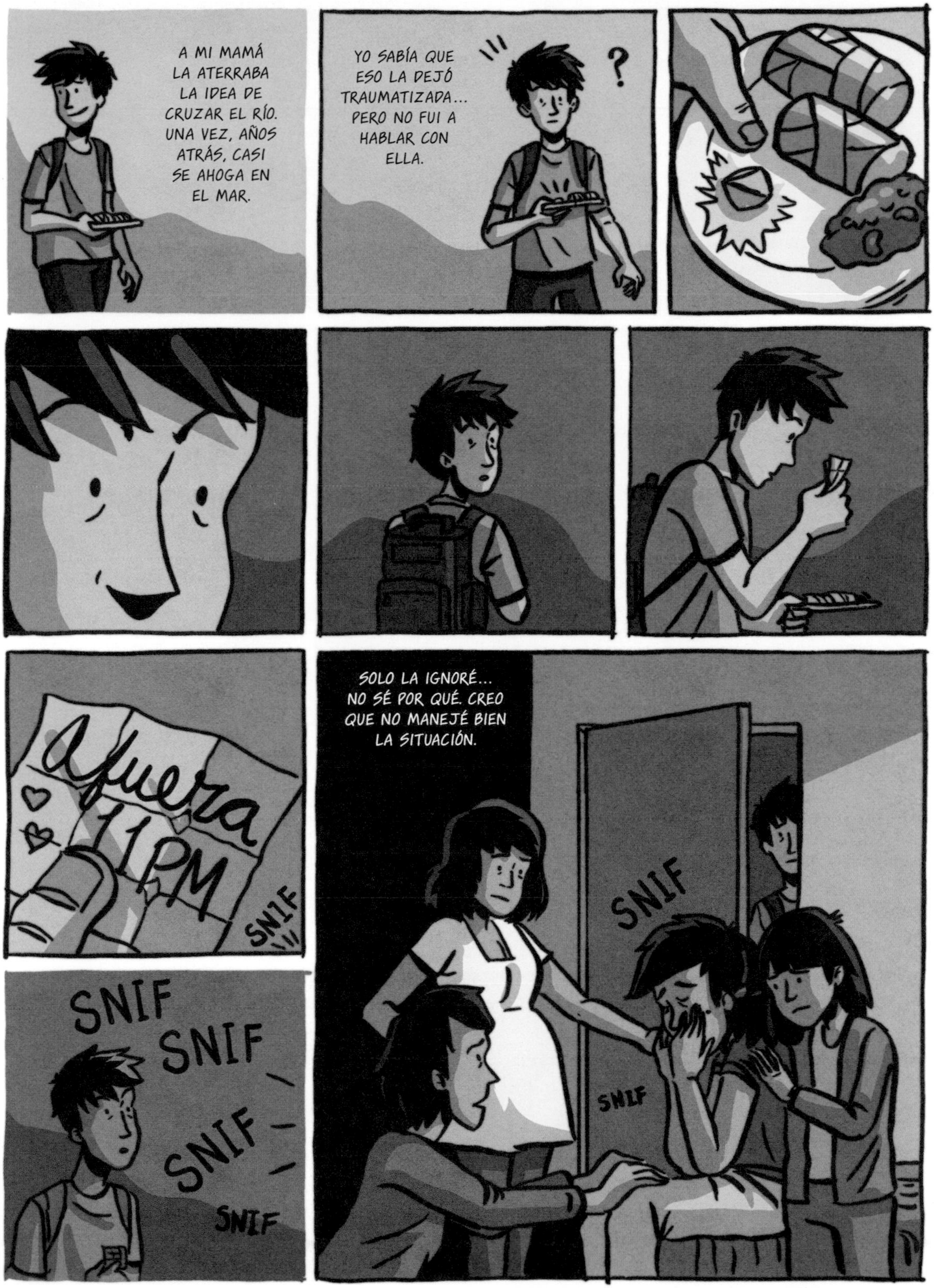
A MI MAMÁ LA ATERRABA LA IDEA DE CRUZAR EL RÍO. UNA VEZ, AÑOS ATRÁS, CASI SE AHOGA EN EL MAR.
YO SABÍA QUE ESO LA DEJÓ TRAUMATIZADA... PERO NO FUI A HABLAR CON ELLA.
?
afuera
11PM
SNIF
SNIF
SNIF
SNIF
SNIF
SOLO LA IGNORÉ... NO SÉ POR QUÉ. CREO QUE NO MANEJÉ BIEN LA SITUACIÓN.
SNIF
SNIF

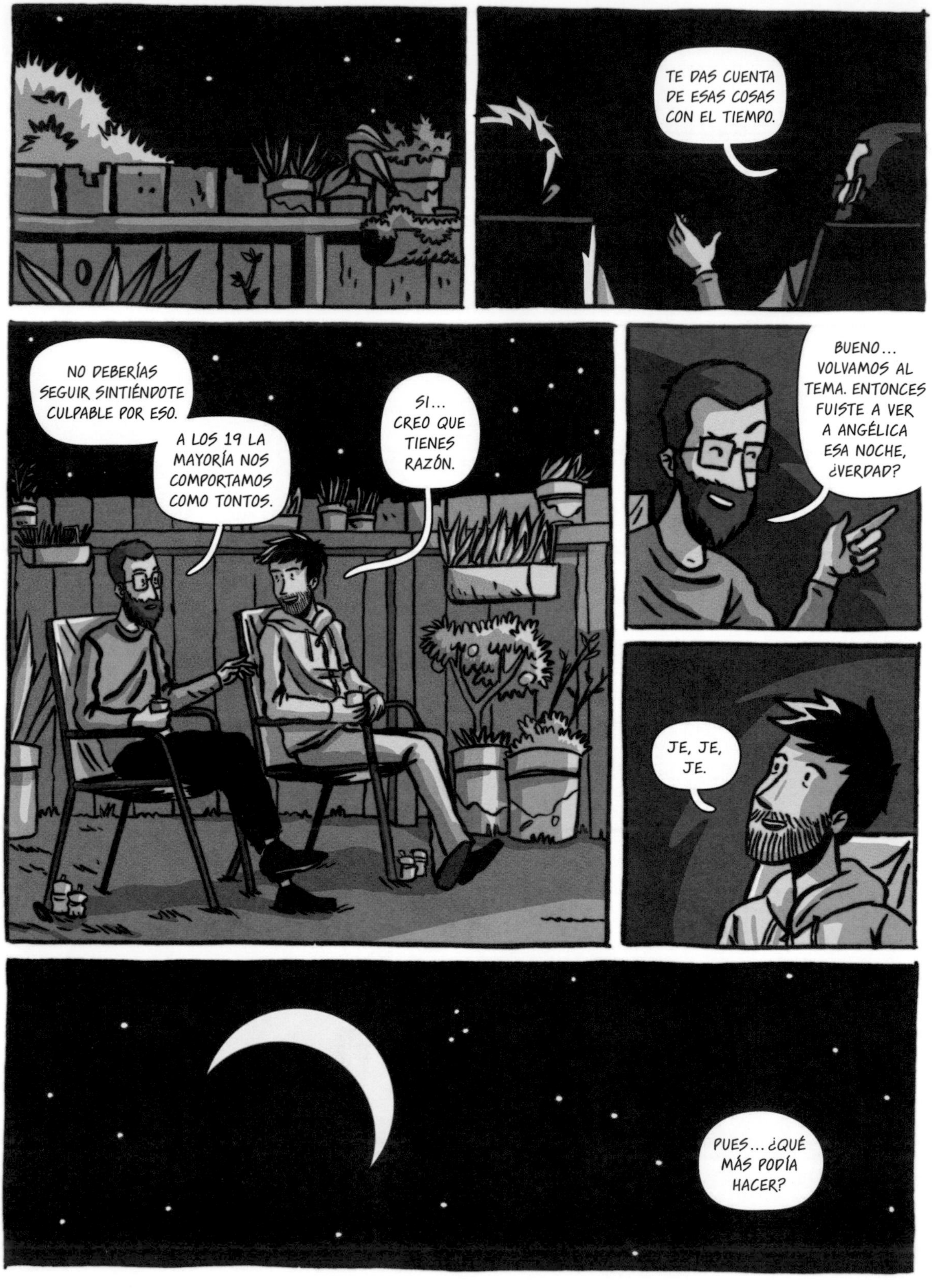
TE DAS CUENTA DE ESAS COSAS CON EL TIEMPO.
NO DEBERÍAS SEGUIR SINTIÉNDOTE CULPABLE POR ESO.
A LOS 19 LA MAYORÍA NOS COMPORTAMOS COMO TONTOS.
SI... CREO QUE TIENES RAZÓN.
BUENO... VOLVAMOS AL TEMA. ENTONCES FUISTE A VER A ANGÉLICA ESA NOCHE, ¿VERDAD?
JE, JE, JE.
PUES... ¿QUÉ MÁS PODÍA HACER?

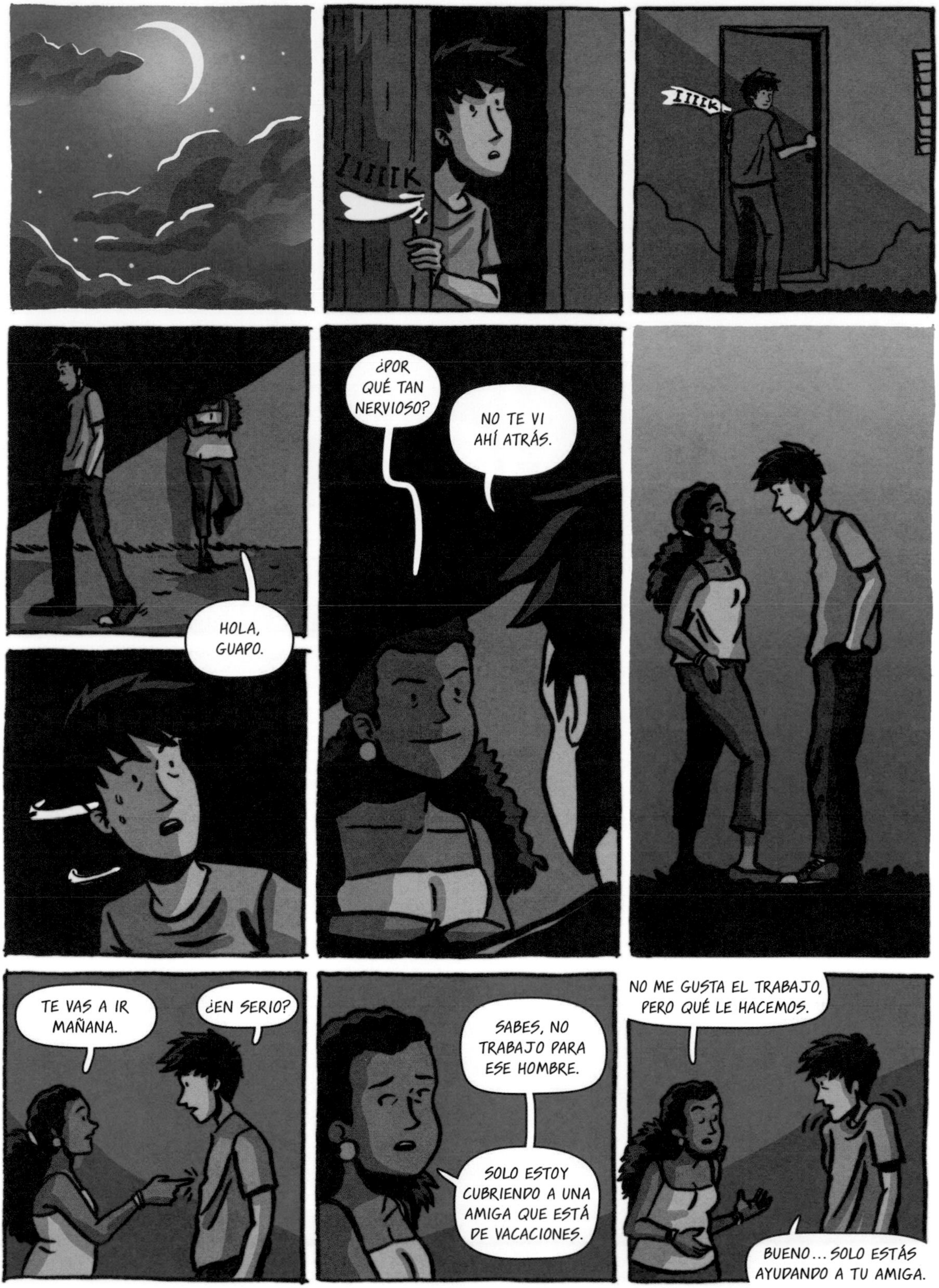
IIIIIK
IIIIK
HOLA, GUAPO.
¿POR QUÉ TAN NERVIOSO?
NO TE VI AHÍ ATRÁS.
TE VAS A IR MAÑANA.
¿EN SERIO?
SABES, NO TRABAJO PARA ESE HOMBRE.
SOLO ESTOY CUBRIENDO A UNA AMIGA QUE ESTÁ DE VACACIONES.
NO ME GUSTA EL TRABAJO, PERO QUÉ LE HACEMOS.
BUENO... SOLO ESTÁS AYUDANDO A TU AMIGA.

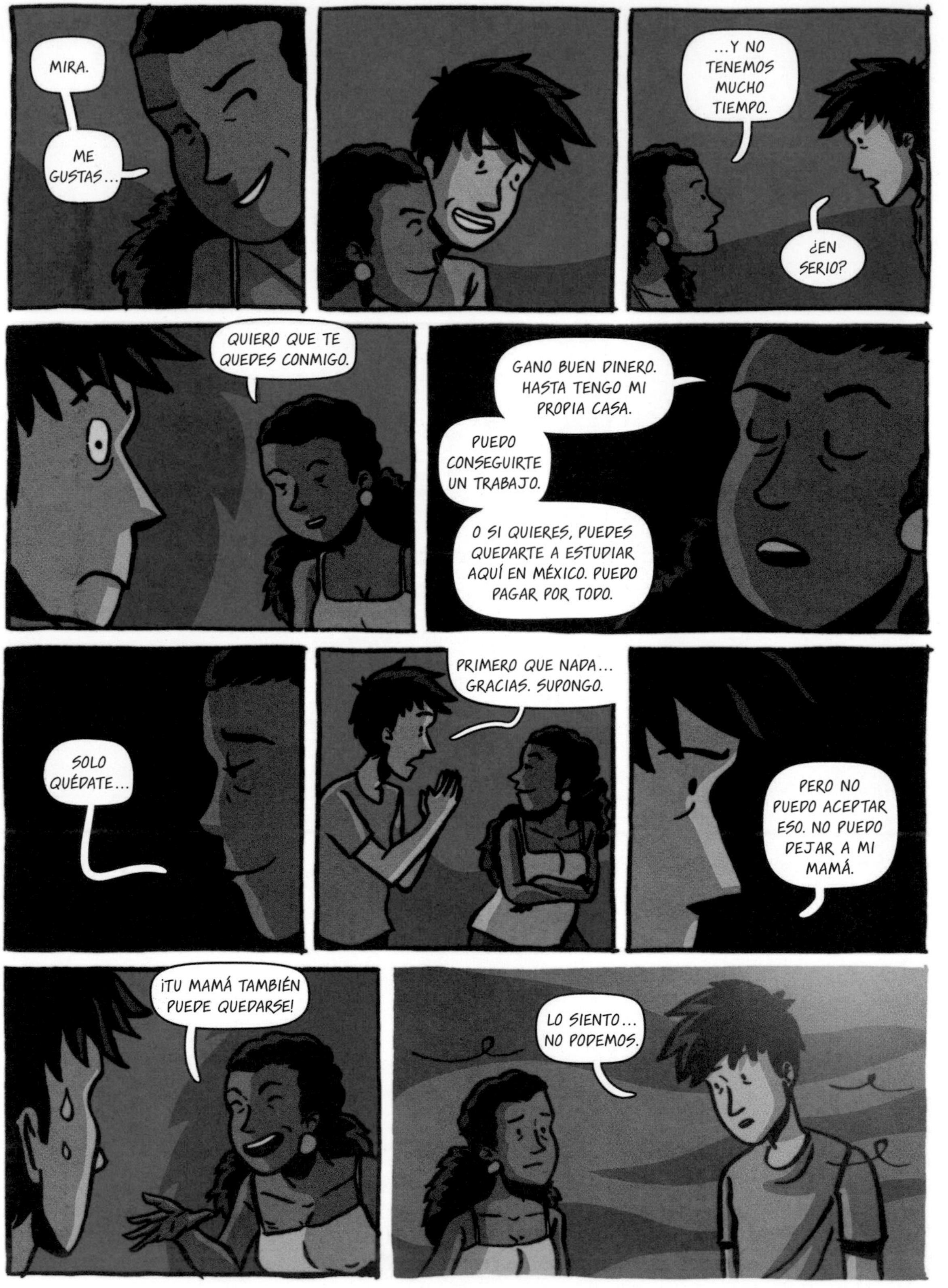
MIRA.
ME GUSTAS...
...Y NO TENEMOS MUCHO TIEMPO.
¿EN SERIO?
QUIERO QUE TE QUEDES CONMIGO.
GANO BUEN DINERO. HASTA TENGO MI PROPIA CASA.
PUEDO CONSEGUIRTE UN TRABAJO.
O SI QUIERES, PUEDES QUEDARTE A ESTUDIAR AQUÍ EN MÉXICO. PUEDO PAGAR POR TODO.
SOLO QUÉDATE...
PRIMERO QUE NADA... GRACIAS. SUPONGO.
PERO NO PUEDO ACEPTAR ESO. NO PUEDO DEJAR A MI MAMÁ.
¡TU MAMÁ TAMBIÉN PUEDE QUEDARSE!
LO SIENTO... NO PODEMOS.

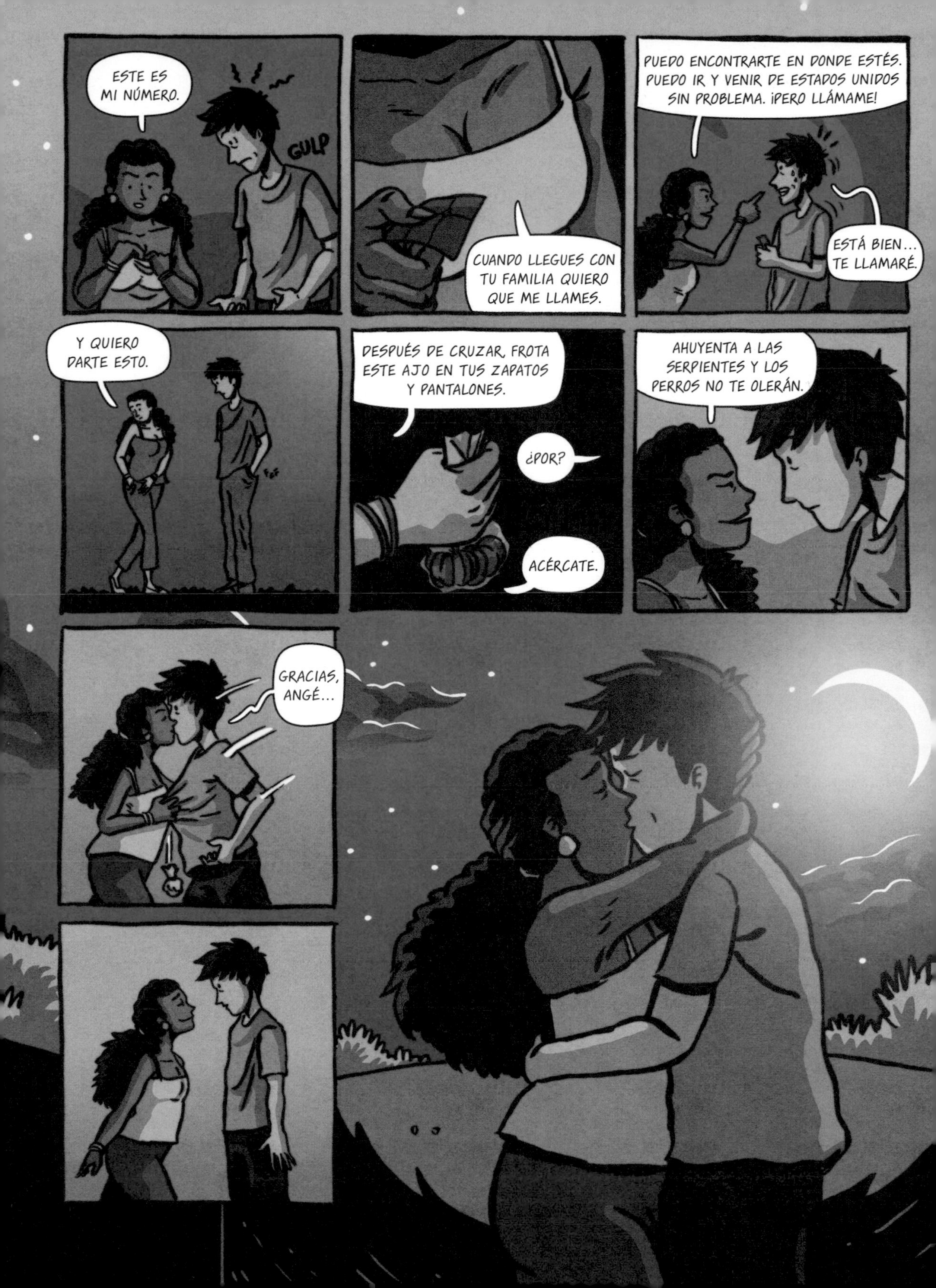
ESTE ES MI NÚMERO.
GULP
CUANDO LLEGUES CON TU FAMILIA QUIERO QUE ME LLAMES.
PUEDO ENCONTRARTE EN DONDE ESTÉS. PUEDO IR Y VENIR DE ESTADOS UNIDOS SIN PROBLEMA. ¡PERO LLÁMAME!
ESTÁ BIEN... TE LLAMARÉ.
Y QUIERO DARTE ESTO.
DESPUÉS DE CRUZAR, FROTA ESTE AJO EN TUS ZAPATOS Y PANTALONES.
¿POR?
ACÉRCATE.
AHUYENTA A LAS SERPIENTES Y LOS PERROS NO TE OLERÁN.
GRACIAS, ANGÉ...

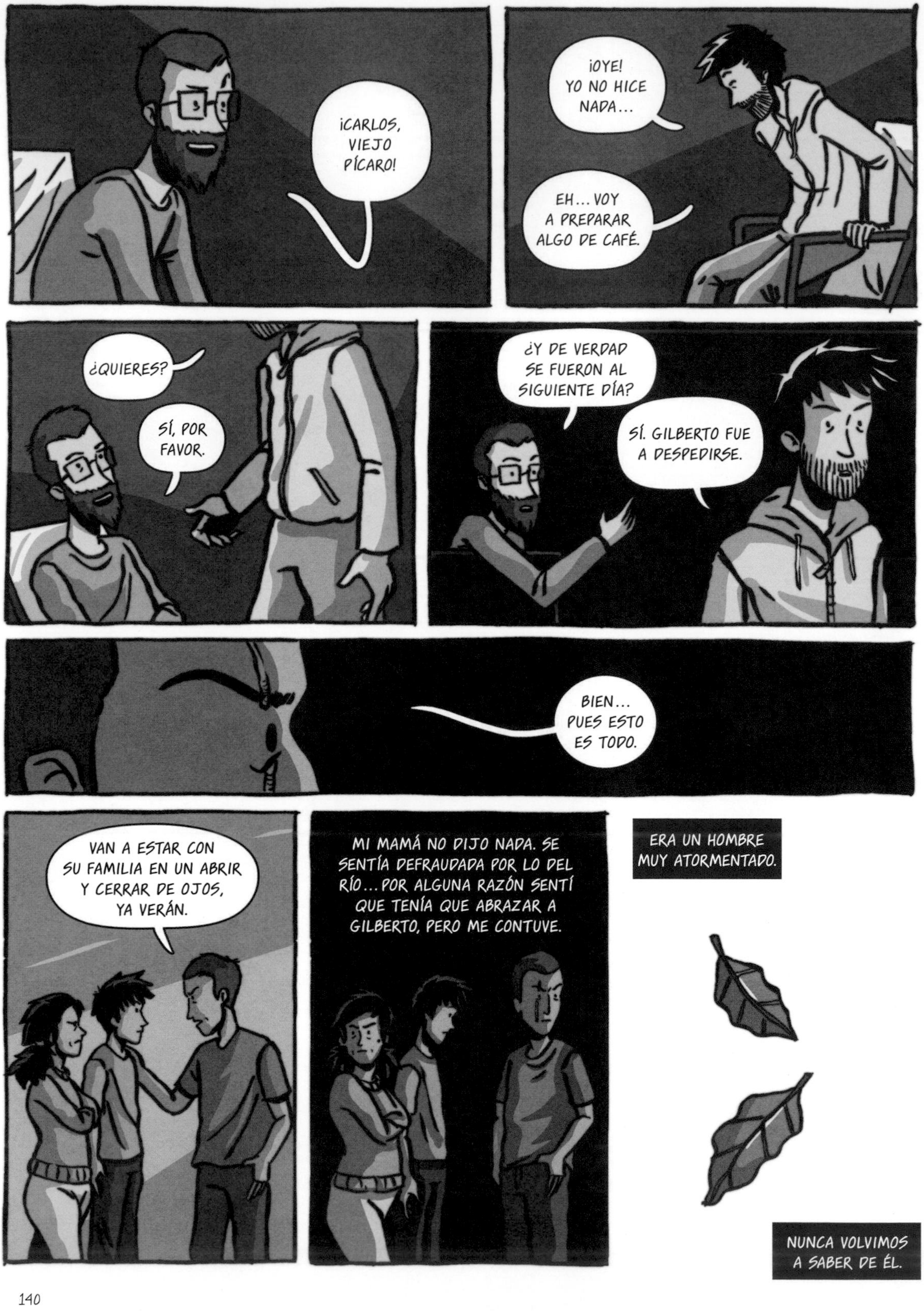
¡CARLOS, VIEJO PÍCARO!
¡OYE! YO NO HICE NADA...
EH... VOY A PREPARAR ALGO DE CAFÉ.
¿QUIERES?
SÍ, POR FAVOR.
¿Y DE VERDAD SE FUERON AL SIGUIENTE DÍA?
SÍ. GILBERTO FUE A DESPEDIRSE.
BIEN... PUES ESTO ES TODO.
VAN A ESTAR CON SU FAMILIA EN UN ABRIR Y CERRAR DE OJOS, YA VERÁN.
MI MAMÁ NO DIJO NADA. SE SENTÍA DEFRAUDADA POR LO DEL RÍO... POR ALGUNA RAZÓN SENTÍ QUE TENÍA QUE ABRAZAR A GILBERTO, PERO ME CONTUVE.
ERA UN HOMBRE MUY ATORMENTADO.
NUNCA VOLVIMOS A SABER DE ÉL.

ESTARÁ LISTO EN UN MINUTO.

ALREDEDOR DE LAS 5 PM LLEGARON DOS HOMBRES Y FORMARON UN GRUPO.

ÉRAMOS NUEVE EN TOTAL.

NOS FUIMOS CON PRISA Y NOS SUBIMOS A UNA CAMIONETA SIN ASIENTOS.

NO TUVIMOS OPORTUNIDAD DE DESPEDIRNOS DE NADIE.

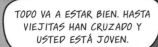

TODO VA A ESTAR BIEN. HASTA VIEJITAS HAN CRUZADO Y USTED ESTÁ JOVEN.

LO VAMOS A LOGRAR. ELLOS SABEN LO QUE HACEN.

CARLOS... NO VALE LA PENA. DEBERÍAMOS REGRESAR.

ES MUY DOLOROSO DECIR ESTO EN VOZ ALTA.

ESCUCHA, MAMÁ. SI QUIERES REGRESARTE, HAZLO. YO VOY A SEGUIR.

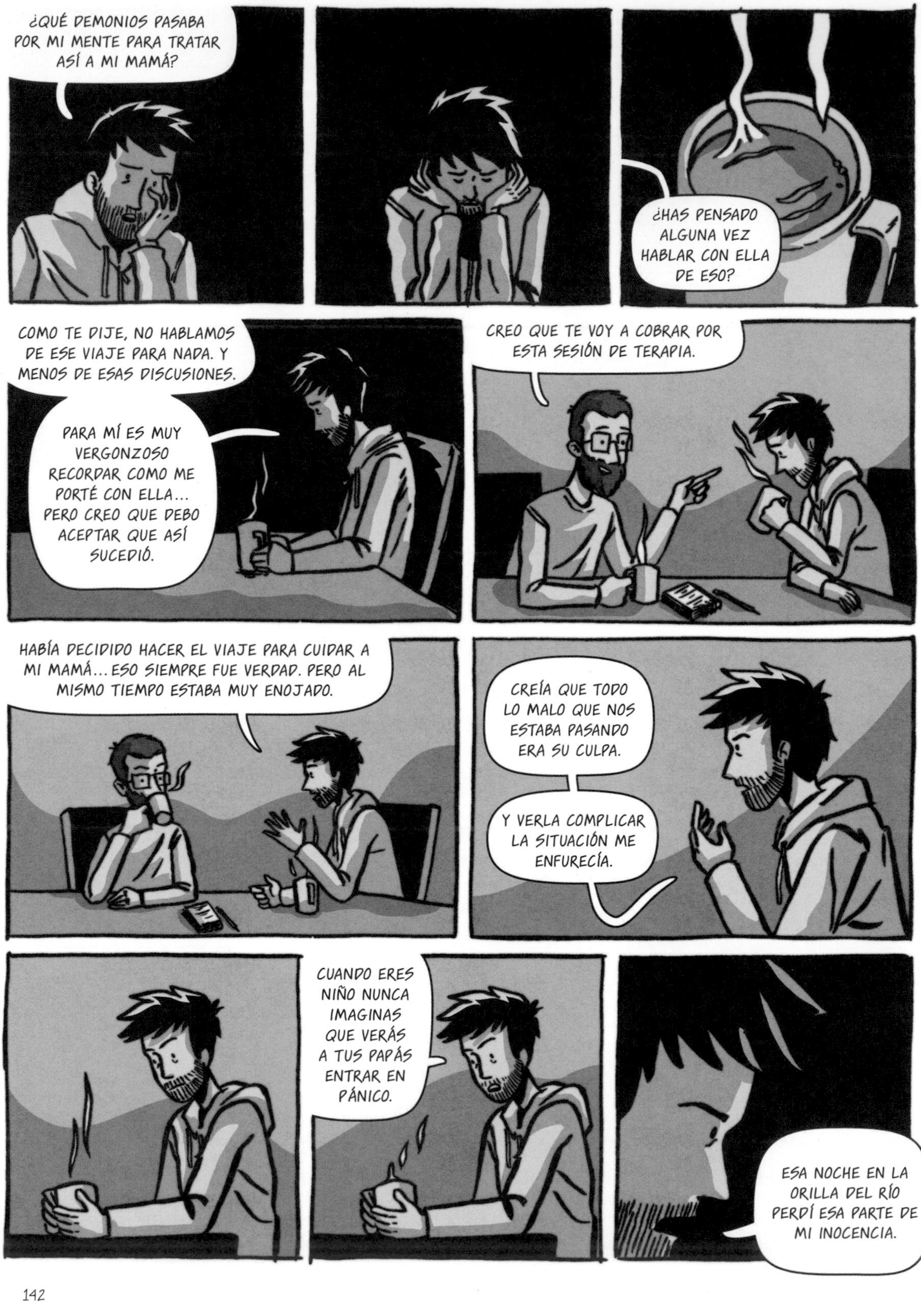
¿QUÉ DEMONIOS PASABA POR MI MENTE PARA TRATAR ASÍ A MI MAMÁ?
¿HAS PENSADO ALGUNA VEZ HABLAR CON ELLA DE ESO?
COMO TE DIJE, NO HABLAMOS DE ESE VIAJE PARA NADA. Y MENOS DE ESAS DISCUSIONES.
PARA MÍ ES MUY VERGONZOSO RECORDAR COMO ME PORTÉ CON ELLA... PERO CREO QUE DEBO ACEPTAR QUE ASÍ SUCEDIÓ.
CREO QUE TE VOY A COBRAR POR ESTA SESIÓN DE TERAPIA.
HABÍA DECIDIDO HACER EL VIAJE PARA CUIDAR A MI MAMÁ... ESO SIEMPRE FUE VERDAD. PERO AL MISMO TIEMPO ESTABA MUY ENOJADO.
CREÍA QUE TODO LO MALO QUE NOS ESTABA PASANDO ERA SU CULPA.
Y VERLA COMPLICAR LA SITUACIÓN ME ENFURECÍA.
CUANDO ERES NIÑO NUNCA IMAGINAS QUE VERÁS A TUS PAPÁS ENTRAR EN PÁNICO.
ESA NOCHE EN LA ORILLA DEL RÍO PERDÍ ESA PARTE DE MI INOCENCIA.

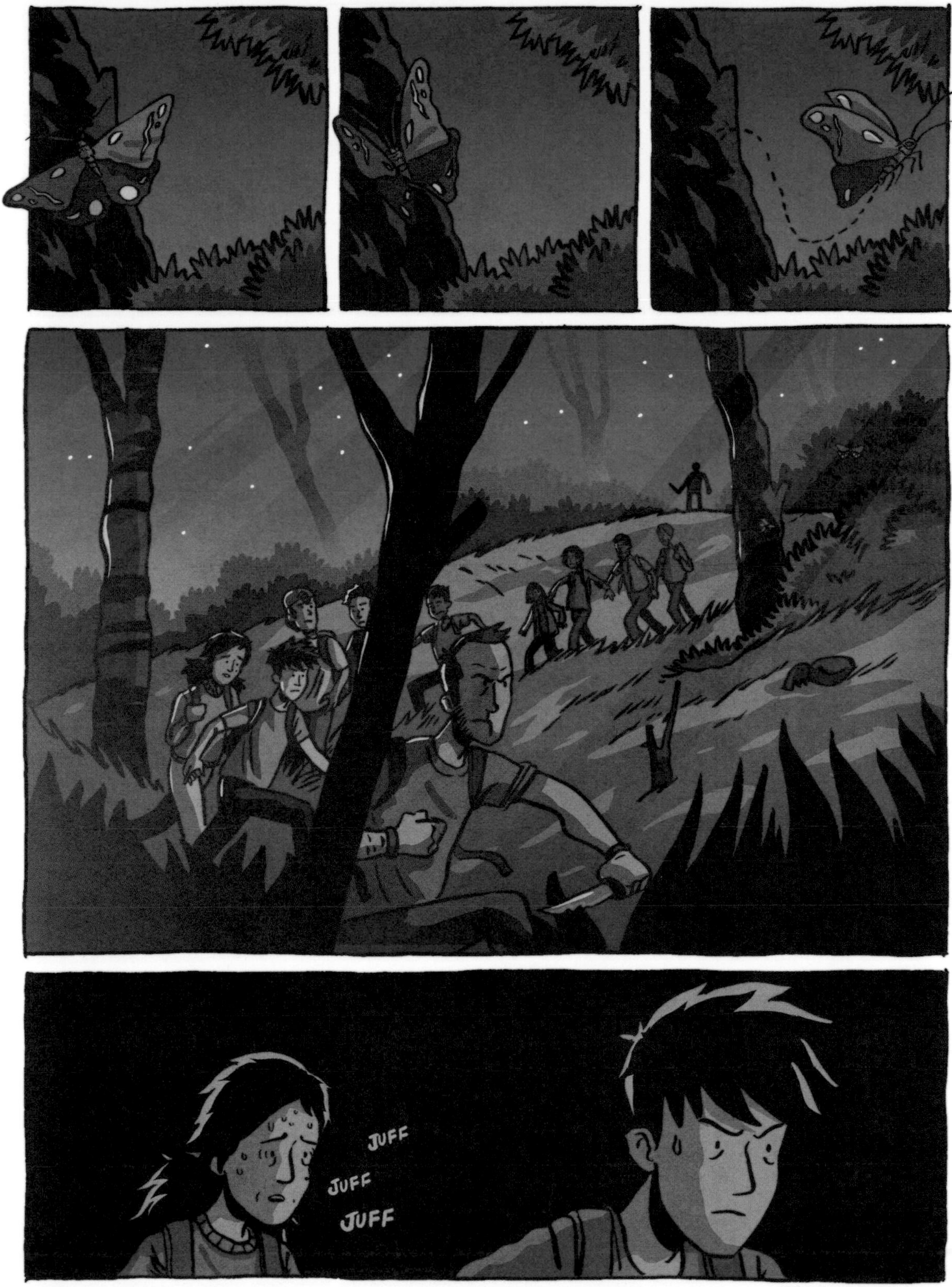
JUFF
JUFF
JUFF

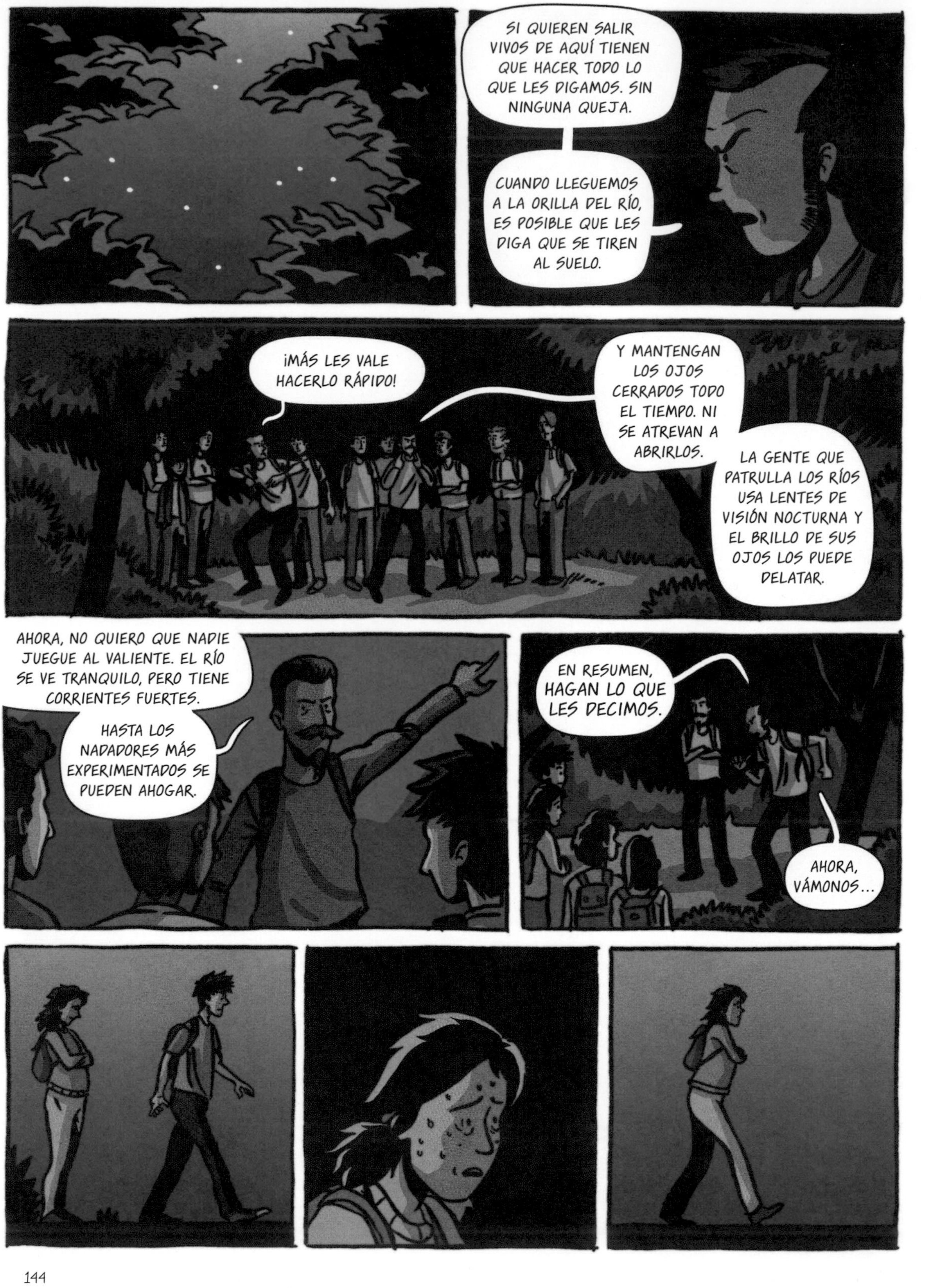
SI QUIEREN SALIR VIVOS DE AQUÍ TIENEN QUE HACER TODO LO QUE LES DIGAMOS. SIN NINGUNA QUEJA.
CUANDO LLEGUEMOS A LA ORILLA DEL RÍO, ES POSIBLE QUE LES DIGA QUE SE TIREN AL SUELO.
¡MÁS LES VALE HACERLO RÁPIDO!
Y MANTENGAN LOS OJOS CERRADOS TODO EL TIEMPO. NI SE ATREVAN A ABRIRLOS.
LA GENTE QUE PATRULLA LOS RÍOS USA LENTES DE VISIÓN NOCTURNA Y EL BRILLO DE SUS OJOS LOS PUEDE DELATAR.
AHORA, NO QUIERO QUE NADIE JUEGUE AL VALIENTE. EL RÍO SE VE TRANQUILO, PERO TIENE CORRIENTES FUERTES.
HASTA LOS NADADORES MÁS EXPERIMENTADOS SE PUEDEN AHOGAR.
EN RESUMEN, HAGAN LO QUE LES DECIMOS.
AHORA, VÁMONOS…

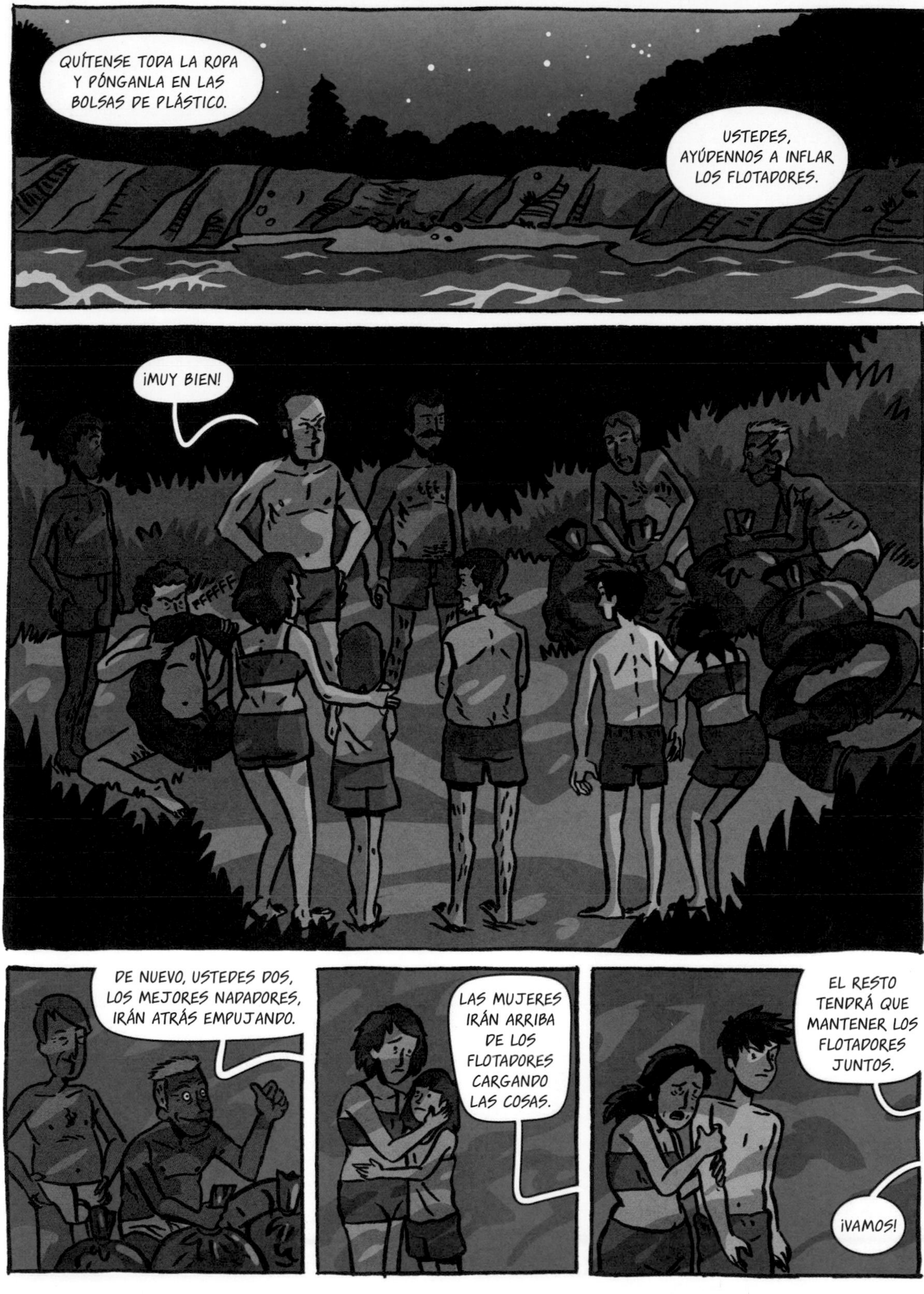

QUÍTENSE TODA LA ROPA Y PÓNGANLA EN LAS BOLSAS DE PLÁSTICO.
USTEDES, AYÚDENNOS A INFLAR LOS FLOTADORES.
¡MUY BIEN!
FFFFFF
DE NUEVO, USTEDES DOS, LOS MEJORES NADADORES, IRÁN ATRÁS EMPUJANDO.
LAS MUJERES IRÁN ARRIBA DE LOS FLOTADORES CARGANDO LAS COSAS.
EL RESTO TENDRÁ QUE MANTENER LOS FLOTADORES JUNTOS.
¡VAMOS!

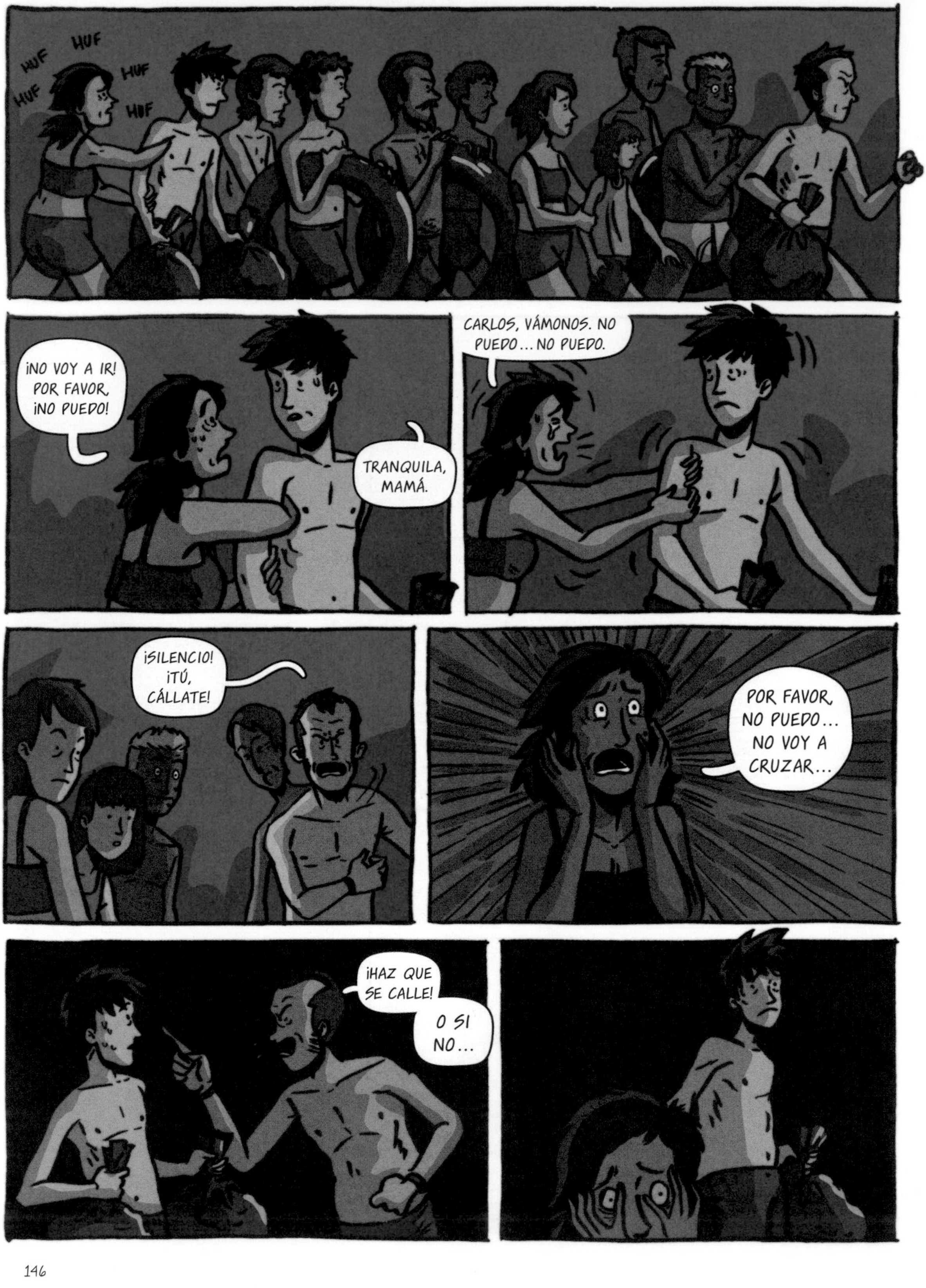
HUF
HUF
HUF
HUF
HUF
¡NO VOY A IR! POR FAVOR, ¡NO PUEDO!
TRANQUILA, MAMÁ.
CARLOS, VÁMONOS. NO PUEDO... NO PUEDO.
¡SILENCIO! ¡TÚ, CÁLLATE!
POR FAVOR, NO PUEDO... NO VOY A CRUZAR...
¡HAZ QUE SE CALLE!
O SI NO...

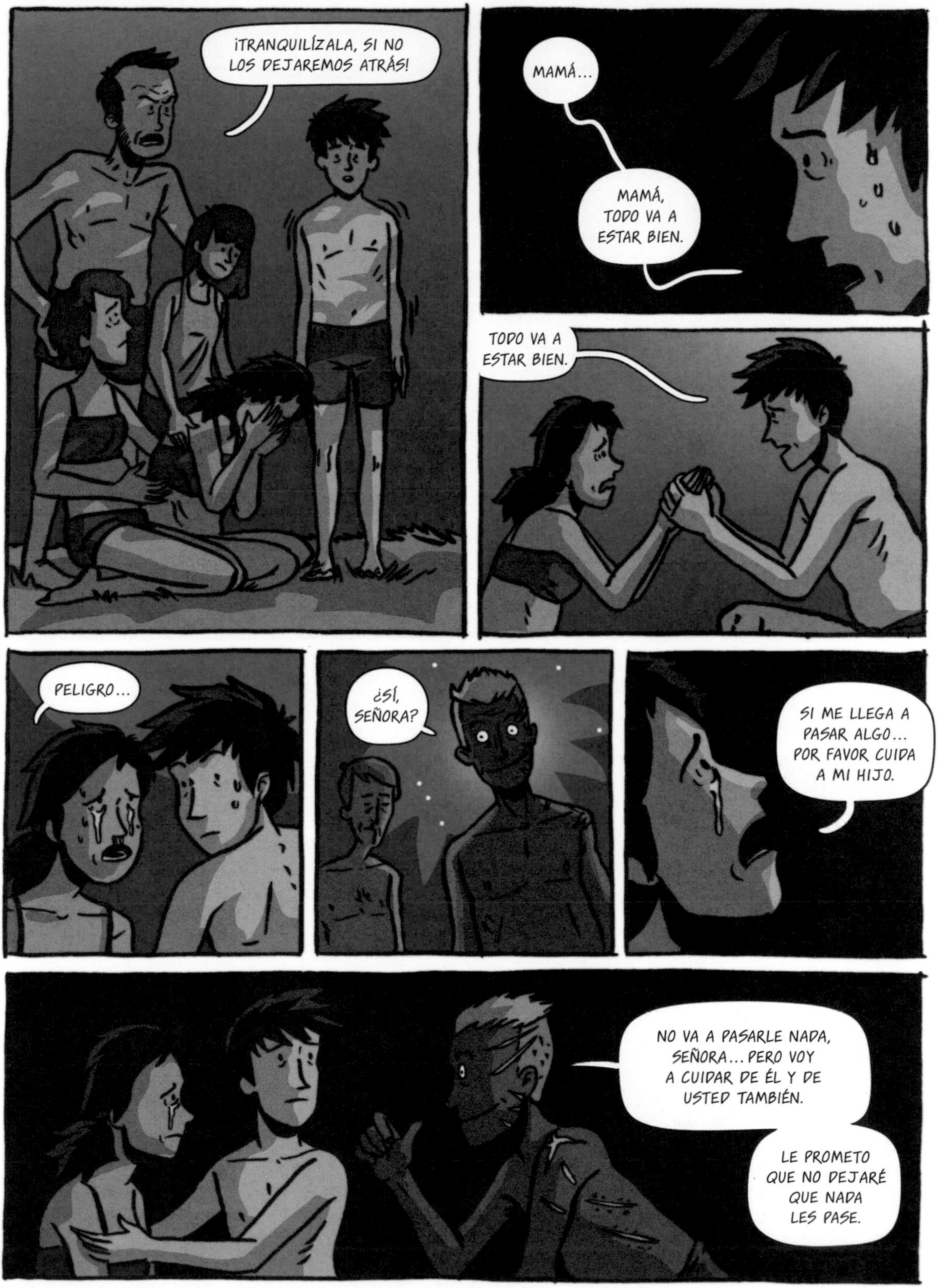
¡TRANQUILÍZALA, SI NO LOS DEJAREMOS ATRÁS!
MAMÁ...
MAMÁ, TODO VA A ESTAR BIEN.
TODO VA A ESTAR BIEN.
PELIGRO...
¿SÍ, SEÑORA?
SI ME LLEGA A PASAR ALGO... POR FAVOR CUIDA A MI HIJO.
NO VA A PASARLE NADA, SEÑORA... PERO VOY A CUIDAR DE ÉL Y DE USTED TAMBIÉN.
LE PROMETO QUE NO DEJARÉ QUE NADA LES PASE.

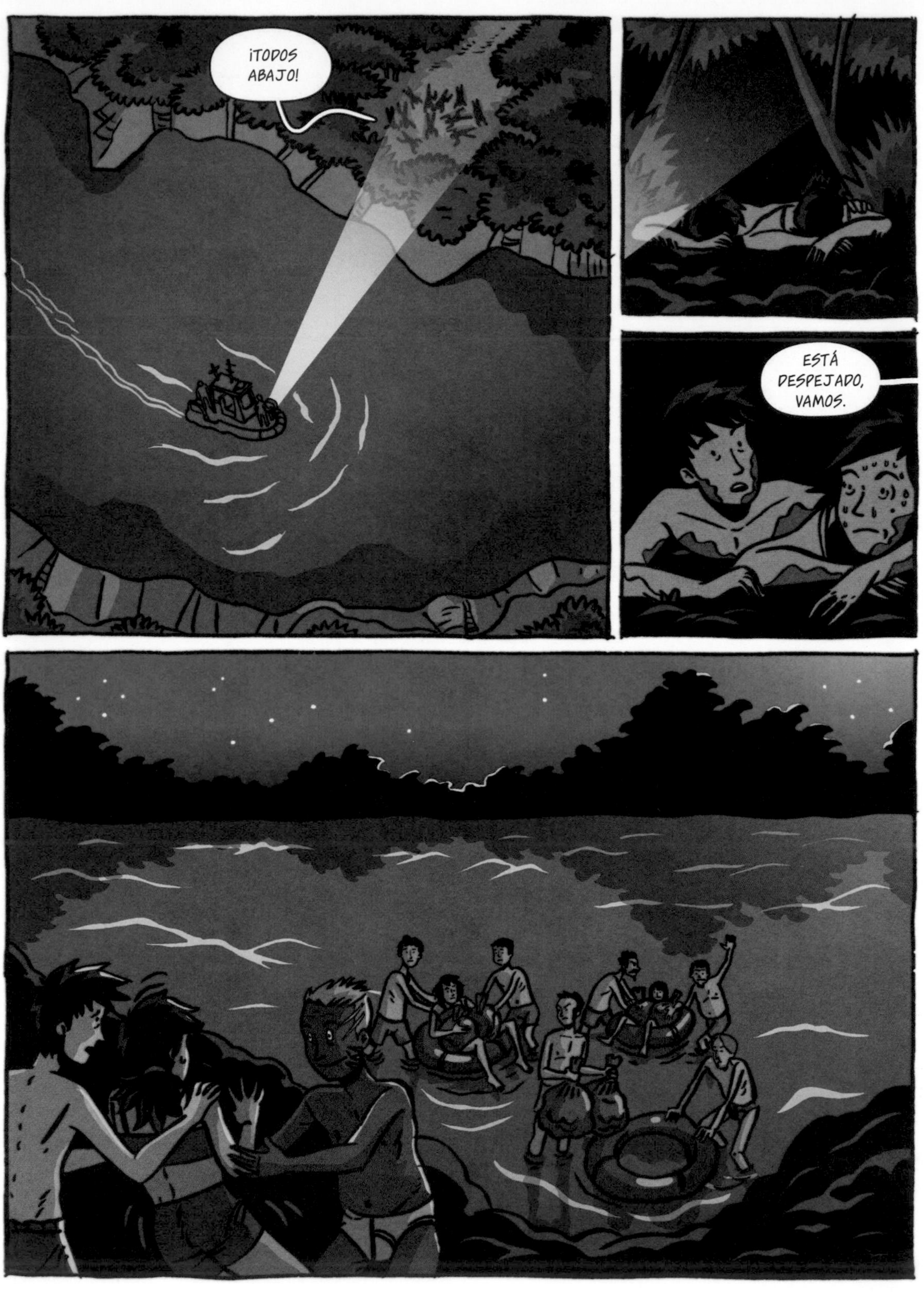
¡TODOS ABAJO!
ESTÁ DESPEJADO, VAMOS.

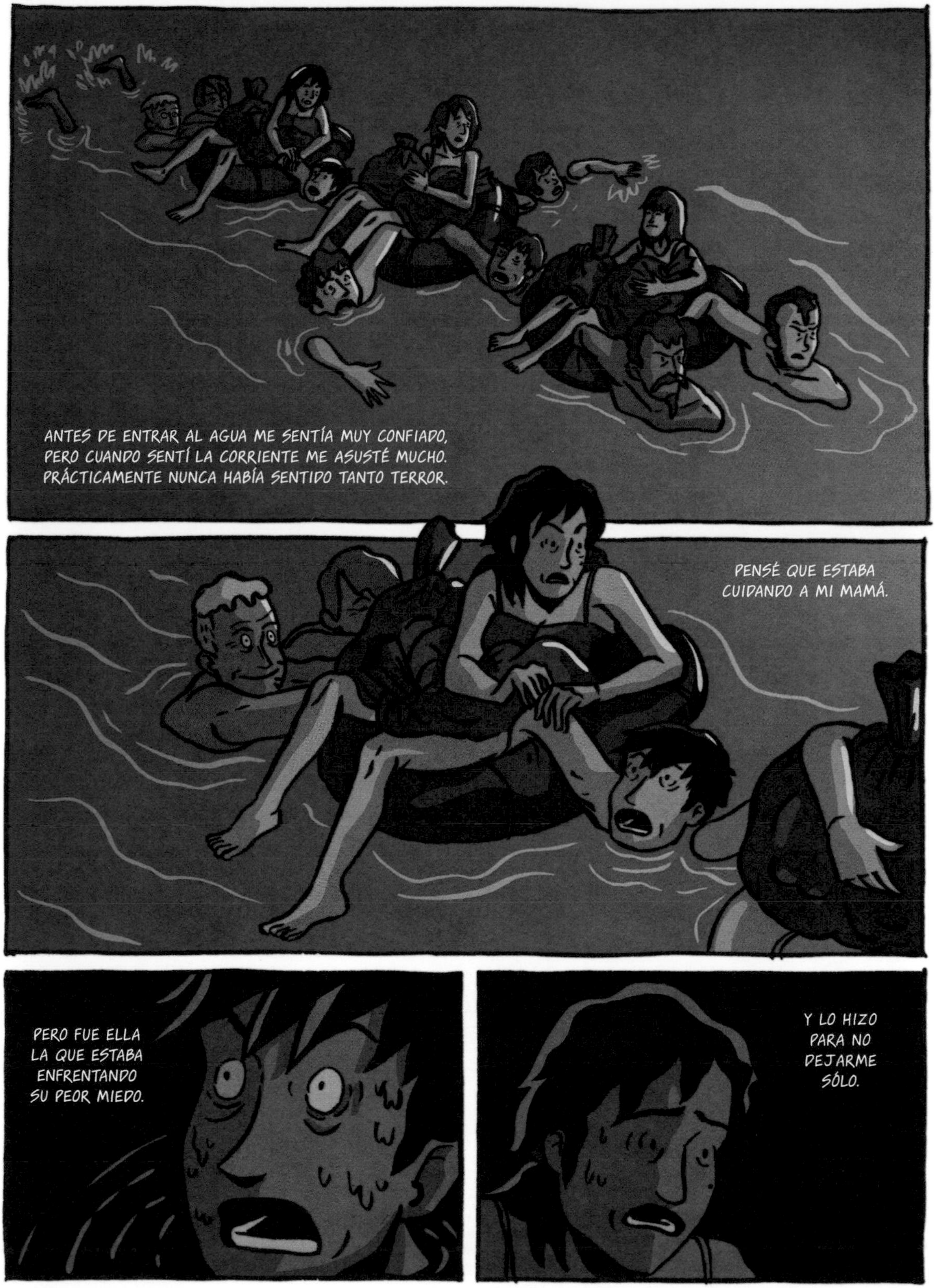
ANTES DE ENTRAR AL AGUA ME SENTÍA MUY CONFIADO, PERO CUANDO SENTÍ LA CORRIENTE ME ASUSTÉ MUCHO. PRÁCTICAMENTE NUNCA HABÍA SENTIDO TANTO TERROR.
PENSÉ QUE ESTABA CUIDANDO A MI MAMÁ.
PERO FUE ELLA LA QUE ESTABA ENFRENTANDO SU PEOR MIEDO.
Y LO HIZO PARA NO DEJARME SÓLO.

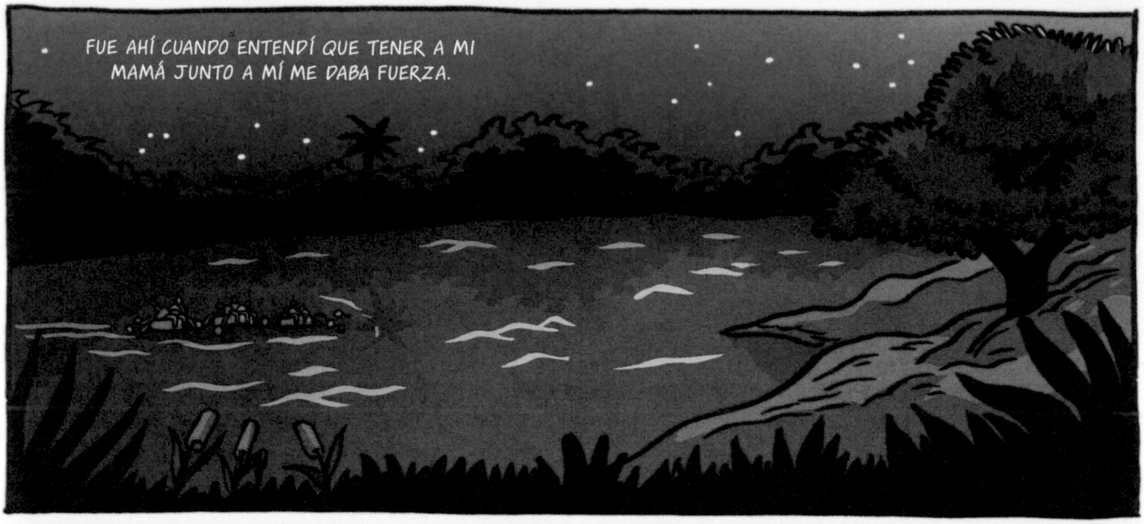
FUE AHÍ CUANDO ENTENDÍ QUE TENER A MI MAMÁ JUNTO A MÍ ME DABA FUERZA.

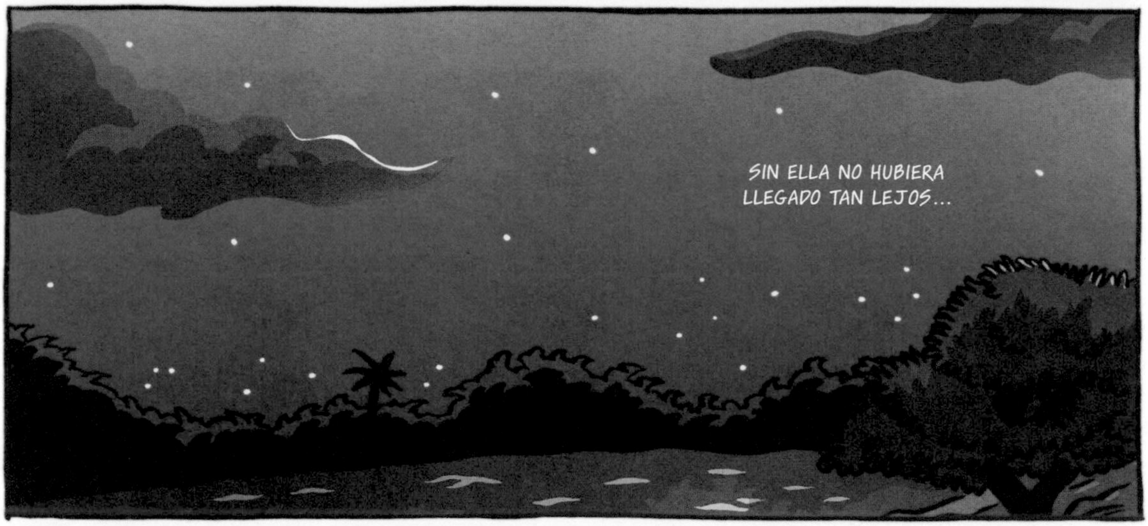
SIN ELLA NO HUBIERA LLEGADO TAN LEJOS...

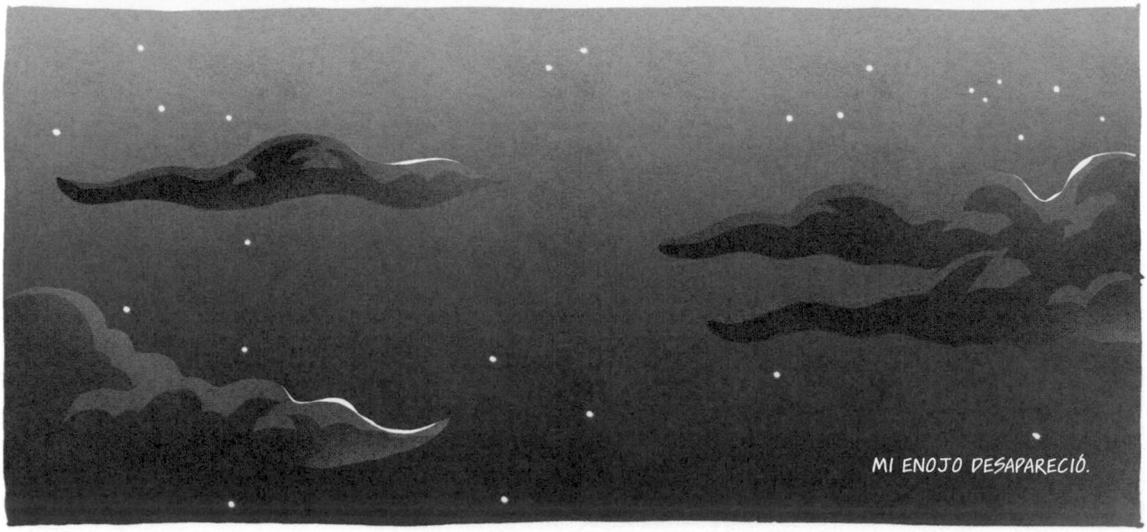
MI ENOJO DESAPARECIÓ.

Capítulo 7
EL SALTO

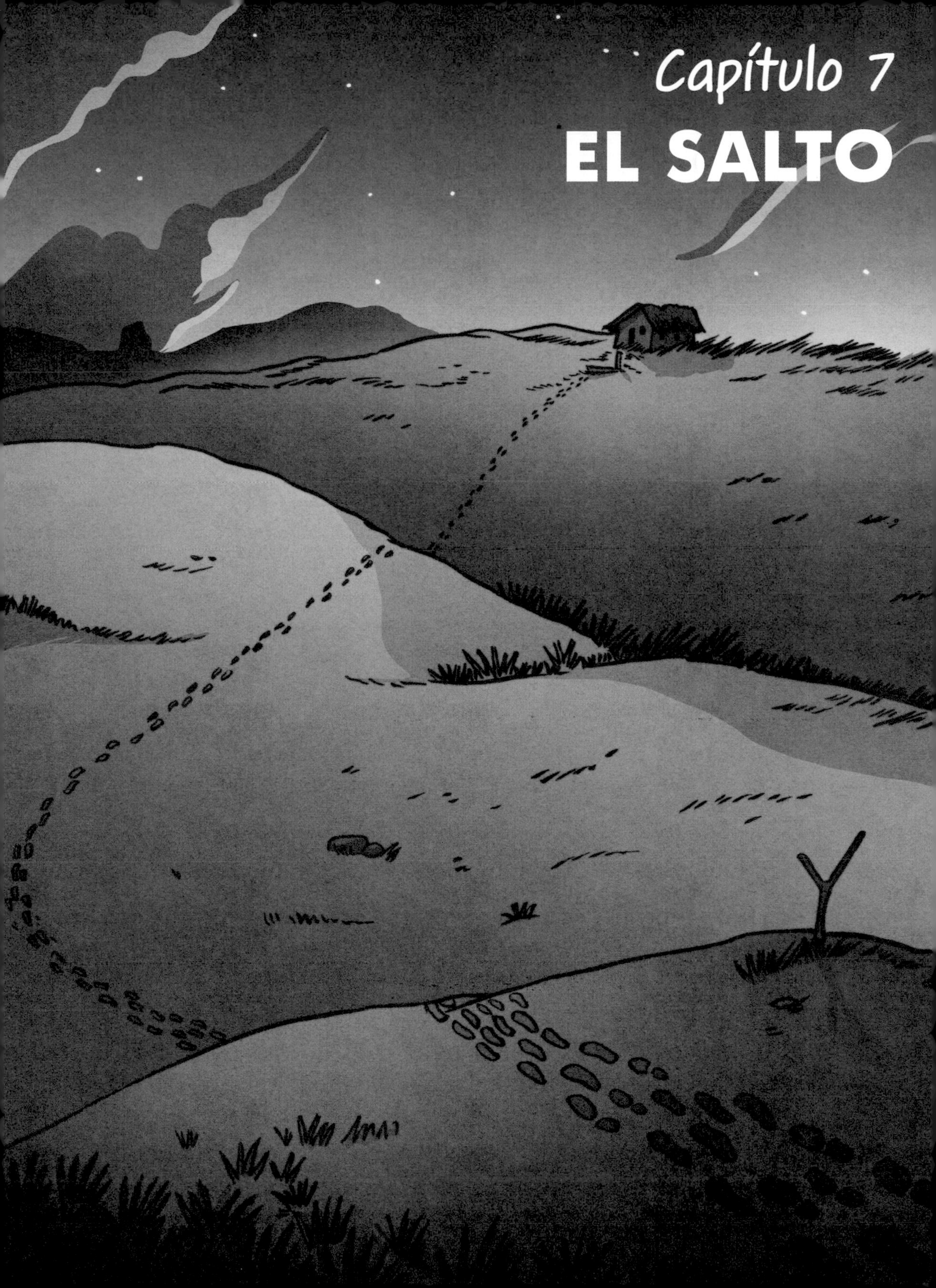

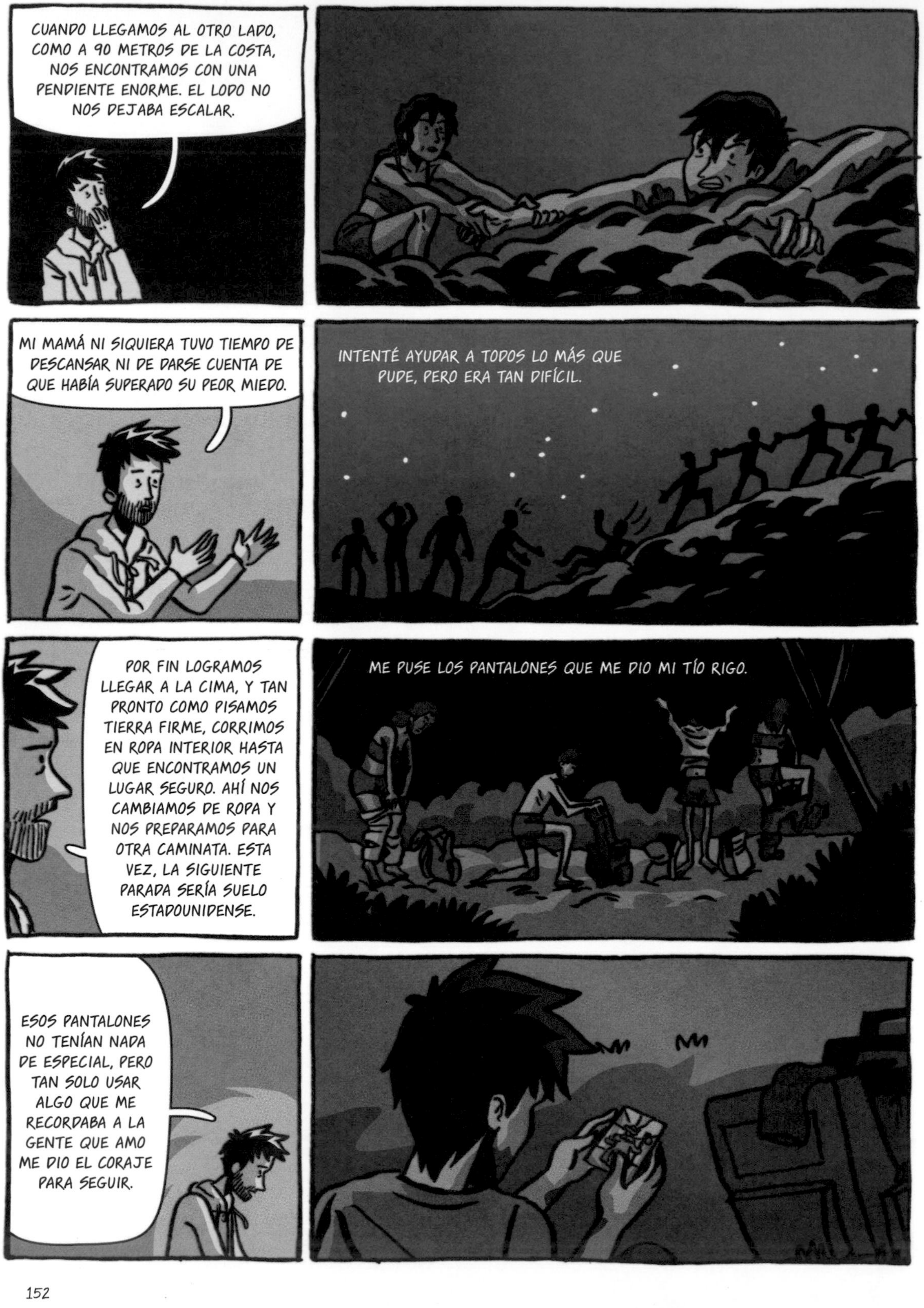
CUANDO LLEGAMOS AL OTRO LADO, COMO A 90 METROS DE LA COSTA, NOS ENCONTRAMOS CON UNA PENDIENTE ENORME. EL LODO NO NOS DEJABA ESCALAR.
MI MAMÁ NI SIQUIERA TUVO TIEMPO DE DESCANSAR NI DE DARSE CUENTA DE QUE HABÍA SUPERADO SU PEOR MIEDO.
INTENTÉ AYUDAR A TODOS LO MÁS QUE PUDE, PERO ERA TAN DIFÍCIL.
POR FIN LOGRAMOS LLEGAR A LA CIMA, Y TAN PRONTO COMO PISAMOS TIERRA FIRME, CORRIMOS EN ROPA INTERIOR HASTA QUE ENCONTRAMOS UN LUGAR SEGURO. AHÍ NOS CAMBIAMOS DE ROPA Y NOS PREPARAMOS PARA OTRA CAMINATA. ESTA VEZ, LA SIGUIENTE PARADA SERÍA SUELO ESTADOUNIDENSE.
ME PUSE LOS PANTALONES QUE ME DIO MI TÍO RIGO.
ESOS PANTALONES NO TENÍAN NADA DE ESPECIAL, PERO TAN SOLO USAR ALGO QUE ME RECORDABA A LA GENTE QUE AMO ME DIO EL CORAJE PARA SEGUIR.

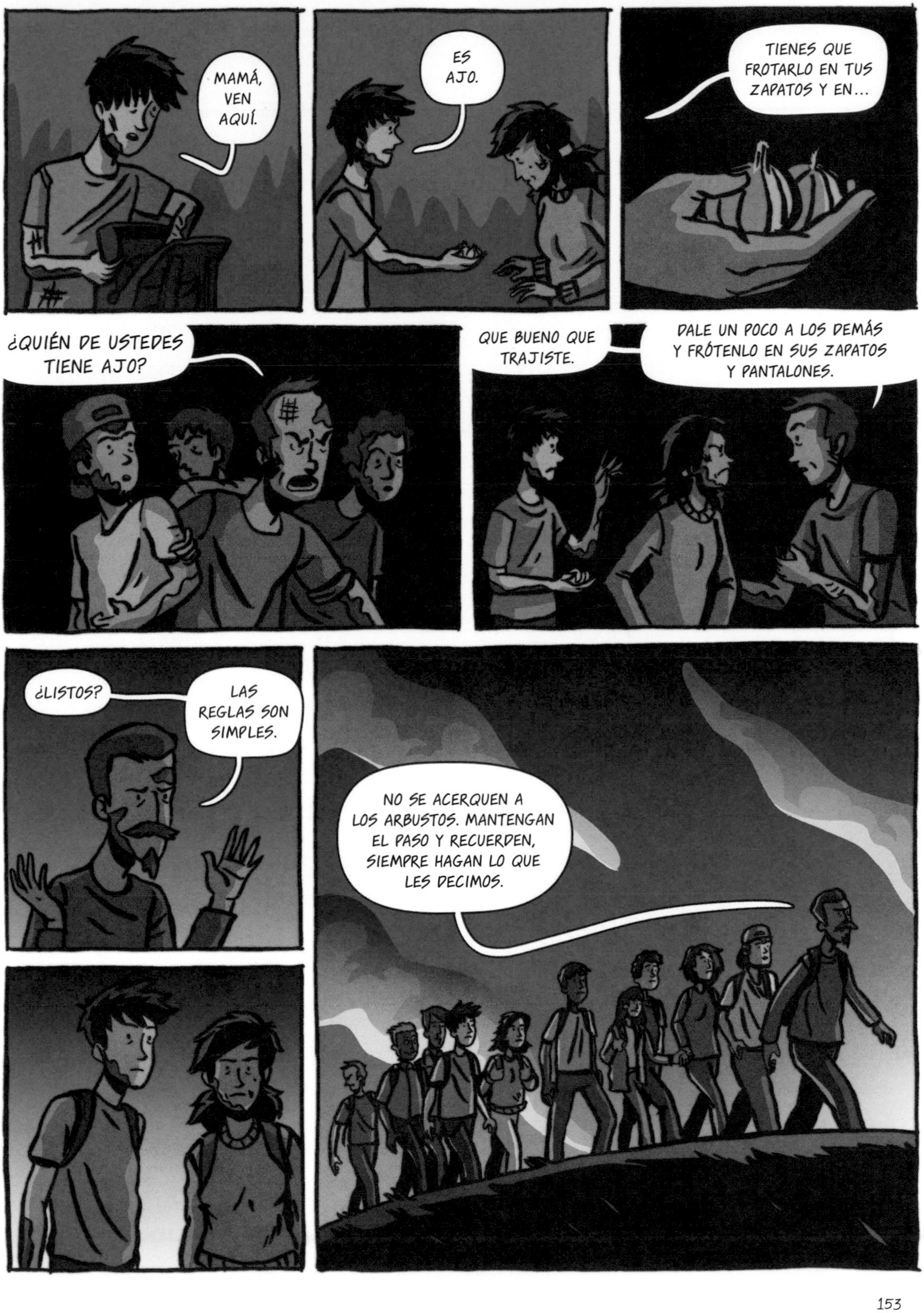
MAMÁ, VEN AQUÍ.
ES AJO.
TIENES QUE FROTARLO EN TUS ZAPATOS Y EN...
¿QUIÉN DE USTEDES TIENE AJO?
QUE BUENO QUE TRAJISTE.
DALE UN POCO A LOS DEMÁS Y FRÓTENLO EN SUS ZAPATOS Y PANTALONES.
¿LISTOS?
LAS REGLAS SON SIMPLES.
NO SE ACERQUEN A LOS ARBUSTOS. MANTENGAN EL PASO Y RECUERDEN, SIEMPRE HAGAN LO QUE LES DECIMOS.

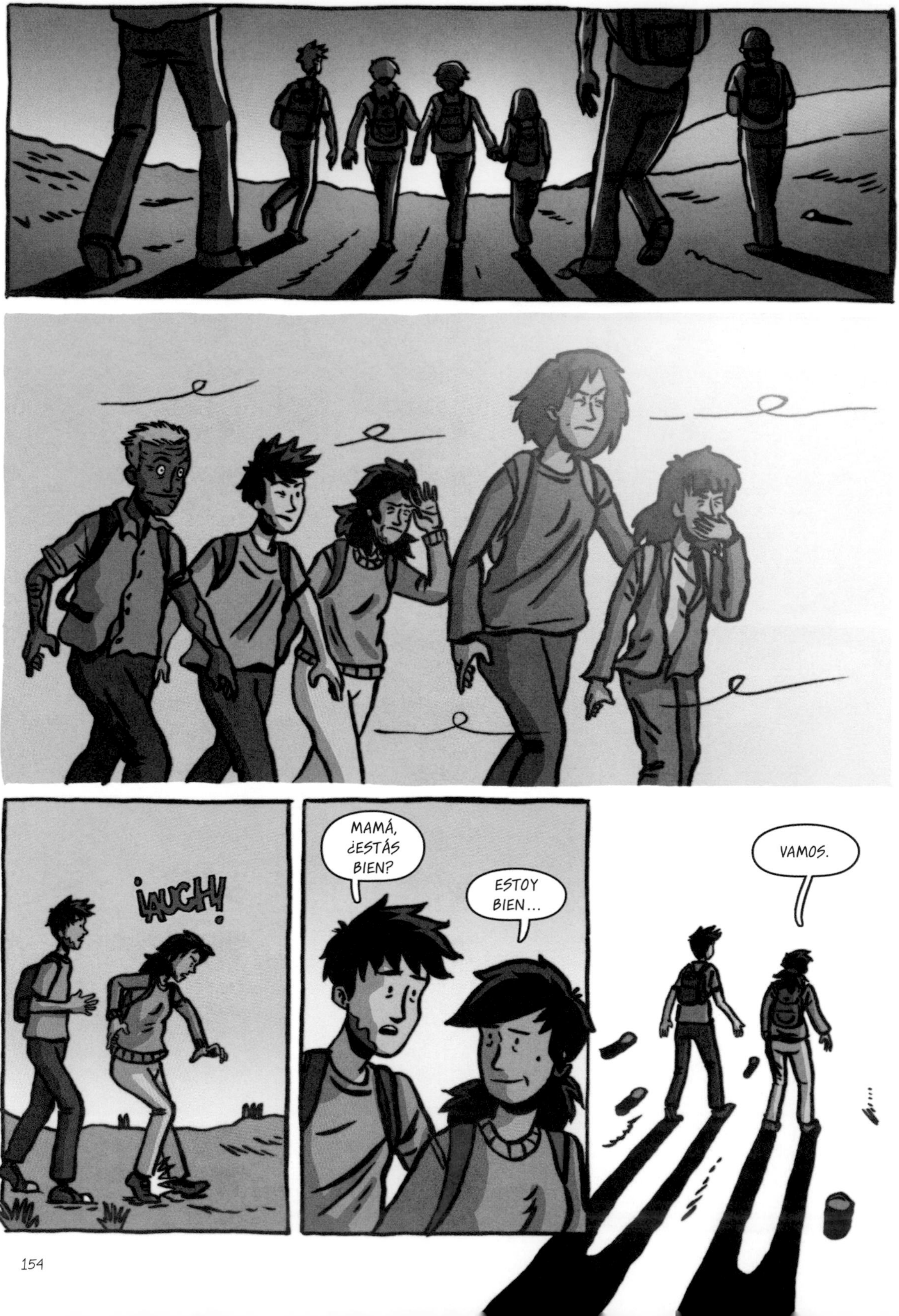
¡AUGH!
MAMÁ, ¿ESTÁS BIEN?
ESTOY BIEN...
VAMOS.

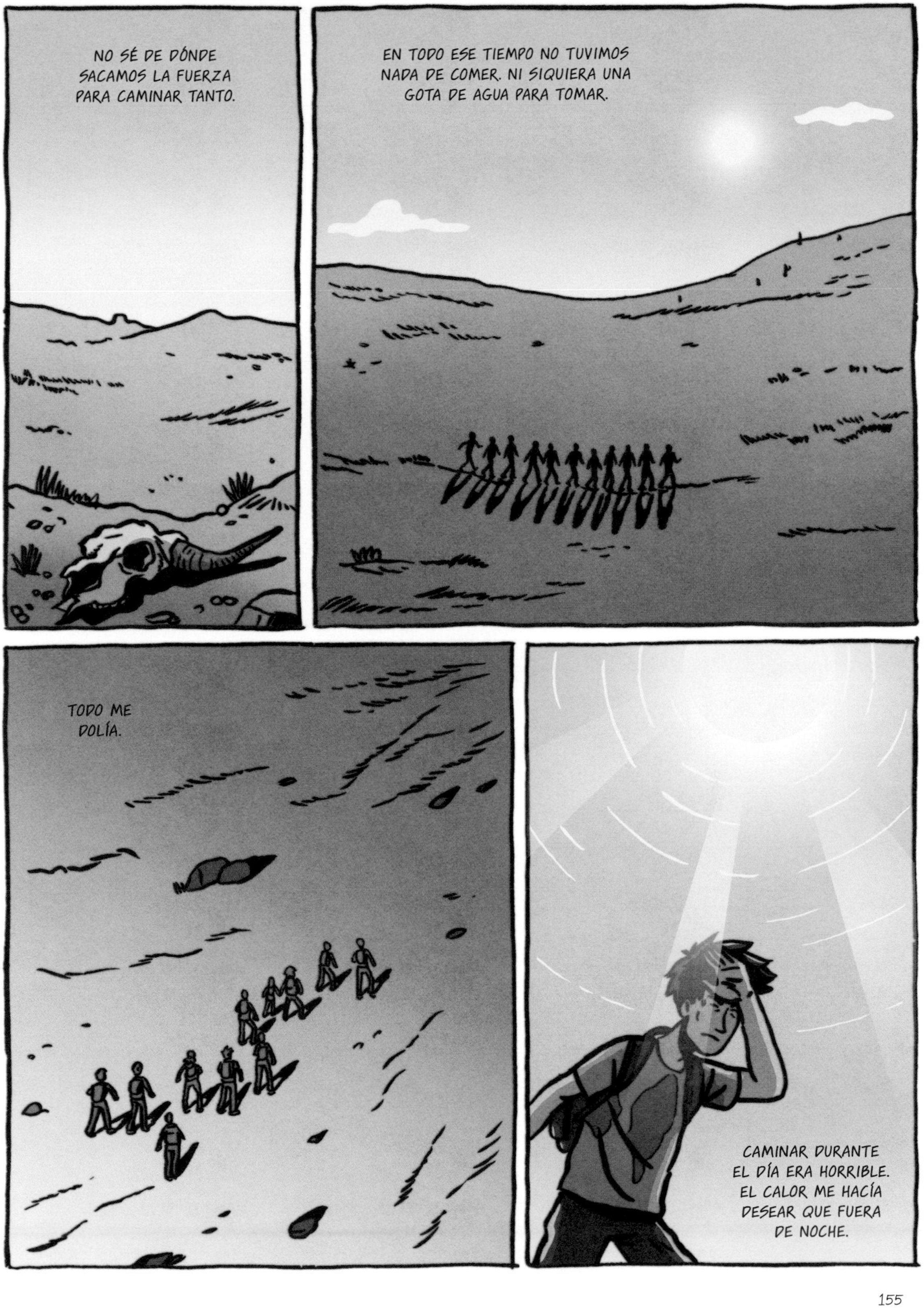
NO SÉ DE DÓNDE SACAMOS LA FUERZA PARA CAMINAR TANTO.
EN TODO ESE TIEMPO NO TUVIMOS NADA DE COMER. NI SIQUIERA UNA GOTA DE AGUA PARA TOMAR.
TODO ME DOLÍA.
CAMINAR DURANTE EL DÍA ERA HORRIBLE. EL CALOR ME HACÍA DESEAR QUE FUERA DE NOCHE.

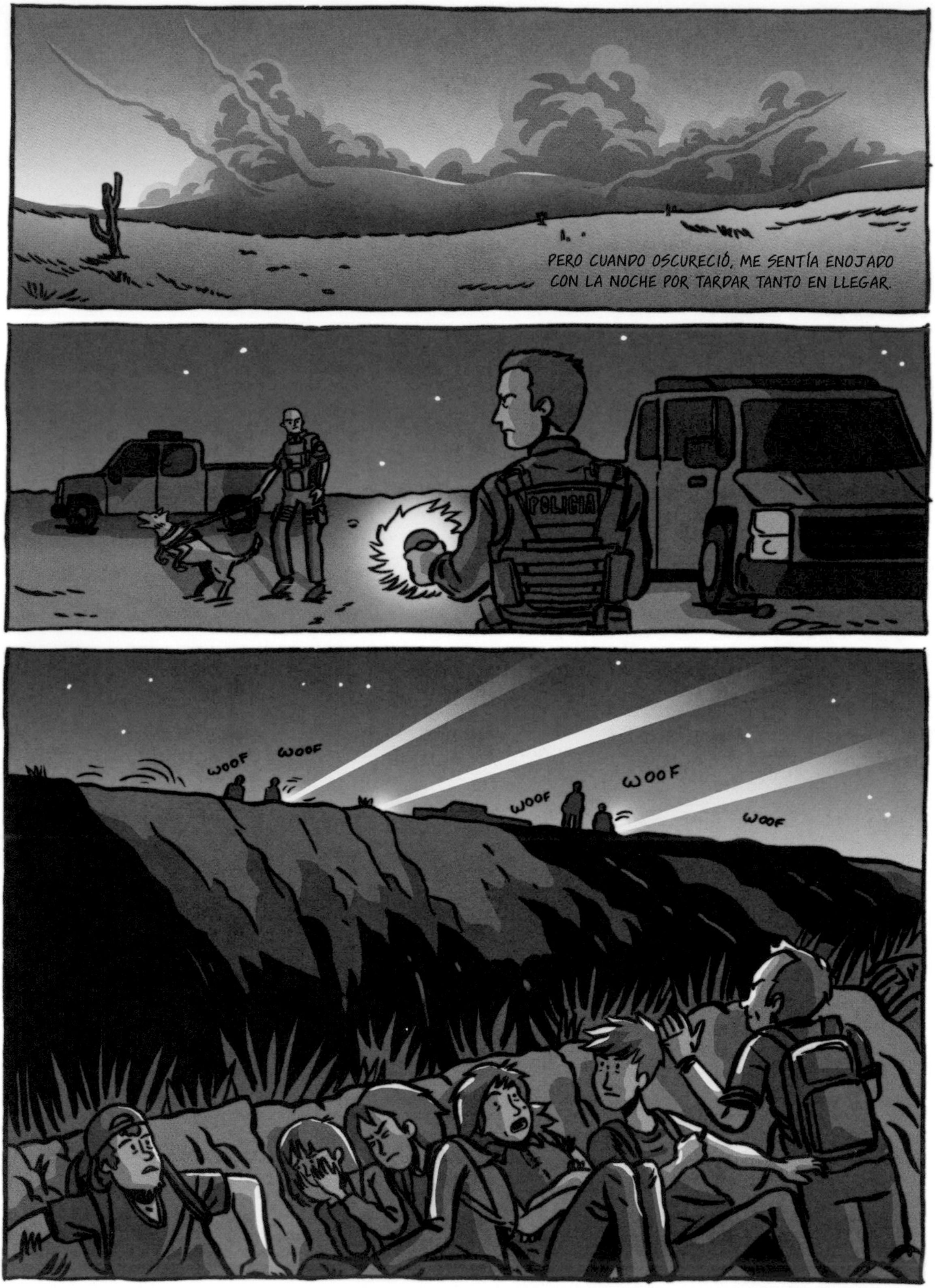
PERO CUANDO OSCURECIÓ, ME SENTÍA ENOJADO CON LA NOCHE POR TARDAR TANTO EN LLEGAR.
POLICIA
WOOF
WOOF
WOOF
WOOF
WOOF

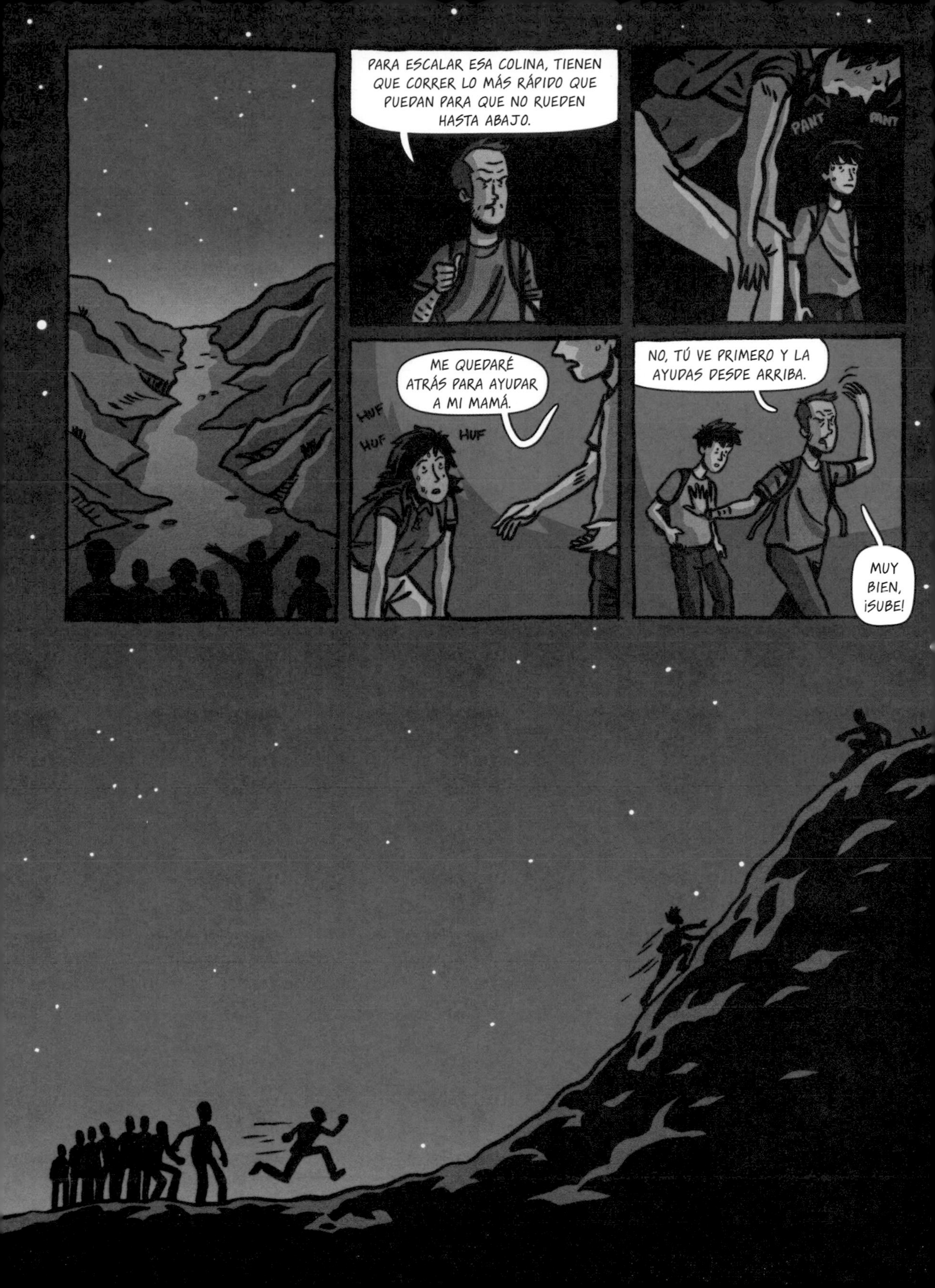
PARA ESCALAR ESA COLINA, TIENEN QUE CORRER LO MÁS RÁPIDO QUE PUEDAN PARA QUE NO RUEDEN HASTA ABAJO.
PANT
PANT
HUF
HUF
HUF
ME QUEDARÉ ATRÁS PARA AYUDAR A MI MAMÁ.
NO, TÚ VE PRIMERO Y LA AYUDAS DESDE ARRIBA.
MUY BIEN, ¡SUBE!

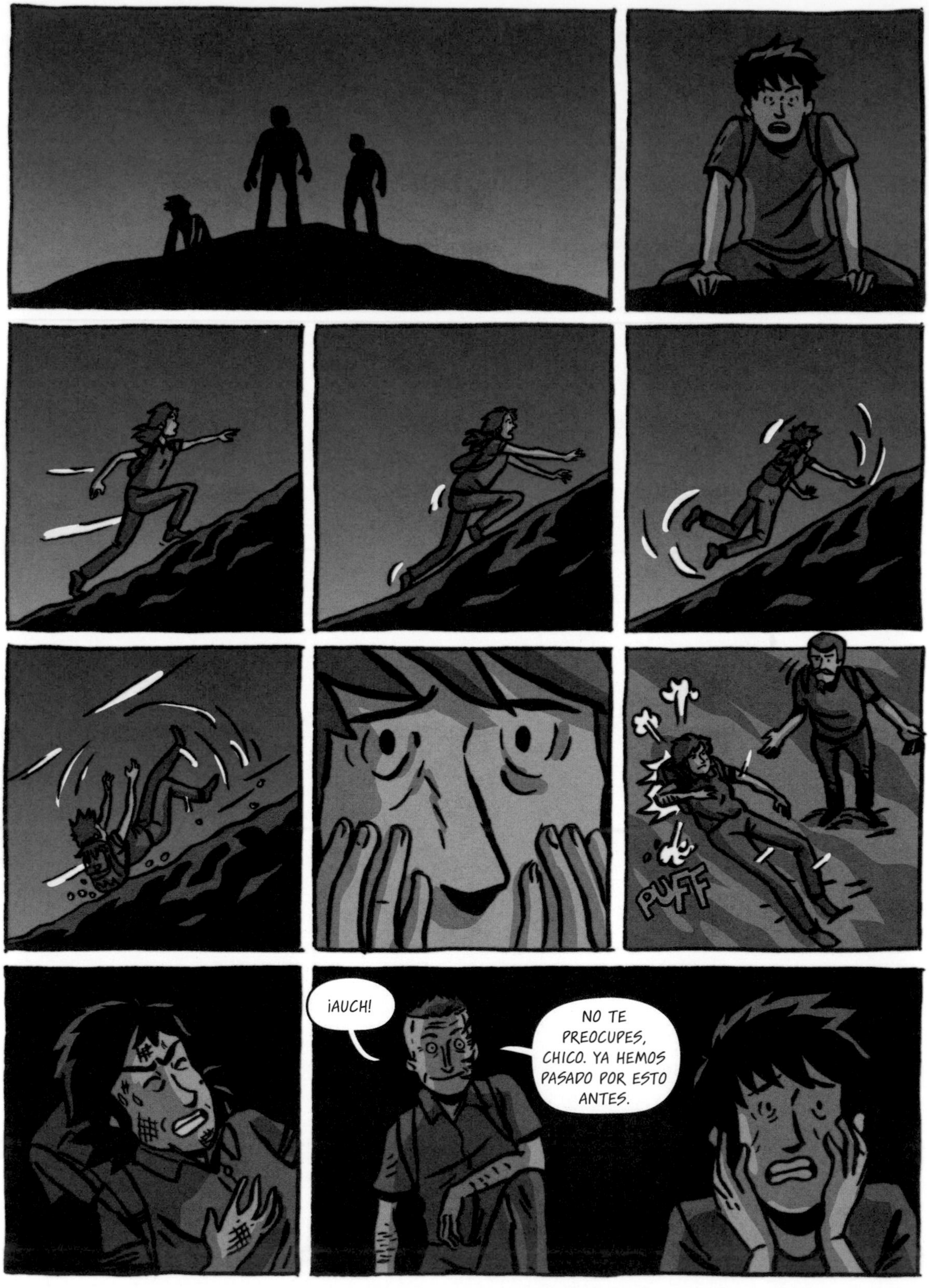
PUFF
¡AUCH!
NO TE PREOCUPES, CHICO. YA HEMOS PASADO POR ESTO ANTES.

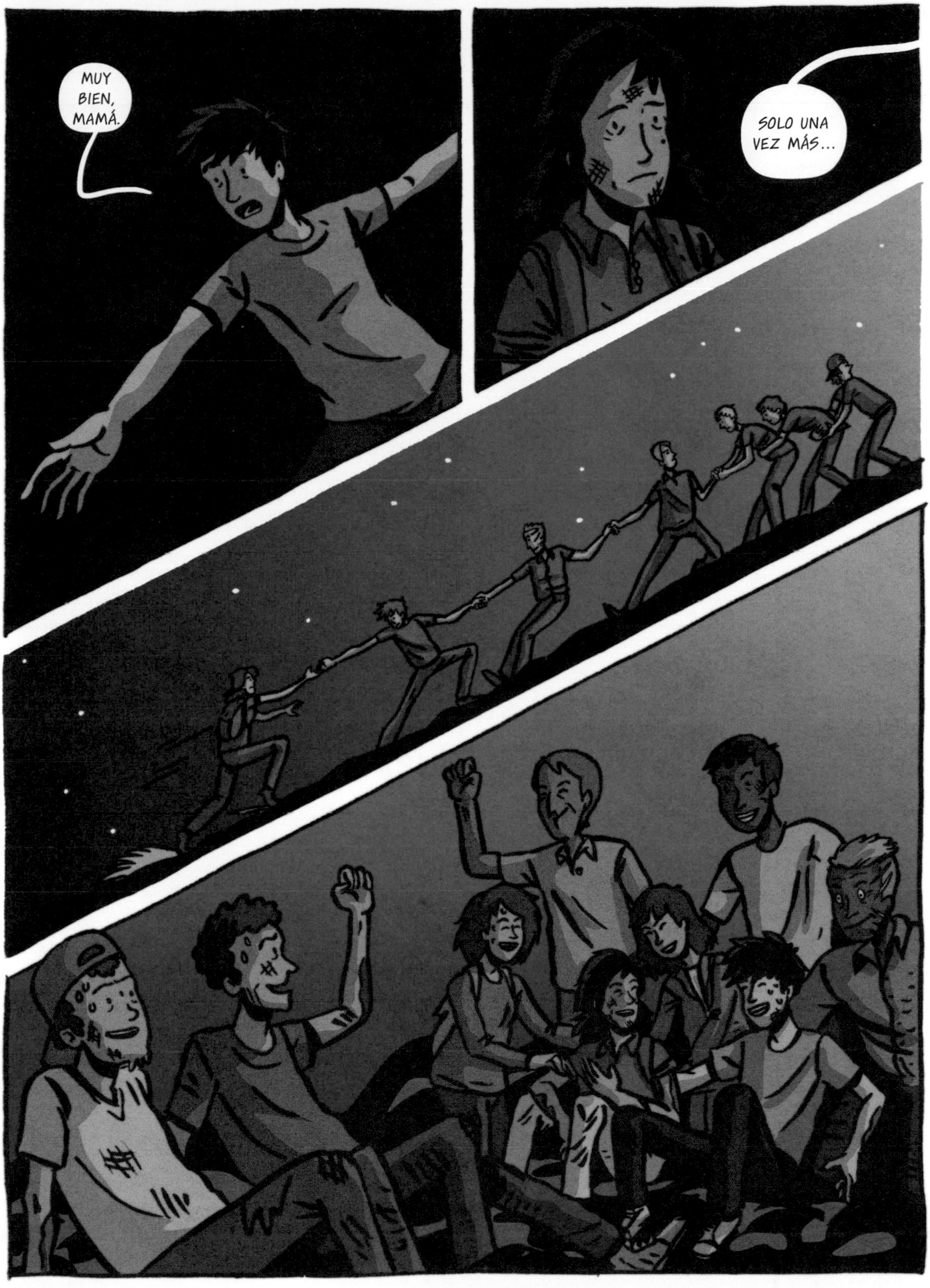
MUY BIEN, MAMÁ.
SOLO UNA VEZ MÁS...

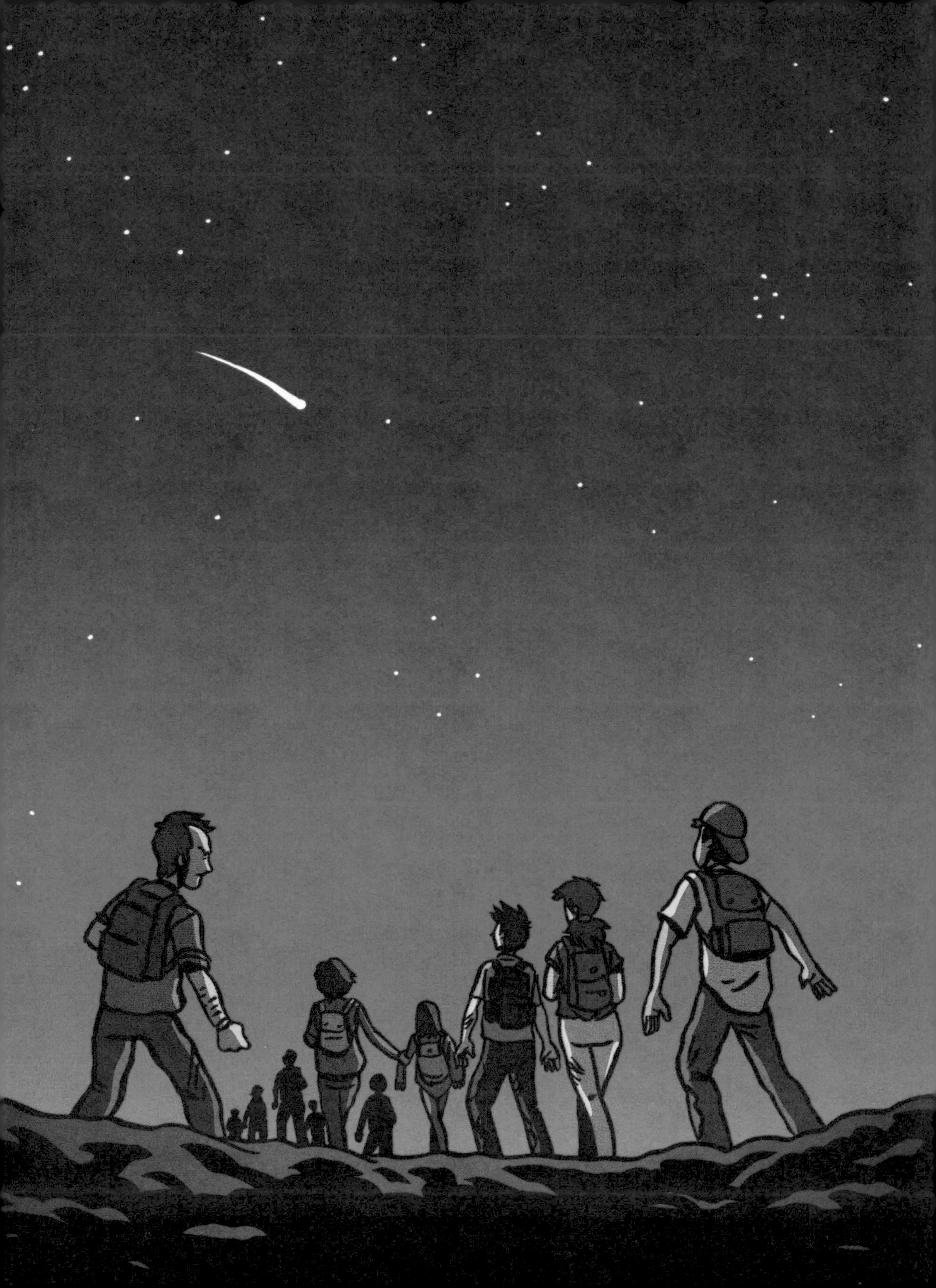

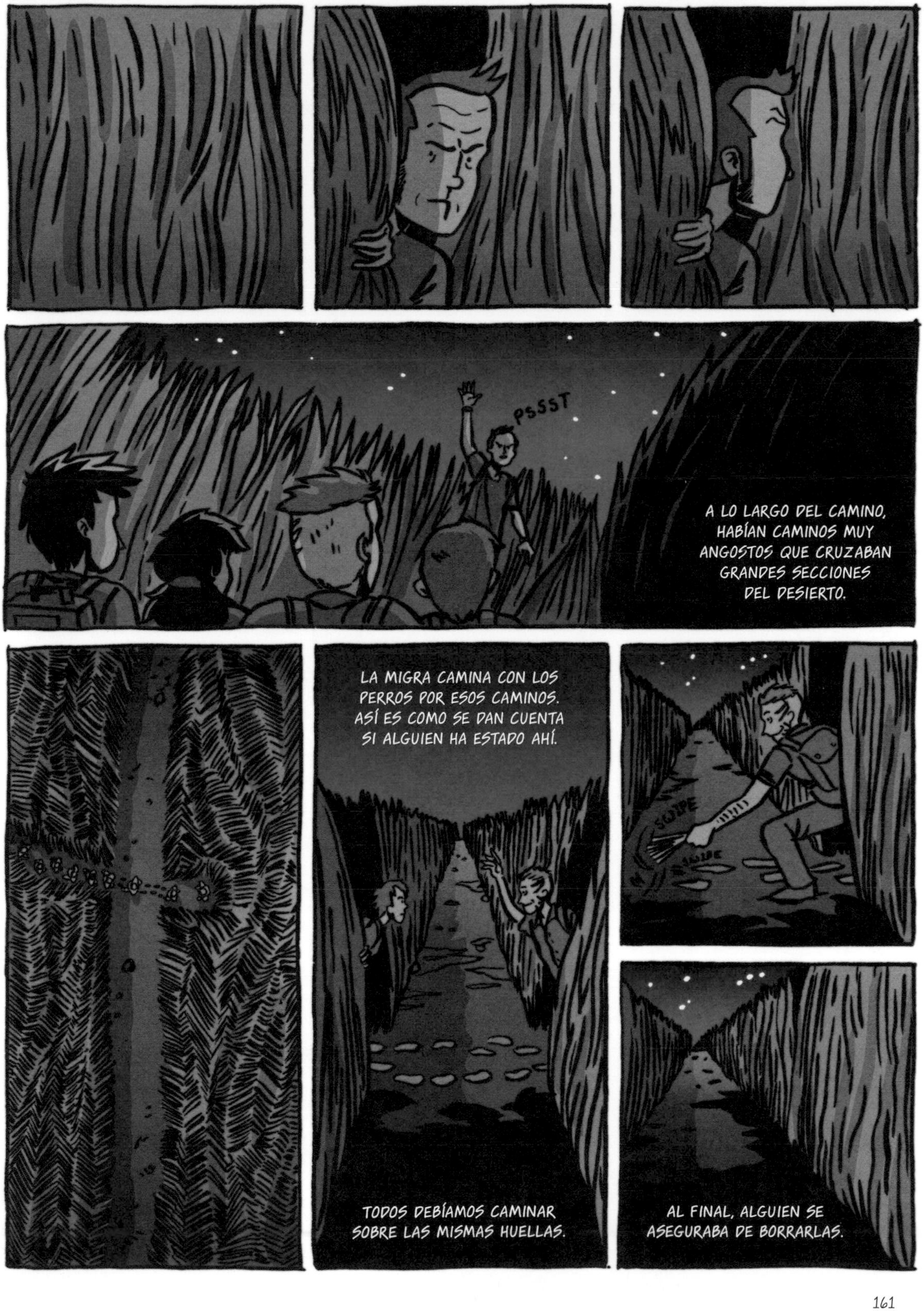
PSSST
A LO LARGO DEL CAMINO, HABÍAN CAMINOS MUY ANGOSTOS QUE CRUZABAN GRANDES SECCIONES DEL DESIERTO.
LA MIGRA CAMINA CON LOS PERROS POR ESOS CAMINOS. ASÍ ES COMO SE DAN CUENTA SI ALGUIEN HA ESTADO AHÍ.
TODOS DEBÍAMOS CAMINAR SOBRE LAS MISMAS HUELLAS.
AL FINAL, ALGUIEN SE ASEGURABA DE BORRARLAS.

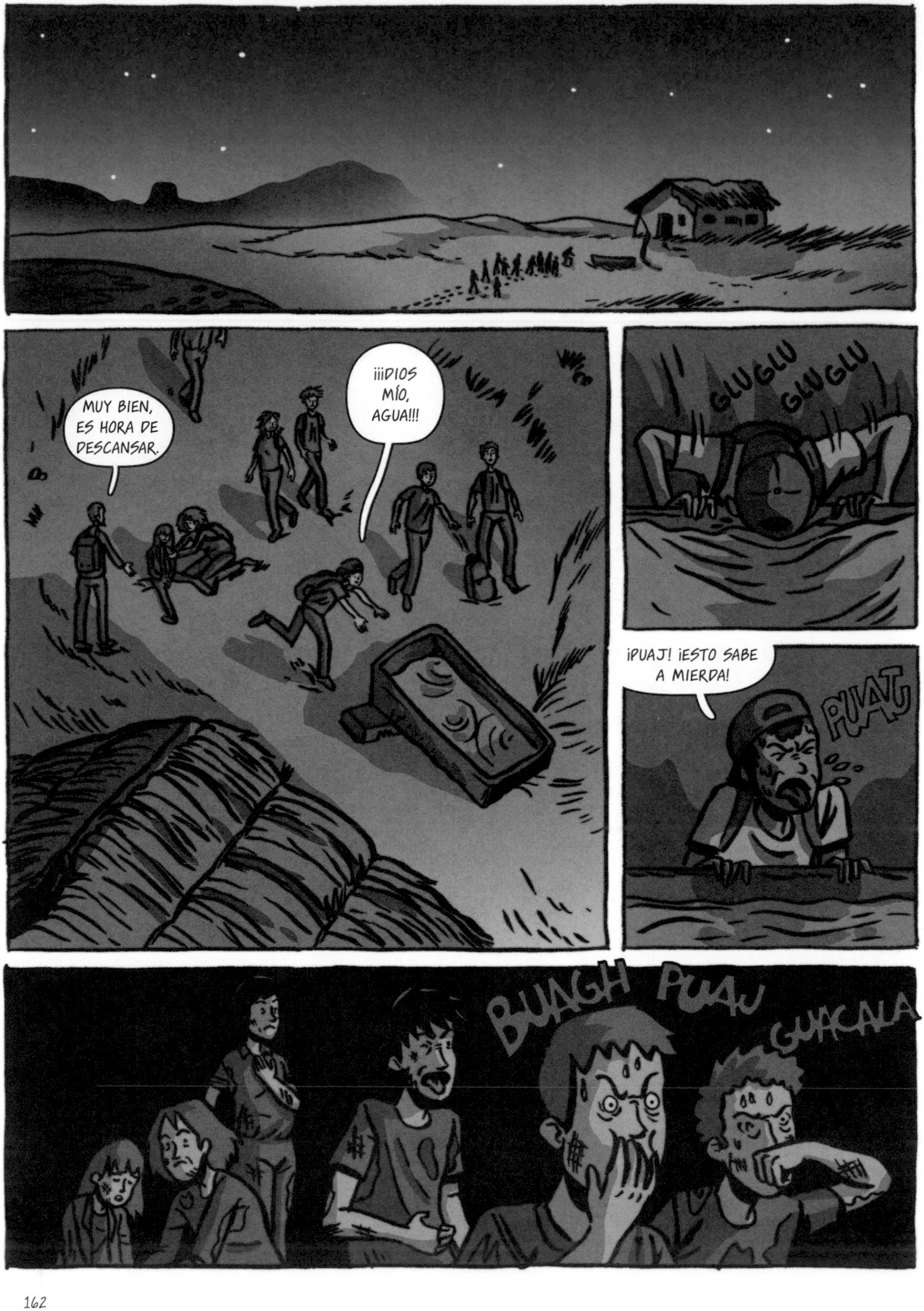
MUY BIEN, ES HORA DE DESCANSAR.
¡¡¡DIOS MÍO, AGUA!!!
GLUGLU GLUGLU
¡PUAJ! ¡ESTO SABE A MIERDA!
PUAJ
BUAGH
PUAJ
GUACALA

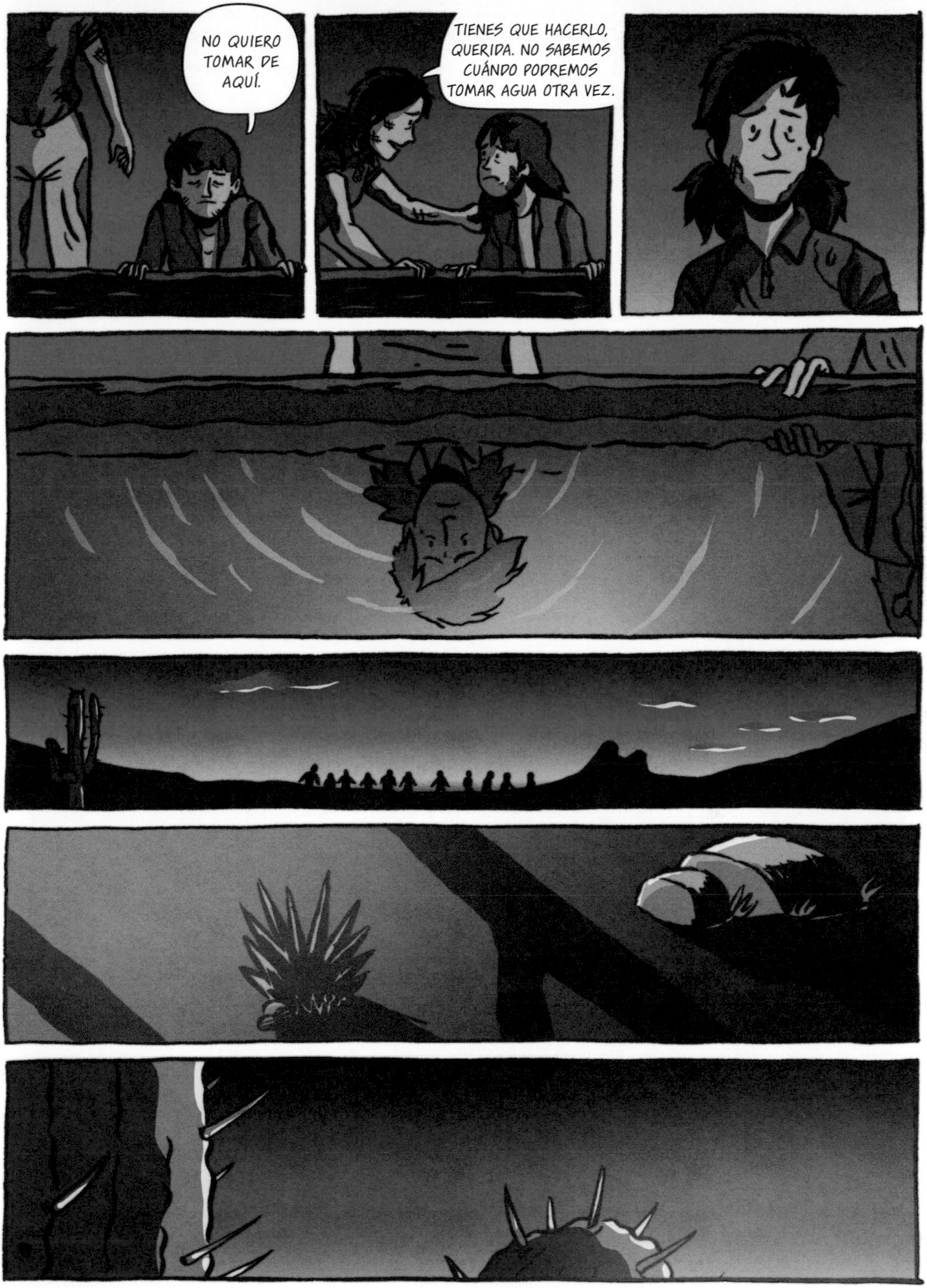
NO QUIERO TOMAR DE AQUÍ.
TIENES QUE HACERLO, QUERIDA. NO SABEMOS CUÁNDO PODREMOS TOMAR AGUA OTRA VEZ.

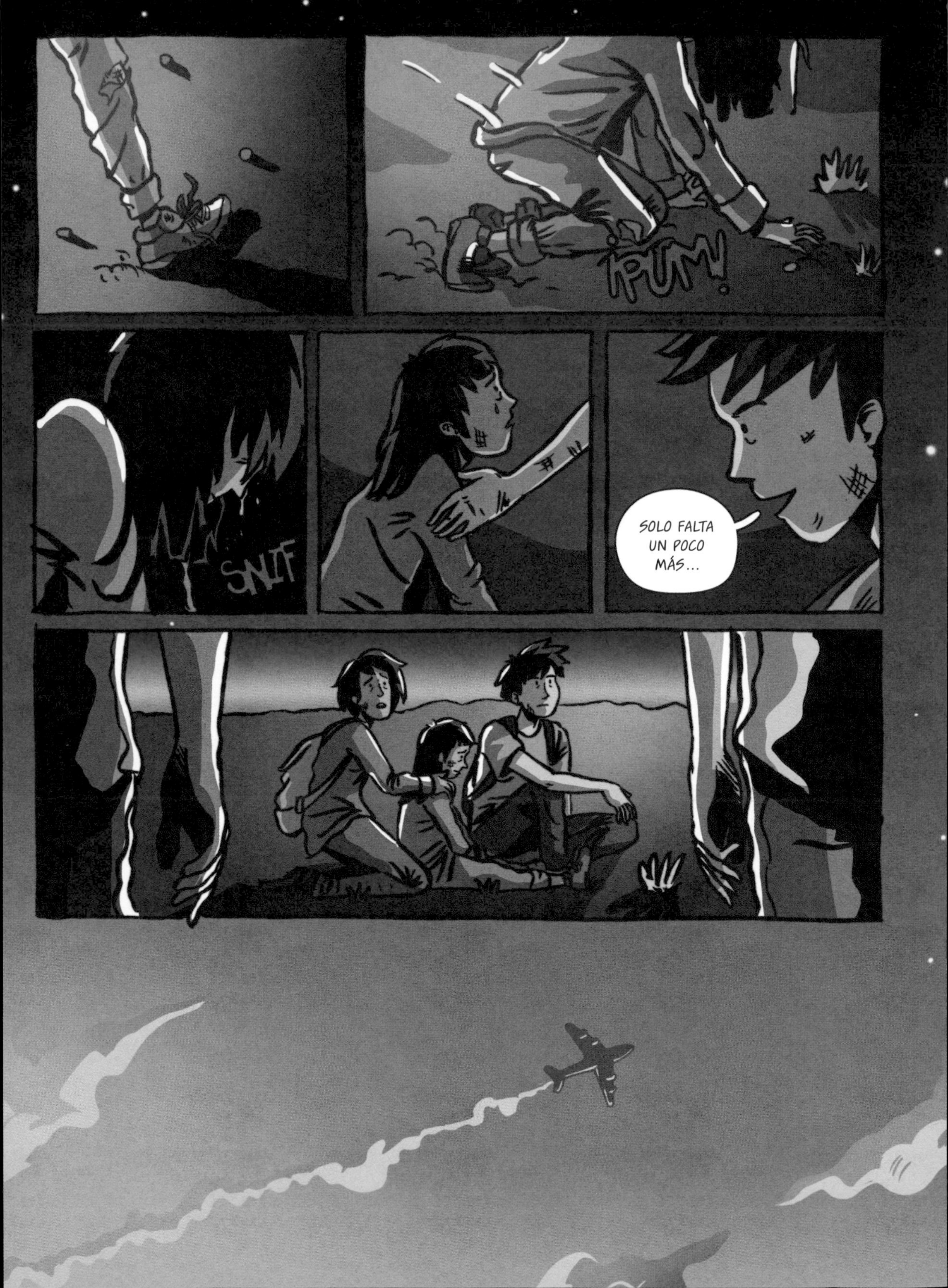
¡PUM!
SNIF
SOLO FALTA UN POCO MÁS…

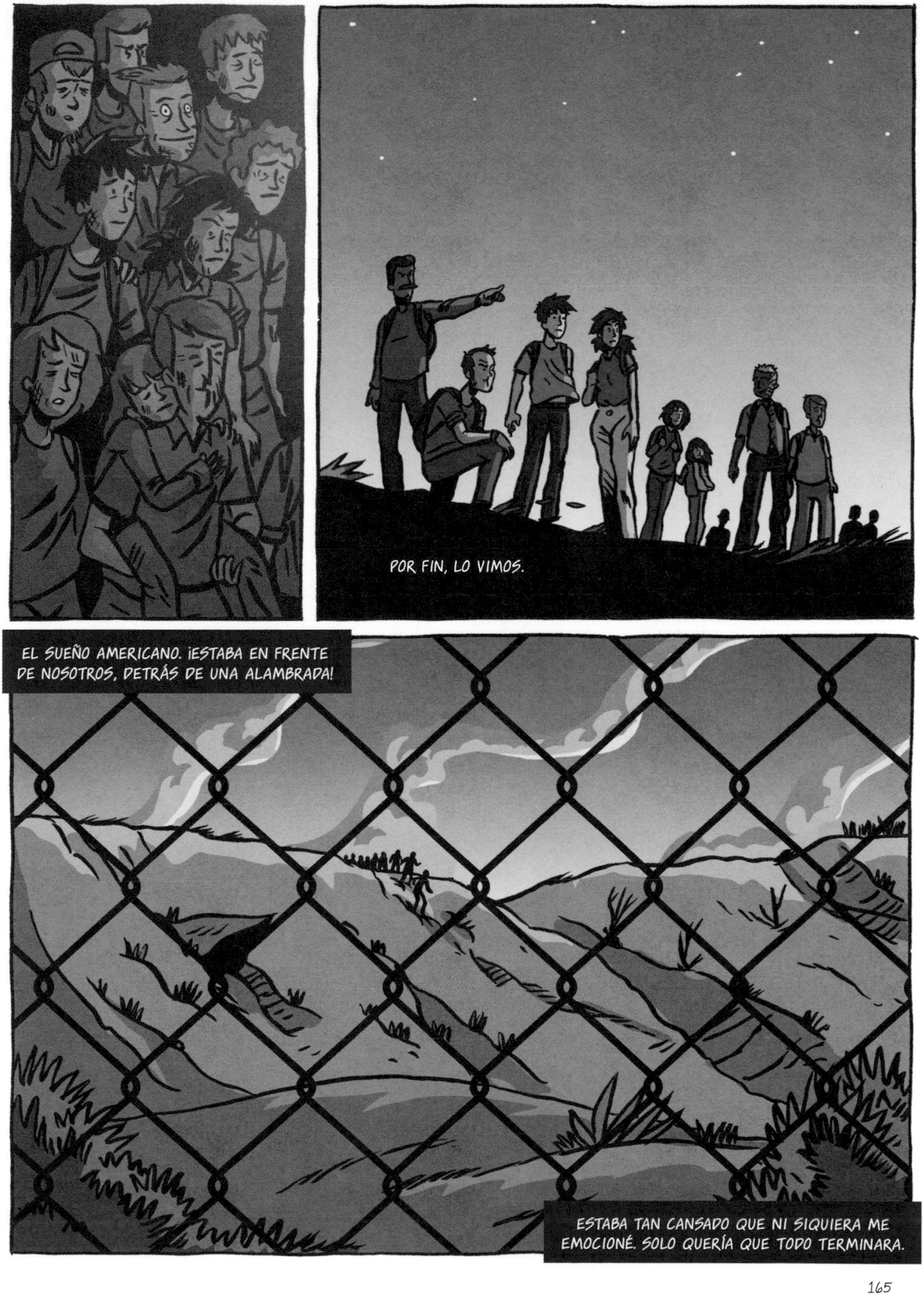
POR FIN, LO VIMOS.
EL SUEÑO AMERICANO. ¡ESTABA EN FRENTE DE NOSOTROS, DETRÁS DE UNA ALAMBRADA!
ESTABA TAN CANSADO QUE NI SIQUIERA ME EMOCIONÉ. SOLO QUERÍA QUE TODO TERMINARA.

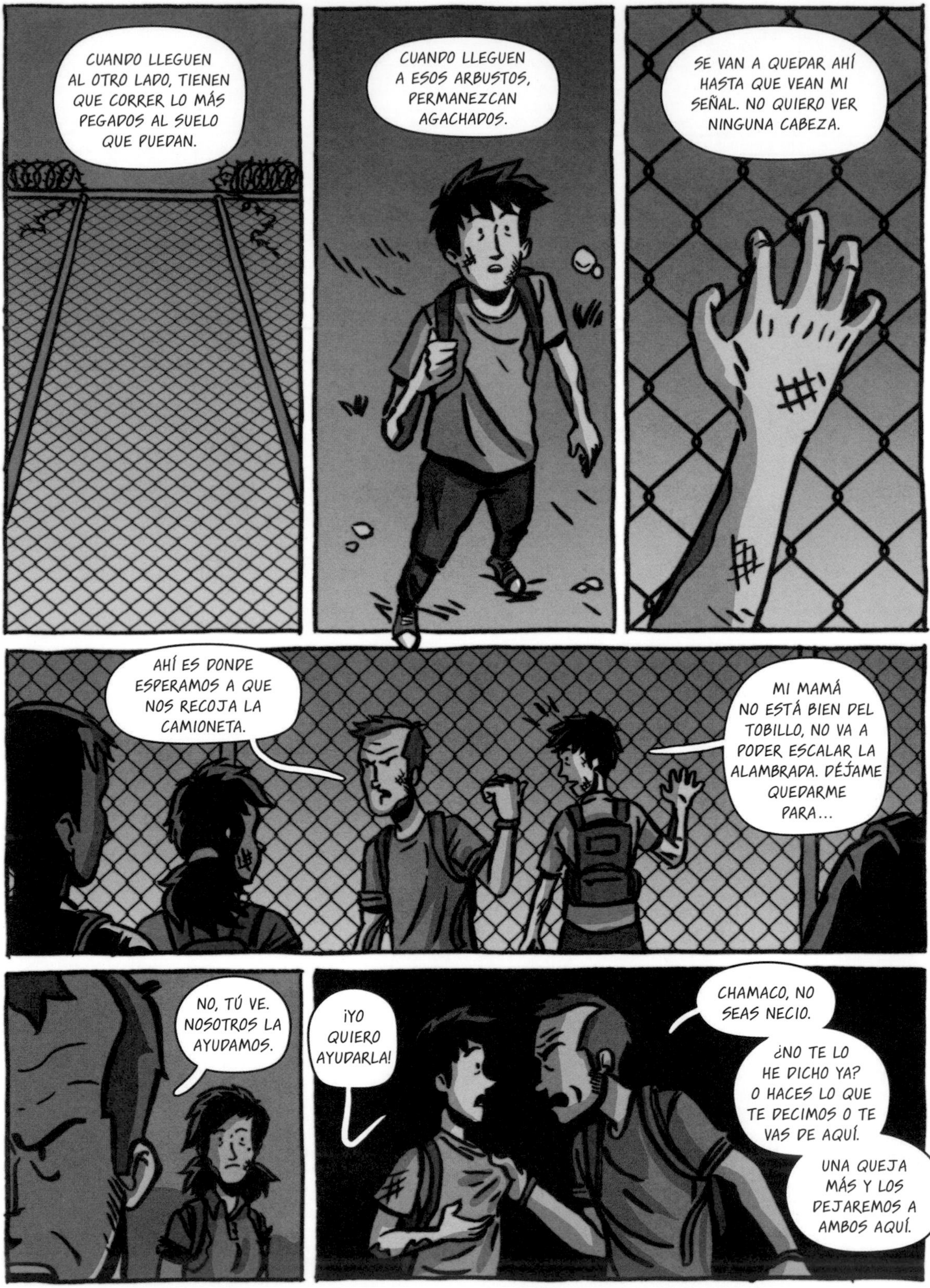
CUANDO LLEGUEN AL OTRO LADO, TIENEN QUE CORRER LO MÁS PEGADOS AL SUELO QUE PUEDAN.
CUANDO LLEGUEN A ESOS ARBUSTOS, PERMANEZCAN AGACHADOS.
SE VAN A QUEDAR AHÍ HASTA QUE VEAN MI SEÑAL. NO QUIERO VER NINGUNA CABEZA.
AHÍ ES DONDE ESPERAMOS A QUE NOS RECOJA LA CAMIONETA.
MI MAMÁ NO ESTÁ BIEN DEL TOBILLO, NO VA A PODER ESCALAR LA ALAMBRADA. DÉJAME QUEDARME PARA…
NO, TÚ VE. NOSOTROS LA AYUDAMOS.
¡YO QUIERO AYUDARLA!
CHAMACO, NO SEAS NECIO.
¿NO TE LO HE DICHO YA? O HACES LO QUE TE DECIMOS O TE VAS DE AQUÍ.
UNA QUEJA MÁS Y LOS DEJAREMOS A AMBOS AQUÍ.

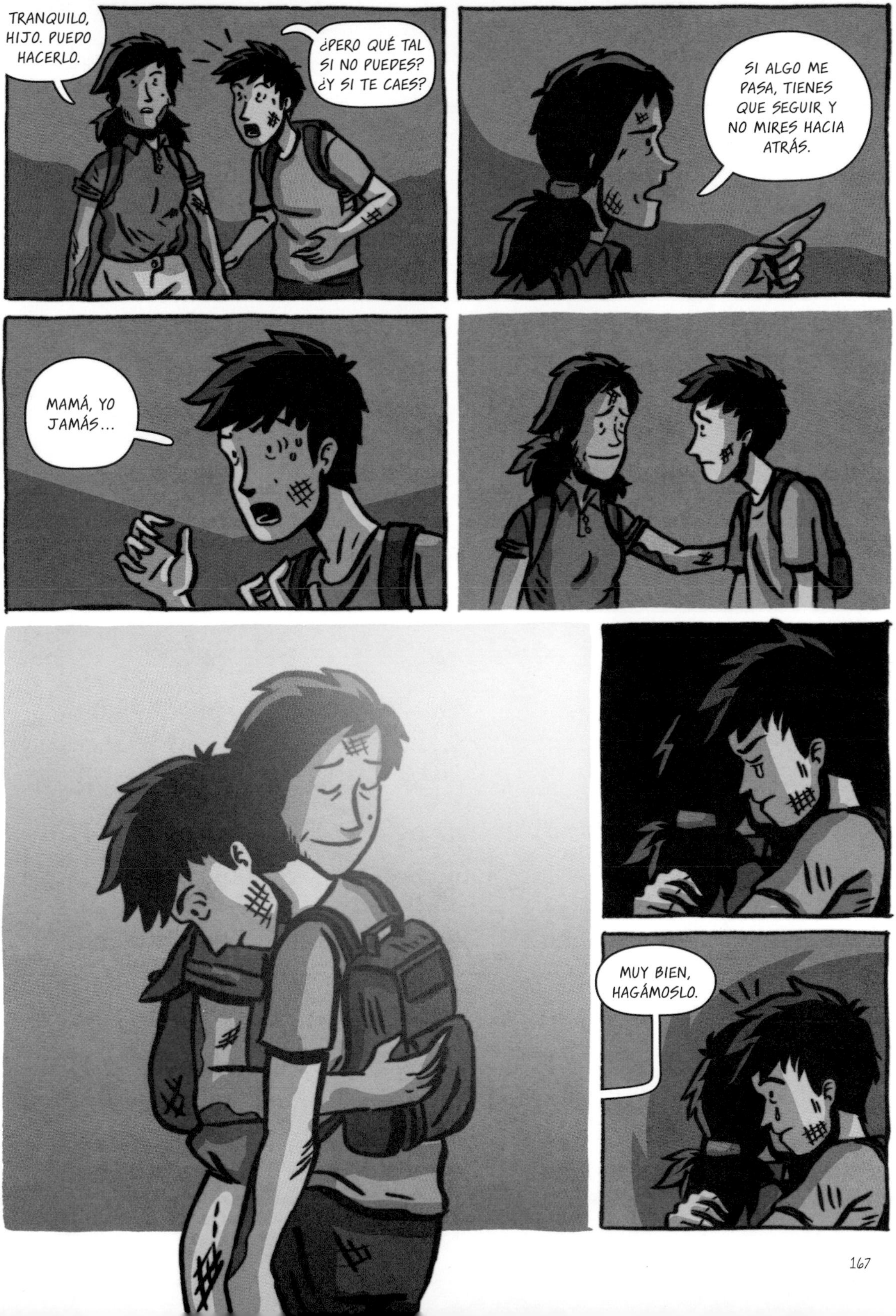
TRANQUILO, HIJO. PUEDO HACERLO.
¿PERO QUÉ TAL SI NO PUEDES? ¿Y SI TE CAES?
SI ALGO ME PASA, TIENES QUE SEGUIR Y NO MIRES HACIA ATRÁS.
MAMÁ, YO JAMÁS...
MUY BIEN, HAGÁMOSLO.

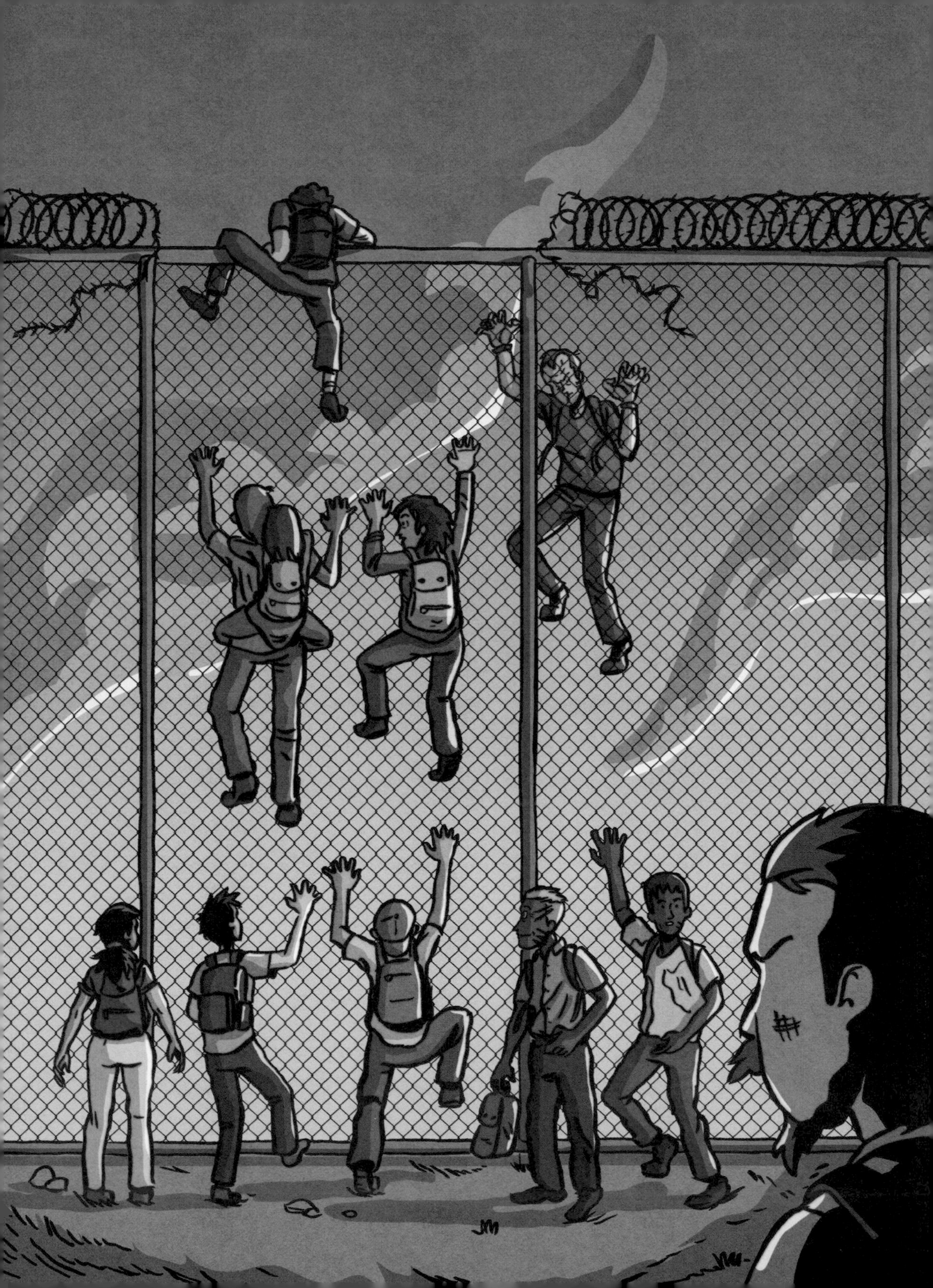

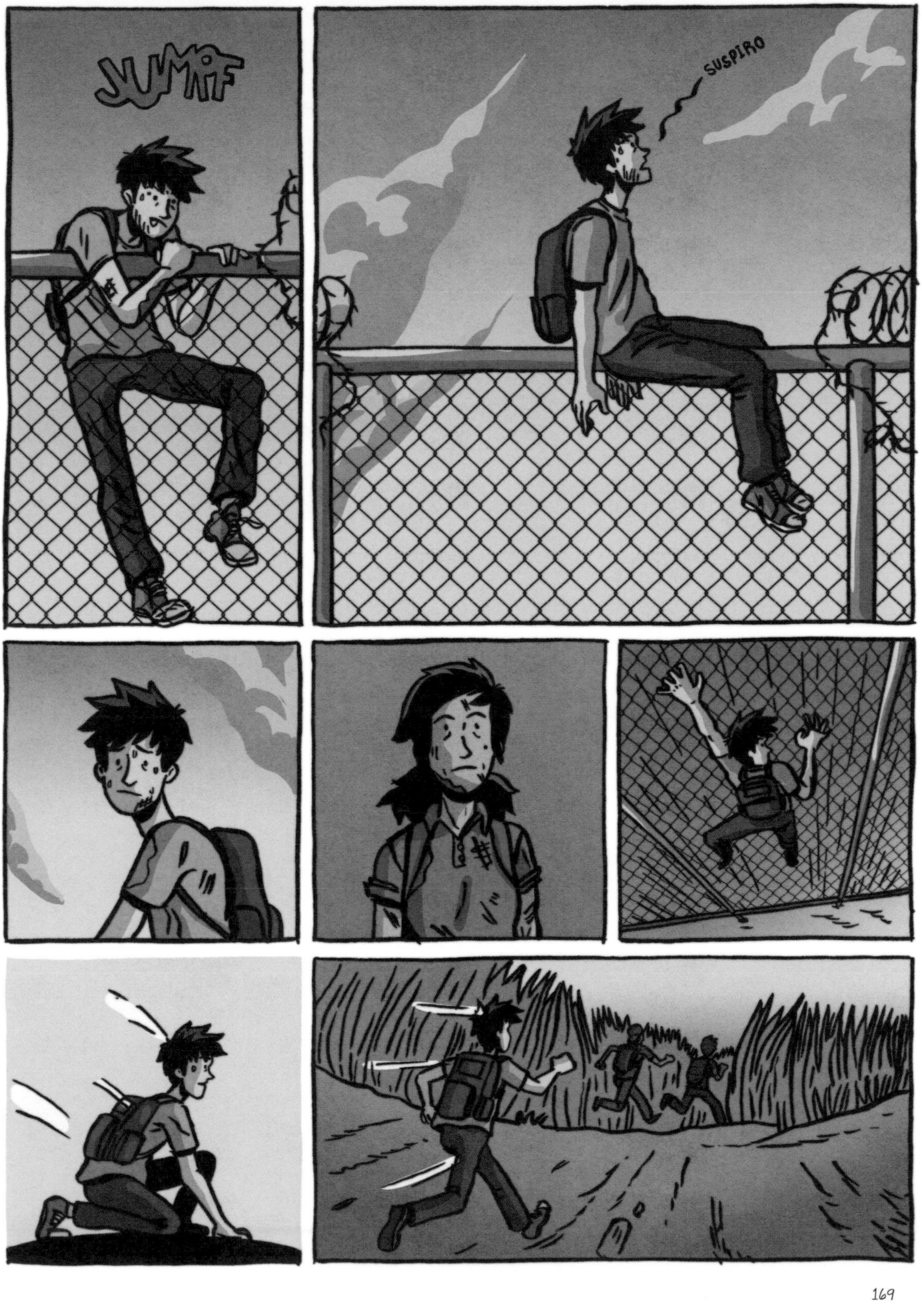
JUMPF
SUSPIRO

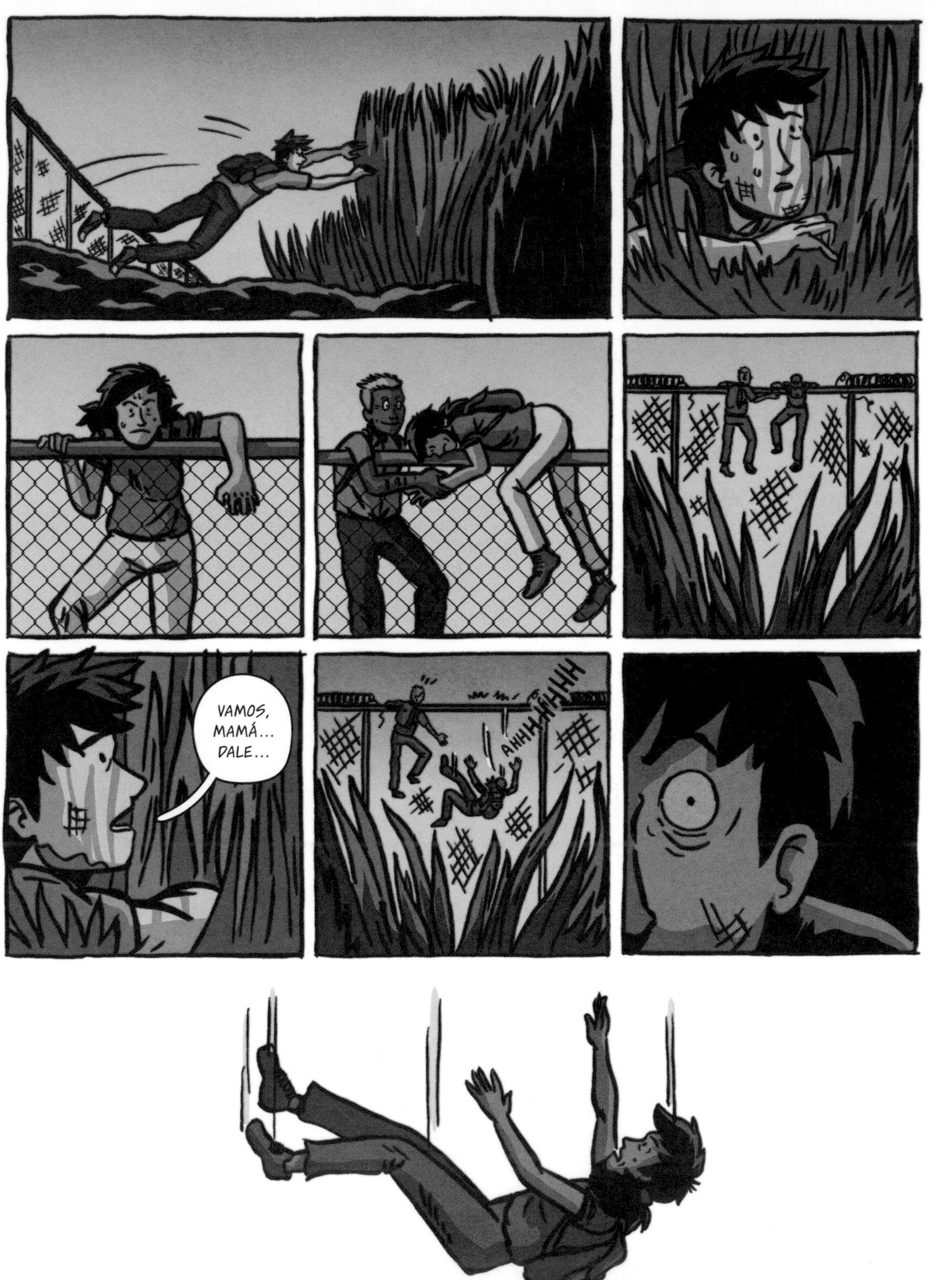
VAMOS, MAMÁ... DALE...
AHHHHHHHHH

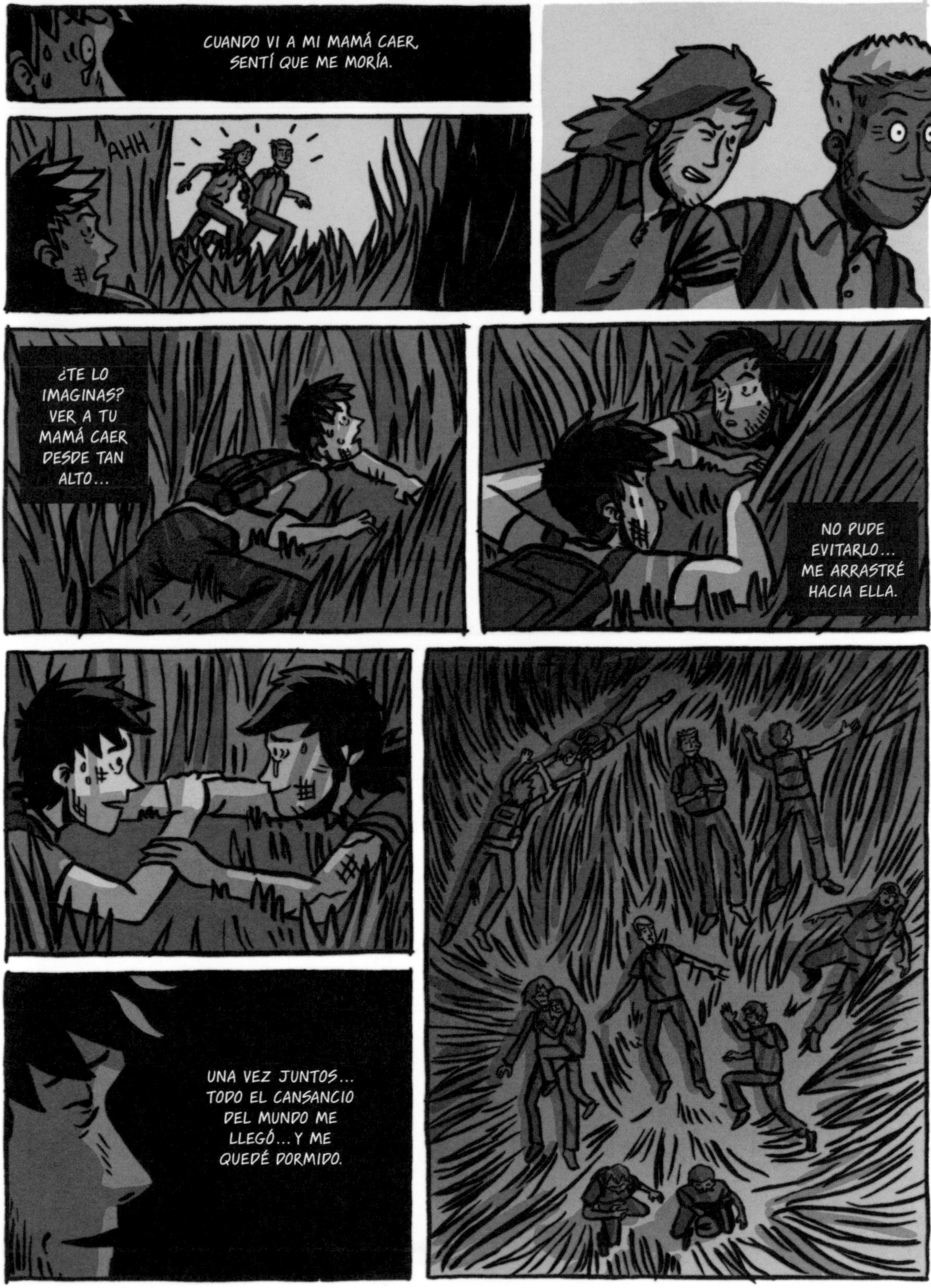
CUANDO VI A MI MAMÁ CAER, SENTÍ QUE ME MORÍA.
AHH
¿TE LO IMAGINAS? VER A TU MAMÁ CAER DESDE TAN ALTO...
NO PUDE EVITARLO... ME ARRASTRÉ HACIA ELLA.
UNA VEZ JUNTOS... TODO EL CANSANCIO DEL MUNDO ME LLEGÓ... Y ME QUEDÉ DORMIDO.

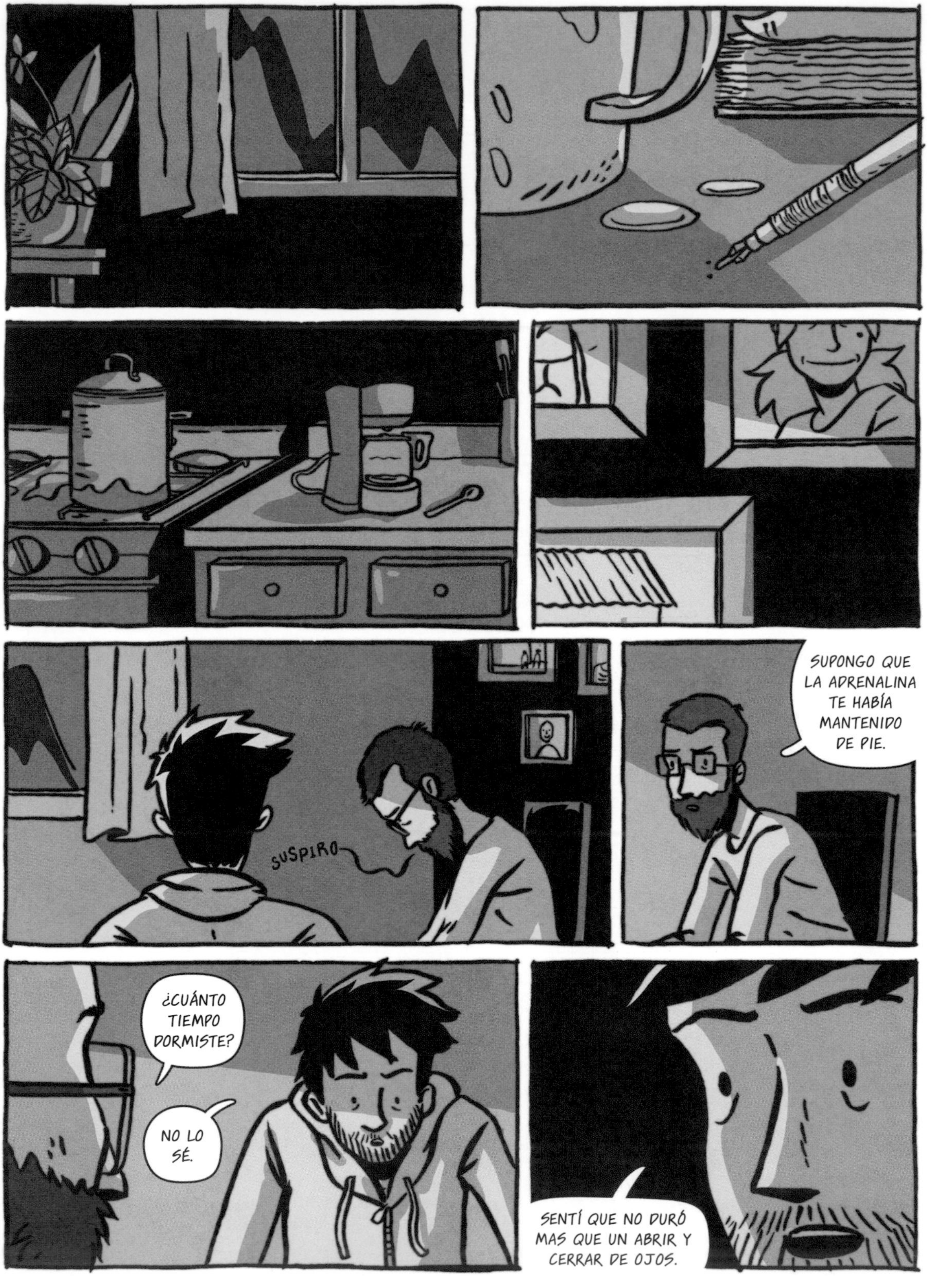
SUSPIRO
SUPONGO QUE LA ADRENALINA TE HABÍA MANTENIDO DE PIE.
¿CUÁNTO TIEMPO DORMISTE?
NO LO SÉ.
SENTÍ QUE NO DURÓ MAS QUE UN ABRIR Y CERRAR DE OJOS.

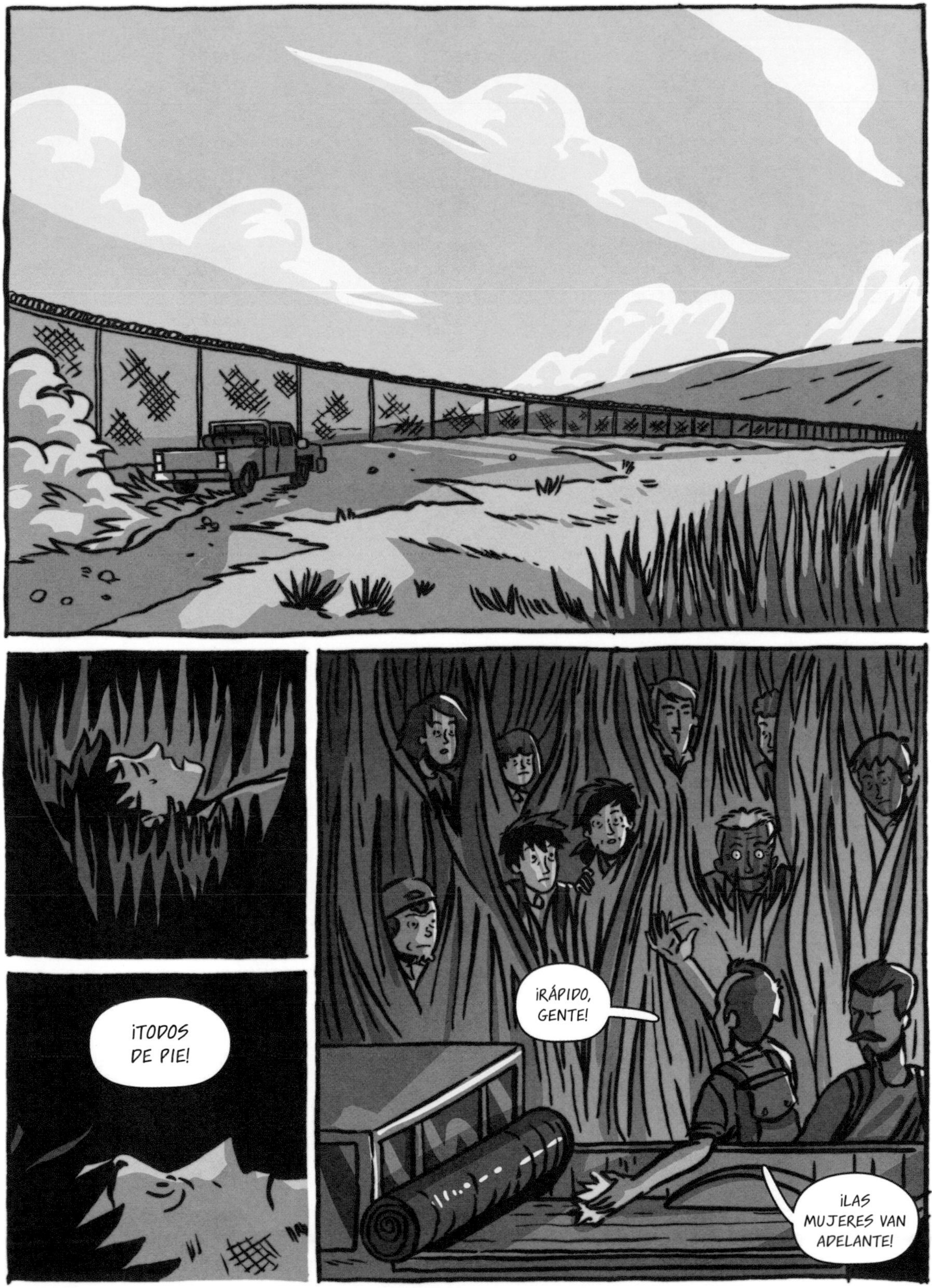
¡TODOS DE PIE!
¡RÁPIDO, GENTE!
¡LAS MUJERES VAN ADELANTE!

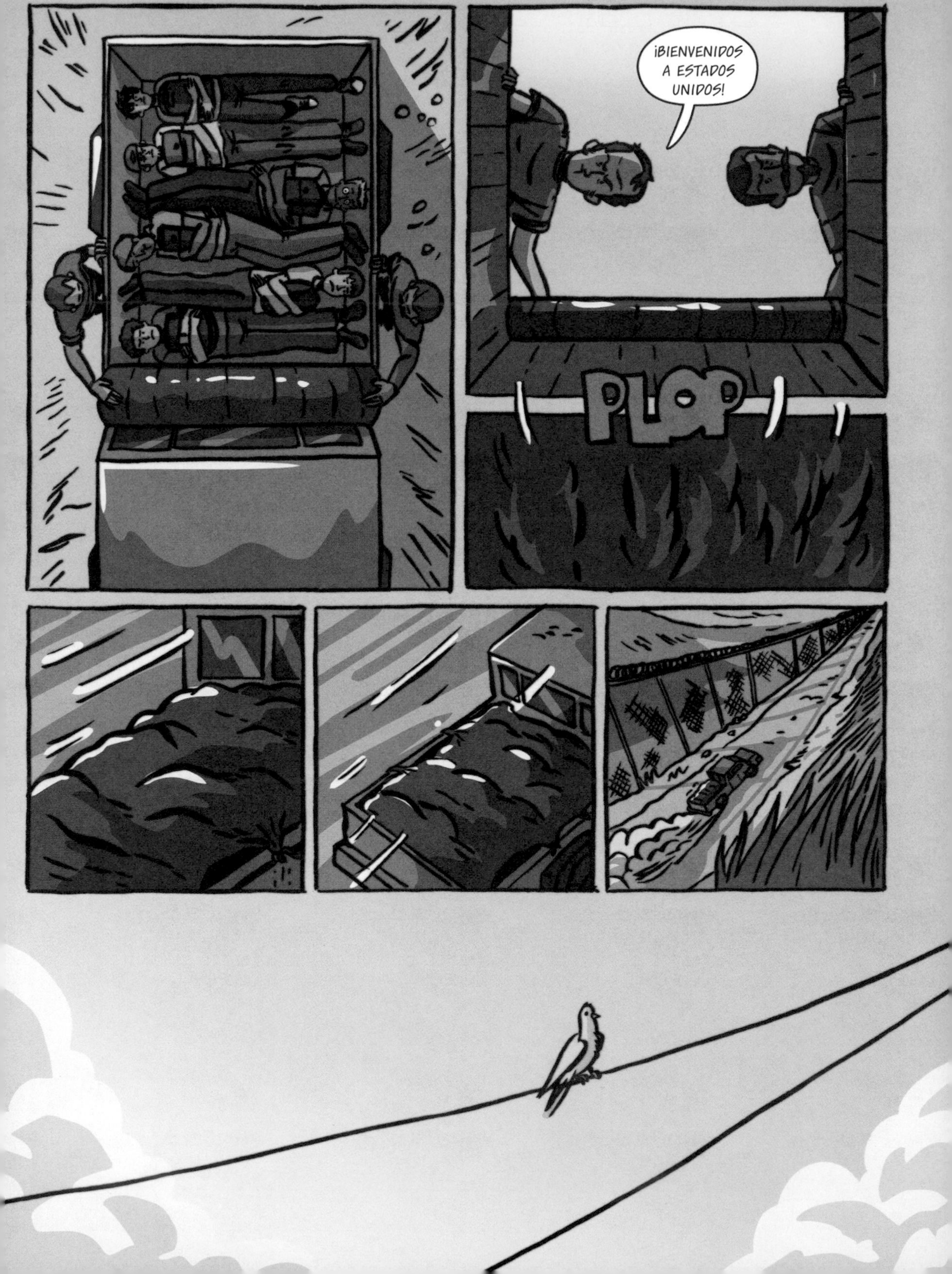
¡BIENVENIDOS A ESTADOS UNIDOS!
PLOP

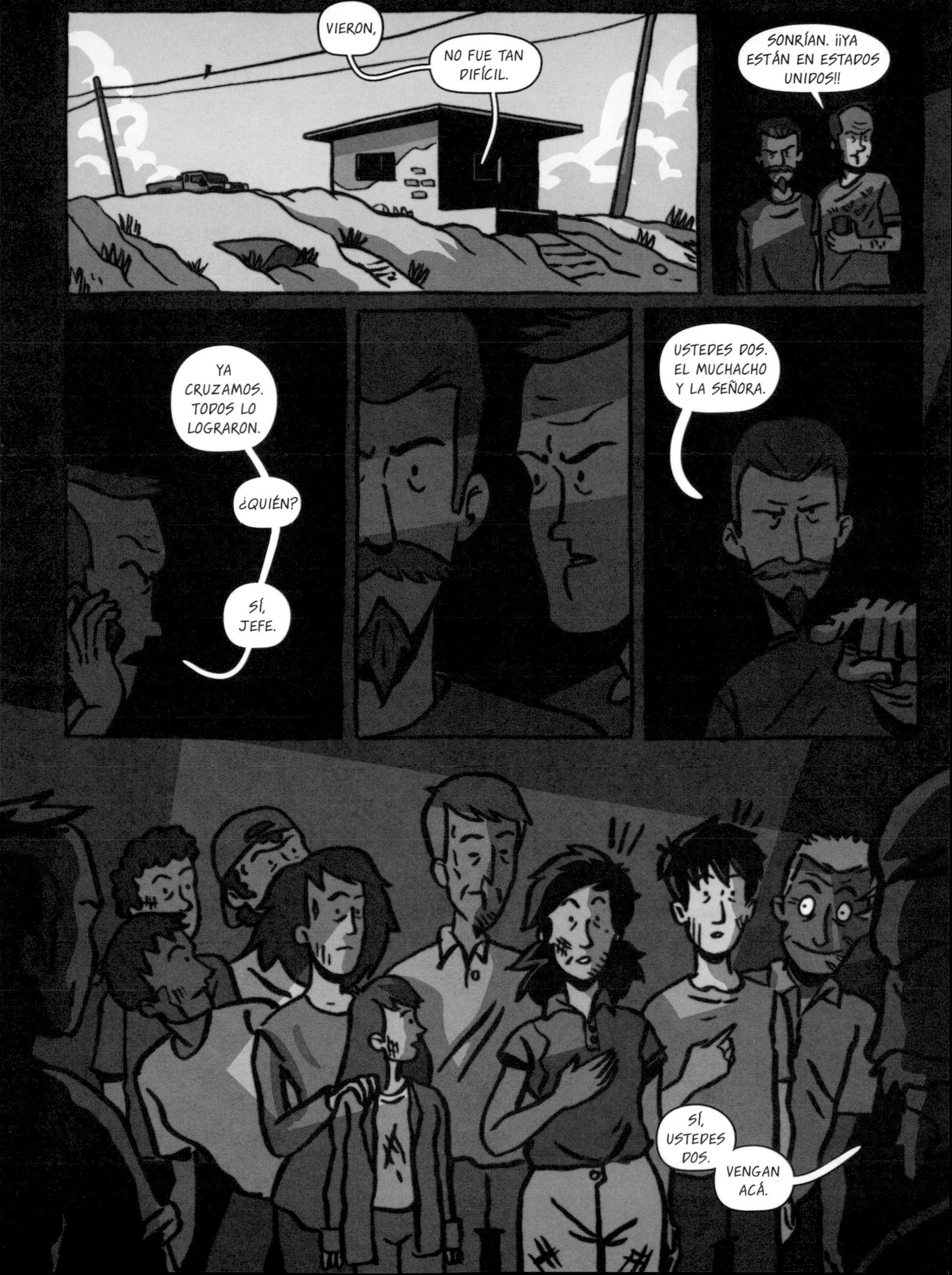
VIERON,
NO FUE TAN DIFÍCIL.
SONRÍAN. ¡¡YA ESTÁN EN ESTADOS UNIDOS!!
YA CRUZAMOS. TODOS LO LOGRARON.
¿QUIÉN?
SÍ, JEFE.
USTEDES DOS. EL MUCHACHO Y LA SEÑORA.
SÍ, USTEDES DOS.
VENGAN ACÁ.

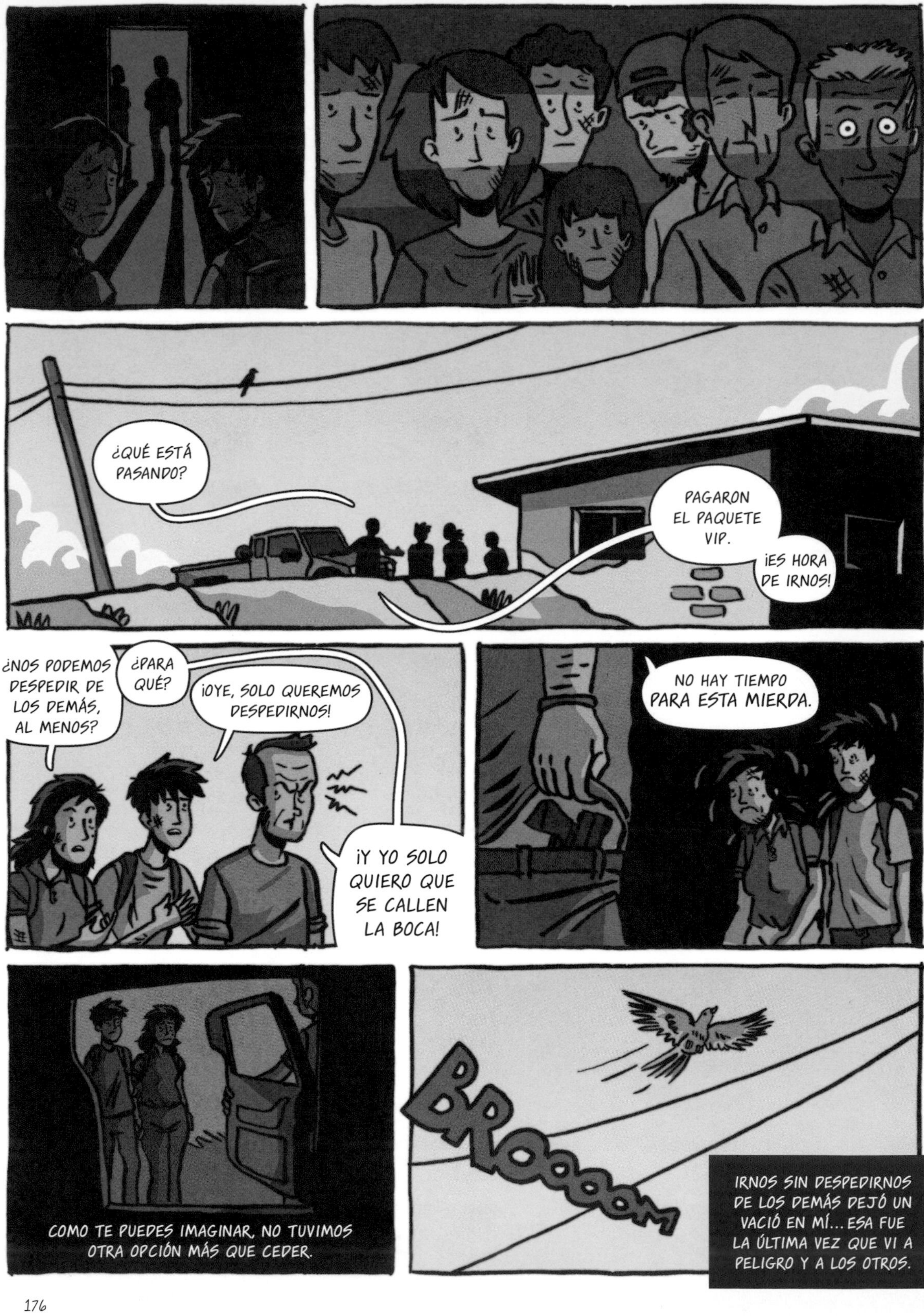

¿QUÉ ESTÁ PASANDO?
PAGARON EL PAQUETE VIP.
¡ES HORA DE IRNOS!
¿NOS PODEMOS DESPEDIR DE LOS DEMÁS, AL MENOS?
¿PARA QUÉ?
¡OYE, SOLO QUEREMOS DESPEDIRNOS!
¡Y YO SOLO QUIERO QUE SE CALLEN LA BOCA!
NO HAY TIEMPO PARA ESTA MIERDA.
COMO TE PUEDES IMAGINAR, NO TUVIMOS OTRA OPCIÓN MÁS QUE CEDER.
BROOOOOM
IRNOS SIN DESPEDIRNOS DE LOS DEMÁS DEJÓ UN VACIÓ EN MÍ... ESA FUE LA ÚLTIMA VEZ QUE VI A PELIGRO Y A LOS OTROS.

Capítulo 8

CONSUELO

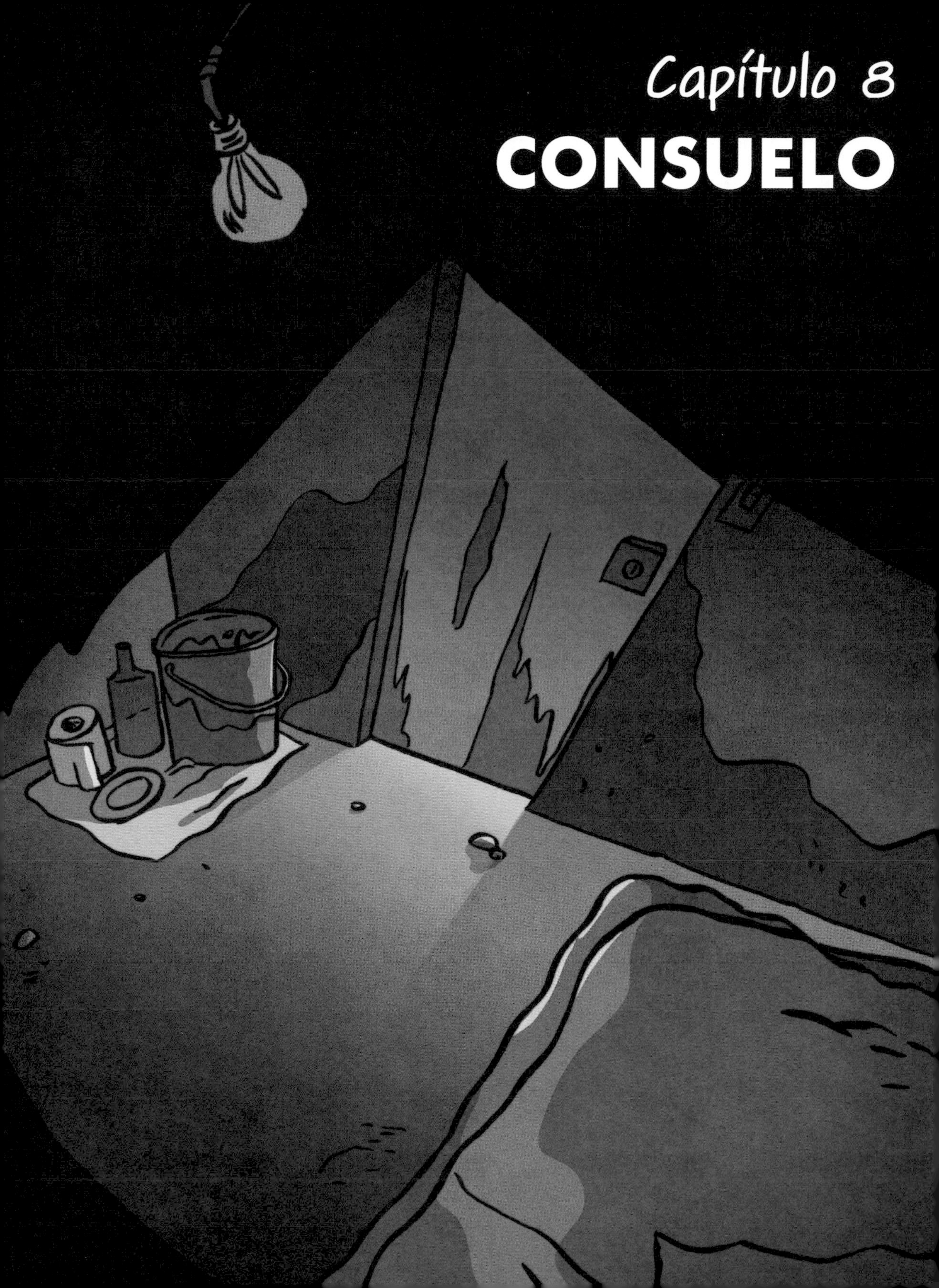

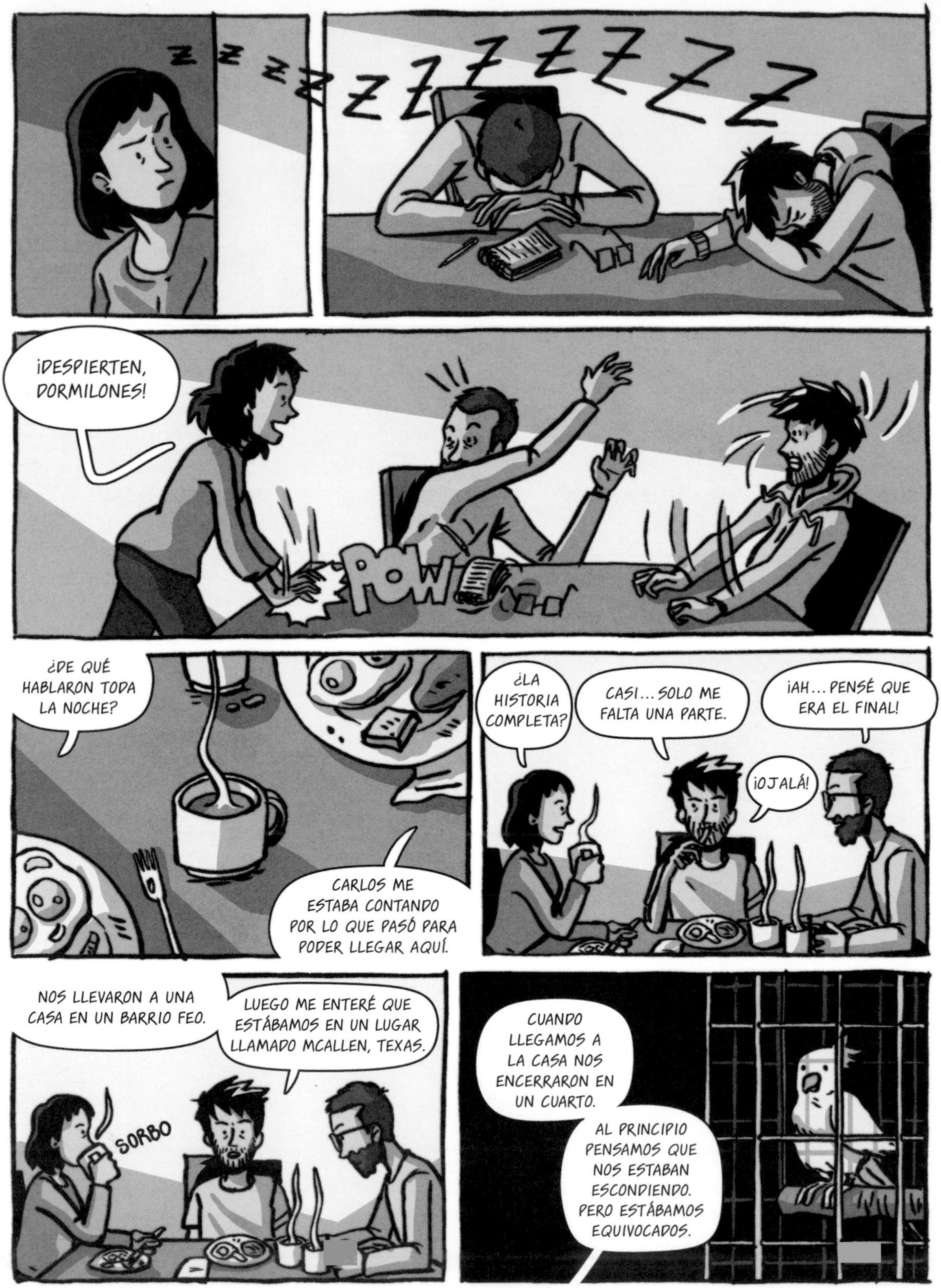
Z Z Z Z Z Z Z Z Z Z Z Z Z Z
¡DESPIERTEN, DORMILONES!
POW
¿DE QUÉ HABLARON TODA LA NOCHE?
CARLOS ME ESTABA CONTANDO POR LO QUE PASÓ PARA PODER LLEGAR AQUÍ.
¿LA HISTORIA COMPLETA?
CASI... SOLO ME FALTA UNA PARTE.
¡AH... PENSÉ QUE ERA EL FINAL!
¡OJALÁ!
NOS LLEVARON A UNA CASA EN UN BARRIO FEO.
LUEGO ME ENTERÉ QUE ESTÁBAMOS EN UN LUGAR LLAMADO MCALLEN, TEXAS.
SORBO
CUANDO LLEGAMOS A LA CASA NOS ENCERRARON EN UN CUARTO.
AL PRINCIPIO PENSAMOS QUE NOS ESTABAN ESCONDIENDO. PERO ESTÁBAMOS EQUIVOCADOS.

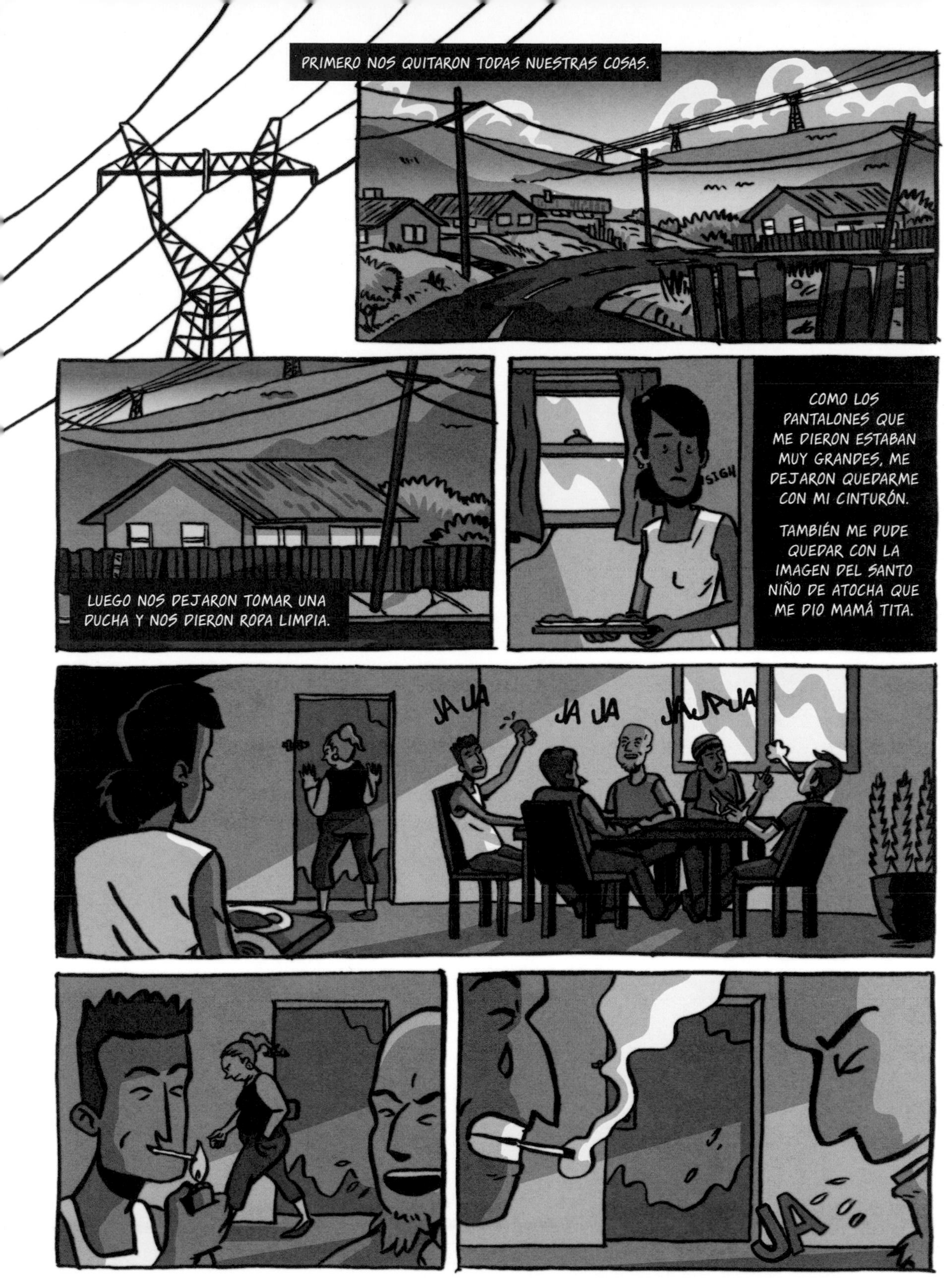
PRIMERO NOS QUITARON TODAS NUESTRAS COSAS.
LUEGO NOS DEJARON TOMAR UNA DUCHA Y NOS DIERON ROPA LIMPIA.
SIGH
COMO LOS PANTALONES QUE ME DIERON ESTABAN MUY GRANDES, ME DEJARON QUEDARME CON MI CINTURÓN.
TAMBIÉN ME PUDE QUEDAR CON LA IMAGEN DEL SANTO NIÑO DE ATOCHA QUE ME DIO MAMÁ TITA.
JA JA
JA JA
JAJAJA
JA

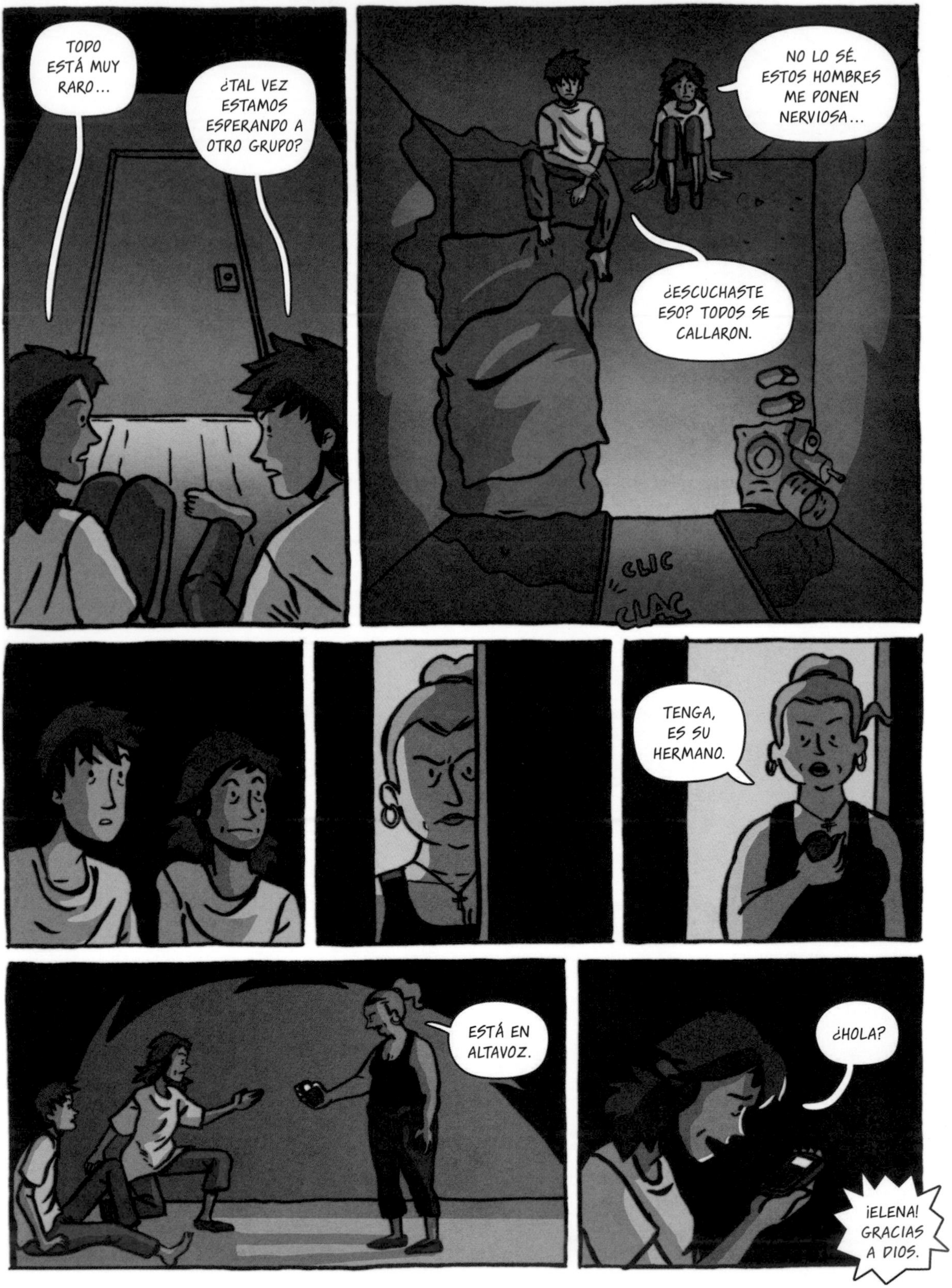
TODO ESTÁ MUY RARO...
¿TAL VEZ ESTAMOS ESPERANDO A OTRO GRUPO?
NO LO SÉ. ESTOS HOMBRES ME PONEN NERVIOSA...
¿ESCUCHASTE ESO? TODOS SE CALLARON.
CLIC
CLAC
TENGA, ES SU HERMANO.
ESTÁ EN ALTAVOZ.
¿HOLA?
¡ELENA! GRACIAS A DIOS.

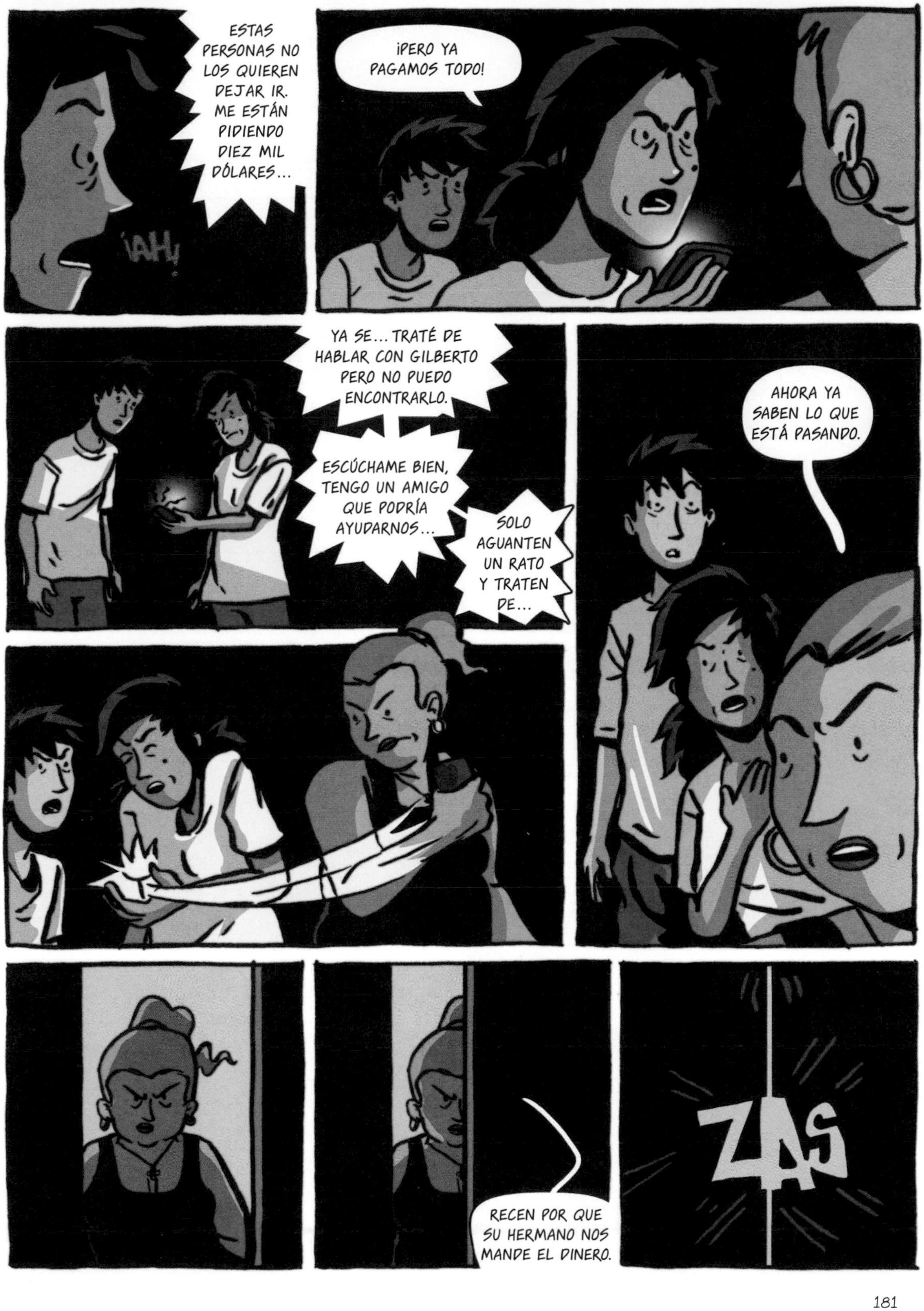

ESTAS PERSONAS NO LOS QUIEREN DEJAR IR. ME ESTÁN PIDIENDO DIEZ MIL DÓLARES...
¡AH!
¡PERO YA PAGAMOS TODO!
YA SE... TRATÉ DE HABLAR CON GILBERTO PERO NO PUEDO ENCONTRARLO.
ESCÚCHAME BIEN, TENGO UN AMIGO QUE PODRÍA AYUDARNOS...
SOLO AGUANTEN UN RATO Y TRATEN DE...
AHORA YA SABEN LO QUE ESTÁ PASANDO.
RECEN POR QUE SU HERMANO NOS MANDE EL DINERO.
ZAS

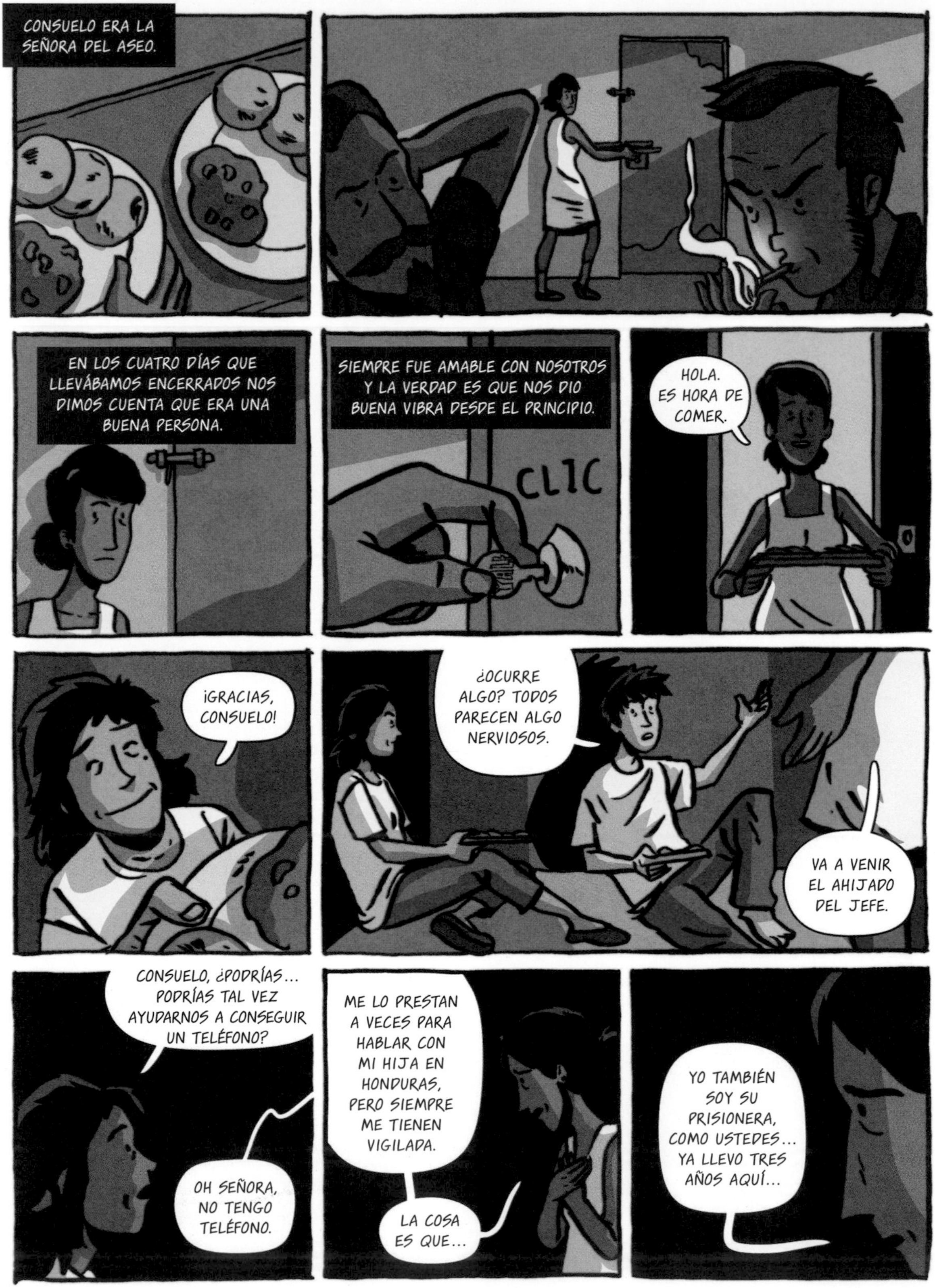
CONSUELO ERA LA SEÑORA DEL ASEO.
EN LOS CUATRO DÍAS QUE LLEVÁBAMOS ENCERRADOS NOS DIMOS CUENTA QUE ERA UNA BUENA PERSONA.
SIEMPRE FUE AMABLE CON NOSOTROS Y LA VERDAD ES QUE NOS DIO BUENA VIBRA DESDE EL PRINCIPIO.
CLIC
HOLA. ES HORA DE COMER.
¡GRACIAS, CONSUELO!
¿OCURRE ALGO? TODOS PARECEN ALGO NERVIOSOS.
VA A VENIR EL AHIJADO DEL JEFE.
CONSUELO, ¿PODRÍAS... PODRÍAS TAL VEZ AYUDARNOS A CONSEGUIR UN TELÉFONO?
OH SEÑORA, NO TENGO TELÉFONO.
ME LO PRESTAN A VECES PARA HABLAR CON MI HIJA EN HONDURAS, PERO SIEMPRE ME TIENEN VIGILADA.
LA COSA ES QUE...
YO TAMBIÉN SOY SU PRISIONERA, COMO USTEDES... YA LLEVO TRES AÑOS AQUÍ...

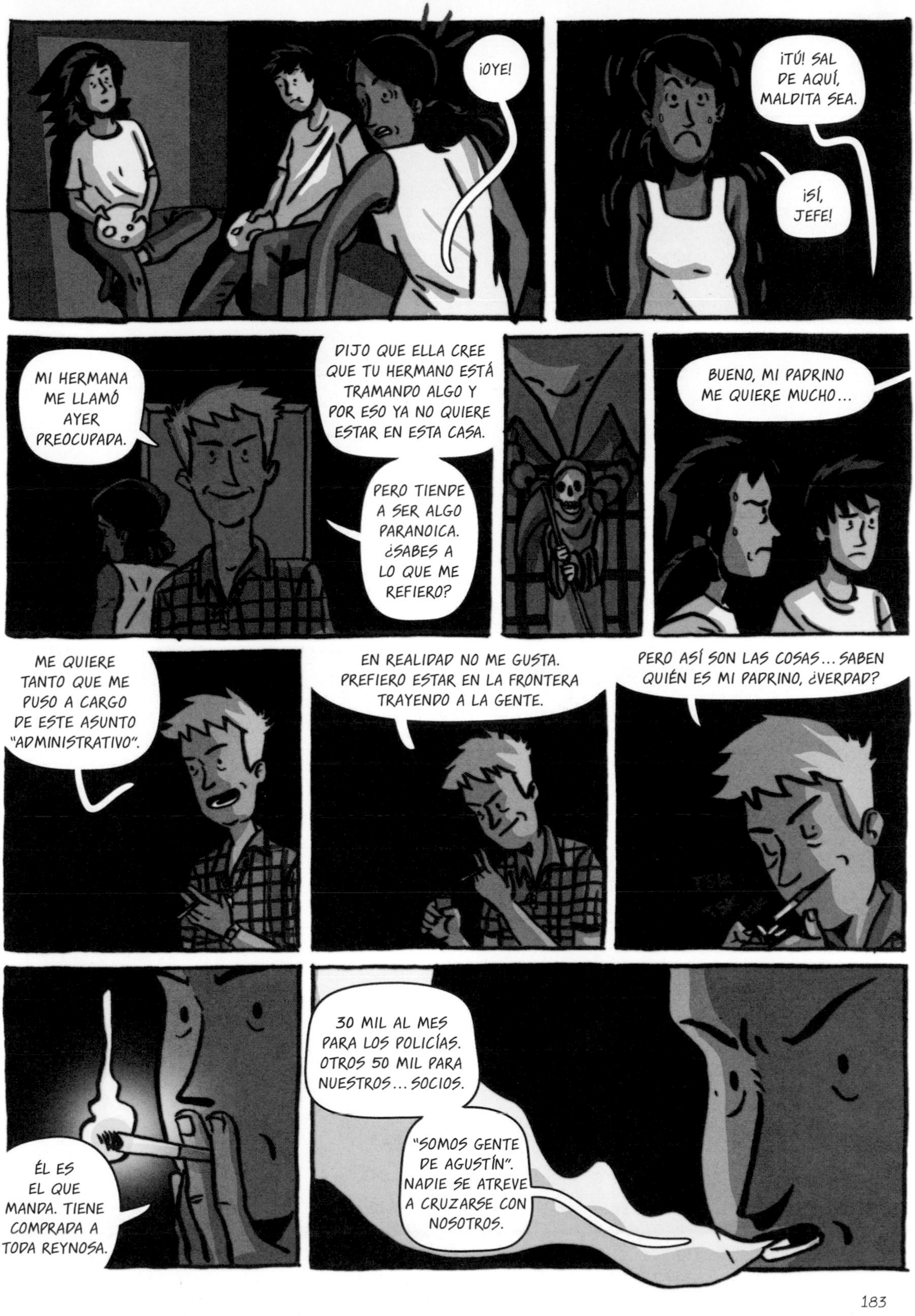
¡OYE!
¡TÚ! SAL DE AQUÍ, MALDITA SEA.
¡SÍ, JEFE!
MI HERMANA ME LLAMÓ AYER PREOCUPADA.
DIJO QUE ELLA CREE QUE TU HERMANO ESTÁ TRAMANDO ALGO Y POR ESO YA NO QUIERE ESTAR EN ESTA CASA.
PERO TIENDE A SER ALGO PARANOICA. ¿SABES A LO QUE ME REFIERO?
BUENO, MI PADRINO ME QUIERE MUCHO…
ME QUIERE TANTO QUE ME PUSO A CARGO DE ESTE ASUNTO "ADMINISTRATIVO".
EN REALIDAD NO ME GUSTA. PREFIERO ESTAR EN LA FRONTERA TRAYENDO A LA GENTE.
PERO ASÍ SON LAS COSAS… SABEN QUIÉN ES MI PADRINO, ¿VERDAD?
ÉL ES EL QUE MANDA. TIENE COMPRADA A TODA REYNOSA.
30 MIL AL MES PARA LOS POLICÍAS. OTROS 50 MIL PARA NUESTROS… SOCIOS.
"SOMOS GENTE DE AGUSTÍN". NADIE SE ATREVE A CRUZARSE CON NOSOTROS.

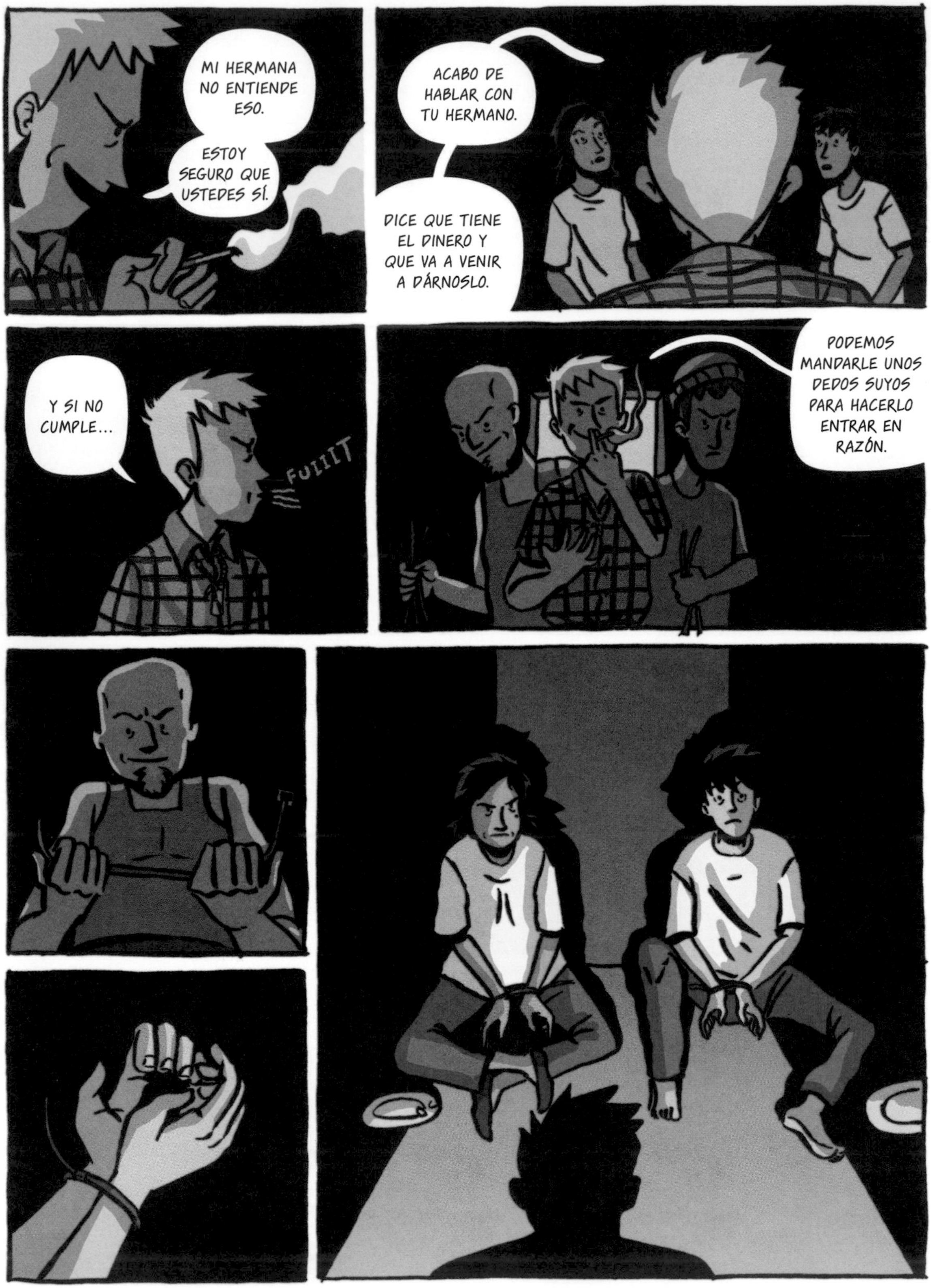
MI HERMANA NO ENTIENDE ESO.
ESTOY SEGURO QUE USTEDES SÍ.
ACABO DE HABLAR CON TU HERMANO.
DICE QUE TIENE EL DINERO Y QUE VA A VENIR A DÁRNOSLO.
Y SI NO CUMPLE...
FUIIIT
PODEMOS MANDARLE UNOS DEDOS SUYOS PARA HACERLO ENTRAR EN RAZÓN.

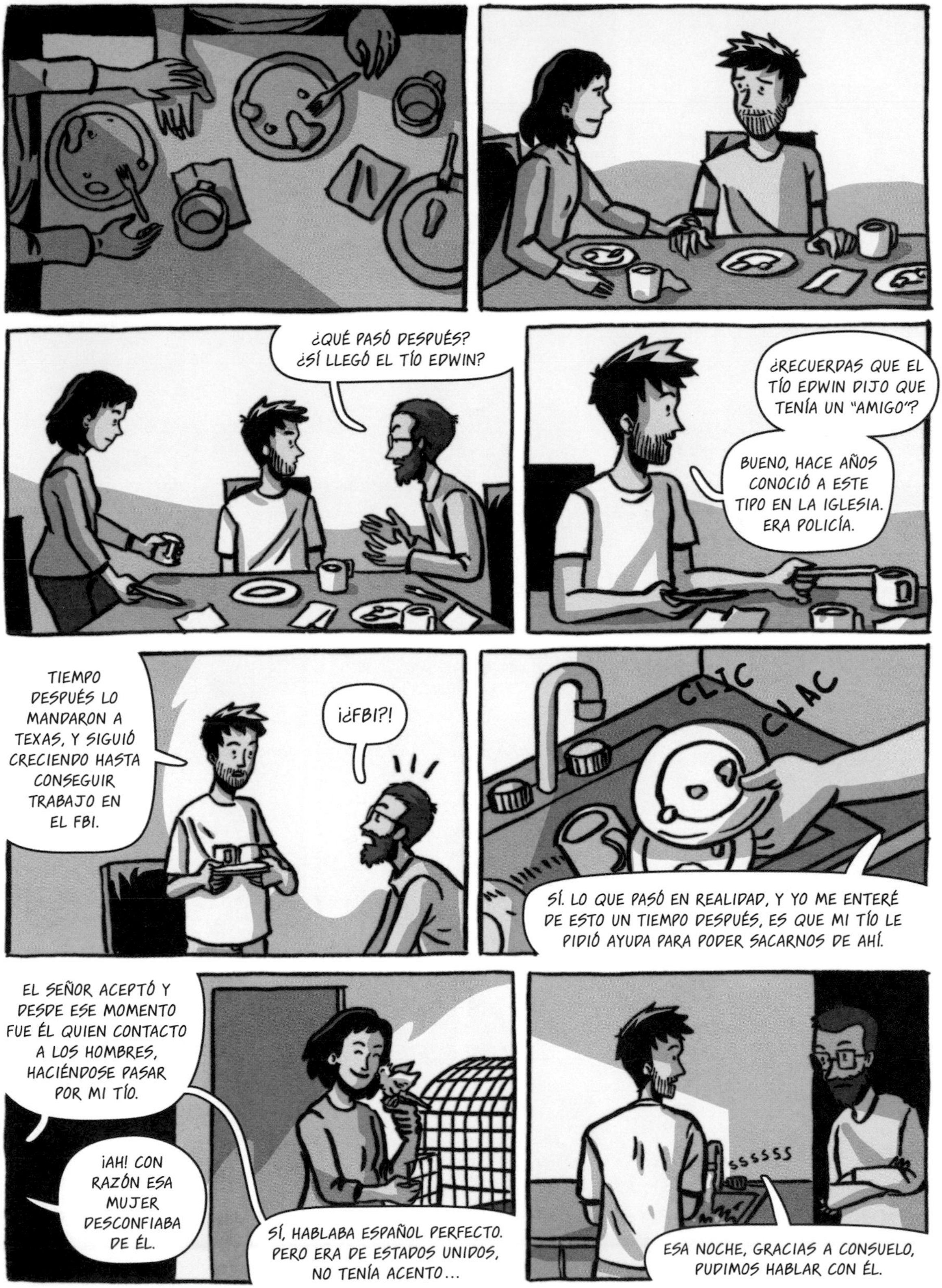
¿QUÉ PASÓ DESPUÉS? ¿SÍ LLEGÓ EL TÍO EDWIN?
¿RECUERDAS QUE EL TÍO EDWIN DIJO QUE TENÍA UN "AMIGO"?
BUENO, HACE AÑOS CONOCIÓ A ESTE TIPO EN LA IGLESIA. ERA POLICÍA.
TIEMPO DESPUÉS LO MANDARON A TEXAS, Y SIGUIÓ CRECIENDO HASTA CONSEGUIR TRABAJO EN EL FBI.
¡¿FBI?!
CLIC
CLAC
SÍ. LO QUE PASÓ EN REALIDAD, Y YO ME ENTERÉ DE ESTO UN TIEMPO DESPUÉS, ES QUE MI TÍO LE PIDIÓ AYUDA PARA PODER SACARNOS DE AHÍ.
EL SEÑOR ACEPTÓ Y DESDE ESE MOMENTO FUE ÉL QUIEN CONTACTO A LOS HOMBRES, HACIÉNDOSE PASAR POR MI TÍO.
¡AH! CON RAZÓN ESA MUJER DESCONFIABA DE ÉL.
SÍ, HABLABA ESPAÑOL PERFECTO. PERO ERA DE ESTADOS UNIDOS, NO TENÍA ACENTO...
SSSSSS
ESA NOCHE, GRACIAS A CONSUELO, PUDIMOS HABLAR CON ÉL.

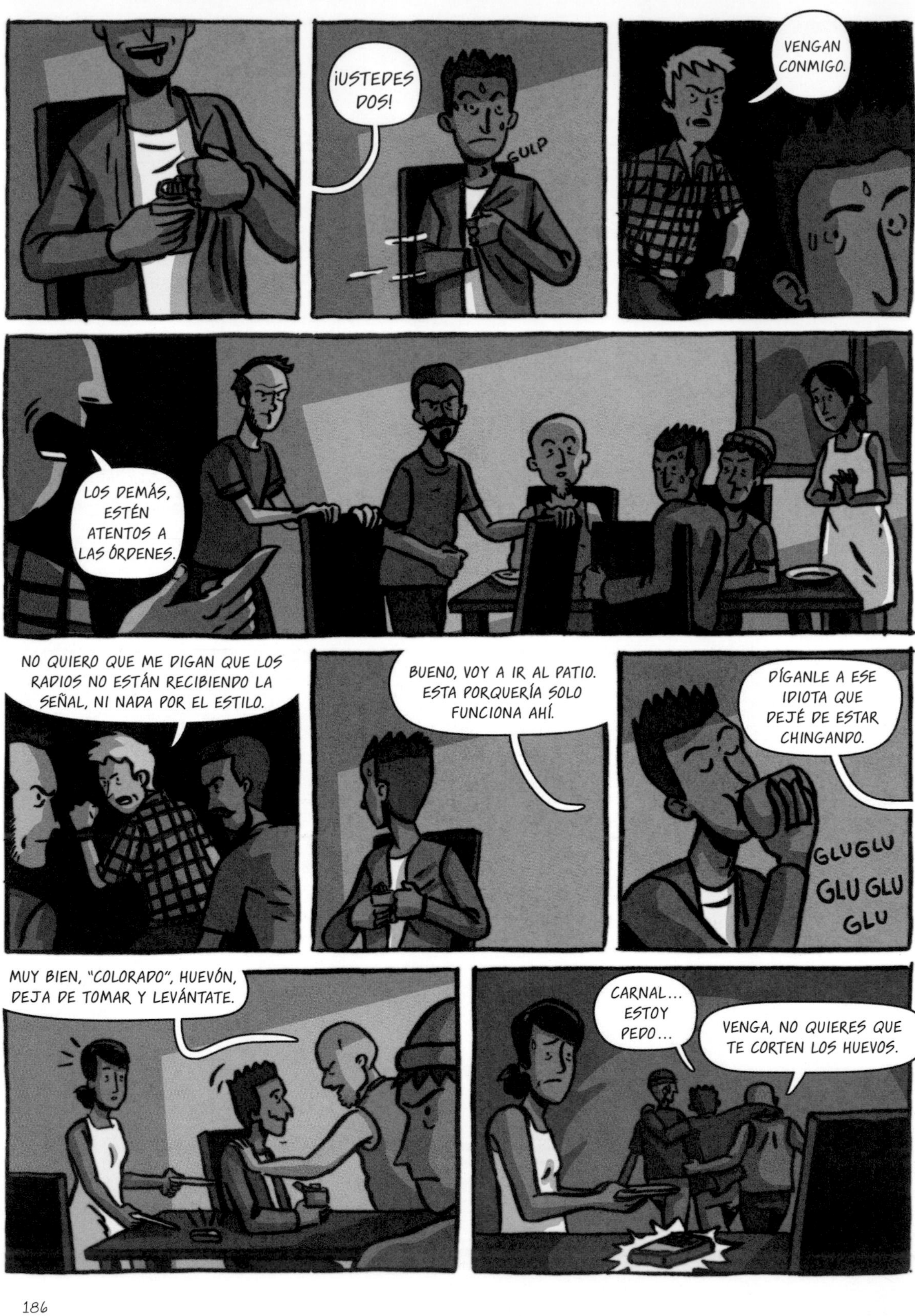
¡USTEDES DOS!
GULP
VENGAN CONMIGO.
LOS DEMÁS, ESTÉN ATENTOS A LAS ÓRDENES.
NO QUIERO QUE ME DIGAN QUE LOS RADIOS NO ESTÁN RECIBIENDO LA SEÑAL, NI NADA POR EL ESTILO.
BUENO, VOY A IR AL PATIO. ESTA PORQUERÍA SOLO FUNCIONA AHÍ.
DÍGANLE A ESE IDIOTA QUE DEJÉ DE ESTAR CHINGANDO.
GLUGLU
GLU GLU
GLU
MUY BIEN, "COLORADO", HUEVÓN, DEJA DE TOMAR Y LEVÁNTATE.
CARNAL... ESTOY PEDO...
VENGA, NO QUIERES QUE TE CORTEN LOS HUEVOS.

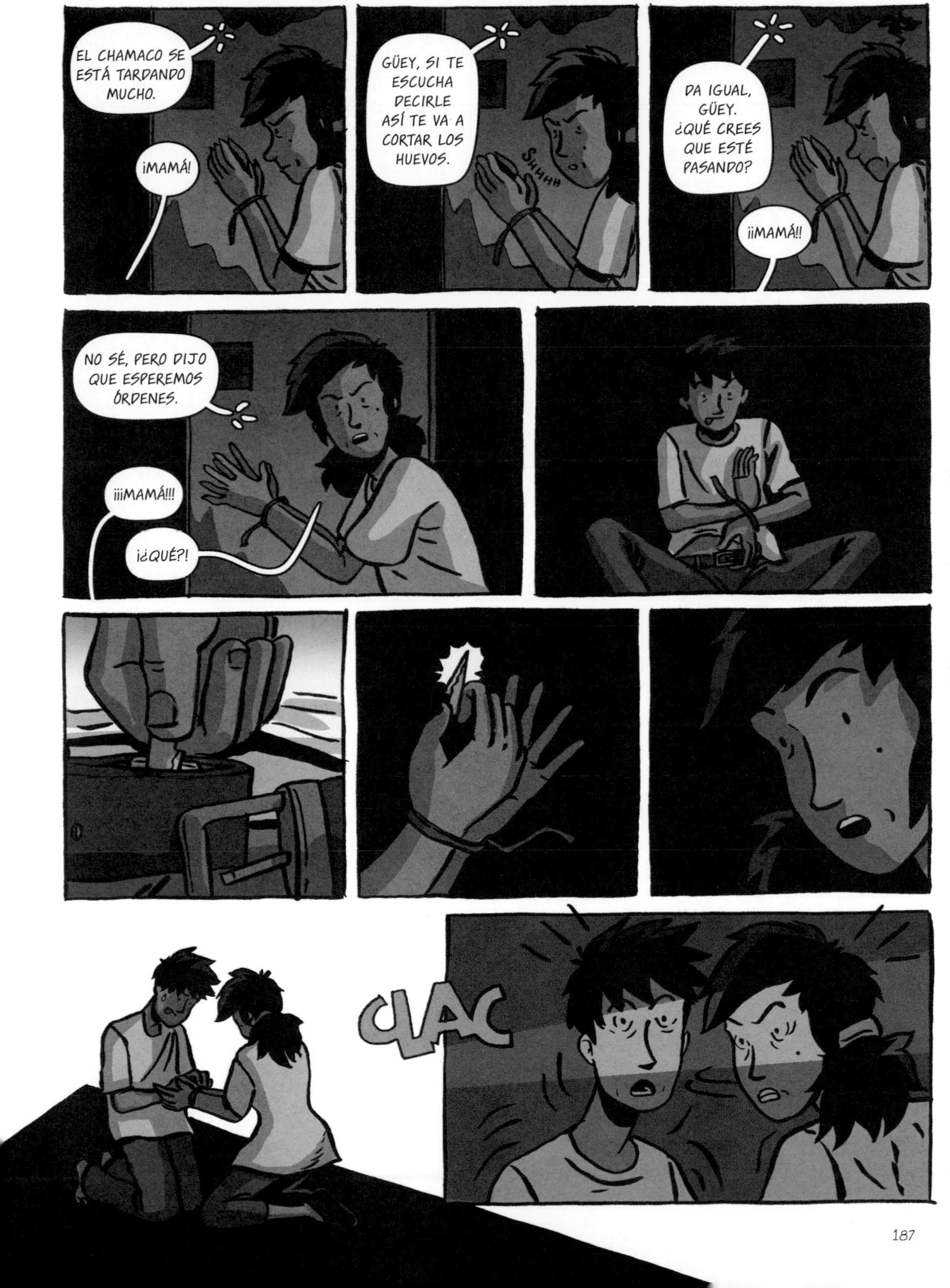
EL CHAMACO SE ESTÁ TARDANDO MUCHO.
¡MAMÁ!
GÜEY, SI TE ESCUCHA DECIRLE ASÍ TE VA A CORTAR LOS HUEVOS.
SHHHH
DA IGUAL, GÜEY. ¿QUÉ CREES QUE ESTÉ PASANDO?
¡¡MAMÁ!!
NO SÉ, PERO DIJO QUE ESPEREMOS ÓRDENES.
¡¡¡MAMÁ!!!
¡¿QUÉ?!
CLAC

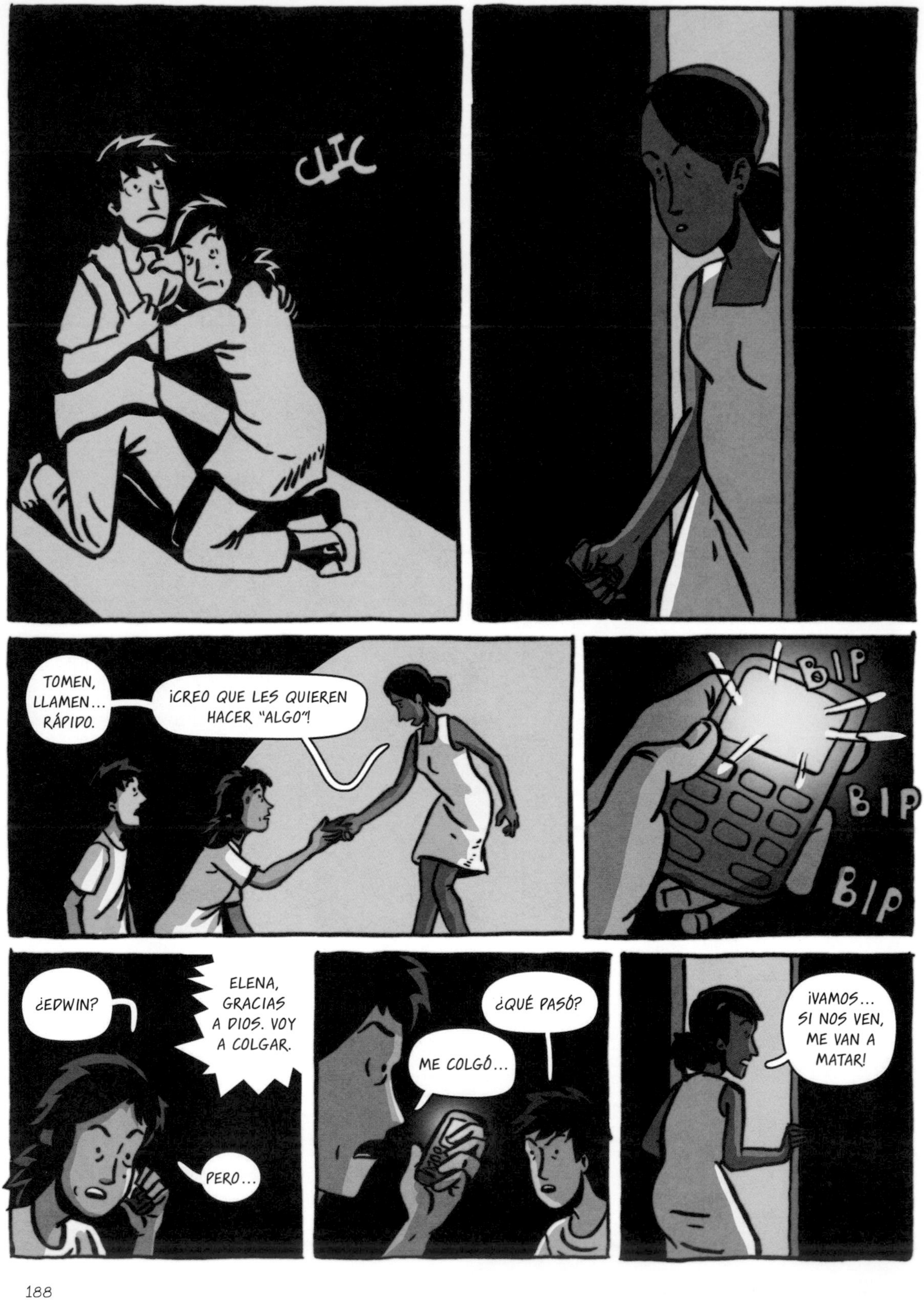
CLIC
TOMEN, LLAMEN... RÁPIDO.
¡CREO QUE LES QUIEREN HACER "ALGO"!
BIP
BIP
BIP
¿EDWIN?
ELENA, GRACIAS A DIOS. VOY A COLGAR.
PERO...
¿QUÉ PASÓ?
ME COLGÓ...
¡VAMOS... SI NOS VEN, ME VAN A MATAR!

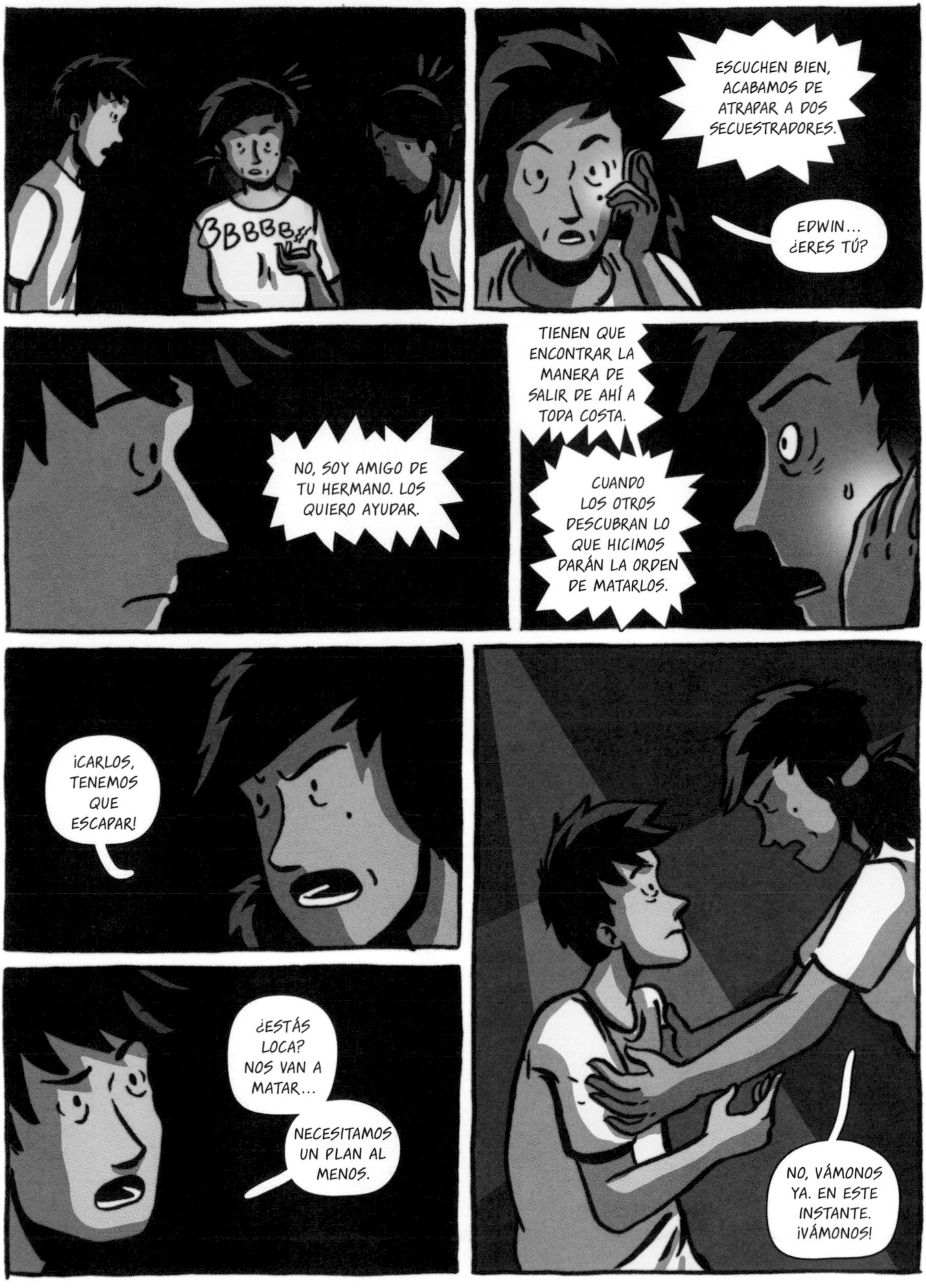

BBBBB
ESCUCHEN BIEN, ACABAMOS DE ATRAPAR A DOS SECUESTRADORES.
EDWIN... ¿ERES TÚ?
NO, SOY AMIGO DE TU HERMANO. LOS QUIERO AYUDAR.
TIENEN QUE ENCONTRAR LA MANERA DE SALIR DE AHÍ A TODA COSTA.
CUANDO LOS OTROS DESCUBRAN LO QUE HICIMOS DARÁN LA ORDEN DE MATARLOS.
¡CARLOS, TENEMOS QUE ESCAPAR!
¿ESTÁS LOCA? NOS VAN A MATAR...
NECESITAMOS UN PLAN AL MENOS.
NO, VÁMONOS YA. EN ESTE INSTANTE. ¡VÁMONOS!

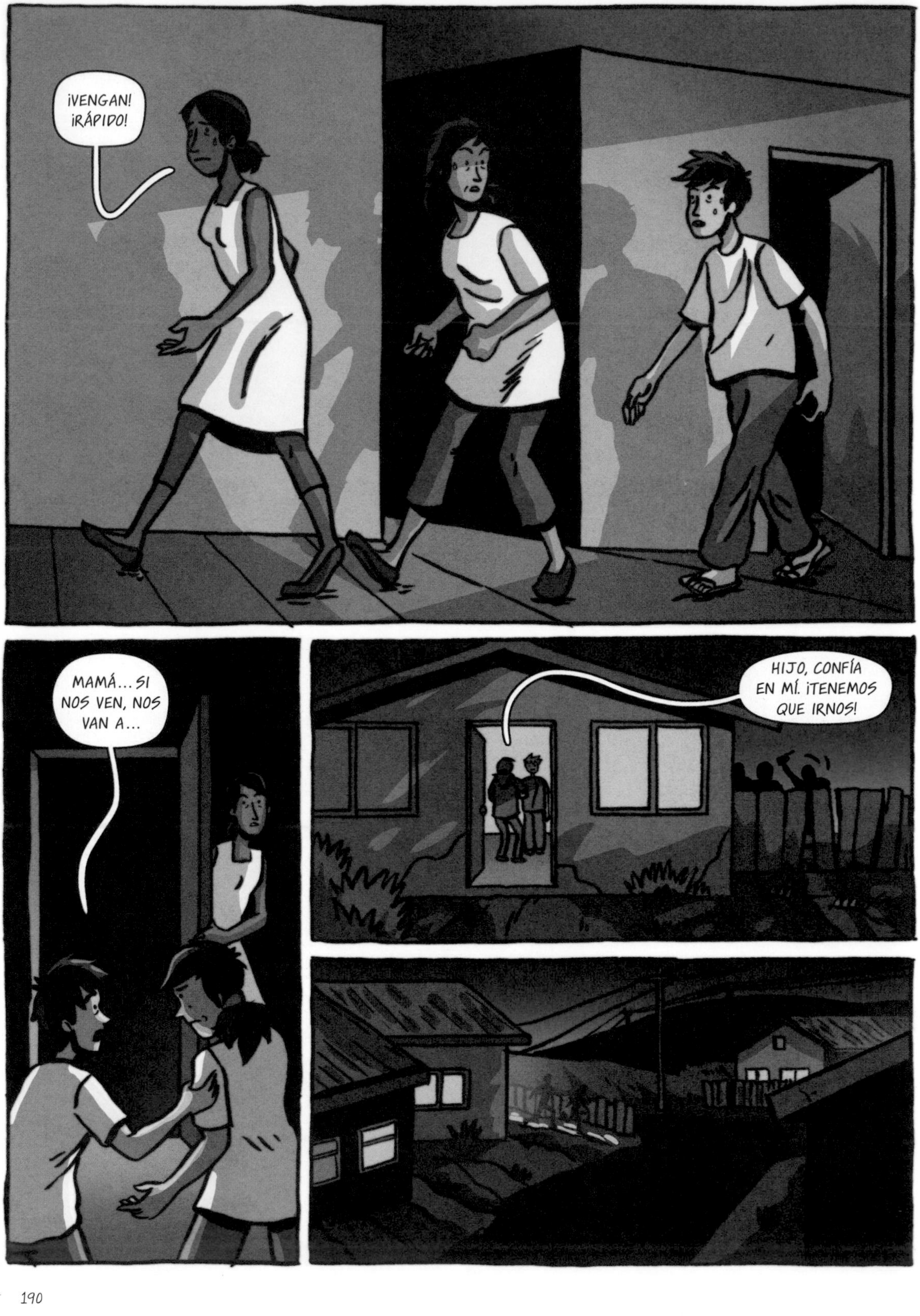
¡VENGAN! ¡RÁPIDO!
MAMÁ... SI NOS VEN, NOS VAN A...
HIJO, CONFÍA EN MÍ. ¡TENEMOS QUE IRNOS!

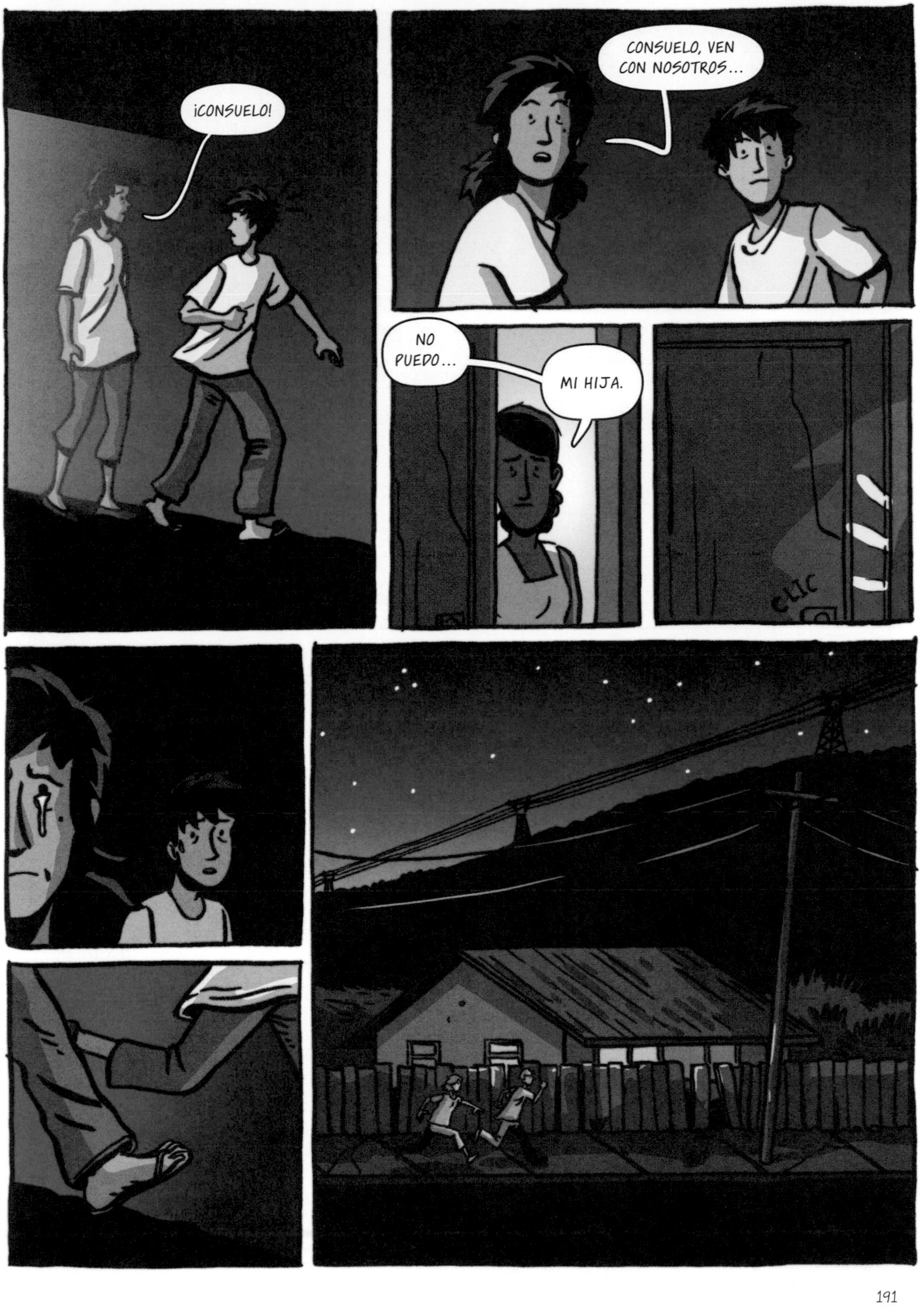
¡CONSUELO!
CONSUELO, VEN CON NOSOTROS...
NO PUEDO...
MI HIJA.
CLIC

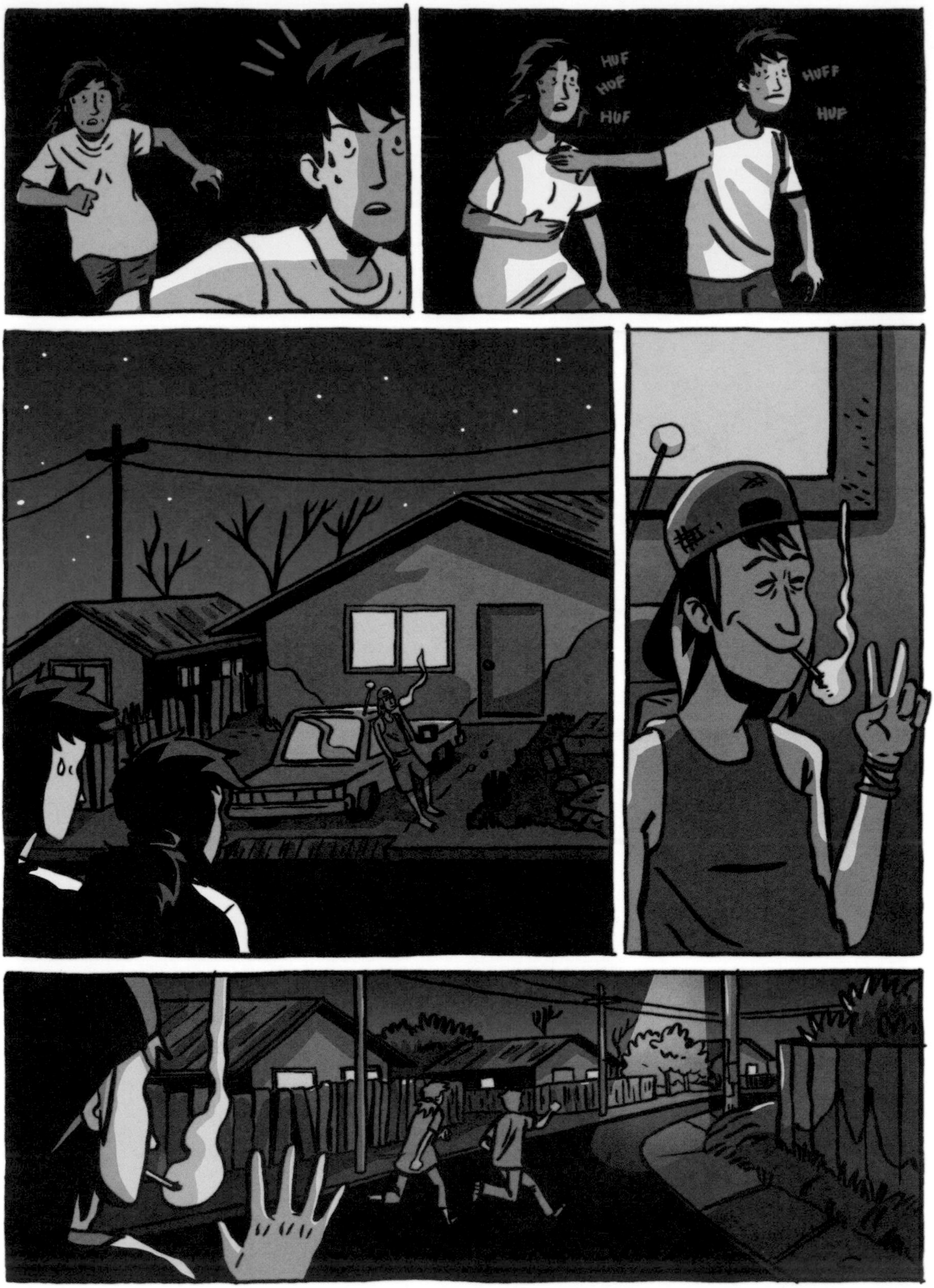
HUF
HUF
HUF
HUFF
HUF

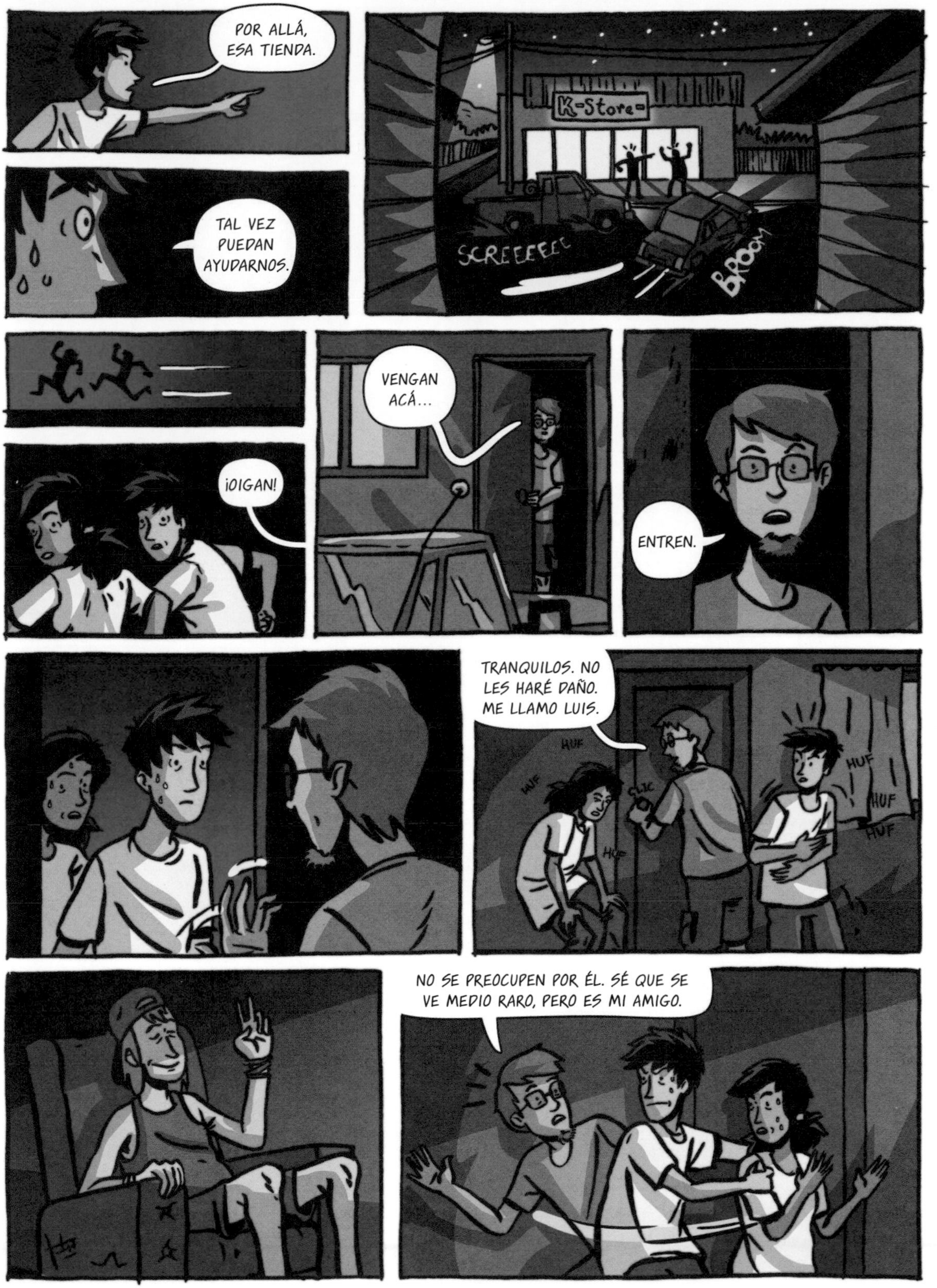
POR ALLÁ, ESA TIENDA.
K-Store
SCREEEEEE
BROOM
TAL VEZ PUEDAN AYUDARNOS.
¡OIGAN!
VENGAN ACÁ...
ENTREN.
TRANQUILOS. NO LES HARÉ DAÑO. ME LLAMO LUIS.
HUF
HUF
CLIC
HUF
HUF
HUF
HUF
NO SE PREOCUPEN POR ÉL. SÉ QUE SE VE MEDIO RARO, PERO ES MI AMIGO.

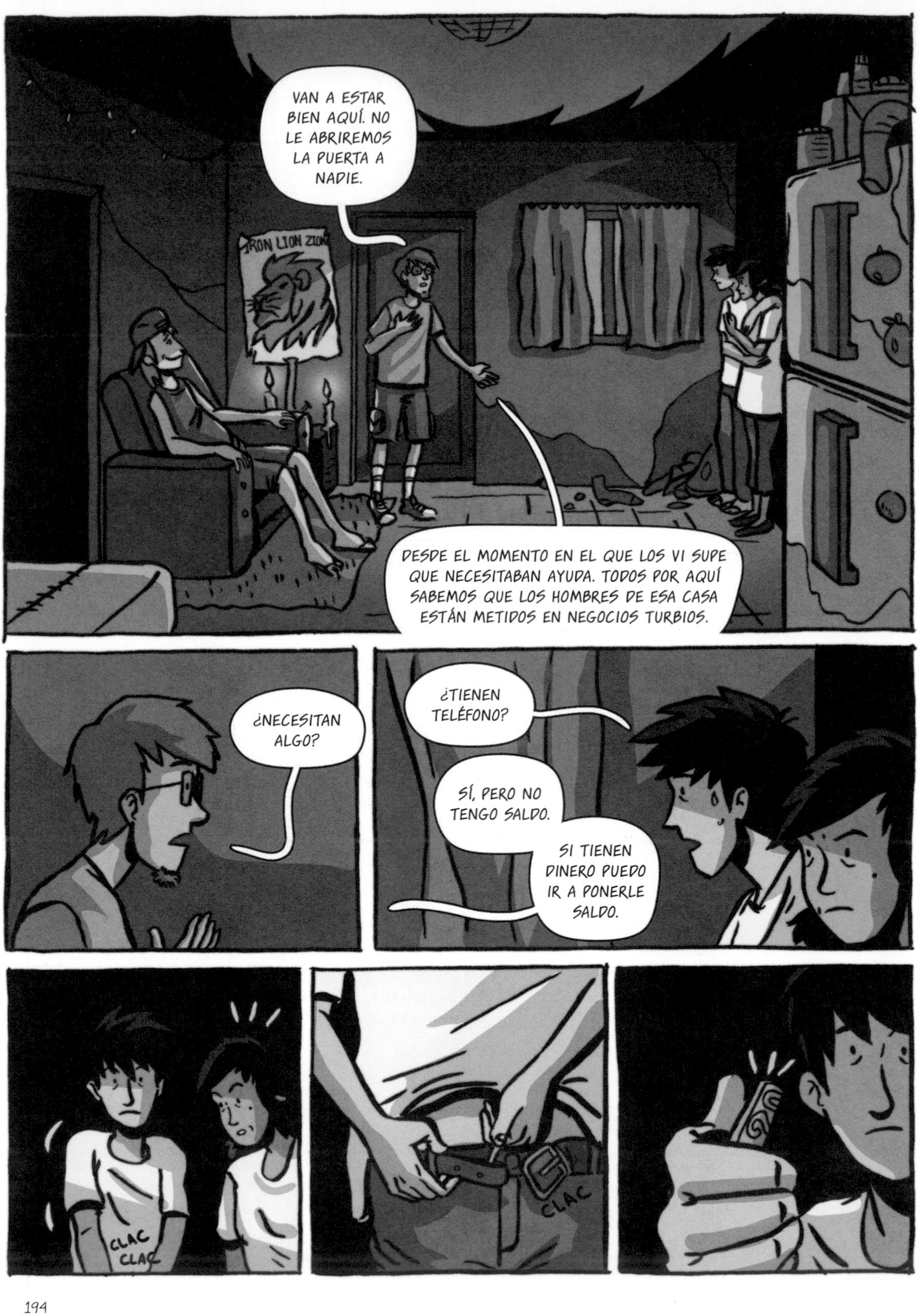
VAN A ESTAR BIEN AQUÍ. NO LE ABRIREMOS LA PUERTA A NADIE.
IRON LION ZION
DESDE EL MOMENTO EN EL QUE LOS VI SUPE QUE NECESITABAN AYUDA. TODOS POR AQUÍ SABEMOS QUE LOS HOMBRES DE ESA CASA ESTÁN METIDOS EN NEGOCIOS TURBIOS.
¿NECESITAN ALGO?
¿TIENEN TELÉFONO?
SÍ, PERO NO TENGO SALDO.
SI TIENEN DINERO PUEDO IR A PONERLE SALDO.
CLAC CLAC
CLAC

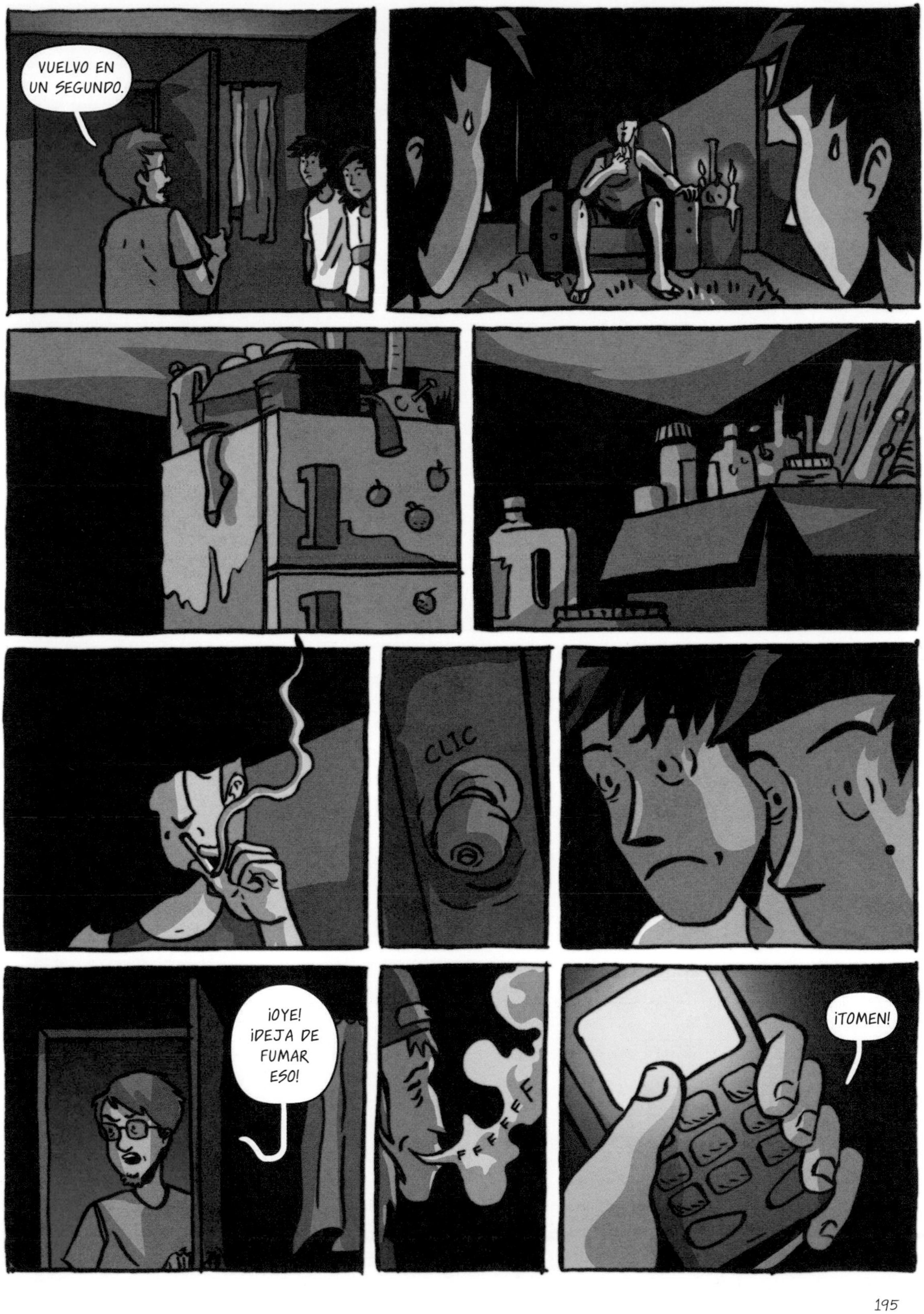
VUELVO EN UN SEGUNDO.
CLIC
¡OYE! ¡DEJA DE FUMAR ESO!
FFFFFFF
¡TOMEN!

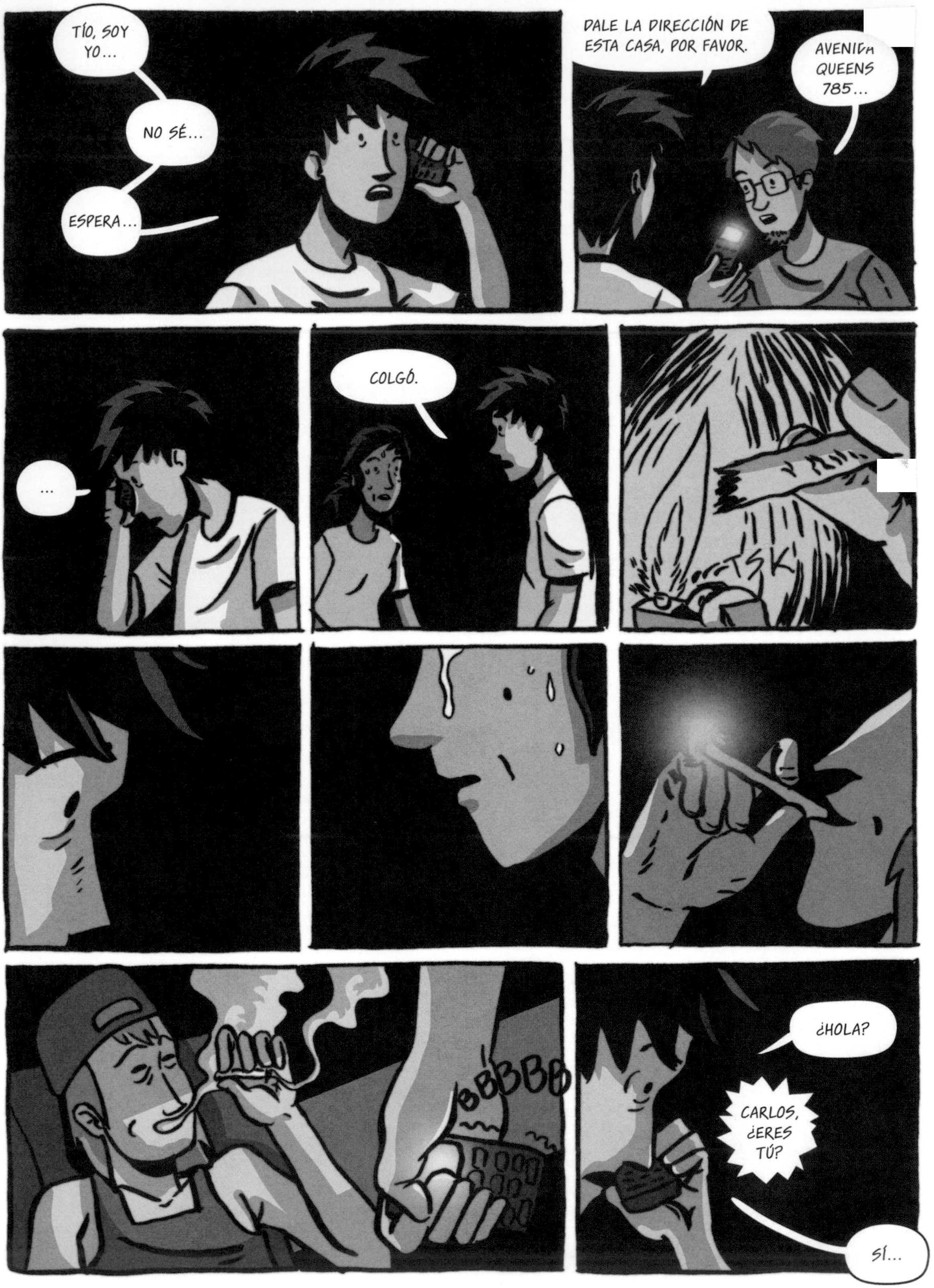
TÍO, SOY YO...
NO SÉ...
ESPERA...
DALE LA DIRECCIÓN DE ESTA CASA, POR FAVOR.
AVENIDA QUEENS 785...
...
COLGÓ.
TSK
BBBBB
¿HOLA?
CARLOS, ¿ERES TÚ?
SÍ...

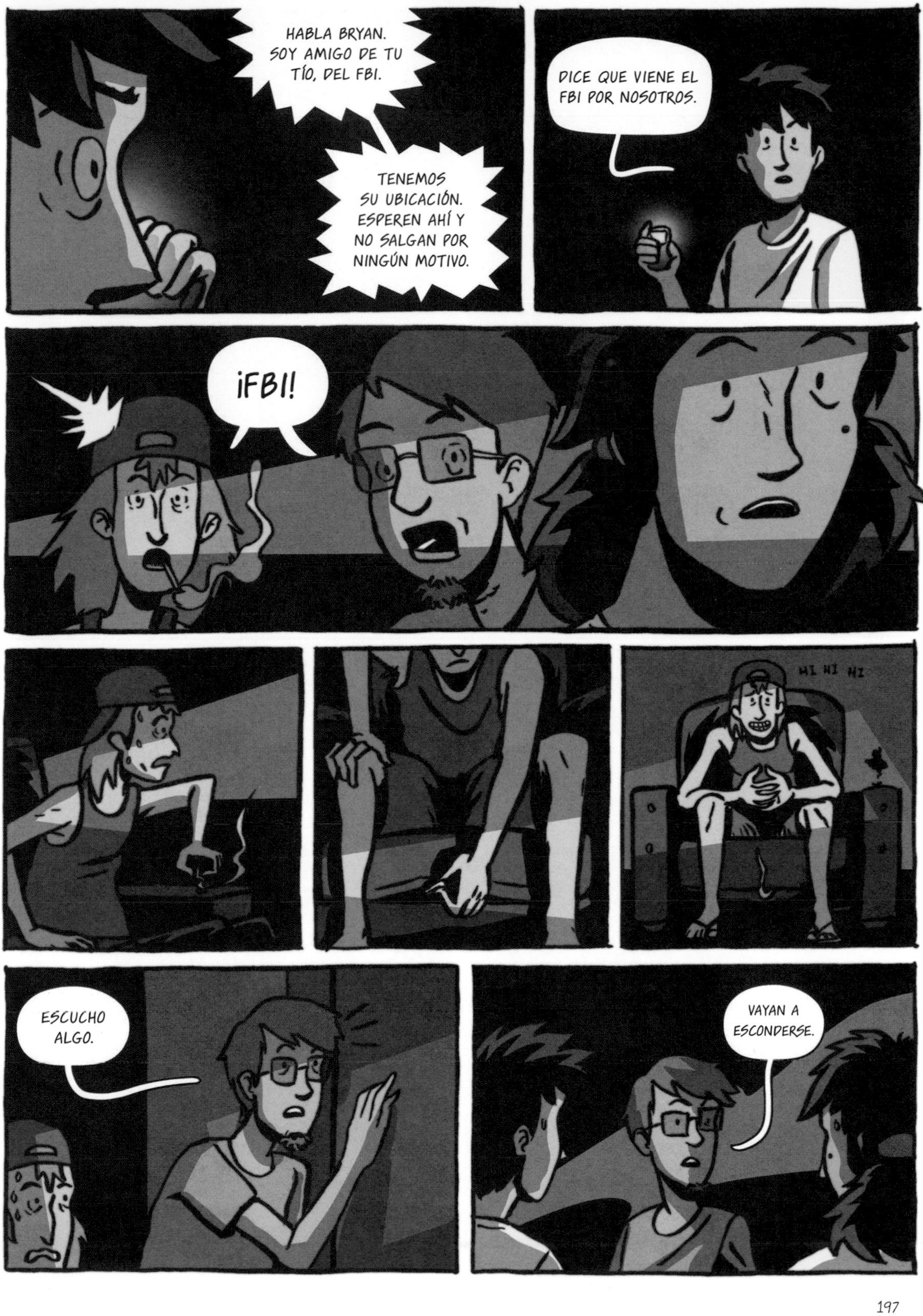
HABLA BRYAN. SOY AMIGO DE TU TÍO, DEL FBI.
TENEMOS SU UBICACIÓN. ESPEREN AHÍ Y NO SALGAN POR NINGÚN MOTIVO.
DICE QUE VIENE EL FBI POR NOSOTROS.
¡FBI!
ESCUCHO ALGO.
VAYAN A ESCONDERSE.

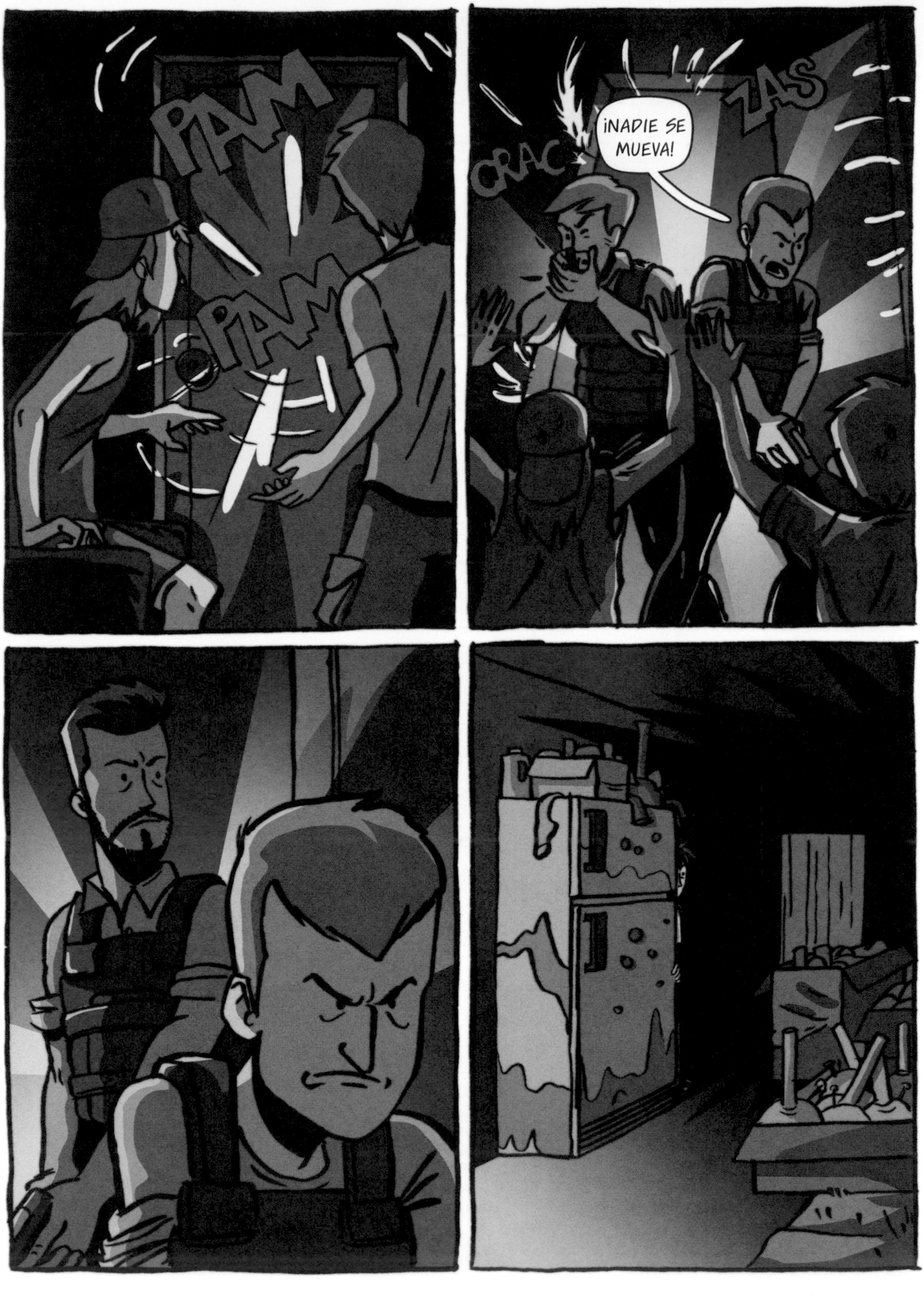
PAM
PAM
CRAC
ZAS
¡NADIE SE MUEVA!

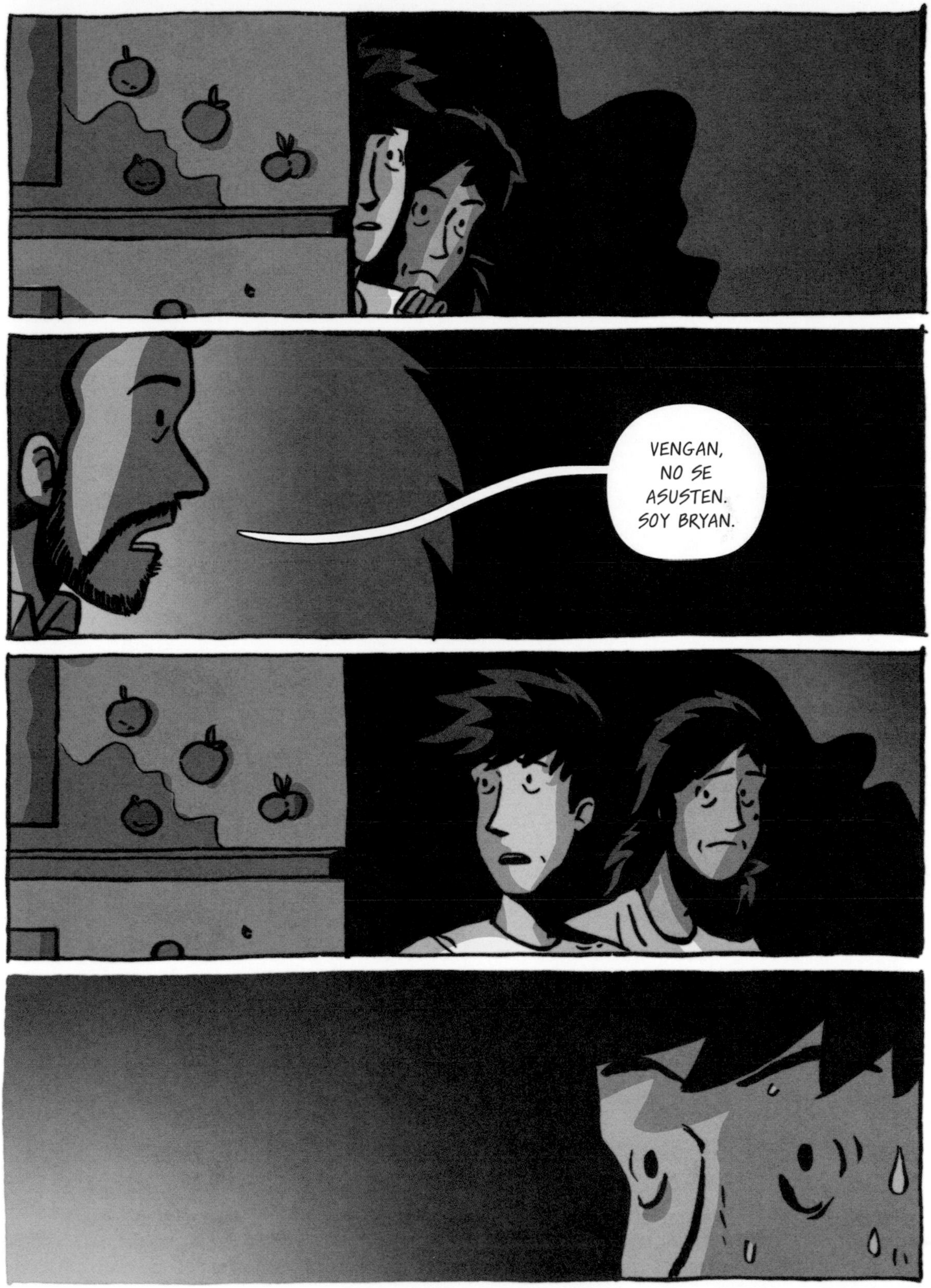
VENGAN, NO SE ASUSTEN. SOY BRYAN.

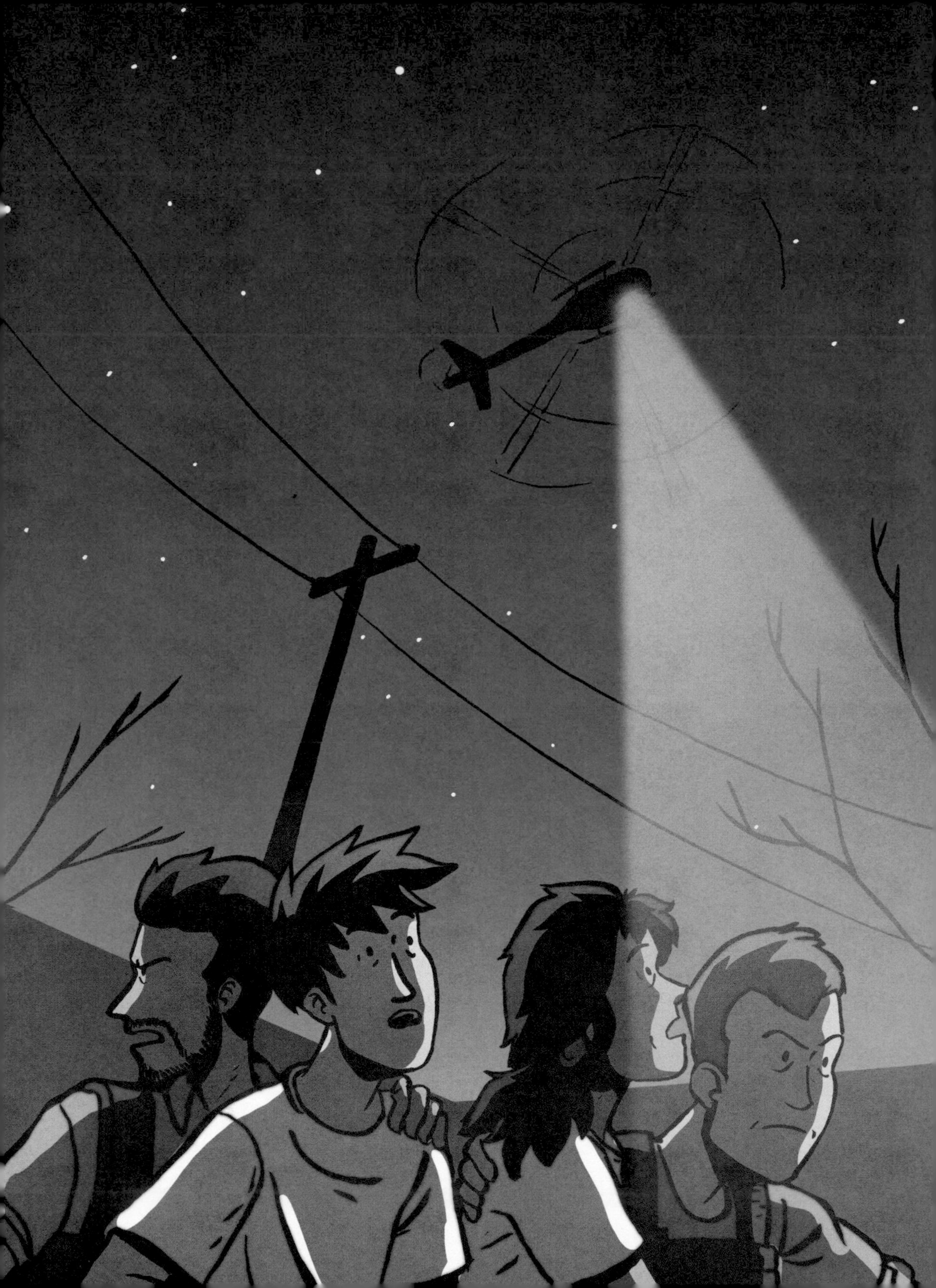

Capítulo 9
ELENA

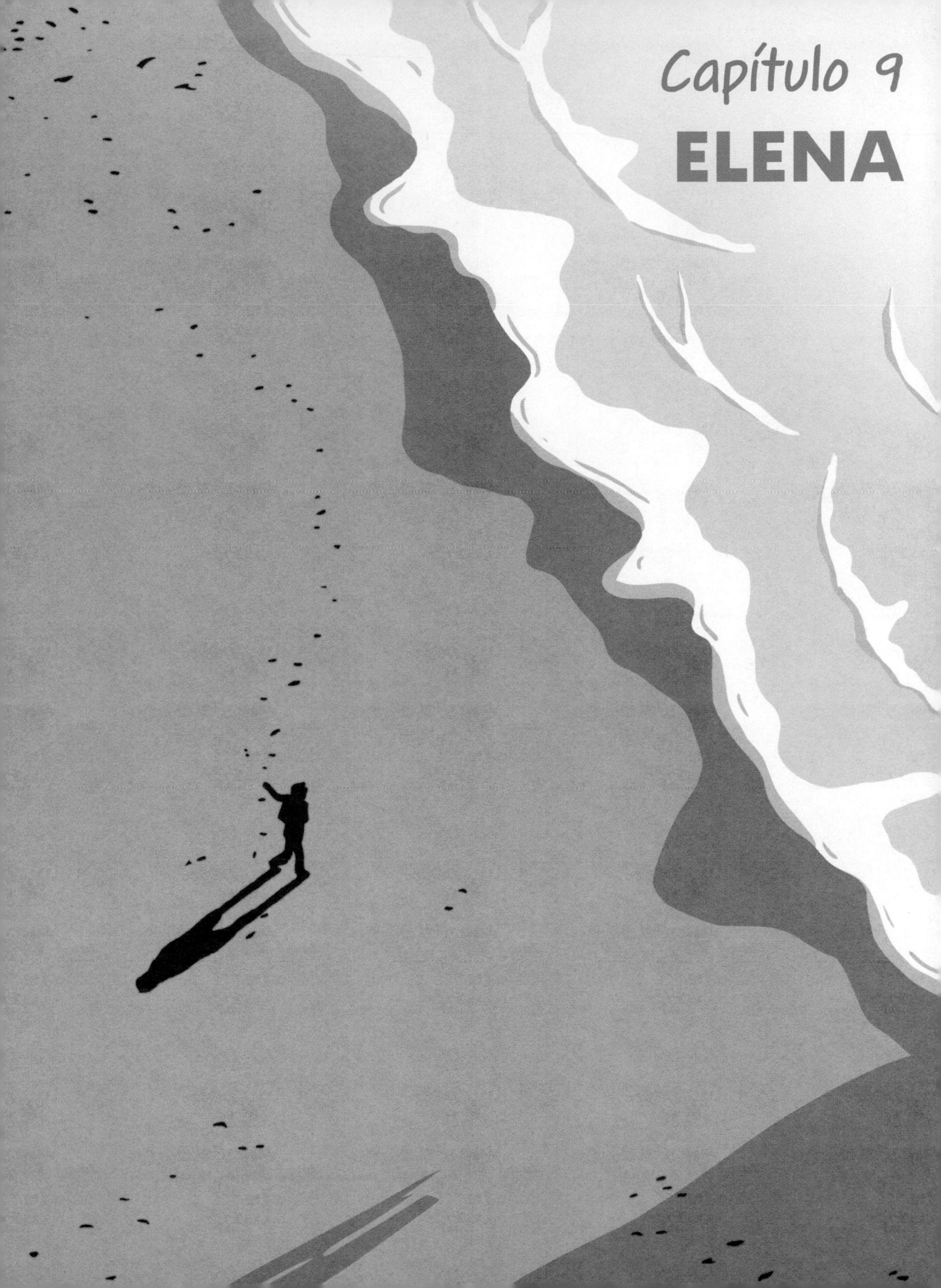

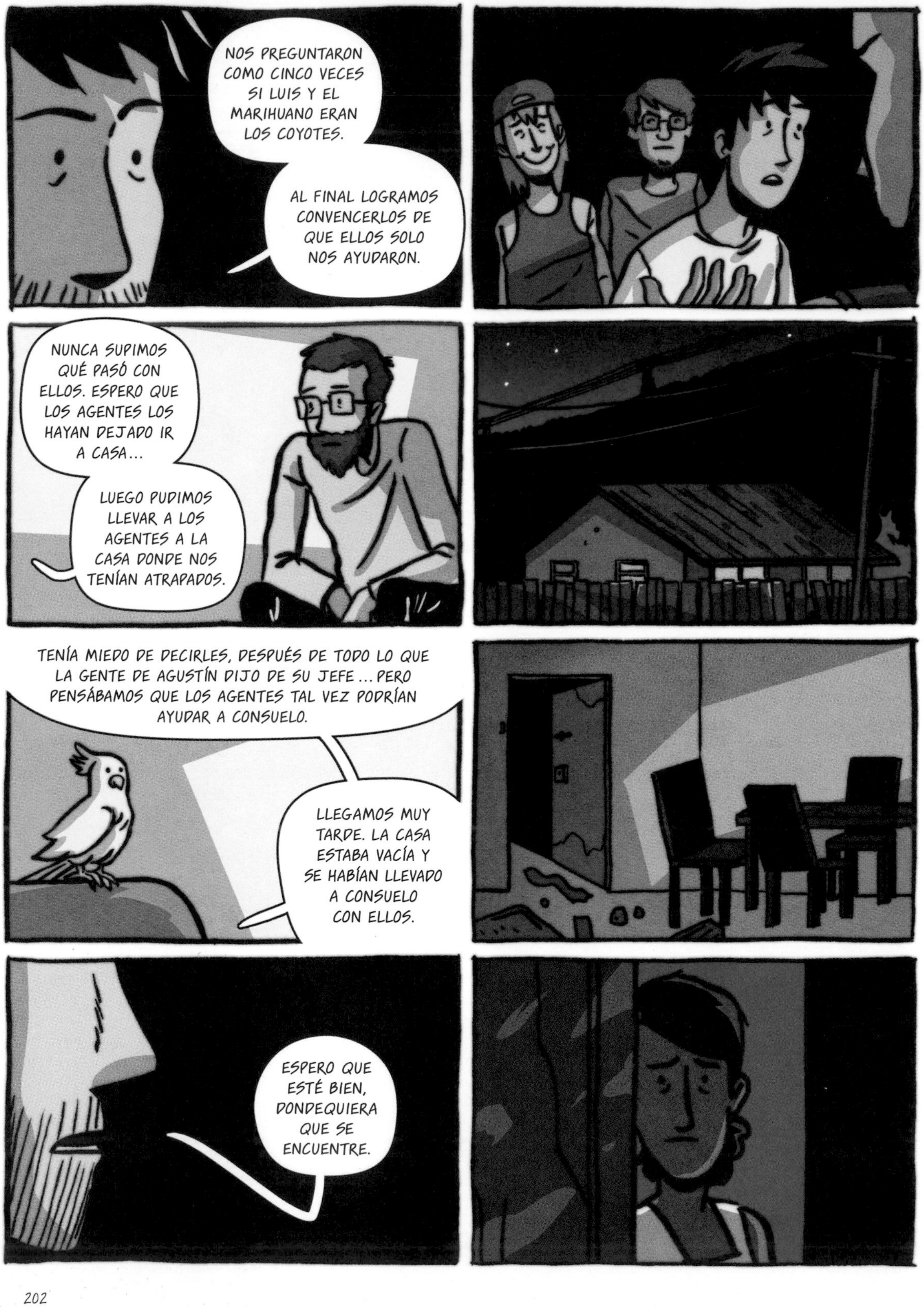
NOS PREGUNTARON COMO CINCO VECES SI LUIS Y EL MARIHUANO ERAN LOS COYOTES.
AL FINAL LOGRAMOS CONVENCERLOS DE QUE ELLOS SOLO NOS AYUDARON.
NUNCA SUPIMOS QUÉ PASÓ CON ELLOS. ESPERO QUE LOS AGENTES LOS HAYAN DEJADO IR A CASA...
LUEGO PUDIMOS LLEVAR A LOS AGENTES A LA CASA DONDE NOS TENÍAN ATRAPADOS.
TENÍA MIEDO DE DECIRLES, DESPUÉS DE TODO LO QUE LA GENTE DE AGUSTÍN DIJO DE SU JEFE... PERO PENSÁBAMOS QUE LOS AGENTES TAL VEZ PODRÍAN AYUDAR A CONSUELO.
LLEGAMOS MUY TARDE. LA CASA ESTABA VACÍA Y SE HABÍAN LLEVADO A CONSUELO CON ELLOS.
ESPERO QUE ESTÉ BIEN, DONDEQUIERA QUE SE ENCUENTRE.

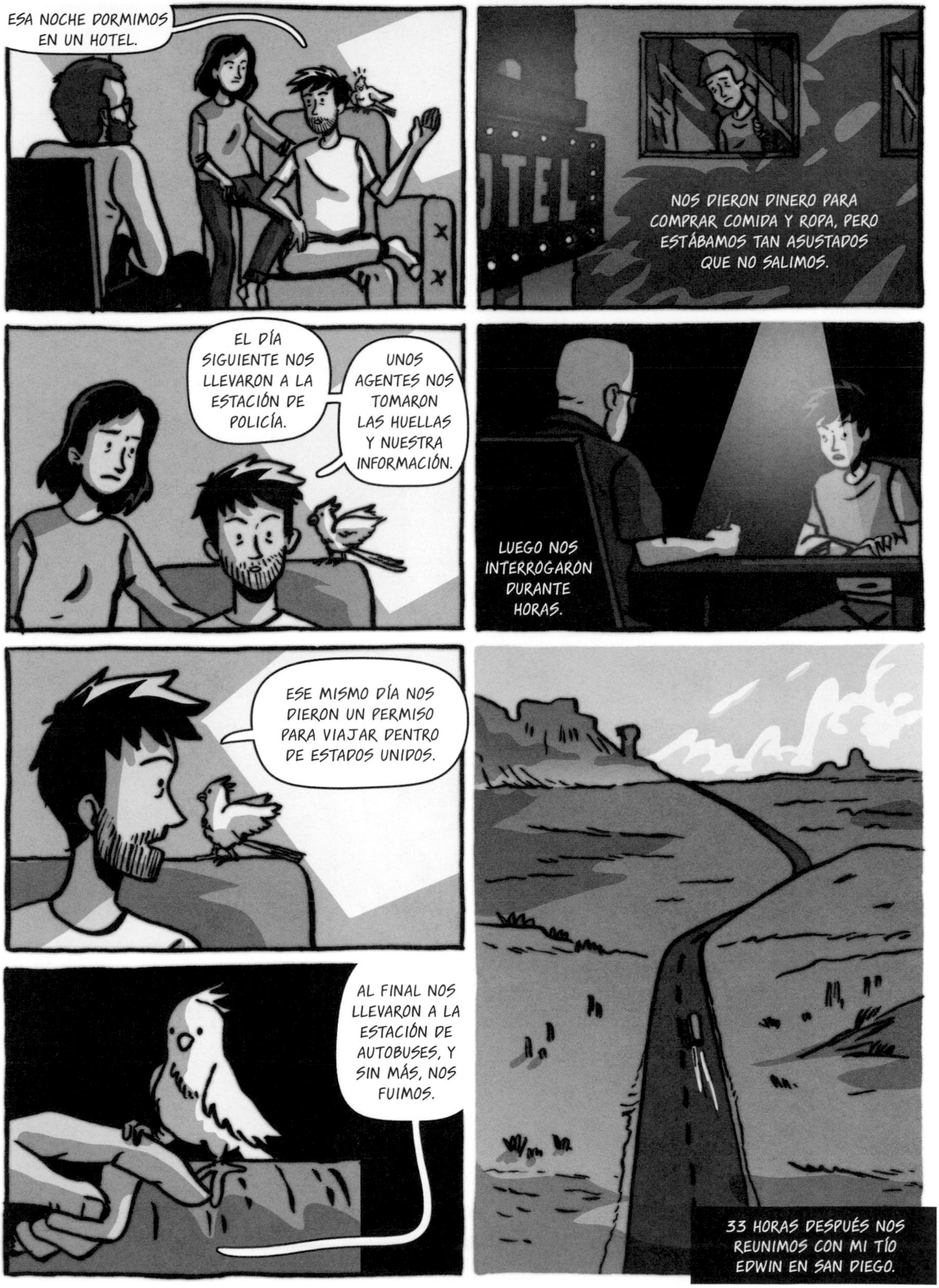
ESA NOCHE DORMIMOS EN UN HOTEL.
OTEL
NOS DIERON DINERO PARA COMPRAR COMIDA Y ROPA, PERO ESTÁBAMOS TAN ASUSTADOS QUE NO SALIMOS.
EL DÍA SIGUIENTE NOS LLEVARON A LA ESTACIÓN DE POLICÍA.
UNOS AGENTES NOS TOMARON LAS HUELLAS Y NUESTRA INFORMACIÓN.
LUEGO NOS INTERROGARON DURANTE HORAS.
ESE MISMO DÍA NOS DIERON UN PERMISO PARA VIAJAR DENTRO DE ESTADOS UNIDOS.
AL FINAL NOS LLEVARON A LA ESTACIÓN DE AUTOBUSES, Y SIN MÁS, NOS FUIMOS.
33 HORAS DESPUÉS NOS REUNIMOS CON MI TÍO EDWIN EN SAN DIEGO.

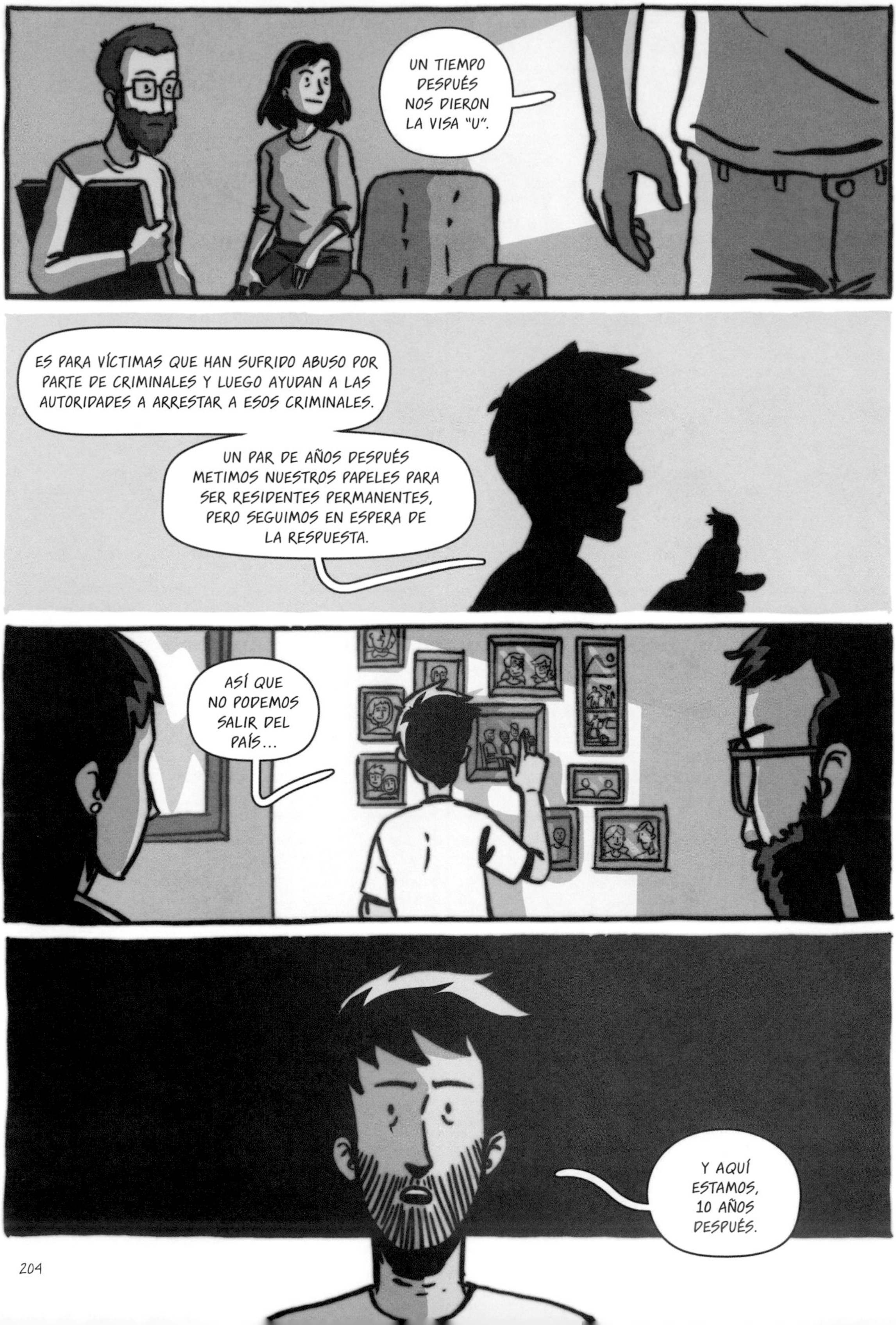
UN TIEMPO DESPUÉS NOS DIERON LA VISA "U".
ES PARA VÍCTIMAS QUE HAN SUFRIDO ABUSO POR PARTE DE CRIMINALES Y LUEGO AYUDAN A LAS AUTORIDADES A ARRESTAR A ESOS CRIMINALES.
UN PAR DE AÑOS DESPUÉS METIMOS NUESTROS PAPELES PARA SER RESIDENTES PERMANENTES, PERO SEGUIMOS EN ESPERA DE LA RESPUESTA.
ASÍ QUE NO PODEMOS SALIR DEL PAÍS...
Y AQUÍ ESTAMOS, 10 AÑOS DESPUÉS.

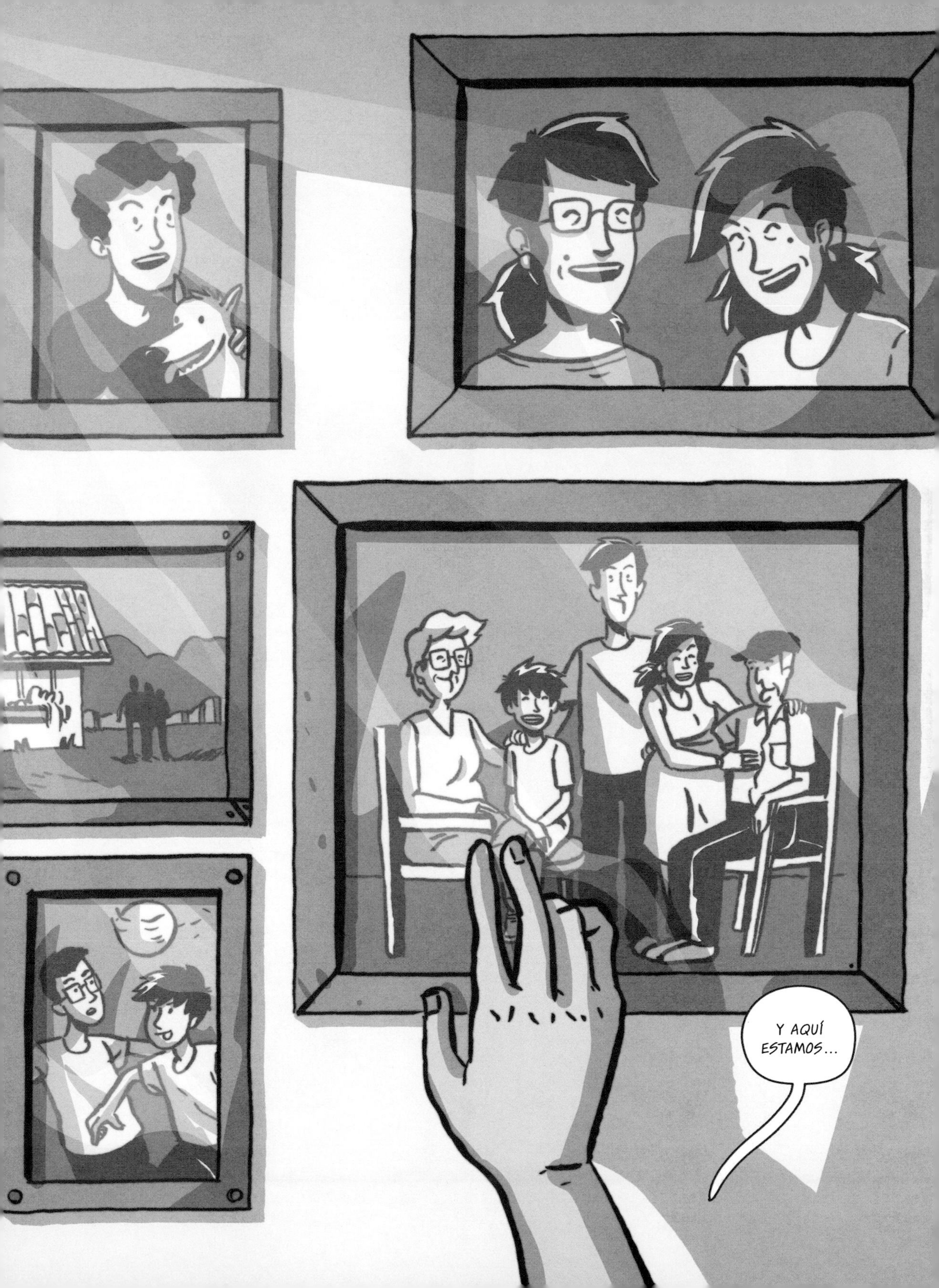
Y AQUÍ ESTAMOS...

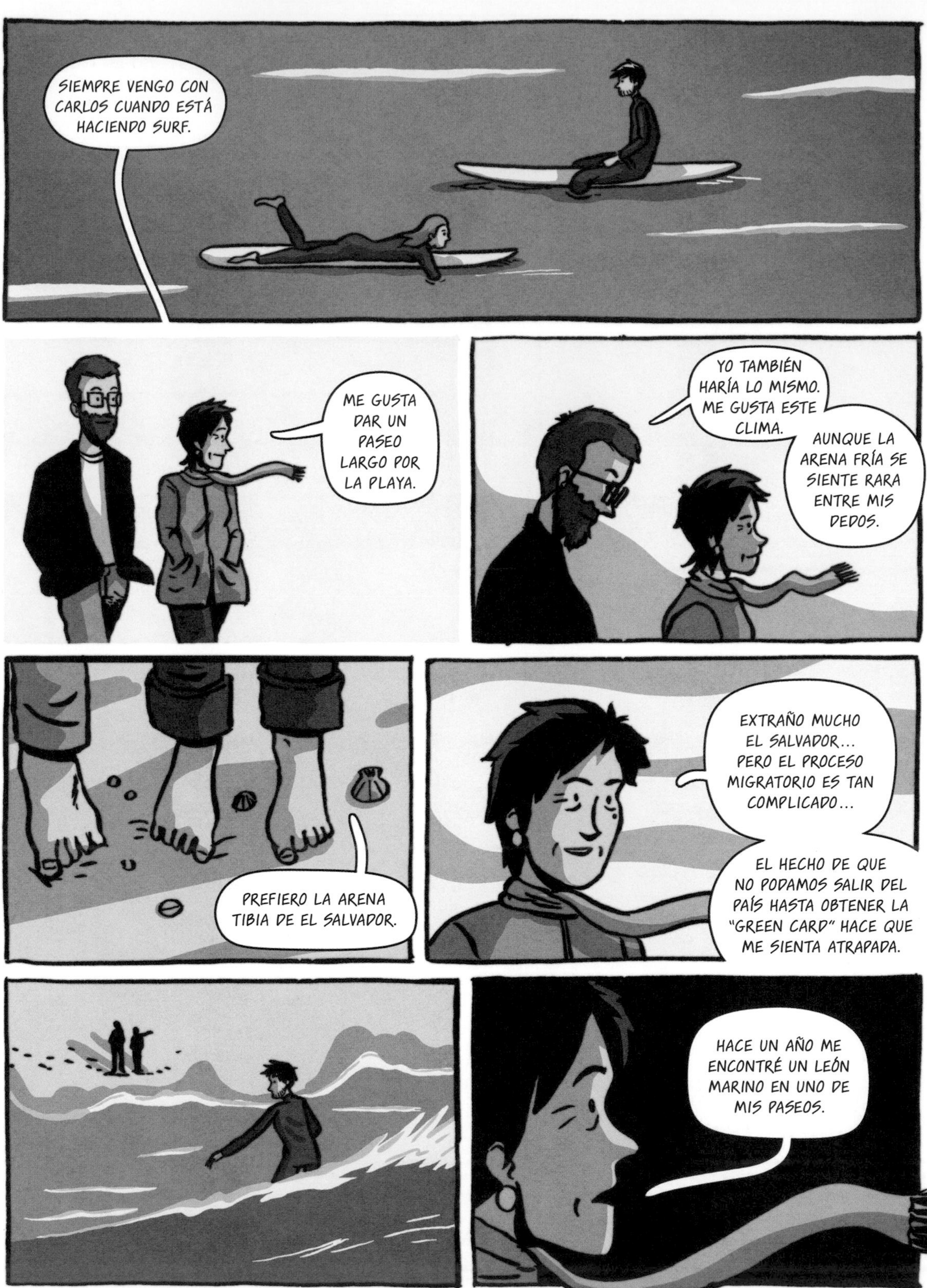
SIEMPRE VENGO CON CARLOS CUANDO ESTÁ HACIENDO SURF.
ME GUSTA DAR UN PASEO LARGO POR LA PLAYA.
YO TAMBIÉN HARÍA LO MISMO. ME GUSTA ESTE CLIMA.
AUNQUE LA ARENA FRÍA SE SIENTE RARA ENTRE MIS DEDOS.
PREFIERO LA ARENA TIBIA DE EL SALVADOR.
EXTRAÑO MUCHO EL SALVADOR... PERO EL PROCESO MIGRATORIO ES TAN COMPLICADO...
EL HECHO DE QUE NO PODAMOS SALIR DEL PAÍS HASTA OBTENER LA "GREEN CARD" HACE QUE ME SIENTA ATRAPADA.
HACE UN AÑO ME ENCONTRÉ UN LEÓN MARINO EN UNO DE MIS PASEOS.

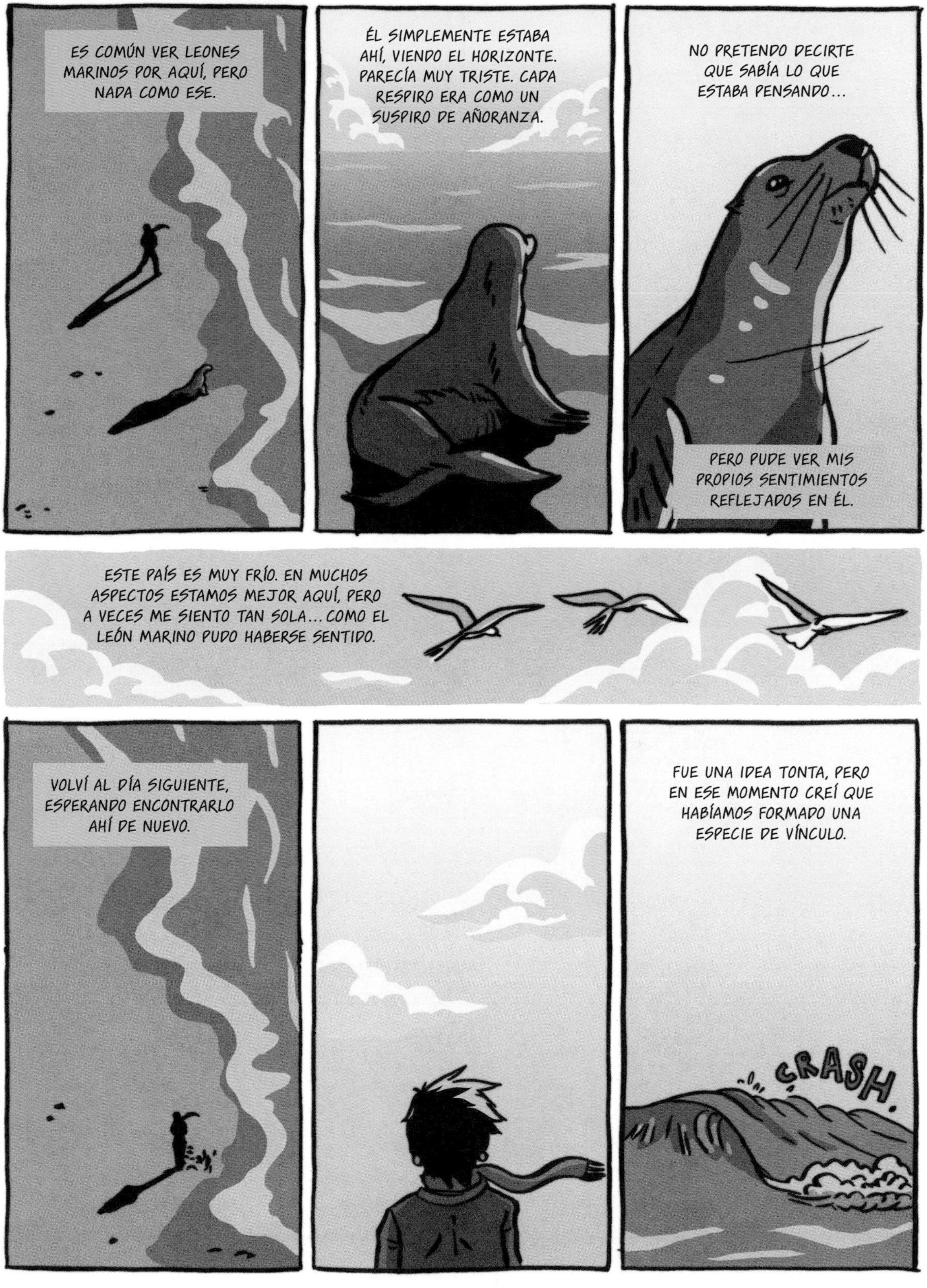

ES COMÚN VER LEONES MARINOS POR AQUÍ, PERO NADA COMO ESE.
ÉL SIMPLEMENTE ESTABA AHÍ, VIENDO EL HORIZONTE. PARECÍA MUY TRISTE. CADA RESPIRO ERA COMO UN SUSPIRO DE AÑORANZA.
NO PRETENDO DECIRTE QUE SABÍA LO QUE ESTABA PENSANDO...
PERO PUDE VER MIS PROPIOS SENTIMIENTOS REFLEJADOS EN ÉL.
ESTE PAÍS ES MUY FRÍO. EN MUCHOS ASPECTOS ESTAMOS MEJOR AQUÍ, PERO A VECES ME SIENTO TAN SOLA... COMO EL LEÓN MARINO PUDO HABERSE SENTIDO.
VOLVÍ AL DÍA SIGUIENTE, ESPERANDO ENCONTRARLO AHÍ DE NUEVO.
FUE UNA IDEA TONTA, PERO EN ESE MOMENTO CREÍ QUE HABÍAMOS FORMADO UNA ESPECIE DE VÍNCULO.
CRASH.

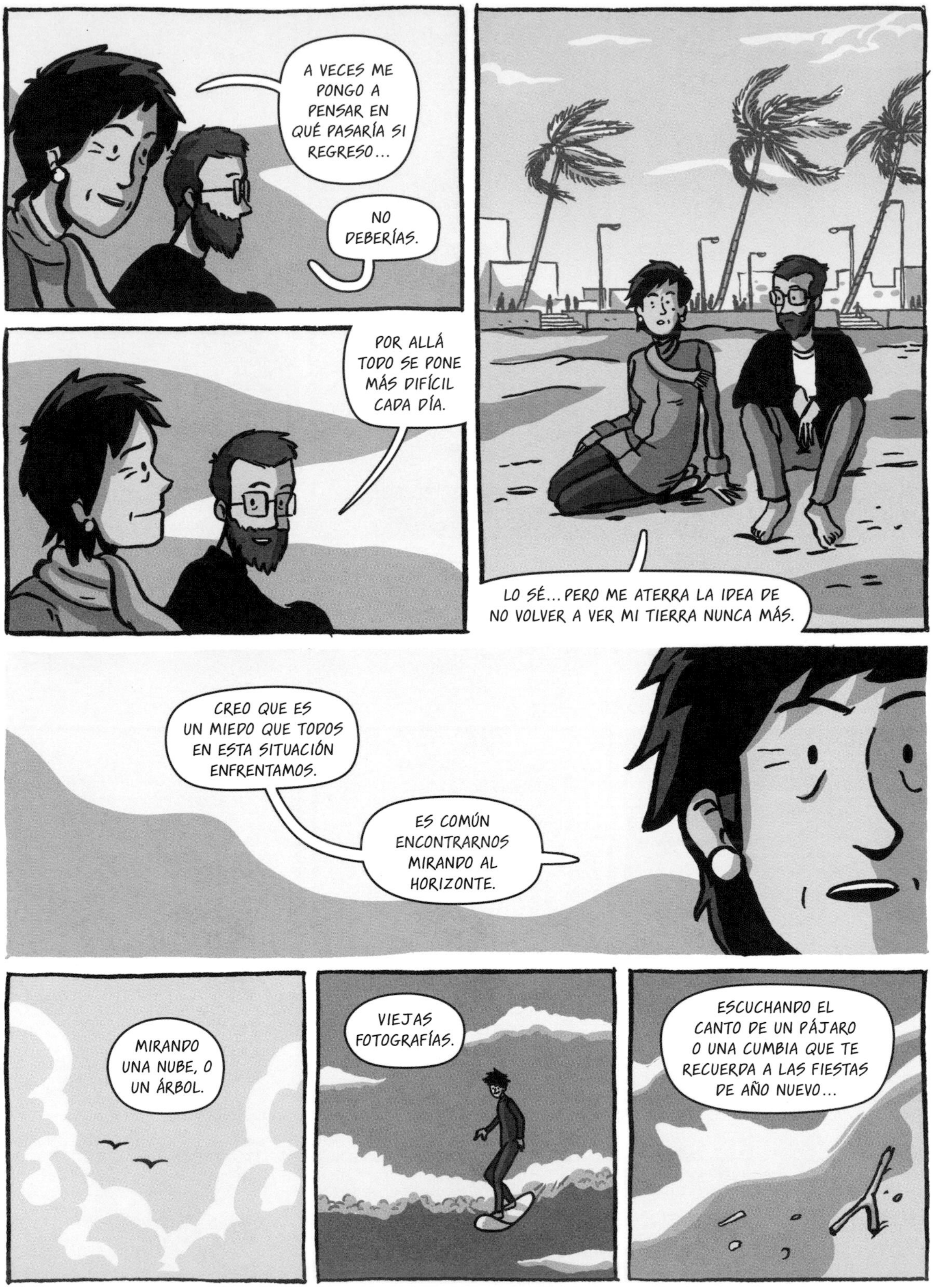
A VECES ME PONGO A PENSAR EN QUÉ PASARÍA SI REGRESO…
NO DEBERÍAS.
POR ALLÁ TODO SE PONE MÁS DIFÍCIL CADA DÍA.
LO SÉ… PERO ME ATERRA LA IDEA DE NO VOLVER A VER MI TIERRA NUNCA MÁS.
CREO QUE ES UN MIEDO QUE TODOS EN ESTA SITUACIÓN ENFRENTAMOS.
ES COMÚN ENCONTRARNOS MIRANDO AL HORIZONTE.
MIRANDO UNA NUBE, O UN ÁRBOL.
VIEJAS FOTOGRAFÍAS.
ESCUCHANDO EL CANTO DE UN PÁJARO O UNA CUMBIA QUE TE RECUERDA A LAS FIESTAS DE AÑO NUEVO…

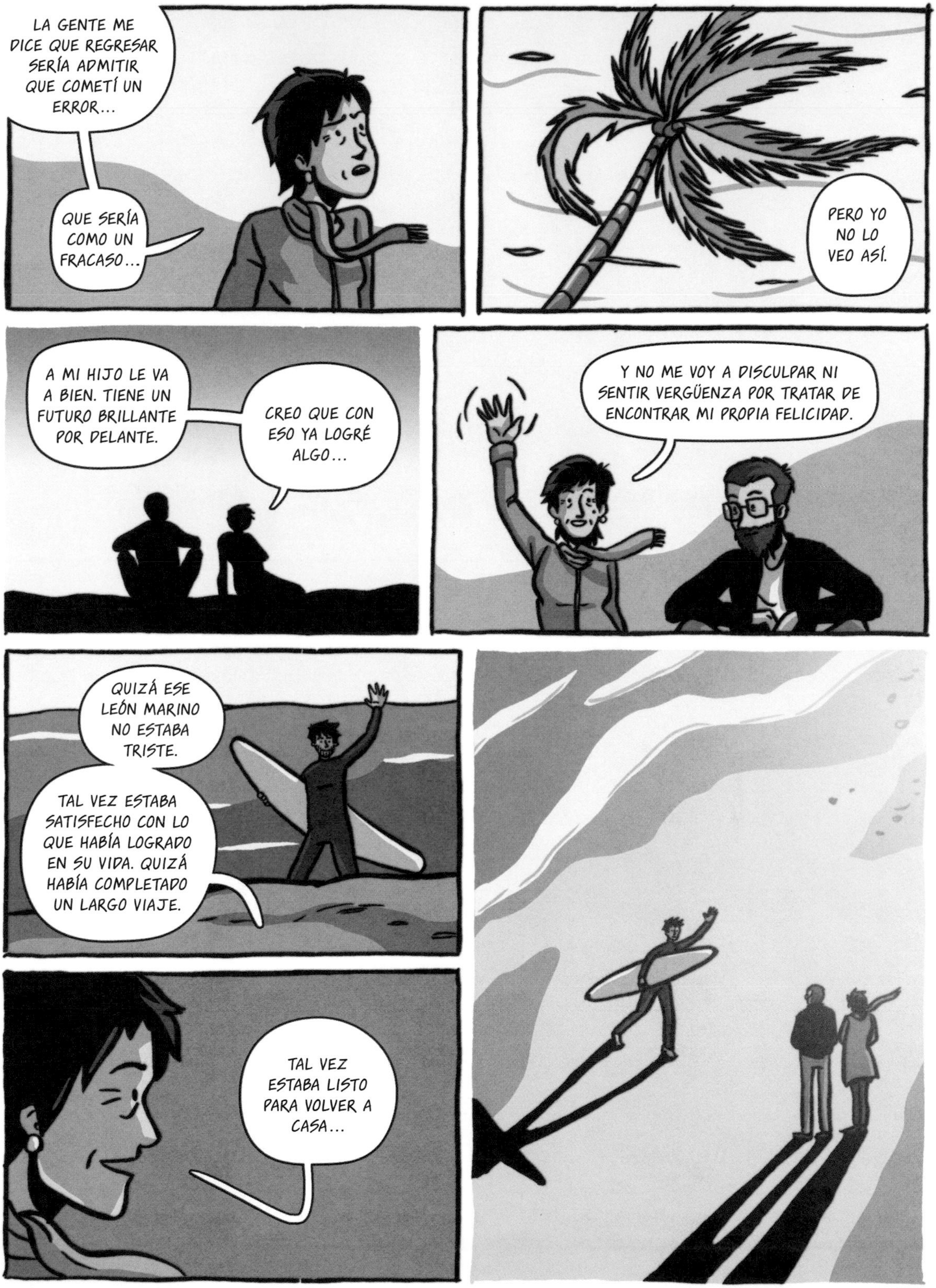
LA GENTE ME DICE QUE REGRESAR SERÍA ADMITIR QUE COMETÍ UN ERROR…
QUE SERÍA COMO UN FRACASO…
PERO YO NO LO VEO ASÍ.
A MI HIJO LE VA A BIEN. TIENE UN FUTURO BRILLANTE POR DELANTE.
CREO QUE CON ESO YA LOGRÉ ALGO…
Y NO ME VOY A DISCULPAR NI SENTIR VERGÜENZA POR TRATAR DE ENCONTRAR MI PROPIA FELICIDAD.
QUIZÁ ESE LEÓN MARINO NO ESTABA TRISTE.
TAL VEZ ESTABA SATISFECHO CON LO QUE HABÍA LOGRADO EN SU VIDA. QUIZÁ HABÍA COMPLETADO UN LARGO VIAJE.
TAL VEZ ESTABA LISTO PARA VOLVER A CASA…

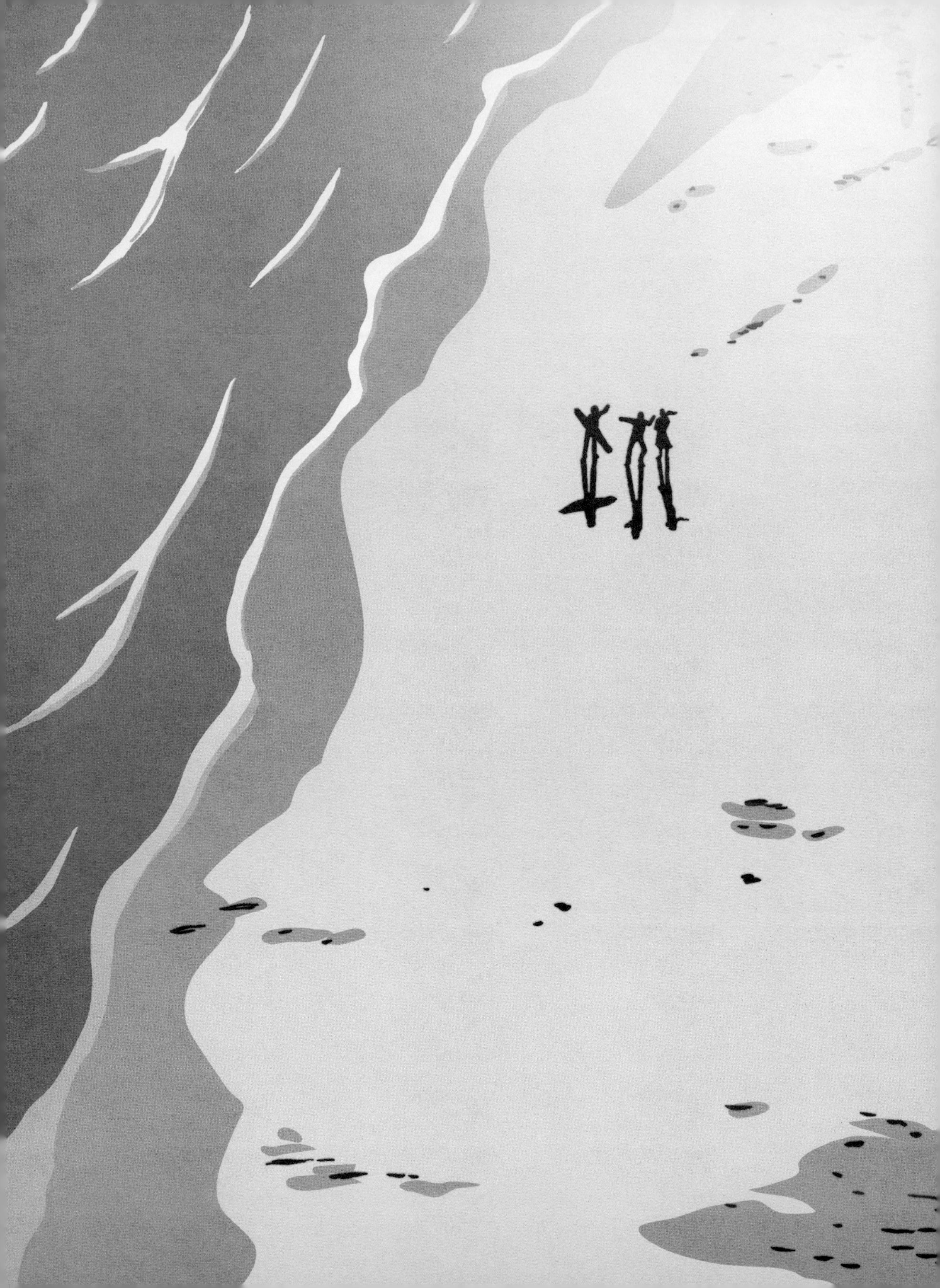

TITA...

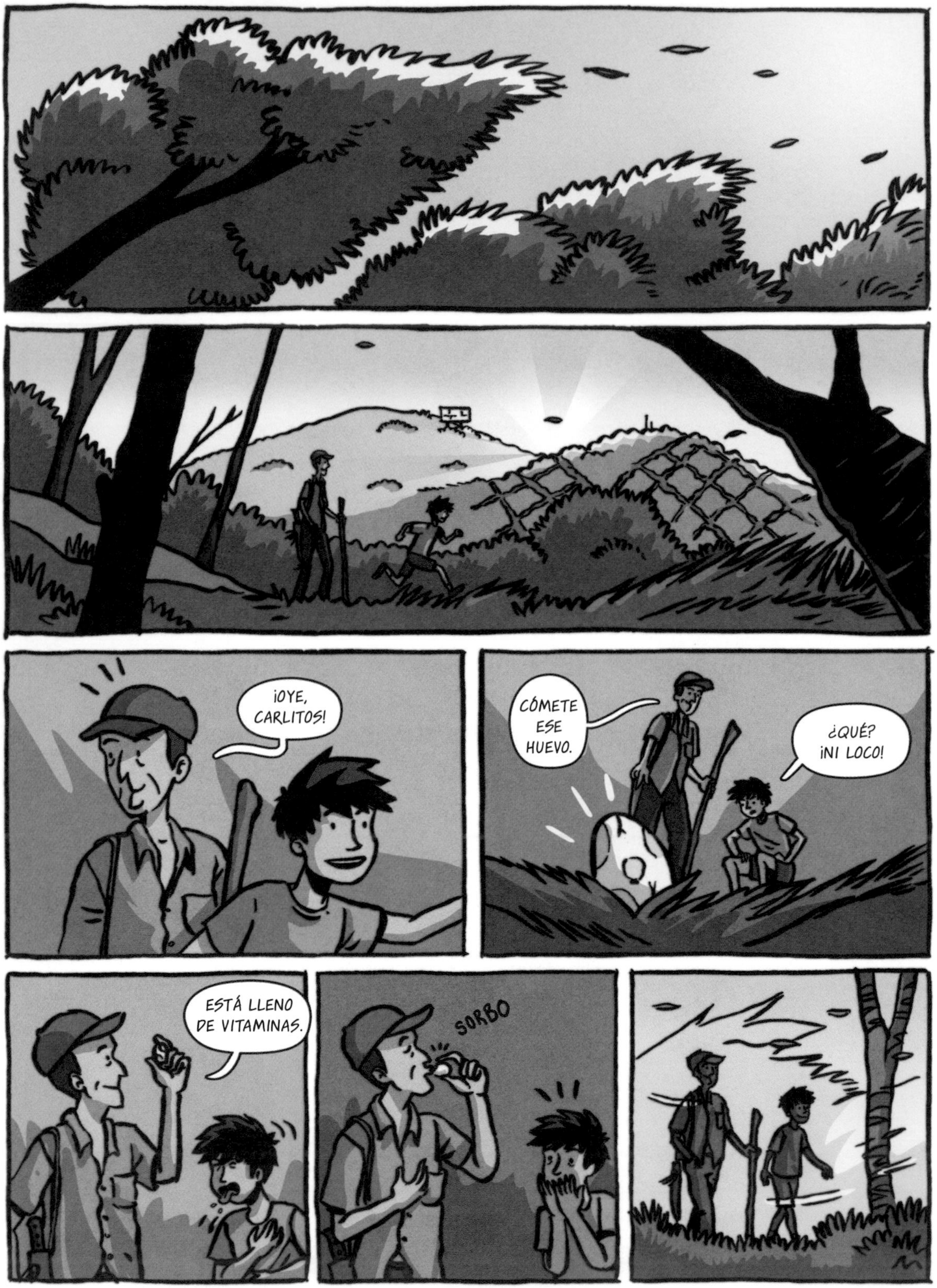
¡OYE, CARLITOS!
CÓMETE ESE HUEVO.
¿QUÉ? ¡NI LOCO!
ESTÁ LLENO DE VITAMINAS.
SORBO

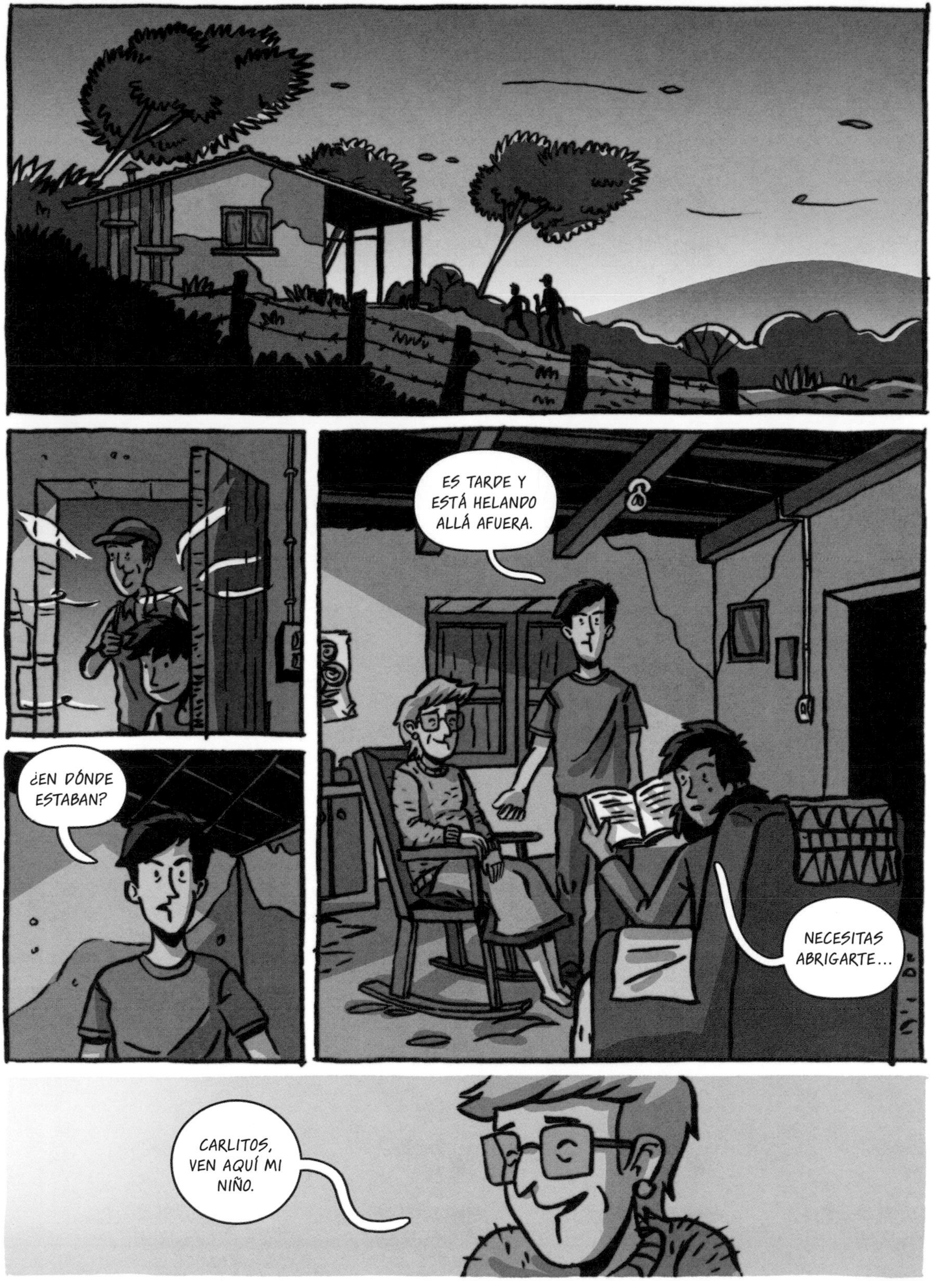
ES TARDE Y ESTÁ HELANDO ALLÁ AFUERA.
¿EN DÓNDE ESTABAN?
NECESITAS ABRIGARTE...
CARLITOS, VEN AQUÍ MI NIÑO.

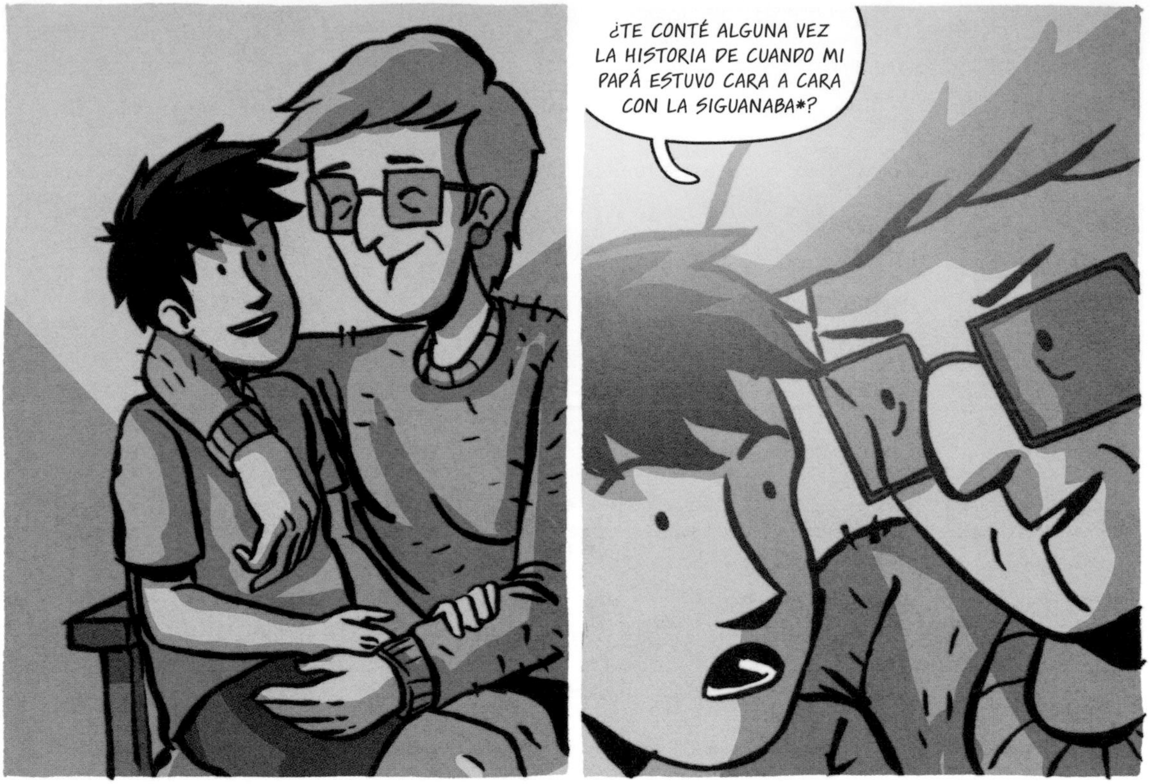
¿TE CONTÉ ALGUNA VEZ LA HISTORIA DE CUANDO MI PAPÁ ESTUVO CARA A CARA CON LA SIGUANABA*?

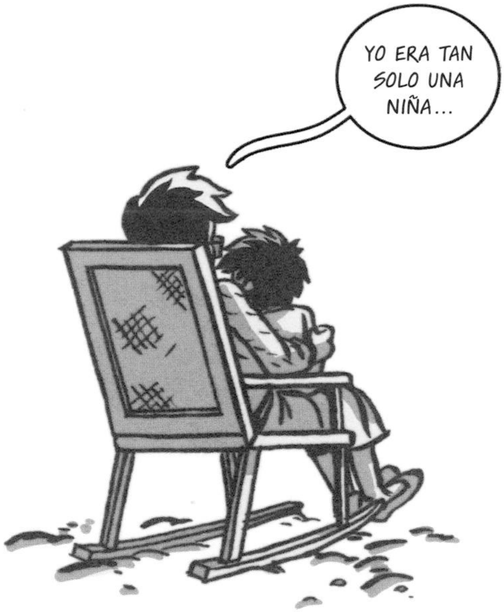
YO ERA TAN SOLO UNA NIÑA...

1923–2020

*La Siguanaba es un espectro del folclor salvadoreño que, según la tradición popular, se les aparece a hombres trasnochadores, infieles y violentos en la forma de una atractiva mujer desnuda o semidesnuda, pero con el rostro oculto.

Agradecimientos

A mis padres, por su amor y apoyo incondicional.

A Francia, Martín y Miguel, por estar ahí cuando más los necesitaba.

A Nicolás, por creer en mi trabajo.

A Greg y Athena, por ayudarme a darle vida a este libro.

A César, por confiarme su historia.

Acerca del autor

Ernesto Saade es un arquitecto convertido en caricaturista nacido en El Salvador. Después de pasar años en el mundo de la construcción, en el 2016 decide dejar su carrera y obtener su maestría en Ilustración y Cómic en la Facultad de Diseño e Ingeniería de Barcelona. En el 2018 comenzó su nueva carrera escribiendo e ilustrando diversos cómics basados en eventos de la vida real y fue publicado por organizaciones no gubernamentales. Ahora es un freelancer que pasa el 100% de su tiempo dibujando. Pueden encontrarlo en instagram.com/saadernesto.